HISTOIRE PARLEMENTAIRE

DE LA

RÉVOLUTION FRANÇAISE,

OU

JOURNAL DES ASSEMBLÉES NATIONALES,
DEPUIS 1789 JUSQU'EN 1815.

PARIS, — Imprimerie d'ADOLPHE EVERAT et Cⁱᵉ,
Rue du Cadran, n. 16.

HISTOIRE PARLEMENTAIRE

DE LA

RÉVOLUTION

FRANÇAISE,

OU

JOURNAL DES ASSEMBLÉES NATIONALES,

DEPUIS 1789 JUSQU'EN 1815,

CONTENANT

La Narration des événemens; les Débats des Assemblées; les Discussions des principales Sociétés populaires, et particulièrement de la Société des Jacobins; les Procès-Verbaux de la Commune de Paris; les Séances du Tribunal révolutionnaire; le Compte-Rendu des principaux procès politiques; le Détail des budgets annuels; le Tableau du mouvement moral, extrait des journaux de chaque époque, etc.; précédée d'une Introduction sur l'histoire de France jusqu'à la convocation des États-Généraux;

PAR P.-J.-B. BUCHEZ ET P.-C. ROUX.

TOME VINGT-CINQUIÈME.

PARIS.

PAULIN, LIBRAIRE,

RUE DE SEINE-SAINT-GERMAIN, N° 33.

—

M.DCCC.XXXVI.

PRÉFACE.

Un journal de Lyon (*le Censeur*), vient de consacrer plusieurs articles à l'examen de notre histoire. L'auteur de ces articles a lu avec beaucoup d'attention les documens que nous avons réunis; son analyse est sans contredit l'une des plus détaillées et peut-être la plus exacte que la presse quotidienne en ait encore faite. Des comptes rendus de ce genre sont une véritable étude historique. Nous devons remercier *le Censeur* de la bienveillance avec laquelle il parle de nous.

Dans son cinquième article (15 avril 1836), le rédacteur du journal de Lyon discute contre nous la supériorité morale et politique des Girondins sur les Montagnards. Il s'étonne qu'en présence des matériaux si nombreux et si décisifs en faveur de l'opinion qu'il soutient, nous ayons adopté une opinion contraire; il se plaint que, pour absoudre les excès révolutionnaires, nous ayons invoqué la maxime odieusement célèbre que « la fin sanctifie les moyens. » Quant à notre impartialité d'historiens, elle est réservée de la manière qui pouvait le mieux l'établir, puisqu'elle fournit, selon *le Censeur*, la plus éclatante réfutation de notre système personnel.

Nous saisissons avec empressement cette occasion d'éclaircir quelques-uns de nos jugemens historiques que nous ne saurions environner de trop de lumière. Si *le Censeur* nous avait bien compris, il n'eût point fait les objections que nous venons de rapporter. Il ne tiendra pas à nous que, dans cette préface, celles de nos pensées qui ont donné lieu à des interprétations très-éloignées de la vérité, ne deviennent parfaitement claires. Seulement, il ne faut pas oublier que le problème dont il s'agit serait agité sans aucun fruit entre des passions rivales, et qu'il ne peut être mené à solution que par des hommes animés du même principe de certitude morale. Nous sommes heureux de nous trouver vis-à-vis de notre critique, dans les termes d'une discussion de cette nature; car il admet la théorie chrétienne du devoir. Il nous est donc permis d'espérer que les difficultés qui nous séparent seront aisément levées, et que nous aboutirons de part et d'autre à des conclusions identiques.

D'abord, nous n'avons jamais professé la maxime que la fin sanctifie les moyens. Nous la condamnons sans aucune espèce de réserve, et nous ne croyons pas qu'il se rencontre dans notre histoire une seule expression obscure ou équivoque, ayant la moindre apparence d'une maxime semblable. Cet axiome, qui déshonora les jésuites, n'est autre chose qu'un sophisme grossier à l'aide duquel ils essayèrent d'allier la doctrine politique de Machiavel avec ce qu'ils prenaient pour le but de la révélation chrétienne. Or, ni la fin ne sanctifie les moyens, ni les moyens ne sanctifient la fin; la fin et les moyens constituent deux ordres de préceptes directement et positivement émanés de Dieu; ils sont deux lois distinctes faites pour régler indépendamment l'une de l'autre deux objets tout-à-fait différens; elles ne peuvent donc pas se sanctifier l'une par l'autre; elles sont saintes au même degré et au même titre, et Dieu, qui les a voulues et nous les a révélées, est le seul fondement de leur sainteté respective.

Nous avons assez souvent et assez explicitement développé notre théorie de l'unité humaine, et de ce que nous appelons une nationalité, pour que nous soyons dispensés de placer ici une longue introduction. Il nous suffira de rappeler l'un des principes généraux de nos méthodes historiques, savoir que toute société parmi les hommes est à la condition d'un but commun d'activité.

Pour apprécier un acte social, quel qu'il soit, il est donc indispensable de connaître le but au nom duquel existe la société où cet acte a été opéré. Mais cette donnée est insuffisante, il faut connaître de plus le moyen prescrit pour atteindre le but : ces deux éléments forment l'appui indivisible de tout jugement à prononcer sur tout acte social. Expliquons-nous.

Le but détermine un rapport social entre les hommes, en tant qu'ils sont des êtres essentiellement relatifs. Cette formule doit être la condition nécessaire de leur existence. Le moyen détermine une pratique sociale entre les hommes, en tant qu'ils sont des êtres essentiellement actifs. Cette formule doit être la loi absolue proposée à leur activité libre. La première répond à cette question : que devons-nous être? La seconde, à celle-ci : que devons-nous faire?

Lorsque Jésus-Christ nous révéla la fraternité universelle, il nous rendit manifeste la condition nécessaire de nos existences relatives. Cette parole détermina le rapport en qui les hommes seraient à jamais conservés, et en-dehors duquel ils périraient sans retour. S'il n'avait dit que ce mot, sa révélation eût été imparfaite et vaine. Par là, en effet, il n'eût déclaré que notre manière d'exister, telle que Dieu l'avait ordonnée dans le plan de ces créations progressives.

Parce que cette manière d'être, cet état d'impérissable conservation, n'était pas actuellement et gratuitement concédé aux hommes; parce qu'il était offert à leurs mérites, il se présentait comme un but à atteindre, et ce but répondait seulement à la question : que devons-nous être?

Et puisque notre manière d'exister dépendait rigoureusement de notre manière d'agir, il fallait une réponse à cette autre question : que devons-nous faire? Jésus-Christ la donna en déclarant le précepte de l'abnégation de soi-même. Cette parole détermina la loi absolue prescrite à nos actes. La fraternité universelle, ou le but, exprimait simplement la condition de notre existence; le dévouement, ou le moyen, posa la loi de notre activité. De là nous pouvons voir combien sont différens les objets de ces deux dogmes, et combien est absurde et impie l'axiome jésuitique que la fin sanctifie les moyens. Les moyens des œuvres chrétiennes ne sont sanctifiés que par leur conformité avec la loi morale qui en institue le mode essentiel par la formule du dévouement.

Voilà le critérium qui nous a constamment guidés dans nos investigations historiques, et sur lequel tous nos jugements sont fondés. Nos préfaces en sont le perpétuel commentaire. Ici nous nous sommes contentés de le prendre au point de vue même du reproche qui nous était fait. Ce critérium explique ainsi les excès révolutionnaires.

Le pouvoir, dans une nation, est le directeur de l'activité sociale; sa légitimité procède d'une pratique constante et assidue de la loi qui règle les actes nationaux. La nation française étant chrétienne par son but et par sa loi d'activité, le pouvoir français doit toujours annoncer l'un, et toujours obéir à l'autre; il doit marcher à la fraternité par le dévouement. Pour cela, il faut qu'il écarte, l'un après l'autre, les obstacles qui s'opposent à la conquête du but national, et qu'il y substitue les moyens les plus propres à cette conquête. L'activité sociale ainsi dirigée est régulièrement et progressivement transformatrice.

S'il arrivait que le pouvoir appliquât tous ses soins à conserver les obstacles qu'il lui est imposé de détruire, il deviendrait par ce seul fait l'obstacle le plus dangereux, celui qu'il importerait de renverser immédiatement; car, avec lui, la nation cesserait bientôt d'exister. Alors agissant d'elle-même, et au nom de son but, celle-ci devrait opérer une révolution, c'est-à-dire déplacer le pouvoir, et de déplacemens en déplacemens, ne cesser ses actes révolutionnaires qu'après qu'un pouvoir véritable se serait fait reconnaître par ses œuvres. Il n'y a pas de milieu pour l'activité d'un peuple entre le mode révolutionnaire et le mode transformateur. Dans le premier cas il n'est pas dirigé, il agit *a posteriori*, pour nous servir de notre langue philosophique; dans le second, il est dirigé, et il agit *a priori*.

L'hypothèse que nous venons de former à l'égard du pouvoir français s'est vérifiée plus d'une fois depuis l'origine de notre nationalité. Plus d'une fois, sous peine de périr, il a fallu renverser des directeurs infidèles. La révolution commencée en 1789, fut un mouvement commandé par une nécessité de ce genre; il serait oiseux de raconter ici comment Louis XIV et sa postérité, non-seulement négligèrent le but social, mais encore fermèrent toutes les routes que leurs prédécesseurs avaient tracées vers ce but, et travaillèrent uniquement à conserver les obstacles sans nombre qu'ils avaient pour mission de faire disparaître. Les priviléges de la naissance résument ces obstacles; ce mot renferme tout.

Témoin d'une grande misère publique, environné de menaces prêtes à éclater, Louis XVI voulut réparer les fautes de ses ancêtres; il ouvrit un instant l'oreille aux sages avis de Turgot. Mais l'école impure de la régence rentra bientôt dans ses conseils et le livra à sa mauvaise destinée. Des embarras de finances accumulés par les dilapidations des règnes antérieurs, et augmentés chaque jour pour l'entretien d'une cour insatiable, firent penser à remettre en vigueur le vote de subsides; il ne restait plus qu'à faire banqueroute et à piller la nation, ou à lui demander d'arranger elle-même les affaires. Les États furent convoqués: la France répondit à ceux qui l'appelaient pour une réforme financière, par le vœu général d'une réforme religieuse, politique et civile. Les cahiers exprimèrent ce vœu, et désormais la question à débattre entre le peuple et le roi fut celle-ci: abolition de tous les priviléges de la naissance.

On croyait aux bonnes intentions de Louis XVI. Ses premiers actes furent des résistances excitées par les intérêts que la réforme avait mis en sollicitude; il s'inspira de leurs craintes, et s'en déclara le protecteur. Tous ses consentements aux mesures qui frappaient les privilégiés, furent autant de concessions qu'il fallut lui arracher. Il entra donc en lutte avec la France, et la transition, déjà si difficile, des institutions selon la naissance, aux institutions selon la fraternité, cette œuvre qui réclamait tant de sacrifices, tant d'études nouvelles, mais surtout une volonté unanime et une grande bonne foi, se trouva compliquée de désaccords et de méfiances. La mauvaise volonté et la mauvaise foi du gouvernement de Louis XVI, occasionnèrent tous les soulèvemens et toutes les insurrections qui eurent lieu depuis le 17 juillet 1789, jusqu'au 10 août 1792; depuis la prise de la Bastille, jusqu'à celle des Tuileries. Le parti qu'adopta le roi dans la querelle des trois ordres, le lit de justice pour la dissolution des États, les renvois de ministres populaires, les refus de sanction, une opiniâtreté invincible contre la constitution civile du clergé, témoignèrent successivement de la mauvaise volonté du pouvoir. Une pareille conduite fit naturellement suspecter la sincérité des capitulations qu'il signait après chaque victoire du peuple. Sa mauvaise foi fut en quelque sorte rendue authentique par la fuite à Varenne, et par son désaveu formel de toute participation volontaire aux réformes accomplies.

La question devint alors franchement révolutionnaire, et ne cessa plus de l'être; de là naquirent les excès et les violences. Puisqu'il fallait rompre avec le passé, puisqu'ainsi l'ordonnait le devoir national et la ferme résolution d'y obéir annoncée par le peuple, il n'y avait plus qu'à choisir entre la rupture morale et la rupture matérielle; car l'une ou l'autre étaient inévitables. La rupture morale c'était la réforme elle-même, et nous venons de voir qu'on ne pouvait plus y croire; restait donc la rupture matérielle, c'est-à-dire la ruine littérale et complète des obstacles, la destruction totale des existences et des intérêts par lesquels le passé était essentiellement maintenu. Si l'on réfléchit que la sécurité d'un peuple repose sur sa confiance dans le pouvoir, et que là où cette certitude n'existe pas, il n'y a d'autre moyen de juger que le témoignage des sens, on comprendra ce besoin des garanties, qui pousse à briser tous les instrumens physiques du mal, lorsqu'on ne peut pas s'assurer autrement de son impuissance. Ce sont là de ces désastres sociaux qui entraînent d'immenses désordres et de nombreuses infortunes. Sans doute ces douleurs sont un mal; mais ce mal n'est imputable qu'aux pouvoirs qui l'ont préparé, qu'à ceux qui l'ont provoqué, qu'à ceux qui n'en ont point détourné la cause : voilà la solidarité. De la part de la nation, ce mal est un juste châtiment qu'elle inflige à des coupables; de la part de ceux qui s'en font les exécuteurs, il est une action privée bonne ou mauvaise, selon qu'elle procède de leur dévouement ou de leur égoïsme. Ce n'est point à ces actions privées que l'on doit s'arrêter lorsqu'on veut apprécier un acte révolutionnaire. Un tel acte est un fait social, dont l'auteur s'appelle nation. Tout ce qu'il faut rechercher, c'est si la mauvaise foi du pouvoir était évidente lorsque le peuple l'a attaquée; le reste est fatal. L'insurrection se lève en tumulte, et frappe toutes les apparences, tous les signes extérieurs sous lesquels elle suppose un ennemi; car elle est elle-même la preuve que l'ordre moral, où les intentions et l'esprit sont discernés, est passagèrement interrompu.

Les extrémités déplorables auxquelles la France fut obligée de demander son salut à l'époque où notre histoire est parvenue, eussent été évitées, presque tout le sang répandu sous la Constituante et sous la Législative eût été épargné, si les majorités de ces deux assemblées et celle de la Convention avaient été conduites par des hommes d'une bonne foi sûre et incontestable. Or il n'en fut pas ainsi.

La science sociale manquait alors, comme il a été tant de fois démontré par nous. Il n'était donc possible que de marcher par des essais organiques, jusqu'à ce que la théorie politique de la fraternité universelle eût été découverte. Ce ne fut pas la science qui divisa les esprits. Tous les révolutionnaires professaient la doctrine du droit naturel; la science ne posait donc entre eux qu'une discussion facile d'où n'auraient point tardé de sortir les conséquences véritables de cette doctrine, toutes négatives de la fraternité. Alors ils eussent changé de principe, et le travail de la réforme sociale se serait accompli pacifiquement. Mais au-dessus de la discussion que posait la science, la morale posait une question de bonne foi, et ceux dont la nation avait fait les maîtres de Louis XVI, et dont elle fit plus tard ses successeurs, n'y satisfirent pas.

C'est à ce point de vue qu'il faut se placer pour juger entre les Girondins et les Jacobins. Il ne s'agit pas de décider de leur supériorité intellectuelle les uns à l'égard des autres; car leur savoir était fondamentalement le même. Il s'agit de reconnaître si les Girondins n'étaient pas évidemment des révolutionnaires de mauvaise foi, auquel cas le 31 mai fut une insurrection nécessaire; il s'agit de voir si les Jacobins qui prirent le pouvoir à leur tour, ne furent pas aussi des révolutionnaires de mauvaise foi, auquel cas, le 9 thermidor fut une réaction légitime.

Quiconque lira froidement les pièces dont se compose l'histoire des Girondins, acquerra la démonstration qu'il fut humainement impossible de croire à la bonne foi de ce parti. Fondé et mené par Brissot, il porta la réputation de cet homme, et contracta avec son chef reconnu la solidarité des imputations flétrissantes dont il était l'objet. Nous renvoyons le lecteur à notre historique des élections pour l'assemblée législative. Les amis de Brissot devaient donner des gages de leur bonne foi révolutionnaire en proportion même des doutes que le meneur inspirait. Il leur fallait prouver matériellement, puisqu'ils ne pouvaient prouver moralement. Nous n'entreprendrons pas de dresser ici leur acte d'accusation; seulement nous choisirons quelques exemples parmi les faits innombrables qui justifient notre assertion.

L'opposition faite à la Gironde par les Jacobins, sous l'influence et sous la direction de Robespierre, commença par une attaque violente contre Brissot. L'esprit de la Constituante représenté par les Feuillans au sein de la Législative allait être vaincu. Depuis la fuite à Varenne le cri public exigeait impérieusement que le roi constitutionnel fût réellement suspendu, et qu'on n'acceptât plus aucun de ses sermens. Les Constituans s'étaient retirés honnis et conspués pour n'avoir pris qu'un instant cette mesure, et y avoir renoncé aussitôt. Les Feuillans marchèrent sur leurs traces, négligeant la question morale, et s'attachant à la forme parlementaire qui ne passait déjà plus que pour un mensonge et une comédie. A la tête des hommes qui se présentaient pour les remplacer figurait Brissot, dont toute l'opposition était aussi bornée à la forme. Il parlait de république au moment où la constitution de 91, fidèlement appliquée, était le seul moyen d'ordre et de salut, aux yeux de tous les honnêtes gens; il proposait de déclarer la guerre, lorsque rien n'était préparé pour la faire; lorsque Louis XVI, instrument désormais passif du parti contre-révolutionnaire, négociait l'invasion, et consentait à la mettre en demeure.

Ces démarches, unies à la réputation de leur auteur, constatèrent la mauvaise foi de Brissot et de ses partisans. Le ministère qu'il forma fut constamment suspect; il ne fut loué que pour ses demi-résistances au parti de la cour; encore fallut-il pour cela qu'il tombât en disgrâce et qu'il devînt une occation pour la volonté révolutionnaire de se manifester à Louis XVI dans la journée du 20 juin. Jamais il ne fut cru sur parole, et ses actes matériels furent toujours conservateurs des obstacles sur lesquels on appelait son animadversion. Il ne voulut point condamner Lafayette, lorsque tout le monde le condamnait ; il ne voulut point prononcer la déchéance, lorsque tout le monde la demandait.

Accusés de maintenir le commandement des armées aux ennemis déclarés de la révolution, les Girondins bravèrent cette accusation ; et la plupart de ceux que l'opposition dénonçait se trouvèrent des traîtres. Après le 10 août, ils s'efforcèrent d'assurer l'impunité des plus grands coupables ; ils sollicitèrent un passe-port pour Narbonne. Leur mollesse à punir, leurs ménagemens pour les individus, lorsque la conservation sociale était en péril imminent, mirent le comble à la méfiance publique. Alors cependant, il n'y avait plus à différer ; les révolutionnaires exigeaient une démonstration matérielle capable de lever leurs doutes. Ni la longanimité, ni la générosité, ni la justice ordinaire n'étaient permises aux Girondins. Il fallait que l'on vît du sang entre eux et les ennemis de la révolution. La faute en était à toutes les marques de mauvaise foi qu'ils avaient données. Le seul bien qu'ils auraient pu faire, et qu'ils auraient dû vouloir au sein de la fatalité qu'ils avaient créée, c'était de frapper avec discernement, car ils étaient le pouvoir. Les massacres de septembre furent la conséquence de leur récusation, et aux yeux de la postérité, les Girondins partageront la responsabilité de ces journées mémorables avec les pouvoirs de mauvaise foi, qui les avaient précédés dans la carrière de la révolution.

Le procès de Louis XVI décida du sort des Girondins, et la trahison de Dumourier en précipita le dénoûment. Nous n'entrerons pas dans les détails de ces événemens. Nos introductions au mois de février, au mois de mars et au mois d'avril 1793 renferment tout ce que nous avons à dire là-dessus. Le lecteur qui suivra attentivement nos indications, et qui, prenant la question comme nous venons de la poser dans cette préface, comparera les attaques portées à la Gironde par Robespierre le 5 et le 10 avril aux réponses de Brissot, de Vergniaud et de Guadet comprendra l'irrésistible nécessité du 31 mai.

Dans l'état où se trouvaient le pouvoir girondin et l'opposition jacobine au début de la Convention nationale, la mort de Louis XVI était fatale et inévitable. Si les Girondins avaient pris soin de le séparer du milieu révolutionnaire, pendant la Législative ; de prononcer à temps sa déchéance et de l'enfermer dans une prison, sa personne eût peut-être été respectée. Mais c'était là une initiative en dehors des voies où les amis de Brissot étaient engagés ; et leur mauvaise foi présumée fut la principale cause de la mort de celui qu'ils essayèrent de sauver.

Le décret par lequel Guadet fit décréter la convocation d'une convention nationale fut le premier présage défavorable à la probité et à la sagesse que les Girondins apporteraient dans cette assemblée. Au lieu de conférer au peuple entier la nomination de ses dictateurs suprêmes, on l'attribua à des corps électoraux. Lorsque la nouvelle tribune fut ouverte, les Girondins l'occupèrent incessamment pour leur propre compte, attaquant Paris, qui les avait jugés, opposant les départemens à la capitale, et cherchant ainsi à consommer un fédéralisme mortel pour la nation, afin de garder leur fortune politique. Les Jacobins se dévouèrent à tous les périls pour maintenir l'unité. Pendant que leurs adversaires tournaient en calomnies, contre leurs sentimens et leurs projets, les excès dont le parti gouvernant était le vrai coupable, eux ne s'occupaient que des ennemis de la France et des mesures qui la préserveraient; la guerre étrangère et le procès du roi étaient les seuls terrains sur lesquels ils aplaient et combattaient leurs antagonistes. Ces deux polémiques, si différentes dans leur principe et dans leur but, caractérisent à chaque instant le pouvoir et l'opposition. Deux griefs la résument très-exactement, et montrent dans tout son jour la logique révolutionnaire plus haut déduite. Les Jacobins reprochent au pouvoir d'être un hypocrite et un menteur; le pouvoir leur reproche d'être des hommes de sang ; ce qui revient à dire qu'ils sont des hommes d'une méfiance absolue. Jamais guerre à mort fut-elle plus nettement exprimée ?

Les Girondins la firent avec une haine implacable ; mais, habitués aux ruses et aux habiletés parlementaires, ils se confièrent à des intrigues et à des manœuvres détournées pour exterminer les factieux qui leur résistaient. Ceux-ci leur arrachèrent d'abord, au nom de la garantie révolutionnaire, la loi vivante du passé, ce roi dévoué au mal et à la mort, par les fautes de ses pères, par celles de ses conseillers, par celles de la Constituante et de la Législative. Après le 21 janvier 1793, il n'y eut plus d'autre obstacle que les Girondins eux-mêmes, et lorsque la trahison de Dumourier, qu'ils défendirent jusqu'au dernier moment, eut mis le sceau à leur mauvaise foi, une insurrection les renversa.

S'il est démontré que les Girondins eurent toutes les apparences d'un parti contre-révolutionnaire ; s'il est démontré que les hommes qui désiraient de bonne foi l'abolition de tous les priviléges de la naissance, et l'avènement de a fraternité ne purent à aucun titre les accepter comme directeurs vers un tel but, il ne s'agit plus de mesurer leur plus ou moins de moralité. Ils furent un pouvoir immoral dans toute la rigueur de ce mot. Le préjugé accrédité par les historiens qui ont étudié et raconté les actes révolutionnaires du point de vue des individus, et non pas du point de vue de la loi sociale et de la nation, porte encore de bons esprits à croire que la révolution était chose facile, et que la résistance aux excès qui l'accompagnèrent, était l'œuvre pénible et difficile. Il est certain au contraire que les contre-révolutionnaires à un degré quelconque eurent toute facilité, et que si la révolution triompha de 1789 à 1794, c'est qu'elle eut pour instrument la force seule indomptable dans les sociétés humaines, la puissance du dévouement et du sacrifice. Le passage suivant d'un conventionnel célèbre peint vivement la difficulté dont nous parlons. Ce morceau fût écrit après la mort du roi :

« S'il avait été donné à la sagesse humaine de prévoir dès l'instant de la convocation des états-généraux le point où nous en sommes arrivés, et par quelle suite d'événemens nous devions y parvenir, à coup sûr le sage qui nous aurait dévoilé l'avenir eût été traité de visionnaire.

» La Bastille rasée, le despotisme abattu, la constitution renversée à sa naissance, deux assemblées nationales succombant sous le poids de l'indignation publique, des massacres concertés pour écraser la liberté ne servant qu'à l'établir ; la monarchie encensée depuis treize siècles comme le plus beau des gouvernemens, proscrite en un jour comme le fléau de l'humanité ; le monarque adoré pendant quinze années, supplicié de la main du bourreau comme un tyran ; la république établie par acclamation ; la révolution toujours entravée par les classes qu'elle favorisait, et toujours défendue par les classes qu'elle écrasait, voilà de ces événemens qu'a provoqués tour à tour le torrent de l'opinion publique, mais dont le présage était au-dessus des forces de l'esprit humain. Ils se conçoivent aujourd'hui que nous avons vu se développer sous nos yeux les causes qui les ont amenés. Ce qui me passe et me passera toujours, c'est que les ouvriers, les artisans, les manœuvres, les indigens, en un mot les classes de la société qui perdaient tout à la révolution et que des législatures vénales avaient exclues du rang des citoyens, soient les seuls qui l'aient constamment soutenue, et qui l'aient enfin consacrée sans avoir jamais opposé aux artifices de leurs ennemis que la force de leurs bras et les ressources de leur courage. Ce n'est pas là sans doute un effet sans cause ; mais que ces grands moralistes, qui prétendent que l'homme n'agit jamais que par un intérêt palpable, nous expliquent un peu ce phénomène. C'est dans ces classes que la liberté a trouvé de vrais défenseurs; et si elles avaient été moins nombreuses au sein de la capitale, où a toujours été le foyer de la révolution, il était impossible qu'elle se soutînt quelques jours contre les piéges sans cesse renaissans d'une foule d'ennemis conjurés pour l'étouffer au berceau.

« Quand je songe combien peu il s'en fallut tant de fois que le despotisme ne fût rétabli sans retour, je regarde la révolution française comme un miracle continuel, et j'ai peine à me défendre de l'idée qu'un dieu tutélaire a veillé pour le salut des amis de la liberté; car comment concevoir que des citoyens sans plan de conduite, sans vues, sans fortune, et la plupart sans armes, aient triomphé d'une foule d'ennemis adroits, fins, fourbes, versés dans l'art d'en imposer aux hommes, ayant dans leurs mains toutes les places de l'autorité, et disposant à leur gré du trésor public, des arsenaux et de la force armée? Comment concevoir que des hommes presque sans moyens de défense l'aient emporté sur ceux qui réunissaient dans leurs mains tous les moyens d'oppression? »

Pour terminer notre controverse avec *le Censeur*, nous devrions placer notre opinion motivée sur les Jacobins à côté de celle que nous avons formulée sur les Girondins; mais il n'y a jusqu'à ce moment dans notre histoire aucun élément direct d'un tel jugement, car les Jacobins ne sont pas encore au pouvoir, et ils n'ont fait aucun acte social. Nous n'anticiperons pas. Nous avons posé les principes qui nous serviront à les juger, comme ils nous ont servi à juger leurs adversaires. L'application que nous venons d'en faire dans cette préface ne peut laisser aucun doute sur ce point, savoir, que la question révolutionnaire était éminemment et avant tout une question de bonne foi.

HISTOIRE PARLEMENTAIRE

DE LA

RÉVOLUTION

FRANÇAISE.

MARS 1793 (suite).

CONVENTION NATIONALE.

SÉANCE DU 8 MARS. — *Présidence de Gensonné.*

[*Lacroix, l'un des commissaires de la Convention dans la Belgique.* Les commissaires que vous avez envoyés dans les provinces de la Belgique m'ont député avec Danton pour vous faire part de faits très-essentiels que vous devez connaître. Le ministre de la guerre vous disait hier que vous ne deviez ajouter foi qu'aux rapports officiels des généraux qu'il vous communique; cette proposition serait vraie si vous n'aviez pas auprès de vos armées des yeux aussi fidèles que ceux des ministres. Je me suis trouvé au milieu de l'armée de Valence; j'ai été pendant dix heures à cheval; j'ai suivi tous ses mouvemens; j'ai assisté à toutes les conférences des généraux, et je puis, dans cette affaire, vous instruire avec plus d'exactitude que le ministre, qui ne vous dit rien et qui vous présente comme un bien la réunion des armées, qui réellement est la suite d'un désavantage. Je demande que le comité de défense générale se rassemble à l'instant pour entendre les détails que j'ai à lui donner; ou, si l'assemblée croit qu'il est de la prudence de publier ces détails, quelque affligeans qu'ils soient, je les lui donnerai. Je ne sais pas déguiser la vérité; il faut connaître le mal pour y apporter le remède.

Lamarque. Immédiatement après que le traître La Fayette eut fait arrêter les trois commissaires de l'assemblée, je fus envoyé avec deux autres membres dans le département des Ardennes. Nous y trouvâmes et nous vîmes le véritable état de l'armée du centre, le défaut de munitions, la faiblesse de cette armée, l'espèce de nudité et la dispersion de ces quinze mille soldats, destinés à repousser plus de quatre-vingt-dix mille hommes; nous trouvâmes les places dégarnies; nous rendîmes compte de cet état affligeant des choses à l'assemblée. Le comité de défense générale, qui recevait nos dépêches, nous écrivit que nous étions bien hardis d'écrire de pareils détails et de vouloir les rendre publics sans le consulter. Nous lui répondîmes que chez un peuple composé de vingt-sept millions d'ames, et en état d'armer trois millions de citoyens, il ne fallait pas dissimuler les dangers. En effet, à peine les eûmes-nous fait connaître, que cent mille hommes se précipitèrent vers les frontières pour repousser l'ennemi. Je demande, ou qu'au comité de défense générale soit adjoint le comité militaire et celui de surveillance, ou que le rapport qu'a fait Lacroix soit annoncé à la Convention.

Barrère. Croyez-vous que le secret soit possible dans votre comité de défense générale, où se trouvent des secrétaires, commis-écrivains; dans ce comité, qui est ouvert à tous vos membres? Ce secret n'est pas même nécessaire, puisque nous nous battons avec les forces nationales, puisqu'il n'existerait pas pour nos ennemis. Ainsi écartons de la Convention toutes les défiances : le mal est connu de l'ennemi; il est connu des départemens voisins,

Le secret ne sert qu'à augmenter les alarmes; il faut donc tout publier si nous voulons empêcher les terreurs paniques des hommes faibles et les terreurs scélérates de ces ames de boue et de sang qui ne cherchent que des prétextes de troubles. Oui, il est à Paris de ces hommes qui ne demandent pas mieux que d'alarmer les citoyens, pour se livrer ensuite au pillage, à l'assassinat; il faut leur ôter tout prétexte. Une assemblée qui est publique par essence devrait délibérer sur la guerre au milieu de la place publique. Vous avez changé la diplomatie de l'Europe; vos armées ne connaissent plus d'autre tactique que celle d'hommes qui, voulant la liberté ou la mort, se précipitent sur les esclaves.

Je sais bien qu'il existe dans le conseil exécutif un secret naturel pour les mesures d'exécution, pour les plans de campagne; mais, quand on annonce des dangers à la Convention nationale, elle devrait désirer que la nation entière se trouvât dans cette enceinte, parce que nous la verrions se précipiter tout entière vers les points menacés pour repousser les despotes.]

L'assemblée décide que Lacroix fera à l'instant son rapport. Il monte à la tribune et rend compte que nos troupes, dispersées près d'Aix-la-Chapelle sur une ligne très-étendue, n'ont pu faire de résistance nulle part; que l'ennemi s'est glissé entre les corps, et que ceux-ci n'ont pu se rallier qu'en abandonnant une partie de leurs équipages.

[*Maximilien Robespierre.* Vous venez d'entendre de la bouche d'un de vos commissaires le récit du revers qu'a éprouvé l'une de vos armées dans la Belgique.

Citoyens, quelque critiques que paraissent les nouvelles circonstances dans lesquelles se trouve la République, je n'y puis voir qu'un nouveau gage de succès pour la liberté. Pour un peuple libre et naissant à la liberté, le moment d'un échec est celui qui présage un triomphe éclatant, et les avantages passagers des satellites du despotisme sont les avant-coureurs de la destruction des tyrans. Nous nous sommes trouvés dans des circonstances bien autrement difficiles, et nous sommes sortis victorieux du fond de l'abîme. Rappelez-vous l'époque glorieuse du 10 août, vos défaites du mois de septembre : alors vous n'aviez point d'armée ; des généraux perfides, nommés par la cour et d'intelligence avec nos ennemis, avaient livré nos places sans défense ; nos soldats, nus, mal approvisionnés, étaient disséminés sans ordre sur une frontière immense.

La nation osait à peine porter ses regards soit sur les chefs militaires, soit sur les autorités civiles; elle ne savait où reposer sa confiance. Nous étions entourés de trahisons ou de perfidies. Qu'a fait la liberté dans son explosion? Elle s'est dégagée de toute entrave; tous les dangers ont disparu à sa voix; et nous ne sommes sortis de cet état que pour répandre l'épouvante dans l'Europe entière. Le plus célèbre des généraux du despotisme, celui dont le nom seul semblait un signal de destruction, a fui devant un général à peine connu dans l'Europe. Le peuple de Paris, le peuple des départemens a foudroyé de son courage invincible les satellites des tyrans. Le moment où le territoire français a été évacué a suivi de peu de jours la reddition de Verdun. Plusieurs départemens étaient envahis par des armées nombreuses et formidables : nous avons paru, et déjà elles n'étaient plus. Pourquoi tentent-elles aujourd'hui de nouvelles attaques ? Pourquoi n'avez-vous gardé qu'un instant l'espoir de les voir, avec leur prince et la monarchie prussienne, ensevelies dans les plaines de la Lorraine et de la Champagne? Graces à leurs heureuses destinées, elles existent encore; mais le peuple qui les a repoussées existe; mais le génie de la liberté, qui a précipité leur fuite, est impérissable et nous garantit leur ruine prochaine ; bientôt elles seront relancées dans les repaires du despotisme.

Nos ressources sont immenses. Nous avons éprouvé un échec malheureux; mais à peine est-il capable de retarder d'un instant la prospérité publique qui croîtra avec nos victoires, la liberté et l'égalité que nous porterons aux peuples étrangers, le bonheur et la protection que nous devons aux peuples alliés; la cause même de ces échecs est pour nous le gage qu'ils n'auront aucunes suites funestes.

Il nous reste à purger nos armées d'un esprit aristocratique qui s'est réfugié dans les états-majors, de quelques traîtres qui seront écrasés comme des insectes par une grande nation destinée à punir tous les tyrans du monde.

La Convention nationale peut hâter cette heureuse révolution. Il lui suffit de dégager le peuple français des entraves dont il est environné, de s'élever elle-même à la hauteur du caractère divin dont elle est revêtue; car c'est bien une mission divine que celle de créer la liberté, de diriger son impulsion toute-puissante vers la chute de la tyrannie et la prospérité des peuples. Il lui suffira de tenir sans cesse le glaive de la loi levé sur la tête des conspirateurs puissans, des généraux perfides, de fouler aux pieds tout esprit de parti et d'intrigue, et de ne prendre pour guide que les grands principes de la liberté et du bien public, de balayer tous les traîtres, de tendre des mains protectrices aux amis de la liberté, au peuple, qui a fait la révolution, et dont la prospérité ne peut être assise que sur les bases de l'égalité.

La nation entière secondera votre zèle, ou plutôt elle l'aura devancé; car je ne doute pas qu'un seul cri, celui de venger la liberté, ne retentisse d'un bout à l'autre de la République; que l'aristocratie ne soit écrasée, et que les patriotes, les amis fervens et sincères de la liberté, ne relèvent bientôt une tête altière et triomphante.

Je demande que la proposition de Lacroix soit mise aux voix, et que le rapport du comité de défense générale soit fait demain.

Lacroix. Voici mes propositions :

« ART. 1. A compter de ce jour, tous les congés accordés aux militaires de tout grade sont révoqués. Les officiers seront tenus de rejoindre leur poste dans huitaine, sous peine de destitution de leur emploi; et les sous-officiers, volontaires nationaux et soldats rejoindront leurs bataillons et régimens dans le plus court délai, à raison de sept lieues par jour.

» 2. Le ministre de la guerre fera parvenir à la Convention nationale l'état des officiers de l'armée qui ont obtenu des congés, des motifs pour lesquels ces congés leur ont été accordés; il donnera également l'état de tous les officiers qui se sont absentés sans congé, et qui n'étaient pas à leur poste le jour où l'avant-garde de l'armée de Belgique fut attaquée. »

Le projet est adopté et étendu à tous les membres de la Convention qui sont absens par congé.

Danton. Nous avons plusieurs fois fait l'expérience que tel est le caractère français, qu'il lui faut des dangers pour trouver toute son énergie : eh bien ! ce moment est arrivé. Oui, il faut dire à la France entière : « Si vous ne volez pas au secours de vos frères de la Belgique, si Dumourier est enveloppé en Hollande, si son armée était obligée de mettre bas les armes, qui peut calculer les malheurs incalculables d'un pareil événement? La fortune publique anéantie et la mort de six cent mille Français pourraient en être les suites.

Citoyens, vous n'avez pas une minute à perdre ; je ne vous propose pas en ce moment des mesures générales pour les départemens ; votre comité de défense vous fera demain son rapport. Mais nous ne devons pas attendre notre salut uniquement de la loi sur le recrutement : son exécution sera nécessairement lente, et des résultats tardifs ne sont pas ceux qui conviennent à l'imminence du danger qui nous menace. Il faut que Paris, cette cité célèbre et tant calomniée ; il faut que cette cité, qu'on aurait voulu renverser pour servir nos ennemis, qui redoutent son brûlant civisme, contribue par son exemple à sauver la patrie. Je dis que cette ville est encore appelée à donner à la France l'impulsion qui, l'année dernière, a enfanté nos triomphes. Comment se fait-il que vous n'ayez pas senti que, s'il est bon de faire les lois avec maturité, on ne fait bien la guerre qu'avec enthousiasme ? Toutes les mesures dilatoires, tout moyen tardif de recruter, détruit cet enthousiasme, et reste souvent sans succès. Vous voyez déjà quels en sont les misérables effets.

Tous les Français veulent être libres ; ils se sont constitués en gardes nationales. Aux termes de leurs sermens, ils doivent tous marcher quand la patrie réclame leurs secours.

Je demande, par forme de mesure provisoire, que la Convention nomme des commissaires qui, ce soir, se rendront dans toutes les sections de Paris, convoqueront les citoyens; leur feront prendre les armes, et les engageront, au nom de la liberté et de leurs sermens, à voler à la défense de la Belgique. La France entière sentira le contre-coup de cette impulsion salutaire. Nos armées recevront de prompts renforts; et, il faut le dire ici, les généraux ne sont pas aussi répréhensibles que quelques personnes ont paru le croire. Nous leur avions promis qu'au 1er février l'armée de la Belgique recevrait un renfort de trente mille hommes. Rien ne leur est arrivé. Il y a trois mois qu'à notre premier voyage dans la Belgique, ils nous dirent que leur position militaire était détestable et que, sans un renfort considérable, s'ils étaient attaqués au printemps, ils seraient peut-être forcés d'évacuer la Belgique entière. Hâtons-nous de réparer nos fautes. Que ce premier avantage de nos ennemis soit, comme celui de l'année dernière, le signal du réveil de la nation. Qu'une armée, conservant l'Escaut, donne la main à Dumourier, et les ennemis seront dispersés. Si nous avons perdu Aix-la-Chapelle, nous trouverons en Hollande des magasins immenses qui nous appartiennent.

Dumourier réunit au génie de général l'art d'échauffer et d'encourager le soldat. Nous avons entendu l'armée battue le demander à grands cris. L'histoire jugera ses talens, ses passions et ses vices; mais ce qui est certain, c'est qu'il est intéressé à la splendeur de la République. S'il est secondé, si une armée lui prête la main, il saura faire repentir nos ennemis de leurs premiers succès.

Je demande que des commissaires soient nommés à l'instant.

Lacroix. Je demande l'ajournement de cette proposition jusqu'après le rapport du comité de défense-générale.

Barrère. On n'ajourne que lorsqu'on a des doutes ou quand une proposition a des inconvéniens. Paris ne doit pas avoir la priorité de patriotisme : c'est une vertu commune à tous les Français, et je vois Danton lui-même applaudir à ma pensée. Si ce soir nous appelons Paris, c'est que Paris est près de nous. Je demande que, sans ajournement, on décrète à l'instant que des commissaires se rendront dans les départemens pour engager les citoyens à voler à la gloire qui accompagnera Dumourier; car je le déclare, Dumourier seul est une armée.

Les propositions de Danton sont décrétées en ces termes :

« La Convention nationale, après avoir entendu le rapport de ses commissaires envoyés dans la Belgique, décrète que des commissaires pris dans son sein se rendront ce jour dans les quarante-huit sections de Paris, pour les instruire de l'état actuel de cette armée, pour rappeler à tous les citoyens en état de porter les armes le serment qu'ils ont prêté de maintenir jusqu'à la mort la liberté, l'égalité, et pour les requérir, au nom de la patrie, de voler au secours de leurs frères dans la Belgique. »

Des commissaires chargés de la même mission seront envoyés dans tous les départemens de la République.

Duhem. Je demande la parole pour une motion importante.

Citoyens, enfin le moment est arrivé où le patriotisme va triompher, où cette grande ville, par de nouveaux efforts, va imposer silence à ses vils calomniateurs, où vous allez dégager les patriotes de toute entrave et de toute persécution. Robespierre vous a parlé des restes impurs d'aristocratie qui souillent encore les états-majors des armées de la République. Il existe encore de ces hommes de boue, de ces hommes vils et méprisables, qui, depuis la glorieuse révolution du 10 août, ne se sont attachés qu'à écraser, qu'à pulvériser l'esprit public, sans lequel la révolution serait perdue, l'aristocratie triompherait; sans lequel tous les patriotes seraient livrés au glaive des vengeances aristocratiques.

Il faut de toute nécessité que sur cet article vous preniez une grande mesure révolutionnaire.

Il faut faire taire ces insectes calomniateurs, qui sont les seuls, les véritables obstacles des progrès de la révolution. Je demande que ces folliculaires dont l'unique emploi est de corrompre l'esprit public, de calomnier la Convention nationale, de la représenter aux yeux de ses commettans comme indigne de sa mission; il faut que ces hommes, qui s'attachent à calomnier les patriotes, que tous ces auteurs de journaux, que ces courriers qui vont jeter l'alarme dans les départemens, que les rédacteurs de tous ces papiers incendiaires, ou plutôt somnifères, soient enfin soumis à la puissance nationale, et que ces reptiles impurs soient obligés, comme après la révolution du 10 août, de se cacher dans leur honte.

Je demande que la Convention chasse de son sein tous ces êtres immondes (Un grand nombre de voix : Oui, oui), et qu'on charge le comité de sûreté générale de les mettre à la raison. Je demande que les journalistes soient tous expulsés de cette salle.

Bourdon, de l'Oise. Quelle confiance voulez-vous que l'on ait dans la Convention, quand un Brissot la calomnie tous les jours ?

Fonfrède. Qu'on interdise donc aussi le journal de Marat.

Bourdon. Eh bien ! oui.

Thureau, de l'Yonne. Je demande que le Bulletin soit le seul qui puisse circuler dans les départemens.

Fonfrède. Il est malheureux qu'au moment où nous devons sentir plus que jamais le besoin impérieux de la réunion de toutes nos forces et de toutes nos volontés, où la nécessité de la défense commune doit éloigner l'influence de l'esprit de parti, une proposition, que j'aime à croire dictée par un motif louable, porte avec elle le caractère de cet esprit de parti, qui doit disparaître du milieu de nous. Je ne pense pas qu'au moment où vous devez donner à la France le mouvement nécessaire à la conservation de sa liberté, vous puissiez rétablir la censure et l'inquisition.

J'ai entendu avec peine que dans cette discussion on a nommé des personnes, tandis qu'on ne devrait s'occuper que des choses et des principes. Je vous rappelle les paroles de Danton et les ouvrages de Lepelletier, qui avaient tous pour devise : *La liberté de la presse ou la mort.* Je ne pense pas que, pour enflammer le courage des bons citoyens, vous veuilliez anéantir cette liberté salutaire. Je ne croirai jamais que l'inquisition soit la route pour arriver à la liberté.

Sans doute, ceux qui emploient et une partie de leurs feuilles, et une partie de la séance, à ranimer sans cesse l'esprit de parti et à fomenter les divisions, feraient bien mieux de s'occuper à éclairer l'opinion publique; mais la Convention se déshonorerait si, au moment où elle redouble d'efforts pour donner à la France une liberté illimitée, elle anéantissait celle de la presse en rétablissant la censure.

Duhem. La liberté de la presse n'est pas celle de faire la contre-révolution.

On demande que la discussion soit fermée.

Saint-André obtient la parole.

Saint-André. Je ne viens pas combattre, comme on l'avait pensé peut-être, le principe de la liberté de la presse, je sais combien ces principes sont respectables; je les ai défendus toute ma vie; je les ai défendus dans le sein de cette assemblée; et certes, je ferai toujours en sorte d'être conséquent avec moi-même. Je sais que la raison publique s'alimente quelquefois des passions et des préjugés; mais je sais aussi qu'il est dans le cœur des hommes libres une tendance à la vérité qui rend bientôt cette raison publique victorieuse, malgré les nuages que lui opposent l'envie, les vices, les passions et les vengeances particulières.

Ce qui occasionne en ce moment des réclamations justes, il ne faut pas en disconvenir, c'est l'abus malheureux que l'on fait de la liberté d'écrire. Il est des feuilles publiques qui ne servent qu'à alimenter les passions, les discordes et les défiances. Il est ici des journalistes, et je n'en excepte aucun, car je ne suis pas partial, qui semblent prendre à tâche d'égarer l'opinion publique, d'exciter des défiances, des jalousies; ce sont des trompettes de discorde. Et tandis qu'ils traitent d'anarchistes des hommes qui, je le dis avec orgueil, valent mieux qu'eux, c'est eux-mêmes qui propagent l'anarchie, qui rendent les citoyens vertueux incertains sur l'opinion qu'ils doivent avoir de leurs représentans.

Je sais que tel homme que Gorsas ne connaît pas a été déclaré infâme, un Gorsas à la main. Mais que m'importent et Gorsas et Brissot, et ces autres feuilles qui, sous prétexte d'une impartialité apparente, semblables au lit de fer d'un ancien tyran, allongent ou raccourcissent à leur gré les opinions qui sont prononcées à cette tribune, tronquent les pensées des membres qui leur déplaisent, afin de favoriser un parti et de présenter l'autre sous le jour le plus défavorable? Ils égarent l'opinion publique, ils font un abus bien cruel de la liberté que nous accordons à la presse; mais on abuse de tout au monde, et parce qu'on abuse d'une chose utile, est-ce pour cela une raison de détruire la chose même?

Laissons, laissons coasser dans la boue et la fange ces vils insectes, qui auraient dû sentir combien il était glorieux pour eux de répandre les vrais principes de la justice, de la raison, de la morale, de se dévouer à l'instruction publique plutôt qu'à servir leurs passions; qui auraient dû sentir que leur devoir était de rapporter les faits avec impartialité, d'instruire le peuple dans les principes purs de la liberté, de l'égalité; qu'en laissant à part les passions, ils auraient pu prétendre à la gloire d'être les instituteurs de la République. Cette gloire les touche peu, sans doute; car ils ne l'ont pas cherchée; car il est des hommes qui, ne s'occupant que d'injures et de personnalités au lieu de s'occuper de la République, regardent comme ennemis tous ceux qui ne se prosternent pas devant eux, qui ne consentent pas à devenir leurs adorateurs.

Mais je n'en conclus pas qu'on doive restreindre la liberté de la presse. Une pareille violation du droit de la pensée n'est ni dans mes principes ni dans mes sentimens. Que tout le monde parle, que tout le monde écrive, qu'on dise du mal de moi, cela m'est assez indifférent; et tous ceux qui ne veulent que la patrie sauront bien fouler aux pieds ces misérables feuilles, qui ne sont bonnes qu'à cet usage.

Au reste, il est une police particulière que la Convention a droit d'exercer dans son enceinte. Je crois que l'on peut, sans violer les principes, chasser des places qui leur sont accordées dans cette enceinte ceux des journalistes qui en abusent pour corrompre l'esprit public.

Après quelques débats, l'assemblée passe à l'ordre du jour.]

CONSEIL-GÉNÉRAL DE LA COMMUNE. — *Séance du 8 mars.*

A l'ouverture de la séance, le conseil a ordonné l'inscription et la consignation sur les registres du décret par lequel la Convention nationale invite tous les citoyens en état de porter les armes à voler au secours de leurs frères de la Belgique.

Le maire rend compte de ce qui s'est passé dans Paris ; il a fait fermer les spectacles et battre le rappel pour engager tous les citoyens à se rendre dans leurs sections, à l'effet d'y entendre les commissaires que la Convention doit y envoyer.

Le substitut du procureur de la Commune donne lecture de la proclamation suivante, dont la rédaction est adoptée :

« *Aux armes, citoyens, aux armes!*
» *Si vous tardez, tout est perdu.*
» Une grande partie de la Belgique est envahie ; Aix-la-Chapelle, Liége, Bruxelles, doivent être maintenant au pouvoir de l'ennemi. La grosse artillerie, les bagages, le trésor de l'armée, se replient avec précipitation sur Valenciennes, seule ville qui puisse arrêter un instant l'ennemi ; ce qui ne pourra suivre sera jeté dans la Meuse. Dumourier fait des conquêtes en Hollande ; mais si des forces considérables ne le soutiennent pas, *Dumourier, et avec lui l'élite des armées françaises peuvent être engloutis.*
» Parisiens, envisagez la grandeur du danger ; voulez-vous permettre que l'ennemi vienne encore désoler la terre de la liberté, brûler vos villes, vos campagnes?
» Parisiens, c'est contre vous surtout que cette guerre abominable est dirigée ; ce sont vos femmes, vos enfans qu'on veut massacrer ; c'est Paris qu'on veut réduire en cendres. Rappelez-vous que cet insolent Brunswick a juré de n'y point laisser pierre sur pierre.

» Parisiens, sauvez encore une fois la chose publique; encore une fois donnez l'exemple. Levez-vous, armez-vous, marchez, et ces bandes d'esclaves reculeront encore devant vous. Il faut un dernier effort; il faut porter un coup terrible, un dernier coup; il faut que cette campagne décide du sort du monde; il faut épouvanter, exterminer les rois. Hommes du 14 juillet, du 5 octobre, hommes du 10 août, réveillez-vous!

» Vos frères, vos enfans, poursuivis par l'ennemi, enveloppés, peut-être, vous appellent; vos frères, vos enfans massacrés au 10 août, dans les plaines de la Champagne, sous les décombres de Lille embrasée; vos frères tués à Jemmappes.... Levez-vous; il faut les venger.

» Que toutes les armes soient portées dans les sections; que tous les citoyens s'y rendent; que l'on y jure de sauver la patrie; qu'on la sauve! Malheur à celui qui hésiterait; que dès demain des milliers d'hommes sortent de Paris; c'est aujourd'hui le combat à mort entre les hommes et les rois, entre l'esclavage et la liberté. PACHE, *maire.* »

Le maire demande que l'on expose au haut de la Maison commune le drapeau qui annonce que la patrie est en danger, et que le drapeau noir soit placé au haut de l'église métropolitaine.

Le conseil-général adopte ces mesures.

Le conseil arrête que ceux de ses membres nommés à cet effet se retireront aussitôt, un dans chaque section, pour y faire lecture de la proclamation qui vient d'être arrêtée, et que demain cette même proclamation se fera dans la ville et carrefours de Paris.

Les administrateurs de police annoncent au conseil que tout est tranquille dans Paris.

Une députation de la section des Lombards vient exposer que cette section a remarqué dans la proclamation qui lui a été lue une exagération dans l'exposé des faits qui pourrait alarmer les citoyens. La députation conclut à ce que cette proclamation ne soit pas lue demain dans les rues de Paris.

Le maire et le procureur de la Commune, en rétablissant les

expressions de la proclamation, que les commissaires avaient eux-mêmes un peu dénaturées, ont calmé les inquiétudes de la section à cet égard.

La section des Sans-Culottes demande que les barrières soient fermées sur-le-champ, afin que les lâches qui veulent se soustraire au recrutement ne puissent pas s'évader.

Le maire oppose à cette demande l'existence de la loi.

La section de la Butte-des-Moulins a arrêté qu'elle ne délivrerait aucun passe-port avant que le recrutement ne soit totalement effectué.

Le Patriote français, n. MCCCV, fait les réflexions suivantes :
« Paris, du vendredi 8 mars. — Est-ce par terreur panique, est-ce par une intention perfide, que les malveillans se plaisent à exagérer les mauvaises nouvelles? On a répandu ce soir avec affectation, dans les groupes, dans les sections, que Liége et Bruxelles étaient pris, que l'ennemi marchait vers la France, que Dumourier était perdu... et ces nouvelles étaient suivies d'exhortations à se défaire des traîtres, à couper des têtes, etc.

» Les bons citoyens ne sauraient trop être en garde contre ces horribles insinuations. A portée de savoir la vérité, nous pouvons attester, d'après les hommes instruits des faits, que si Liége est évacué, Liége n'est pas pris (du moins on n'en sait rien); que si l'ennemi peut marcher sur Liége, il peut aussi, par cette marche, s'exposer à être battu, et qu'ainsi l'on peut encore espérer pour cette ville. Nous pouvons attester, d'après des gens de l'art, qu'il est impossible à l'ennemi de s'enfoncer dans la Belgique. Nous pouvons attester enfin que l'ennemi n'est pas aussi nombreux qu'on dit, qu'il est inférieur à notre armée, que Dumourier n'est point coupé et continue son expédition pour la Hollande.

» Non, ce n'est point par la terreur qu'il faut exciter le recrutement, mais par la haine des tyrans, par la nécessité de les écraser dans une campagne. — La terreur! ne déshonore-t-elle pas les hommes libres? et sous ce point de vue ne doit-on pas voir avec indignation la municipalité ordonner la clôture des spectacles pour ce soir? Est-ce donc une retraite qui doit vous consterner?... C'est un acte de démence, si toutes ces comédies de terreur ne cachent point un projet atroce. — Au surplus, la visite des députés dans les sections a produit le meilleur effet.

CONVENTION NATIONALE. — SÉANCE DU 9 MARS.

[*Le président.* Je préviens l'assemblée que j'ai reçu des lettres de plusieurs sections qui demandent à communiquer à la Convention des observations importantes.

Lacroix. Je demande qu'on renvoie toutes les députations à une séance du soir, et qu'on entende de suite le rapport du comité de défense générale.

Pétion. Je demande, au contraire, que les sections de Paris puissent être entendues. Sans doute elles vous rendront compte de la situation où se trouve Paris en ce moment. La Convention doit être encore instruite de la situation où elle est elle-même ; elle doit savoir si elle est libre ou non. (On murmure.) Je suis étonné qu'il puisse y avoir une seule réclamation contre une proposition indispensable pour la dignité de la Convention et son autorité. (Nouveaux murmures. On demande l'ordre du jour.) Il est impossible de refuser la parole sur une question de priorité. Mais où en sommes-nous donc réduits?....

Garreau. On en est réduit à ne pouvoir plus opprimer les autres.

Barbaroux demande la parole pour appuyer la motion de Pétion.

On insiste sur l'ordre du jour.

Il s'élève une vive agitation.

Le président se couvre.

Plusieurs membres qui entouraient la tribune rentrent en séance. Le calme se rétablit.

Le président, découvert. Jamais la chose publique ne fut plus en péril. (*Un grand nombre de membres de tous les côtés :* Oui, oui, cela est vrai.) Il n'est que trop évident qu'on empêche la Convention de délibérer en ne lui permettant pas d'établir une question de priorité. Je préviens encore la Convention que le maire de Paris est à la barre, et qu'il me fait dire qu'il a des faits essentiels à communiquer à l'assemblée.

La Convention décrète l'admission de la municipalité.

Elle est introduite à la barre.

Le maire de Paris. Hier, à la réception du décret de la Convention nationale, j'ai convoqué le conseil général de la Commune et les commissaires des quarante-huit sections. Les rapports de ces commissaires sont très-favorables; les sections paraissent animées du plus grand zèle. Le conseil général a rédigé une adresse dont le procureur de la Commune va vous donner lecture.

Chaumet lit l'adresse suivante :

« Citoyens législateurs, la République peut compter sur une armée invincible. Les sections se sont levées encore une fois; plusieurs veulent partir tout entières ; chacune dispute à qui fera le plus de sacrifices. Il n'y a plus de passion que celle de l'amour de la patrie; l'enthousiasme est tel, que vous serez peut-être obligés de l'arrêter. Pour nous, que nos fonctions obligent de rester dans la cité, nous allons pourvoir aux besoins des mères, des femmes, des enfans; vous nous seconderez dans ces honorables soins. Nous n'avons pas oublié le principal soutien de la République, les mœurs.

» Le conseil général a invité tous les jeunes gens de ses bureaux à partir; ils sont tous enrôlés, ils partent. (On applaudit.) Il a été arrêté qu'ils seraient remplacés par des citoyens pères de famille, et qu'à l'avenir nul célibataire ne serait reçu dans les bureaux de la Commune. (Nouveaux applaudissemens.) Nous demandons à la Convention nationale que les bourses qui existent encore dans les colléges soient spécialement destinées aux enfans de ceux qui partent pour les frontières. (On applaudit.) La classe pauvre a fait constamment des sacrifices; tout jusqu'à son sang a été prodigué pour la liberté. Il est temps que le riche égoïste partage les charges que le pauvre seul a supportées. Nous demandons qu'il soit imposé sur cette classe d'hommes une taxe de guerre. (On applaudit.)

» Tels sont les vœux de nos concitoyens; nous vous les présentons, et nous vous assurons, en leur nom et au nom de ceux qui restent, un attachement inviolable à la Convention; tandis que les uns iront faire triompher la République au dehors, les autres feront respecter les lois au dedans. Nous étions chargés de demander un tribunal révolutionnaire sans appel; nous apprenons que le principe est décrété, nous en restons là. La section du Luxembourg, outre une moisson nombreuse de guerriers, vient d'envoyer au conseil de la Commune une compagnie surérogatoire de canonniers qui laissent leurs fusils à ceux de leurs frères qui partent aussi. Ces citoyens ont été vivement applaudis. Un d'eux s'est levé et nous a dit un mot que nous vous devons, que nous devons à la République entière : *Attendez*, nous a-t-il dit, *notre retour pour nous applaudir.* (Il s'élève de nombreux applaudissemens.) Ces braves volontaires ne demandent que l'honneur de défiler devant la Convention. »

La compagnie des canonniers de la section du Luxembourg traverse la salle.

Audouin, orateur de cette compagnie. Soixante canonniers de la section du Luxembourg viennent se présenter devant vous avant de voler aux frontières. Trois cents autres volontaires sont prêts à partir dès qu'ils auront des habits. Voilà ces sections, contre lesquelles on a vomi des calomnies répétées sur tous les points de la République. Eh bien! c'est la première, c'est la seule réponse que nous ferons à nos ennemis. Songez, citoyens, qu'en partant nous nous reposons sur vous du soin de pourvoir aux besoins de nos femmes, de nos enfans, de nos vieillards; nous jurons de faire triompher la liberté, l'égalité et la République une et indivisible. (Les membres de l'assemblée se joignent par acclamation à ce serment.)

Le président aux canonniers. La Convention applaudit à votre généreux dévoûment; elle a renouvelé avec vous le serment de maintenir la liberté, l'égalité; c'est assez vous dire que la Constitution qu'elle présentera aux Français leur donnera une république vraiment démocratique.

La Convention ordonne l'impression et l'envoi aux départemens et aux armées.

Plusieurs compagnies armées au nombre desquelles, un corps franc de huit cents hommes, défilent dans la salle.

Carnot, au nom du comité de défense générale. La liberté qui s'assoupit dans les succès, se réveille à la voix du danger, et son réveil est son triomphe. Les nouveaux exploits de nos armées seront dus au léger échec qui nous rend notre énergie. Brunswick serait-il aujourd'hui le plus vil et le plus méprisé des despotes, s'il n'avait osé marcher sur Paris? O vous! qui l'en fîtes repentir, vainqueurs de l'Argonne, l'heure du combat a sonné : l'ennemi s'approche, approchez à votre tour; votre poste est à Liége, aux frontières. Le sort du despotisme est décidé, il doit périr, avancez son supplice; ne faites la paix qu'avec des peuples libres et sans rois, et hâtez le jour de la paix universelle.]

— Le rapporteur propose, et l'assemblée décrète que quatre-vingt-deux de ses membres iront réchauffer le patriotisme dans les départemens, et pousser la nation sur les frontières. Plusieurs députés, chargés de visiter les sections, rendent compte du dévouement qu'ils ont rencontré partout. Bentabolle et Saint-André ajoutent que celles de l'Observatoire et du Louvre se plaignent de la mauvaise volonté des riches qui ne veulent ni marcher, ni contribuer aux frais de la guerre; des dégoûts dont les officiers abreuvent les volontaires, ainsi que de l'impunité dans laquelle vivent les traîtres et les conspirateurs. En conséquence, elles demandent l'établissement d'un tribunal révolutionnaire qui sévisse contre ces divers ennemis du bien public.

[*Carrier.* Je convertis en motion la pétition qui vous est faite par les sections, et je demande que la Convention décrète le principe, c'est-à-dire l'établissement d'un tribunal révolutionnaire, et renvoie au comité de législation, pour présenter demain le mode d'organisation de ce tribunal.

On demande à aller aux voix.

Biroteau. Je demande que le principe soit discuté.

Bourdon-Lacronière. Je demande le rétablissement du tribunal du 17 août, avec le même mode d'organisation.

Thureau. Si le ministre Roland avait comparu devant ce tribunal, il n'aurait pas échappé au glaive de la loi.

Guadet. Je demande la parole. (On murmure.) Je déclare qu'il y a ici des hommes dont les vociférations.... (Les murmures recommencent.)

Lacroix. Nos armées manquent de tout. Je demande qu'on aille aux voix sur-le-champ.

Lanjuinais. Je propose un amendement à ce décret, affreux par les circonstances qui nous environnent, affreux par la violation de tous les principes des droits de l'homme, affreux par l'abominable irrégularité de la suppression d'appel en matière criminelle. Je demande que ce soit au seul département de Paris que s'étende cette calamité.

Levasseur. Je propose la rédaction suivante :

« La Convention décrète l'établissement d'un tribunal criminel extraordinaire, sans appel et sans recours au tribunal de cassation, pour le jugement de tous les traîtres, conspirateurs et contre-révolutionnaires. »

Cette rédaction est adoptée.

Danton. Non, sans doute, citoyens, l'espoir de vos commissaires ne sera point déçu. Oui, vos ennemis, les ennemis de la liberté seront exterminés, parce que vos efforts ne vont point se ralentir. Vous serez dignes d'être les régulateurs de l'énergie nationale ? Vos commissaires, en se disséminant sur toutes les parties de la République, vont répéter aux Français que la grande querelle qui s'est élevée entre le despotisme et la liberté va enfin être terminée. Le peuple français sera vengé : c'est à nous qu'il appartient de mettre le monde politique en harmonie, de créer des lois concordantes avec cette harmonie. Mais avant de vous entretenir de ces grands objets, je viens vous demander la déclaration d'un principe trop long-temps méconnu, l'abolition d'une erreur funeste, la destruction de la tyrannie de la richesse sur la misère. Si la mesure que je propose est adoptée, bientôt ce Pitt, ce Breteuil de la diplomatie anglaise ; et ce Burke, l'abbé Maury du parlement britannique, qui donnent aujourd'hui au peuple anglais une impulsion si contraire à la liberté, seront anéantis.

Que demandez-vous ? Vous voulez que tous les Français s'arment pour la défense commune. Eh bien ! il est une classe d'hommes qu'aucun crime n'a souillés, qui a des bras, mais qui n'a pas la liberté, c'est celle des malheureux détenus pour dettes ; c'est une honte pour l'humanité, pour la philosophie, qu'un homme, en recevant de l'argent, puisse hypothéquer et sa personne et sa sûreté.

Je pourrais démontrer que la déclaration du principe que je réclame est favorable à la cupidité même, car l'expérience prouve que celui qui prêtait ne prenait aucune garantie pécuniaire, parce qu'il pouvait disposer de la personne de son débiteur ; mais qu'importent ces considérations mercantiles ? elles ne doivent pas influer sur une grande nation. Les principes sont éternels, et tout Français ne peut être privé de sa liberté que pour avoir forfait à la société.

Que les propriétaires ne s'alarment point. Sans doute quelques individus se sont portés à des excès ; mais la nation, toujours juste, respectera les propriétés. Respectez la misère, et la misère respectera l'opulence. (Vifs applaudissemens.) Ne soyons jamais coupables envers les malheureux, et le malheureux, qui a plus d'âme que le riche, ne sera jamais coupable. (Nouveaux applaudissemens.)

Je demande que la Convention nationale déclare que tout citoyen Français, emprisonné pour dettes, sera mis en liberté, parce qu'un tel emprisonnement est contraire à la saine morale, aux droits de l'homme, aux vrais principes de la liberté.

Cette proposition est décrétée par acclamation et à l'unanimité.

Saint-André. La proposition de Danton n'est pas assez étendue ; je demande que la contrainte par corps pour dettes soit abolie.

Cette proposition est adoptée. Une loi réglera les exceptions.

Baudouin instruit l'assemblée que tous ses imprimeurs se sont rendus à leurs sections ; il demande si ces citoyens doivent aller à l'ennemi, où si, comme le décret du 2 septembre le portait, leur poste est à l'imprimerie nationale.

Maure. Que Baudouin n'imprime pas les diatribes de Louvet, et il aura assez d'ouvriers.

Montaut. J'observe que quoique Baudouin soit logé par la Convention, il ne se borne pas à imprimer ses travaux; mais qu'il imprime plusieurs feuilles infectées d'aristocratie. Je demande l'ordre du jour.

Duhem. Je demande que l'assemblée décrète que l'imprimeur de la Convention ne pourra imprimer que les pièces dont l'assemblée a ordonné l'impression. (Murmures du côté droit de la tribune.)

Plusieurs voix à droite : Vous attaquez la liberté de la presse.

Thuriot. J'appuie la proposition de Duhem : Baudouin a contracté des engagemens avec l'assemblée constituante et avec l'assemblée législative, qu'il n'a pas remplis. Pourquoi l'imprimeur qui est si bien soldé ne fait-il pas ce qu'il devrait faire ? C'est parce qu'un intérêt sordide le dirige : c'est parce qu'il fait des engagemens particuliers qui déterminent un gain sur lequel il ne devrait pas combiner. Il est temps que vous rappeliez cet homme à la lettre de son contrat ; il faut que Baudouin se décide à n'être plus l'imprimeur de l'assemblée, ou bien à faire son devoir. Il faut proscrire des écrits qui répandent dans les départemens le fanatisme, et des journaux qui loin d'être utiles portent la peste dans l'Empire français.

Je demande que l'assemblée décrète que l'imprimeur qui sera chargé d'imprimer ses travaux, ne pourra livrer à ses presses aucun autre ouvrage.

Après quelques debats, la proposition de Thuriot est décrétée.]

SÉANCE DU 9 MARS AU SOIR.

Un grand nombre de sections viennent offrir leur contingent. Nous remarquons que Victor Broglie est orateur de la section des Invalides.

[*N*..... Vous avez décrété ce matin que des commissaires pris dans votre sein iraient dans les départemens pour y accélérer le recrutement ; je demande que le bureau vous présente la liste de ces commissaires.

Julien, de Toulouse. En restant ici, il nous est impossible de faire cette liste. Je demande que quatre d'entre nous soient autorisés à se retirer dans une salle voisine pour faire le choix des commissaires.

Collot-d'Herbois. Je ne m'oppose point à ce que le bureau nomme les commissaires ; mais je demande que ces commissaires ne puissent être pris parmi ceux qui ont voté pour l'appel au peuple.

La partie droite de l'assemblée est dans une violente agitation. — Dussaulx, Biroteau, s'avançant dans le milieu de la salle, parlent avec menaces à Collot-d'Herbois. — Le tumulte se prolonge. — Un long espace de temps se passe en altercations particulières. — Enfin le calme se rétablit.

Une députation de la section de la Halle-aux-Draps est introduite.

L'orateur. « Représentans, lorsque vos collègues sont venus au milieu de nous, déjà nous avions arrêté que tous les citoyens de la section en état de porter les armes étaient en réquisition permanente ; ils s'organisent en ce moment, et si tous les Français ont une égale ardeur, comme nous n'en pouvons douter, comptez qu'il n'y aura bientôt plus de despotes. Mais, citoyens, souffrez qu'avant de partir nous nous donnions des chefs. Les succès dépendent de la confiance dans les chefs, croyez que nous en aurons davantage dans ceux que nous aurons choisis nous-mêmes. Nous demandons aussi : 1° que vous rappeliez de nos armées tous les individus de la classe ci-devant privilégiée ; 2° que les lois ne soient présentées à la sanction du peuple qu'après la guerre ; 3° que vous établissiez un tribunal révolutionnaire pour juger les contre-révolutionnaires, et notamment les officiers-généraux qui n'étaient pas à leur poste lorsque l'ennemi a attaqué les cantonnemens qui étaient à Aix-la-Chapelle. »

Les pétitionnaires sont admis aux honneurs de la séance.

— A la section de la Halle-aux-Draps succède la section des Piques et celle du Marais.

Le président. Je reçois à l'instant une lettre dont je crois devoir donner connaissance à l'assemblée.

Un secrétaire lit ce qui suit :

« Saisi d'un sentiment involontaire de terreur que vient de me faire éprouver une horde de deux cents hommes, armés de sabres et de pistolets, je vous écris ces mots à la hâte. Ces hommes se sont introduits chez le citoyen Gorsas, à sept heures du soir, où ils ont brisé son imprimerie et ses effets : quant à lui, il s'est échappé, un pistolet à la main, des bras de son épouse.

Signé, BOURSIAUX.

On demande l'ordre du jour. — Les membres siégeant dans la partie droite s'élèvent avec chaleur contre cette proposition.

Mazuyer. Ce serait une abomination... (Les cris : *A l'ordre du jour !* interrompent l'orateur.)

Coupé. Abordons franchement la question... (On interrompt.) Je vois encore plus la patrie en danger, lorsqu'on témoigne de la haine à des collègues. (On murmure.) Ceux qui veulent perpétuer cette haine sont ennemis de la patrie. (Mêmes murmures.) Nous convenons tous que le danger de la patrie est augmenté par la désunion des membres de la Convention. Je soutiens que ceux qui défendent l'acte arbitraire (Violens murmures.) ; je le répète, ceux qui mettent la désunion dans l'assemblée veulent perdre la patrie.

Lacroix. Je vois avec peine que des représentans du peuple, qui sont envoyés ici pour faire de bonnes lois, pour s'y occuper des intérêts du peuple, s'amusent à faire des journaux, à gangrener l'esprit des départemens (On applaudit.), à critiquer avec trop d'amertume les opinions de la Convention, qui ne sont pas les leurs. (On applaudit.) Je vois deux caractères dans Gorsas, celui de représentant de la nation, et le peuple l'honore, et celui de journaliste que le peuple méprise. (On applaudit.) Je demande que cette lettre soit renvoyée au maire pour vérifier les faits. Car tout ceci pourrait n'être qu'un jeu; car dans la nuit du 9 août, lorsqu'on tramait le complot de transférer la cour et le corps législatif à Rouen, on venait vous dire que les jours des députés n'étaient pas en sûreté. Je demande donc que la lettre soit renvoyée au maire de Paris pour vérifier les faits, et en rendre compte séance tenante.

Billaud-Varennes. Je dis que Gorsas est d'autant plus coupable, que les presses qu'il réclame sont celles de l'abbé Royou, qui lui ont été données le 10 août, et qu'il a prostituées comme ce royaliste.

On réclame l'ordre du jour.

Thuriot. Il paraît difficile de prendre un parti sur cette lettre qui est signée d'un homme que nous ne connaissons pas; ainsi il me paraît clair qu'il faut renvoyer au maire pour rendre compte des faits. Lacroix a posé une vérité qui sera à jamais inaltérable, c'est qu'un représentant de la nation doit tous ses momens à la République; de plus, en faisant un journal, il vole l'indemnité qu'il reçoit de la nation; il faut rétablir la nation dans ses droits. Je demande donc que tous les membres de la Convention qui font des journaux, soient tenus de rendre l'indemnité qu'ils ont reçue. (On applaudit.)

Lacroix. Moi je demande qu'ils soient tenus d'opter entre la qualité de folliculaires et celle de représentans du peuple.

Carpentier. Je demande l'ordre du jour sur la lettre de Gorsas.

L'assemblée est deux fois consultée, et deux fois l'ordre du jour est rejeté.

Le renvoi de la lettre au maire de Paris est mis au voix et adopté.

On demande que l'autre proposition faite par Lacroix soit mise aux voix.

L'assemblée consultée sur cette proposition, décrète que les membres de la Convention qui font des journaux seront tenus d'opter entre la qualité de journaliste et celle de représentant du peuple.

La séance est levée à une heure après minuit.]

———

Dans les articles du *Patriote français*, que nous avons déjà transcrits, on a dû remarquer que les Girondins, bien loin de partager les alarmes communes, s'efforçaient d'en amoindrir les causes, soit directement, soit indirectement; directement, en affectant une sécurité complète à l'égard de l'armée, et une grande confiance envers les généraux; indirectement, en accusant les Jacobins d'exagérer le mal dans des intentions criminelles. Le parti que dirigeait Brissot commit en cela une faute capitale, car ce desaccord avec les sentimens du peuple, en d'aussi graves circonstances, ne pouvait manquer de lui être bientôt imputé comme une preuve qu'il connaissait et approuvait les vues de Dumourier; de plus, il était impossible que ce parti, ne voyant que des conspirations dans des mouvemens tout-à-fait nationaux, ne finît par se tromper entièrement sur la situation morale de la République, et ne fût renversé. Le journal du chef de la Gironde continue à s'enfoncer dans cette double erreur. Voici son article principal du 9 mars; il fut écrit avant que la mesure contre les députés journalistes, votée vers la fin de la séance du soir, fût connue du rédacteur.

« Le mystère de cette exagération des dangers de la patrie se dévoile; on veut inspirer la terreur, on veut dominer par la terreur, on veut une reprise des scènes de septembre, on veut compléter ces scènes auxquelles les Jacobins n'ont pu faire d'autre reproche que celui de n'avoir pas été assez complètes. Sentinelles de la liberté, écrivains aussi inaccessibles à la terreur qu'à la corruption, incertains sur le succès des trames qu'on ourdit autour de nous, nous allons déposer contre elles au tribunal des départemens et de la postérité ; nous remplirons jusqu'à la fin des devoirs sacrés. Nous allons recueillir plusieurs traits qui pourront éclairer les patriotes sur l'horrible conspiration des ennemis de la République.

» Hier, parmi les députés qui se sont rendus dans les sections, l'humanité a eu à gémir de rencontrer plusieurs chefs d'anarchistes. — Robespierre et Billaud-Varennes étaient commissaires pour la section de Bonne-Nouvelle. Robespierre y a parlé en véritable Mazaniel ; il a engagé le peuple à se lever contre ce qu'il appelle les intrigans et les modérés ; et le sens de ses paroles a été si bien saisi, qu'un canonnier qui l'accompagnait a fait la motion d'égorger les signataires des pétitions des huit et des vingt mille. Une indignation générale a éclaté ; le canonnier s'est enfui ; il a été blessé au milieu du tumulte, et Robespierre a fait l'éloge de cet excellent citoyen. — Chabot, Panis et quelques autres se sont rendus dans des sections dont ils n'étaient pas commissaires, et y ont parlé dans le même sens.

» Aujourd'hui, dès le matin, les avenues de la Convention, et surtout la terrasse des Feuillans, étaient couvertes de dictateurs de massacres. Le journal de Marat, qu'on proclamait avec ce titre : *Grande trahison de nos généraux*, était le texte des harangues. On ne parlait que de couper la tête au ministre de la guerre, aux généraux, à une partie des représentans du peuple, aux journalistes qui ne sont pas dans le sens de Marat ; et il faut avouer que la motion de Duhem avait singulièrement préparé les esprits. — Pétion, qui a le plus contribué à la révolution du 10 août, en luttant avec courage contre la perfidie de la cour, le républicain, le populaire Pétion (1) a été poursuivi par plus de deux cents scélérats. — Beurnonville a été insulté, menacé.

(1) Pétion avait été rayé, le 28 février, de la liste des Jacobins. La radiation de son ami Maindouxe, qui avait voulu prendre sa défense, fut ajournée. Nous empruntons ces faits au journal de Gorsas, numéro du 1ᵉʳ mars.

(*Note des auteurs.*)

» Ces fatales dispositions étaient secondées par les fausses nouvelles qu'on répandait partout avec affectation. C'était peu d'annoncer, comme la municipalité, la prise de Liége et de Bruxelles, on semait le bruit de la désertion de Dumourier, de la plupart des généraux, et le siége de Valenciennes. On annonçait (et le projet en a été réellement formé) qu'on allait battre la générale, sonner le tocsin, et tirer le canon d'alarme.

» Quelle sera la suite de ces symptômes horribles ? Républicains, elle dépend de vous. Quand connaîtrez-vous donc vos propres forces ? Quand déploierez-vous votre courage ? Quand voulez-vous sauver la patrie, et la liberté sans laquelle il n'est point de patrie ? — Pour nous, du moins, nous attendons les événemens avec sollicitude pour la chose publique, sans alarme pour nous-mêmes. Quel est le bon citoyen qui pourrait redouter le sort des Barneveld ou des Sidney ? » (*Patriote français*, n. MCCCVI.)

Après en avoir appelé au *tribunal des départemens* pour sauver Louis XVI, les Girondins commencèrent, ainsi qu'on vient de le lire, à se tourner vers ce tribunal pour se sauver eux-mêmes. La manière dont Girey-Dupré finit cet article, l'apostrophe par laquelle il cherche à exciter son parti, nous rappelle les exhortations d'André Chénier aux Feuillans pour leur faire retenir la révolution en-deçà du 20 juin 1792. L'un et l'autre s'adressaient à une classe peu disposée à de grands sacrifices, et qui, par cela même qu'elle ne désirait que la sécurité dans la richesse ou l'aisance, pouvait bien éprouver la crainte de perdre ces avantages, mais ne pouvait nullement se résoudre à les défendre au péril de la vie. Il y a en effet contradiction entre le sentiment qui nous porte à nous aimer nous-mêmes, et par conséquent à vivre heureux, et le sentiment qui nous impose l'obligation de lutter ou de mourir.

Le numéro de Marat, dont parle le *Patriote français*, est ainsi intitulé : *Échec des troupes de la République devant Maestricht. — Trahison des généraux Stengel, Lanoue et Miaczinscki. — Leur justification stupide et dérisoire par Beurnonville. — Obser-*

vation de l'*Ami du peuple*. Ce numéro renferme l'analyse des dépêches parvenues à la Convention nationale. Il contient également quelques nouvelles que Marat dit avoir reçues, et à la suite desquelles il expose des vues militaires en partie conformes à celles qui auraient prévenu les désastres de Neer-Winden, selon MM. Grimoard et Servan, plus haut cités. Voici le passage dont nous parlons.

« Les nouvelles fâcheuses annoncées par nos commissaires ne sont malheureusement que trop bien fondées. J'apprends à l'instant que l'avant-garde de Miranda a été livrée par la trahison des généraux Lanoue, Miaczinski et Stengel, dont le dernier a émigré. Nous avons perdu au moins trois mille hommes par le fer de l'ennemi, et douze pièces de canon. Cet échec doit augmenter notre courage, loin de l'abattre, et nous faire redoubler de surveillance; tous les bons citoyens doivent se réunir pour demander le jugement des généraux qui ont trahi la patrie, la déchéance de Beurnonville, pour avoir laissé ces traîtres à la tête de l'armée. Il devrait aussi nous faire changer notre plan de campagne, et nous faire rester sur la défensive : à moins qu'on ne suive celui de s'emparer des digues de la Hollande, coup de main qui aurait bientôt mis fin à cette guerre, dont le prélude a déjà été si désastreux. » (*Journ. de la Répub. franç.*, n. CXLII.)

Nous terminerons notre commentaire sur l'article du *Patriote français*, en plaçant, à côté de sa version à l'égard de sa conduite de Robespierre et de Billaud-Varennes dans la section Bonne-Nouvelle, le procès-verbal même de cette section. Cette pièce est manuscrite; nous la tenons de la même source où nous avons puisé notre histoire des sections au 10 août. D'après le récit du journaliste, on pourrait croire que le canonnier qui fut blessé était une espèce de garde-du-corps de Robespierre, et non pas un citoyen de la section. Le procès-verbal le désigne simplement par son nom : le nom de celui qui l'avait maltraité s'y trouve également. La motion d'où provint le tumulte n'y est point spécifiée, et les éloges que Robespierre aurait donnés au canonnier blessé n'y sont pas mentionnés. Voici cette pièce.

Section Bonne-Nouvelle. — Procès-verbal du 8 mars.

« Une députation de la Convention se présente et est introduite dans le sein de l'assemblée. Billaud-Varennes et Robespierre, membres de cette députation, exposent les dangers de la patrie, le péril imminent où se trouvent nos frères de la Belgique, et les prompts secours qu'il est instant de leur porter; ils invitent au nom de la liberté menacée par tous les tyrans, au nom de la chose publique en danger, ils conjurent tous les citoyens de se lever, de s'armer et voler au secours de la République et de nos frères les Belges. Ils jurent de leur côté de terrasser les ennemis du dedans, de veiller aux intérêts des défenseurs de la patrie, de pourvoir aux besoins des parens de ceux qui vont se sacrifier pour la liberté, et de s'exposer plutôt à la mort que de souffrir qu'il soit porté atteinte aux droits du peuple. L'assemblée générale partage tous leurs sentimens, et le président répond en son nom à la députation, que la section de Bonne-Nouvelle, toujours animée du plus pur patriotisme, n'a cessé de s'occuper des mesures à prendre pour fournir son contingent, et qu'elle va se presser d'employer tous les moyens qui sont en son pouvoir pour répondre aux nouveaux efforts que la patrie attend de ses enfans.

» Le citoyen Poirier fait à l'instant une proposition qui est mal accueillie par l'assemblée : il s'élève du tumulte. Ce citoyen est obligé de se retirer; mais attaqué par plusieurs personnes dont l'une le blesse grièvement, il rentre dans l'assemblée, se plaint des violences exercées contre lui pour avoir énoncé une opinion, blâmable sans doute, mais dont, dit-il, l'assemblée devait seule le punir. Le tumulte augmente et se continue; enfin un membre de la députation parvient à se faire entendre, et invite les citoyens, au nom de la chose publique, à faire régner la paix, et à s'occuper des moyens de repousser nos ennemis. La députation se retire au milieu des applaudissemens.

» Plusieurs citoyens demandent que l'assemblée sévisse contre ceux qui ont attaqué et blessé le citoyen Poirier. L'assemblée arrête que les citoyens Sawrev et Colombier se transporteront chez le citoyen Lambert pour l'inviter à se rendre en assemblée générale; ces deux citoyens de retour annoncent qu'ils n'ont pas trouvé le citoyen Lambert.

» L'assemblée arrête que demain, en assemblée générale, le citoyen Poirier remettra sur le bureau sa déclaration ou plainte signée de lui, avec désignation des individus qui l'ont maltraité; que ceux qui auront été témoins de cette affaire seront entendus pour ensuite le procès-verbal de ces diverses déclarations être envoyé au tribunal criminel de l'arrondissement, pour sévir contre les coupables. — La séance est levée à minuit.

» MARQUES, *secrétaire.* »

Nuit du 9 au 10 mars.

Les premiers actes du complot auquel les Girondins attribuaient les mouvemens populaires, eurent lieu pendant la nuit du samedi au dimanche, 9 et 10 mars 1793. La démarche qui fut principalement signalée comme émanant du comité d'insurrection, fut un prétendu arrêté du club des Cordeliers porté d'abord dans la section des Quatre-Nations, et ensuite dans quelques autres. Ces deux pièces sont littéralement citées dans le discours prononcé, le 13 mars, par Vergniaud. Il est certain que le club des Cordeliers ne prit aucun arrêté semblable à celui dont il s'agit. Ceux qui le colportèrent dans les sections prirent à la vérité le titre de cordeliers; mais ils furent désavoués par le club, et l'un d'eux, le nommé Martin, se vit rayé de la liste de cette société, sur un simple soupçon d'avoir trempé dans cette affaire. (*Révolutions de Paris*, n. CXCIII, p. 540.) Tous les témoignages s'accordent à dire que Varlet fut le rédacteur de cette adresse, et qu'il voulut en assurer l'effet en la présentant au nom des Cordeliers; or, il n'était pas même membre de ce club. Nous avons déjà parlé de ce personnage; nous renvoyons, pour de plus amples renseignemens, au rapport du ministre de la justice, Garat, fait à la Convention le 19 mars. En supposant que Varlet ne fût pas le seul auteur de l'arrêté cité par Vergniaud, on ne pourrait lui adjoindre que Fournier dit l'Américain, et Champion ; car, ainsi que Garat nous l'apprend, ces trois hommes agissaient de concert. Ils vinrent le 10 à la Commune pour obtenir d'y lire, en conseil-général, l'adresse qu'ils avaient promenée pendant la nuit, de section en section ; mais on ne les reçut pas ; à la séance du 12, Marat fit connaître Fournier. L'arrêté surpris par Varlet et sa bande à la section des Quatre-Nations, est donc ici la seule pièce officielle ; encore fut-il retiré le lendemain, et voici dans quels termes :

« *Extrait des délibérations de l'assemblée générale de la section des Quatre-Nations, du 11 mars.* — A l'ouverture de l'assemblée générale, un membre prend la parole sur l'adhésion donnée hier par l'assemblée au projet d'adresse, et par un homme qu'il prouve être un intrigant, puisqu'il n'est pas, ainsi qu'il s'est annoncé, membre de la société des Cordeliers, ni chargé par elle d'aller aux Quatre-Nations : il prouve aussi qu'outre ces intrigans, il en était un grand nombre qui étaient venus, et que dans le moment de cette lecture ils crièrent : *Au voix l'adhésion,* et furent les seuls qui levèrent la main. — L'assemblée, après avoir acquis la preuve que Varlet, ainsi que d'autres de son parti, ne s'étaient introduits dans son sein et à la tribune, que dans l'intention criminelle de surprendre sa bonne foi ; ayant aussi les preuves que nos frères des Cordeliers, qui ne s'écartent jamais des vrais principes, n'avaient ni adhéré, ni chargé de lire aux Quatre-Nations aucun arrêté émané de son sein ; convaincue que son adhésion de la veille était une surprise dans un instant où l'agitation était à son comble, arrête à l'unanimité de rapporter son adhésion, de le communiquer à la Commune, aux Cordeliers, aux quarante-sept autres sections, et à la Convention nationale. Signé Lesage, *président.* » (*Chronique de Paris, numéro du* 17 *mars.*)

Les Jacobins ne prirent aucune part à ce qui se passa. Ils ne furent pas consultés par Varlet, et rien, dans leur séance du 9, n'annonce qu'ils aient eu la moindre connaissance des expéditions faites chez Gorsas et chez Fiévé. Nous ne pouvons citer le journal des débats de cette société, car l'exemplaire de la Bibliothèque royale qui nous a servi jusqu'à ce jour commence à avoir des lacunes ; et, un second exemplaire que nous nous sommes procurés se trouve également incomplet. Les derniers mois de ce journal n'existent peut-être intégralement dans aucune collection, de sorte que nous sommes obligés de chercher ailleurs les matériaux dont nous composerons l'histoire des Jacobins. Au reste, cette perte n'est pas beaucoup à regretter, lorsqu'on réfléchit que l'auteur du journal en question avait été depuis longtemps expulsé des Jacobins ; qu'il ne rédigeait sa feuille que sur des rapports étrangers et sur des ouï-dire, et qu'il était devenu d'une partialité qui achevait de réduire l'importance et la valeur historiques de son compte-rendu. Maintenant *le Républicain, journal des hommes libres de tous les pays,* donne très-exactement les séances des Jacobins ; cette source remplacera donc pour nous la précédente jusqu'au 1er juin 1793, époque où paraît le *Journal de la Montagne,* dont nous possédons un exemplaire complet.

La séance des Jacobins du 9 mars, telle que nous la lisons dans le supplément, au numéro CXXX du *Républicain,* fut ainsi occupée : un membre de la Convention raconta les travaux de cette assemblée ; une députation de la société de Louvain vint témoigner sa satisfaction de voir cette ville réunie à la France ; un citoyen, venant de Belgique, fit part de quelques observations relativement aux généraux sur lesquels il était loin de croire qu'on pût se reposer ; enfin, Maulde, ci-devant ministre plénipotentiaire à La Haye, entra dans les détails de sa mission, se plaignant des vexations qu'il avait éprouvées, particulièrement par les intrigues du ministre des affaires étrangères Lebrun. La société applaudit vivement à son discours, et l'invita à le rédiger et à le déposer sur le bureau.

Nous concluons de ce préliminaire que les seules traces historiques incontestables où soient conservés les événemens de la nuit du 9 au 10 mars, indiquent Varlet, Fournier et Champion comme les seuls instigateurs de ces désordres. Pendant que Varlet, profitant de l'émotion générale, cherchait à soulever les sections, Fournier dirigeait sa bande sur la maison de Gorsas et sur l'imprimerie de Fiévé. Voici comment le *Patriote Français* nous peint cette nuit orageuse, que suivit une journée dont les Girondins s'effrayèrent plus encore.

« *Du dimanche* 10 *mars*. Le danger est à son comble; mais notre courage est encore au-dessus. Sous le glaive de la proscription nous continuerons nos honorables fonctions jusqu'à ce qu'il faille les quitter avec la vie. Nous allons poursuivre le tableau des événemens qui nous entourent.

» Hier, pendant que Pétion était en butte aux outrages et aux menaces, Marat était reconduit en triomphe par une multitude qui chantait les louanges de l'incorruptible, du patriote, du prophète.

» Ce n'était là que le prélude des horreurs. Vers les huit heures du soir, des bandes de satellites de l'anarchie, armés de pistolets et de sabres, se portent chez Gorsas et chez Fiévé, imprimeur de la *Chronique de Paris*. Ils s'emparent des avenues, font le blocus dans les formes; et ces misérables, le pistolet à la main, entrent dans les imprimeries, brisent les presses, déchirent et brûlent les journaux et le papier, dispersent les caractères, mettent tout au pillage; et ce n'est pas leur faute si l'incendie n'a pas succédé au pillage, car ils ont renversé des poêles allumés et lancé des chandelles ardentes sur des papiers et des matelas. — Gorsas aurait sans doute perdu la vie sans son courage et son sang-froid. Armé d'un pistolet, il a passé, inconnu, au milieu d'une cinquantaine de brigands qui parlaient de lui brûler la cervelle. Arrivé au bas de l'escalier, il s'aperçoit que la porte est gardée par des gens armés qui ne laissaient sortir personne. Il prend son parti, monte le long d'un treillage sur le mur de la cour, et se jette dans la maison voisine, d'où il se rend à sa section.

» Vers minuit, c'est-à-dire plus de quatre heures après cette affreuse scène, un homme vint froidement, ironiquement même, s'informer, de la part du maire, des détails de l'expédition.

» Ainsi le pillage, horrible avant-coureur de plus grands maux, s'est exercé paisiblement, sous les yeux des autorités constituées, et sans que la force armée secourût les lois expirantes. Et quelles étaient les victimes du brigandage? les hommes qui ont fait la révolution du 10 août; car c'est en attaquant, c'est en dévoilant sans cesse une cour conspiratrice, que les journalistes, maintenant proscrits, ont mûri ou créé cet événement, qui a fondé la République.

» Contens de ces deux exploits, les brigands ont remis à aujourd'hui ce qu'ils appellent les grands coups. La journée a été violemment agitée. Pendre les généraux, arrêter le conseil exécutif et une partie de la Convention, les juger *populairement*, et envoyer leurs têtes aux départemens, tel était l'ordre du jour de la terrasse des Feuillans et des autres groupes. Les nouvelles alarmantes, aliment de la fermentation, circulaient avec rapidité. Malheur à qui aurait osé contredire les bruits absurdes de la perte de toute la Belgique, du siége de Givet, du siége de Valenciennes! La soirée a été plus orageuse encore....... Républicains, soyez prêts..., mais ne tendez pas la gorge aux poignards; mais ne vous enveloppez pas de votre manteau. Donnez l'exemple de la résistance à l'oppression; vous périrez peut-être, mais la République ne périra pas. *Vive la République!* » (*Patriote Français*, n. MCCCVII.)

Journée du 10 mars.

La fin du précédent article contient déjà quelques détails sur cette journée. Aux yeux de ceux que préoccupaient des idées de complot, elle rappelait celle du 2 septembre. Des nouvelles plus sinistres encore que la prise de Verdun couraient de bouche en bouche; la proclamation de la Commune retentissait dans les rues de la grande cité; des groupes nombreux occupaient les lieux consacrés par les habitudes révolutionnaires, et là, des motions, des prédications de toute espèce se mêlaient au récit des désastres de l'armée et de la trahison des généraux. On se racontait les désordres de la nuit ; on s'entretenait des démarches énergiques que préparaient certaines sections. Il est très-vrai que la section Bon-Conseil avait pris l'arrêté dénoncé par Lesage à la séance du 12. Plusieurs sections avaient même adhéré à cet arrêté, entre autres la section Poissonnière, ainsi que l'atteste le procès-verbal du 11.

Il est certain que le sentiment par lequel la Gironde fut vaincue se manifesta, en ces conjonctures, d'une manière terrible. Mais les événemens qui en résultèrent seraient inexplicables si l'on s'arrêtait à la donnée d'une conspiration ; car, s'il faut en croire des pièces qui ont une égale valeur, il y en eut au moins deux, l'une faite par les anarchistes, l'autre par les émigrés ; même ces deux conspirations semblèrent un instant se donner la main et agir de concert. Pour l'intelligence des débats parlementaires, nous analyserons et nous discuterons les principaux faits.

Selon les Girondins, la conspiration des anarchistes se fit reconnaître, pendant la journée du 10, aux actes suivants. Ce fut elle qui envoya demander à la Commune assemblée la fermeture des barrières et un supplément d'insurrection ; ce fut elle qui ameuta autour de la Convention une foule acharnée ; ce fut elle qui inspira aux Jacobins les motions furibondes à la suite desquelles une bande se porta vers la Convention afin d'y couper la tête à Brissot et à ses amis.

Selon la Commune de Paris, il y eut un complot royaliste dont les fauteurs avaient adopté pour signe de ralliement un bouton particulier. Leurs projets étaient énoncés dans un placard où était prêchée l'extermination des Jacobins et celle de la Convention nationale. La Commune avait saisi ce placard.

Selon les débats de la Convention, ces deux complots conspirèrent ensemble à la séance du 12, car ils s'y montrèrent réunis dans la députation de la section Poissonnière. On remarqua, en effet, que les volontaires de cette section portaient un drapeau dont les cravates étaient blanches, et dont le bâton était fleurdelisé, tandis que l'orateur de la députation poussait violemment à l'anarchie, surtout en demandant la mise en accusation de Dumourier.

Or, ces faits, qui, présentés de la sorte, seraient d'indéchiffrables énigmes, sont si naturellement et si clairement expliqués lorsqu'on a recours à la moindre critique historique, qu'il nous paraît impossible d'avoir deux opinions là-dessus.

Les mêmes hommes qui s'étaient mis en mouvement pendant la nuit du 9 au 10 vinrent le lendemain au conseil-général de la Commune. Fournier, Varlet et Champion, qui ne sont pas nommés, mais qui sont désignés seulement dans le procès-verbal de l'assemblée municipale du 10, se présentèrent en effet pour obtenir que l'on fermât les barrières et que l'on se déclarât en insurrection. Mais, ce qui prouve qu'ils n'agissaient au nom d'aucune section ni d'aucune force secrètement organisée, c'est qu'ils s'adressèrent à quelques membres du conseil-général pour sonder le terrain, et que, leur ouverture ayant été repoussée, ils ne furent point entendus officiellement. Ces trois individus purent bien crier plus que les autres dans les groupes qui assiégeaient les abords de la Convention. Quant à les avoir formés eux-mêmes, c'est là un sophisme évident de la peur. Les bruits qui circulaient depuis bientôt huit jours, et qui devenaient de plus en plus alarmans, l'état moral de la population surexcitée par les émeutes de février, par la pensée d'une guerre à soutenir contre l'Europe et d'une guerre civile à éteindre, enfin la suspension du travail en un jour de dimanche, telles sont les véritables causes occasionnelles des rassemblemens imputés par les Girondins à deux ou trois meneurs.

Les motions faites aux Jacobins et les bandes qui marchèrent de ce lieu sur la Convention sont des incidens totalement étrangers aux membres de ce club. Ces faits seront assez bien expliqués par le ministre de la justice (Garat) et par Dubois-Crancé à la séance du 13 mars. Il manque à leur récit une circonstance très-importante, car elle suffit à nous faire comprendre pourquoi, vers le soir, quelques têtes se montrèrent si exaltées. Le journal de Perlet, n. CXVII, nous apprend que ce jour-là la section de la Halle-aux-Blés célébra un banquet civique. Le couvert fut mis sous les piliers des halles ; tous les citoyens y furent invités, et chacun apporta à cette table commune les mets qui devaient servir à son repas particulier. Or, les motionnaires qui firent dans la soirée tant de bruit aux Jacobins, et les bandes qu'ils y excitèrent appartenaient à la section de la Halle-aux-Blés, qui, selon Dubois-Crancé et selon le compte-rendu de la séance de ce club, vint y présenter ses volontaires et y défiler au nombre de plus de mille personnes. Ce fut par-là que commença la séance. « La section de la Halle-aux-Blés défile, tambour battant, avec flammes et drapeaux. Tous, par un mouvement unanime, prêtent le serment de vaincre ou de mourir. Les applaudissemens redoublés qu'excite le feu du patriotisme brûlant qui anime tous les esprits rendent cette scène vraiment intéressante. » *Le Républicain, journal des hommes libres*, etc., n. CXXXII, à qui nous empruntons ce passage, continue son compte-rendu par le discours d'un soldat de Marseille et par une discussion paisible relative à la querelle engagée entre Maulde et Lebrun ; nous en avons déjà parlé. Au lieu donc que ce soit ici une ramification d'un complot anarchique rattachée aux Jacobins, il n'y a qu'une section bruyante qui, en d'autres temps, au sortir d'un banquet, aurait promené sa joie dans Paris, et qui maintenant se trouvait plus révolutionnaire que de coutume.

Le complot royaliste découvert par la Commune nous paraît plus vraisemblable. Cette opinion en était réduite, en effet, à se cacher et à conspirer. Il est vrai que des individus furent saisis porteurs de marques distinctives ; il est vrai qu'on répandit à profusion un placard contre-révolutionnaire, et dont ce qu'en dit Garat dans la séance du 19, nous dispense de nous occuper. Ce n'est pas que ce complot soit pour nous chose démontrée, mais l'intérêt des royalistes à profiter de tous les désordres, et les actes dénoncés par la Commune donnaient une grande apparence à une manœuvre de ce genre, et en faisaient un excellent moyen de polémique entre les mains des Jacobins.

Il nous reste à éclaircir l'espèce d'alliance monstrueuse entre les deux complots à la séance du 12. Le fait qui servit de prétexte à ce soupçon nous avait d'abord étonnés. Ce drapeau aux cravates blanches et aux fleurs de lis était pour nous un véritable problème. Nous avons consulté les procès-verbaux de la section Poissonnière, et nous avons acquis la preuve que ce drapeau était bien celui de la section. Le procès-verbal du 16 mars renferme ces mots : « Un membre demande que le citoyen Charpentier soit invité à se trouver à l'assemblée générale pour y constater le prix que peut coûter un drapeau conforme au nouveau régime.—L'assemblée l'arrête. » Cette phrase est peut-être la seule trace d'un commentaire contemporain sur le fait en question, mais elle est décisive. En effet, la législation sur les drapeaux ne concernait que l'armée, et le décret qui, en 1790, ordonna qu'ils auraient des cravates tricolores, ne parlait que de ceux des régimens. Plusieurs sections conservaient encore, après la mort de Louis XVI, leur vieille bannière de 1789, et celle du quartier Poissonnière était dans ce cas. Au reste, ce n'étaient pas là les seuls emblèmes de la monarchie constitutionnelle qui eussent survécu à Louis XVI. Pendant les mois de février et de mars, nous voyons de fréquentes mesures de police municipale pour la destruction d'enseignes et d'écussons aux armes de France.

Il résulte de là que le drapeau porté le 13 mars dans l'enceinte de la Convention par les volontaires de la section Poissonnière n'était pas un signe royaliste. Il n'y a pas au contraire une seule partie de l'adresse prononcée par l'orateur de la députation qui n'ait été votée par l'assemblée générale de la section. Les membres nommés pour la présenter furent : Pinard, Pelletier, Faro, Renard, Masse, Lanté, Catin, Lucas et Pion. Le lendemain, une faible minorité essaya de faire revenir sur quelques expressions de l'adresse, celles qui avaient excité tant de tumulte dans la Convention ; elles furent maintenues. Seulement le président Tochon et le secrétaire protestèrent contre un arrêté dont ils ne partageaient pas, disaient-ils, l'esprit. Le surlendemain, on reprit la discussion, et, parce que la Montagne elle-même avait donné l'exemple de ne pas attaquer Dumourier, la section consentit alors à retirer de son adresse la demande de mise en accusation de ce général.

Ce qui décida la victoire en faveur des Jacobins, c'est qu'ils poursuivirent obstinément l'exécution des grandes mesures révolutionnaires demandées par le vœu des masses, sans que leurs adversaires pussent les détourner à l'examen et à la discussion des complots qu'ils dénonçaient. S'ils s'y arrêtèrent un instant, ce fut pour tourner habilement contre les Girondins les armes dont ils se servaient. Marat accusa *la faction des hommes d'état* de chercher par d'indignes *pantalonnades* à faire croire à une prétendue conspiration, « afin de retarder l'organisation du tribunal révolutionnaire, le recrutement de l'armée et surtout le départ des commissaires patriotes pour les départemens. » (*Le Publiciste de la république française, ou Observations aux Français, par Marat, l'Ami du peuple, député à la Convention nationale*, n. MCCCXXXIV (1).) Nous terminerons cet exposé en faisant la remarque que la faction dite d'Orléans commence à être mise en scène; nous rapporterons très-exactement les faits dans lesquels on en signalait l'influence. Sans rien préjuger là-dessus, nous appelons l'attention de nos lecteurs sur la coïncidence de cette rumeur naissante avec les projets de Dumourier. Il sera prouvé que ce général, lors de son séjour à Paris pendant le mois de janvier, eut un long entretien avec le duc d'Orléans.

(1) Ceci est le titre imaginé par Marat afin d'éluder le décret qui ordonnait à tout député d'opter entre les fonctions de représentant du peuple et celles de journaliste. Marat s'opposa au décret, et lorsqu'il eut été porté, il imprima la note suivante : « Quelque irréfléchie que cette loi me paraisse, je ne veux pas donner l'exemple de la désobéissance; je supprime donc de ma feuille le titre de *journal*, et, par cette suppression, la Convention sentira peut-être qu'elle doit revenir sur un décret dérisoire, qui ne servira qu'à faire douter de sa sagesse s'il ne compromettait son autorité; car elle n'a pas plus le droit d'enlever aux mandataires du peuple leur plume que leur qualité de député. » (*Le Publiciste, etc.*, n. CXXXIII). (*Note des auteurs.*)

CONVENTION NATIONALE. — SÉANCE DU 10 MARS.

[*Gamon.* Citoyens, ils sont bien criminels sans doute ceux qui prêchent le meurtre, le pillage et la guerre civile, au moment où les citoyens de Paris, où le peuple des départemens, font les plus grands sacrifices et se précipitent en foule aux frontières pour la défense de la liberté. Hier matin, plusieurs personnes se sont présentées à la porte de la Convention et ont dit aux sentinelles de ne laisser entrer aucune femme dans les tribunes. Les sentinelles n'ont pas obéi à l'espèce d'ordre de ces individus. Alors ils sont allés engager les femmes à se retirer. Celles-ci effrayées se sont retirées, et aucune ne s'est montrée dans cette enceinte. (On murmure. — *Duhem.* Elles s'occupent dans leur domicile à faire les chemises et les guêtres des défenseurs de la patrie.) Le comité d'inspection de la salle a entendu plusieurs témoins. Jean-Baptiste Lefranc a déposé qu'à dix heures du matin il a entendu un particulier dire, qu'on ne voulait pas faire entrer de femmes, parce qu'on voulait faire un coup contre la Convention. (Nouveaux murmures.)

Un grand nombre des membres. C'est un tissu d'impostures.

On demande que la parole ne soit pas continuée à Gamon.

Danton. Entendons le dénonciateur. Les femmes aiment la vigueur, et les patriotes n'en manquent pas.

Barrère. Ce n'est point de mourir qu'il s'agit pour sauver la patrie, comme vient de le dire un de nos collègues; mais de vivre pour démasquer tous les traîtres et déjouer tous les complots liberticides. Je suis peu ému des passions qui s'exaspèrent dans cette enceinte ; c'est ici le foyer naturel de toutes les passions les plus généreuses et les plus viles. Je suis peu ému des orages fréquens qui s'élèvent dans la Convention, parce que je sais que c'est du sein des orages que sort la liberté ; mais bientôt nous verrons à découvert si les passions, si ces orages prennent tous leur source dans le bonheur de la République, et ont pour but son affermissement. Nous saurons dans peu de jours s'il a existé vraiment des projets d'assassiner la liberté. Le moment n'est pas encore venu où il faudra rassembler sous les yeux de la Convention les divers traits qui peuvent appartenir à une trame profonde, mais qui aura le sort de toutes les autres.

On s'est plaint qu'il n'y avait que des hommes dans les tribunes de la Convention; où est donc le grand inconvénient que dans les alarmes publiques les citoyens viennent prendre toutes les places? ils venaient sans doute pendant que les femmes travaillent aux objets d'équipement pour les volontaires; ils venaient sans doute apprendre ici leurs devoirs civiques, et voler ensuite aux frontières. On s'est plaint de ce qu'il n'y avait que des hommes dans les tribunes; eh bien! je voudrais qu'il n'y eût que des hommes à la Convention... (On applaudit.) Oui, des hommes; car c'est le courage et le mépris de la mort qui gagnent les batailles et qui font les révolutions. C'est avec le courage calme que vous dévoilerez tout ce que vous croyez qu'on trame contre la liberté publique. C'est avec ce courage constant que nous interrogerons ces hommes qu'on soupçonne de vues ambitieuses sur la République; nous interrogerons ceux que tant de défiances environnent dans tous les côtés, dans tous les partis, quoiqu'il m'en coûte de prononcer ce mot. Nous leur demanderons enfin : où voulez-vous nous mener ; est-ce à la royauté? Il y a ici plus de sept cents députés qui auront chacun un pistolet ou un poignard pour détruire l'ambitieux ou le tyran qui aura oublié le 21 janvier. Est-ce à l'oligarchie? les départemens sont forts et libres; ils ne le souffriront pas. (On applaudit.) Nous demanderons à tous les partis, à toutes les opinions : voulez-vous une anarchie permanente? ouvrez l'histoire; elle prouve que cela est impossible. L'anarchie dévorante ne peut durer un an ou quelques mois. Son existence est bornée par les fléaux même qu'elle traîne à sa suite; et tout citoyen sent aujourd'hui le besoin pressant d'un gouvernement et des lois. Voudrait-on relever cet imbécile et singulier échafaudage municipe dont l'orgueil de Rome abusa si long-temps, et qui périt par les vices mêmes de cette institution insuffisante et anarchique? Je dis que c'est une chose impossible dans un pays où il y a des imprimeurs et des citoyens armés, dans un pays où tous les hommes sages et éclairés sentent que Paris, cette tête difforme qui a fait périr le despotisme, pourrait aussi usurper tout le gouvernement et le pouvoir. Loin de nous et le gouvernement municipe et les gouvernemens aristocratiques ! Les Français ne doivent plus désirer, ne peuvent plus vouloir qu'un gouvernement entièrement démocratique.

Loin de nous toutes les aristocraties ! je n'aime pas davantage celle des ambitieux que celle des tyrans, celle des gens audacieux que celle des hommes populaires. On a voulu jeter de la défaveur sur la séance d'hier; celle du matin m'a paru belle, parce qu'on s'y est occupé des objets d'intérêt national et de sûreté générale : je n'en dirai pas autant de la séance qui l'a suivie. Je sais bien qu'à côté de nous des hommes de sang prêchaient le meurtre, comme ils ont prêché le pillage ; je les ai entendus; eh bien, je déclare que si j'étais au milieu d'eux, si j'étais dans les prisons, je leur dirais : je suis libre au milieu des fers : vous, êtes des scélérats, et vous ne pouvez rien sur mon opinion et ma pensée : vous arrachez la vie, mais l'honneur d'un citoyen n'est pas en votre puissance. — On a parlé à cette tribune des projets qu'on a hautement énoncés hier aux environs de la salle, de couper la tête à quelques députés. Citoyens, les têtes des députés sont bien assurées ; les têtes des députés reposent sur l'existence de tous les citoyens ; les têtes des députés sont posées sur chaque département de la République. (On applaudit à plusieurs reprises.) Qui donc oserait y toucher ? — Le jour de ce crime impossible la République serait dissoute, et Paris anéanti.

On a opposé très-souvent à l'assemblée, qu'elle n'était pas libre. Il est possible que ceux qui le répètent ne le soient pas. La liberté tient à la force du caractère et à la chaleur brûlante du cœur. L'homme est toujours libre quand il veut l'être ; et ici le représentant du peuple a toujours obtenu, quand il ne s'y est pas opposé lui-même, les égards et les respects dus à la représentation nationale. J'ai montré, quand vous m'avez honoré de la présidence, qu'un homme libre peut rappeler les tribunes à leur devoir, et les tribunes ont montré aussi qu'elles le connaissaient. Le peuple sent le besoin d'être honoré; il s'honore lui-même en portant des égards aux citoyens qu'il a chargés de le représenter.

Je demande qu'en méprisant les propos infâmes d'hommes salariés qu'il faut livrer à la police, la Convention passe à l'ordre du jour, et s'occupe des mesures de sûreté générale.

La Convention passe à l'ordre du jour.]

— On lit des lettres de Dumourier. Ce général regarde l'échec d'Aix-la-Chapelle comme peu important, et annonce la prise de Gertruydemberg, qui lui ouvre la Hollande. — Une lettre des commissaires à Lyon donne quelques détails sur les projets des contre-révolutionnaires.

[*Robespierre*. Je demande à parler sur les nouvelles des armées. Citoyens, les nouveaux événemens dont vous venez de recevoir la nouvelle ne doivent pas nous étonner. Pour moi je suis loin de me décourager de la marche rétrograde de notre armée. Quelque affligeant qu'il soit de voir les courageux Liégeois abandonnés à la merci des tyrans dont nous les avons délivrés, il n'est pas pour des hommes de revers réels. Nous irons à l'ennemi, nous terrasserons encore une fois les tyrans qui veulent attenter à notre liberté. Mais il faut que l'ardeur guerrière des défenseurs de la patrie soit secondée par la sagesse et le courage des représentans de la nation. Pour moi, j'avoue que mes notions en politique ne ressemblent en rien à celles de beaucoup d'hommes. On croit avoir tout fait en ordonnant qu'il serait fait un recrutement dans toutes les parties de la République, et moi je pense qu'il faut encore un régulateur fidèle et uniforme de tous les mouvemens de la révolution. Je ne doute pas du courage de nos soldats, personne ne doit en douter; mais comment veut-on que cette ardeur se soutienne si les soldats voient à leur tête des chefs coupables et impunis? Je ne vois pas que l'on se soit encore occupé de tel officier, dont la trahison n'a été justifiée par personne. Vous avez entendu vos commissaires vous dire que lors de la dernière action, la plupart des officiers avaient abandonné leur poste. Vous avez entendu vous dénoncer celui qui a dit à Dumourier : « Je n'aime pas la République, mais je combattrai pour vous. » Vous avez entendu vous dénoncer celui qui disait : « Si la neutralité venait à être rompue entre la France et l'électeur Palatin, il ne faudrait pas me laisser dans cette armée, car, sujet de l'électeur, je ne pourrais répondre de moi. » Stengel, enfin, est convaincu de trahison, et le décret d'accusation n'est pas encore porté contre lui ! Quels succès pouvons-nous attendre, si nous pardonnons de pareils attentats ? Quant à Dumourier, j'ai confiance en lui, par cette raison qu'il y a trois mois il voulut entrer dans la Hollande, et que s'il eût exécuté ce plan, la révolution était faite en Angleterre, la nation serait sauvée et la liberté établie.

Dumourier n'a eu jusqu'ici que des succès brillans, et qui ne me sont pas à moi une caution suffisante pour prononcer sur lui. Mais j'ai confiance en lui, parce que son intérêt personnel, l'intérêt de sa gloire même est attaché au succès de nos armes; mais n'est-il pas prouvé que, dans l'affaire d'Aix-la-Chapelle, la République a été trahie par des officiers qui n'étaient pas à leur poste, par ceux surtout qui se sont rendus coupables de faits dénoncés par vos commissaires ? Je demande enfin que Stengel soit mis en état d'accusation; s'il a fui, que ses biens soient confisqués, et que la conduite des autres officiers soit examinée.

Ce n'est pas assez d'attacher ses regards sur un fait isolé, sur un individu. En examinant l'ensemble, la marche de la révolution, on trouve que la même cause enfante tous nos maux, je veux dire l'indulgence coupable que l'on a toujours eue pour les ennemis du bien public. Il est difficile de concevoir comment des hommes, à qui l'honneur de réformer le monde semble être réservé, tremblent devant un ancien aristocrate ; je ne sais par quelle fatalité la loi ne peut atteindre encore un ci-devant noble, un riche même ; mais je dis que tant que les traîtres seront impunis, la nation sera toujours trahie. Il ne suffit pas de remporter des victoires éclatantes, il faut faire la guerre avec vigueur, avec audace même, il faut la finir bientôt. La guerre ne peut pas être longue, il est un terme aux dépenses énormes d'une nation généreuse, et ce terme ne peut pas être éloigné. Il faut que cette campagne finisse la guerre, il faut que tous les despotes soient renversés, et la liberté établie sur les débris de toutes les aristocraties ; pour cela il faut des représentans du peuple fermes et pleins d'énergie ; sans cela nous ne verrons que troubles dans l'intérieur, et nous n'aurons au-dehors que des succès brillans. Nous verrons peut-être même s'établir le système de nous donner alternativement des revers et des succès, jusqu'à ce que l'épuisement de nos forces et de nos richesses nous entraîne dans l'abîme. Tout vous commande donc de jeter un œil vigilant sur l'armée ; voyez ce qui se passe autour de nous. Déjà à Lyon l'aristocratie relève une tête insolente, et à Montpellier les patriotes sont opprimés et désarmés par l'ordre despotique d'un directoire oppresseur. Les exemples des persécutions se multiplient contre les plus chauds amis de la liberté.

Tandis que le patriotisme de nos braves frères d'armes porte la terreur au-dehors, au-dedans il est abattu par les coups de l'aristocratie. Je vous conjure, au nom de la patrie, de changer le système actuel de notre gouvernement ; et pour cela il faut que l'exécution des lois soit confiée à une commission fidèle, d'un patriotisme épuré ; une commission si sûre, que l'on ne puisse plus vous cacher ni le nom des traîtres ni la trame des trahisons. Eh quoi, citoyens, si Lacroix et Danton n'étaient pas venus vous instruire, vous seriez encore dans l'ignorance profonde des circonstances qui ont accompagné l'affaire d'Aix-la-Chapelle. Rappelez-vous le contraste de ce que Lacroix vous a dit avec les lettres que les généraux ont écrites au ministre de la guerre.

La veille de l'arrivée des commissaires, nous étions enivrés de la conquête de la Hollande ; nous ne rêvions que succès. Un mot de vos commissaires dissipa ce prestige, et fit connaître l'austère vérité. Ce mélange de bonnes et de mauvaises nouvelles, ressemble parfaitement à ce qui arrivait dans l'ancien régime, et quand La Fayette commandait nos armées. Il importe donc de nous défier de tout ce qui ne porte pas un caractère de patriotisme marqué,

Il nous faut un gouvernement dont toutes les parties soient rapprochées. Il existe entre la Convention et le conseil exécutif une barrière qu'il faut rompre, parce qu'elle empêche cette unité d'action qui fait la force du gouvernement. Voyez ce qui se passe à Londres ; voyez avec quelle promptitude s'exécutent toutes les résolutions du gouvernement britannique. C'est que toutes les autorités, divisées en apparence, se réunissent en effet contre la liberté française.

Chez nous, au contraire, le conseil exécutif presque isolé ne communique avec vous non pas seulement par les moyens des comités, mais par celui de tel ou tel individu plus intimement lié à telle ou telle partie du ministère. Les comités se saisissent d'une affaire ; sur leur rapport, vous prenez des décisions précipitées. Ainsi vous avez déclaré la guerre tantôt à un peuple, tantôt à un autre, sans avoir consulté quels étaient vos moyens de soutenir vos résolutions : ainsi la Convention marche sans se rendre compte de ce qu'elle a fait et de ce qu'elle a à faire. Et c'est ici, citoyens, que j'appelle toute votre attention. Ne conviendrez-vous pas que placés par votre organisation même au centre de l'Europe politique, au centre de tous les peuples qui veulent être libres, vous deviez vous assurer les moyens de communiquer avec eux et d'exciter ces mouvemens que le despotisme a su employer si habilement ? Ne conviendrez-vous pas que vous devez employer quelque chose de cet art dont il se sert pour diviser les ennemis ? Qu'est-il résulté des opérations politiques de votre cabinet ? quels ennemis a-t-il écartés ? quels alliés vous a-t-il faits, même parmi les peuples qui paraissaient être portés pour vous ?

Ce qu'il en est résulté, c'est que tous les gouvernemens vous ont tour à tour déclaré la guerre ; que tour à tour ils ont fait des démarches que vous avez réputées hostiles ; que, dans aucun pays étranger, il ne s'est fait un mouvement en votre faveur. Quels sont donc les résultats visibles des opérations invisibles d'un ministre dont vous n'avez jamais examiné la conduite ? Une calomnie perpétuelle contre la révolution, l'envoi avec profusion, dans tous les pays, de libelles où les principaux événemens de votre révolution étaient dénaturés, et dont l'effet était d'aliéner l'opinion des peuples et de dénigrer les hommes qui ont le plus combattu pour la liberté. Voyez ce qui se dit, ce qui se fait chez l'étranger. Voyez ce qui se dit, ce qui se fait parmi nous; le même esprit anime et nos ennemis et nos agens ; ils suivent tous le même système. Ici j'articule un fait qui ne pourra être nié ; c'est qu'il a existé parmi les agens français auprès des puissances étrangères une opposition constante à la réunion des peuples à notre République, et que ceux qui l'ont opérée ont eu à lutter contre la volonté de ceux qui étaient chargés de la protéger. J'affirme que Dumourier proposa, il y a trois mois, l'invasion de la Hollande, et qu'elle fut toujours repoussée par le comité diplomatique; interrogez là-dessus les patriotes bataves, ils vous diront que pendant ce délai on a donné le temps à l'intrigue de se développer, et aux despotes de se rassembler. Et comment auriez-vous pu prendre des mesures justes à cet égard, lorsque vous ignoriez les faits ?

J'ai été amené à développer ces idées par cette conviction intime que tout le mal vient de ce que nous n'avons pas un gouvernement assez actif. Je conclus à ce que beaucoup de réformes soient faites dans cette partie, parce que c'est la plus grande mesure de salut public que vous puissiez prendre, et que sans elle vous irez toujours de révolutions en révolutions, et vous conduirez enfin la République à sa perte.

Danton. Les considérations générales qui vous ont été présentées sont vraies; mais il s'agit moins en ce moment d'examiner les causes des événemens désastreux qui peuvent vous frapper, que d'y appliquer rapidement le remède. Quand l'édifice est en feu, je ne m'attache pas aux fripons qui enlèvent des meubles, j'éteins l'incendie. Je dis que vous devez être convaincus plus que jamais, par la lecture des dépêches de Dumourier, que vous n'avez pas un instant à perdre pour sauver la République.

Dumourier avait conçu un plan qui honore son génie. Je dois lui rendre même une justice bien plus éclatante que celle que je lui rendis dernièrement. Il y a trois mois qu'il a annoncé au pouvoir exécutif, à votre comité de défense générale, que, si nous n'avions pas assez d'audace pour envahir la Hollande au milieu de l'hiver, pour déclarer sur-le-champ la guerre à l'Angleterre qui nous la faisait depuis long-temps, nous doublerions les difficultés de la campagne, en laissant aux forces ennemies le temps de se déployer. Puisque l'on a méconnu ce trait de génie, il faut réparer nos fautes.

Dumourier ne s'est pas découragé; il est au milieu de la Hollande; il y trouvera des munitions; pour renverser tous nos ennemis il ne lui faut que des Français, et la France est remplie de citoyens. Voulons-nous être libres? si nous ne le voulons plus, périssons, car nous l'avons tous juré. Si nous le voulons, marchons tous pour défendre notre indépendance. Nos ennemis font leurs derniers efforts. Pitt sent bien qu'ayant tout à perdre, il ne doit rien épargner. Prenons la Hollande, et Carthage est détruite, et l'Angleterre ne peut plus vivre que pour la liberté. Que la Hollande soit conquise à la liberté, et l'aristocratie commerciale elle-même, qui domine en ce moment le peuple anglais, s'élèvera contre le gouvernement qui l'aura entraînée dans cette guerre du despotisme contre un peuple libre. Elle renversera ce ministère stupide qui a cru que les talens de l'ancien régime pouvaient étouffer le génie de la liberté qui plane sur la France. Ce ministère renversé par l'intérêt du commerce, le parti de la liberté se montrera, car il n'est pas mort; et si vous saisissez vos devoirs, si vos commissaires partent à l'instant, si vous donnez la main aux étrangers qui soupirent après la destruction de toute espèce de tyrannie, la France est sauvée, et le monde est libre.

Faites donc partir vos commissaires; soutenez-les par votre énergie; qu'ils partent ce soir, cette nuit même; qu'ils disent à la classe opulente : Il faut que l'aristocratie de l'Europe, succombant sous nos efforts, paye notre dette, ou que vous la payiez; le peuple n'a que du sang, il le prodigue. Allons, misérables! prodiguez vos richesses. (De vifs applaudissemens se font entendre.) Voyez, citoyens, les belles destinées qui vous attendent.

Quoi ! vous avez une nation entière pour levier, la raison pour point d'appui, et vous n'avez pas encore bouleversé le monde ! (Les applaudissemens redoublent.) Il faut pour cela du caractère, et la vérité est qu'on en a manqué. Je mets de côté toutes les passions ; elles me sont toutes parfaitement étrangères, excepté celle du bien public. Dans des circonstances plus difficiles, quand l'ennemi était aux portes de Paris, j'ai dit à ceux qui gouvernaient alors : Vos discussions sont misérables ; je ne connais que l'ennemi, battons l'ennemi. (Nouveaux applaudissemens.) Vous qui me fatiguez de vos contestations particulières, au lieu de vous occuper du salut de la République, je vous répudie tous comme traîtres à la patrie. Je vous mets tous sur la même ligne. Je leur disais : Eh, que m'importe ma réputation ! Que la France soit libre, et que mon nom soit flétri ! Que m'importe d'être appelé buveur de sang ! Eh bien, buvons le sang des ennemis de l'humanité s'il le faut ; combattons, conquérons la liberté.

On paraît craindre que le départ des commissaires affaiblisse l'une ou l'autre partie de la Convention. Vaines terreurs ! portez votre énergie partout. Le plus beau ministère est d'annoncer au peuple que la dette terrible qui pèse sur lui sera desséchée aux dépens de ses ennemis, ou que le riche la paiera avant peu. La situation nationale est cruelle ; le signe représentatif n'est plus en équilibre dans la circulation ; la journée de l'ouvrier est au-dessous du nécessaire, il faut un grand moyen correctif. Conquérons la Hollande ; ranimons en Angleterre le parti républicain ; faisons marcher la France, et nous irons glorieux à la postérité. Remplissez ces grandes destinées ; point de débats, point de querelles, et la patrie est sauvée.

— La discussion s'engage aux sujets des deux généraux Lanoue et Stengel, dont Carra, Gaston, Lacroix et Thureau suspectent les intentions. L'assemblée décrète qu'ils seront traduits à la barre.

Cambacérès. Il s'agit de sauver la chose publique, il faut des moyens actifs et généraux. L'exemple de Stengel pourra peut-être effrayer quelques pervers, mais il ne peut suffire. Je m'oppose à ce que la séance soit levée avant que nous ayons décrété l'organisation du tribunal révolutionnaire, et que le ministère incohérent, qui se trouve organisé comme s'il existait deux pouvoirs, soit changé.

Tous les pouvoirs vous ont été confiés, vous devez les exercer tous; il ne doit y avoir aucune séparation entre le corps qui délibère et celui qui fait exécuter. Il ne faut point suivre ici les principes ordinaires. Lorsque vous construirez la constitution, vous discuterez celui de la séparation des pouvoirs. Je rappelle ma proposition, et je demande que, séance tenante, on organise le tribunal et le ministère.

(Des cris : *Aux voix ! aux voix !* s'élèvent dans une grande partie de la salle.

Quelques rumeurs succèdent à ces cris. — C'est Buzot qui paraît à la tribune.)

Buzot. Citoyens, je demande la parole. (Les murmures redoublent dans la partie gauche de la salle.) Je m'aperçois, aux murmures qui s'élèvent, et je le savais déjà, qu'il y a quelque courage à s'opposer aux idées par lesquelles on veut nous mener à un despotisme plus affreux que celui de l'anarchie. (Mêmes rumeurs.) Je rends grâces, au reste, de chaque moment de mon existence, à ceux qui veulent bien me la laisser; et je regarde ma vie comme une concession volontaire de leur part. (Les murmures continuent dans une très-grande partie de la salle.) Mais au moins qu'ils me laissent le temps de sauver ma mémoire de quelque déshonneur, en me permettant de voter contre le despotisme de la Convention nationale.

On vous présente dans ce moment deux idées; celle d'un tribunal extraordinaire, et celle d'une organisation nouvelle du ministère. Rien n'empêche que vous organisiez ce dernier d'une manière plus active; mais j'ai entendu dire à cette tribune qu'il fallait confondre tous les pouvoirs, les mettre tous dans les mains de l'assemblée. (*Une voix :* Il faut agir, et non pas bavarder.) Vous avez raison, vous qui m'interrompez. Les publicistes aussi ont dit que le gouvernement d'un seul, par cela même qu'il était despotique, était plus actif que le gouvernement libre de plusieurs. Jean-Jacques a dit aussi que sur un grand territoire, pour avoir un gouvernement actif, il fallait le gouvernement d'un seul. Eh bien! que ce seul soit ici, qu'il soit ailleurs. (Il s'élève de violens murmures); et, par un seul, je n'entends pas un seul individu, mais un pouvoir qui, les concentrant tous, et qui ne pouvant être arrêté par rien, est par cela même despotique; et lorsque vous avez reçu des pouvoirs illimités, ce n'est pas pour usurper la liberté publique par tous les moyens qui sont en votre pouvoir; et si vous les confondez tous, si tout est ici, dites-moi quel sera le terme de ce despotisme, dont je suis enfin las moi-même?

Julien, de Toulouse. C'est pour empêcher l'organisation du tribunal qui doit punir les contre-révolutionnaires que Buzot bavarde si long-temps.

Marat. Il ne s'est pas plaint quand tous les pouvoirs étaient dans les mains de Roland.

Lacroix. Je demande que l'on s'occupe d'abord de l'organisation du tribunal, et ensuite de celle du ministère. On ne cumule les objets que par esprit de tactique, et que pour qu'on ne délibère sur aucun.

— Cette proposition est adoptée, et Lindet fait lecture d'un projet dont voici la substance : « Le tribunal extraordinaire sera composé de neuf membres nommés par la Convention. — Ils ne seront soumis à aucune forme pour l'instruction. — Ils acquerront la conviction par tous les moyens possibles. — Le tribunal pourra se diviser en deux sections. — Il y aura toujours dans la salle destinée à ce tribunal un membre chargé de recevoir les dénonciations. — Le tribunal jugera ceux qui lui auront été renvoyés par décret de la Convention. — Il pourra poursuivre directement ceux qui, par incivisme, auraient abandonné ou négligé l'exercice de leurs fonctions, ceux qui, par leur conduite ou la manifestation de leurs opinions, auraient tenté d'égarer le peuple; ceux dont la conduite ou les écrits, ceux enfin qui, par les places qu'ils occupaient sous l'ancien régime, rappellent des prérogatives usurpées par les despotes. (Un grand nombre de membres de la partie gauche applaudissent à ce projet, et demandent qu'il soit mis en délibération. — Une vive agitation se manifeste dans la partie opposée.)

Vergniaud. Lorsqu'on vous propose de décréter l'établissement d'une inquisition mille fois plus redoutable que celle de Venise, nous mourrons tous plutôt que d'y consentir. Je demande que la discussion s'ouvre sur les projets présentés.

Plusieurs membres. Fermez la discussion et mettez aux voix.

Lepaux. L'appel nominal pour un pareil décret !

N...... Il n'y a que les contre-révolutionnaires qui peuvent le craindre.

Amar. Il n'y a que cette mesure qui puisse sauver le peuple ; autrement il faut qu'il s'insurge et que ses ennemis tombent.

Cambon. Je n'attaquerai point le pouvoir révolutionnaire. Je l'ai assez souvent proclamé à cette tribune ; mais je crois qu'il y aurait de l'imprudence à le remettre entre les mains de neuf personnes qui seraient à notre choix.

Le peuple s'est trompé dans les élections, nous pouvons comme lui commettre des erreurs ; et si nous mettions ce pouvoir entre les mains de neuf intrigans, de neuf ambitieux, qui pourraient peut-être se vendre, quelles digues pourrait-on leur opposer ? Quel serait le terme de leur tyrannie ? L'assemblée elle-même ne pourrait-elle pas en être la victime ? (On murmure.) Il faut un pouvoir révolutionnaire, j'en conviens ; mais il faut qu'il reste dans les mains de l'assemblée. C'est à elle à organiser un gouvernement ferme, à prendre tous les moyens pour atteindre les ennemis du peuple.

Duhem. On égorge dans Liége les patriotes sans leur donner de jurés, et nous en donnerions aux voleurs de la patrie ! quelque mauvais que soit ce tribunal, il est encore trop bon pour des scélérats.

Cambon. Et moi aussi, je ne trouve rien de trop dur pour des contre-révolutionnaires ; mais un bon citoyen peut être égorgé, et voyez quel en serait l'inconvénient : les hommes de bien, effrayés, refuseraient d'accepter aucune fonction publique; ils trembleraient à la vue de cinq personnes chargées de mettre en état d'accusation, chargées seules d'instruire la procédure et d'appliquer la peine. Les intrigans domineraient seuls, et, s'emparant peut-être de ce tribunal que vous aurez imprudemment formé, ils s'en serviraient pour écraser les amis de la liberté, et la patrie serait à jamais perdue. Je demande la question préalable sur le projet de Lindet.

Barrère. Il est impossible que des citoyens amis de la liberté veuillent imiter les plus affreux despotes dans leurs vengeances. (On murmure.) C'est par honneur pour vos lumières et votre justice que je viens parler contre le projet qu'on propose; si c'eût été pour satisfaire aux sentimens de ma conscience, je me serais contenté de mon opinion particulière.

Je le répète, il est impossible que mes collègues, qui tous aiment la justice et la liberté, veuillent imiter les despotes dans leurs accès de rage, rappeler les chambres ardentes, les commissions du conseil et ce que l'histoire de notre pays nous présente à chaque époque sous le règne de ceux qui l'avaient plongé dans l'abîme le plus profond. (L'orateur se tourne vers l'extrémité gauche.) Je suis aussi ennemi que vous des conspirateurs. (*Une voix.* Cela n'est pas vrai.) Citoyens, je vous l'ai déjà dit, quand on ne veut pas de places, qu'on est sans ambition, qu'on méprise la vie, on est plus fort que toutes les puissances. Je vous le dis, les jurés sont la propriété de tout homme libre.

Billaud-Varennes. Nous le voulons.

Barrère. Nous le voulons! c'est ainsi que parlaient les rois de l'ancien régime.

Billaud-Varennes. Comme Barrère n'a pas entendu ce que je voulais dire, je demande à expliquer mon opinion. Je pense, ainsi que Cambon, qu'un tribunal de neuf membres pourrait devenir redoutable, même aux amis de la liberté. Je demande, par article additionnel, que les jurés attachés au tribunal soient nommés, comme ceux du 17 août, par les sections. (Murmures.) Je n'ai pu entendre dire que toutes les sections de la République...

Lidon. Je demande que la déclaration de Billaud soit inscrite au procès-verbal.

Barrère. J'avais donc raison d'annoncer que les amis de la liberté seraient bientôt réunis, que les députés de la République une et indivisible voudraient tous un tribunal composé d'hommes pris dans toute l'étendue de la République. Dès que nous sommes d'accord, je ne demande qu'à rappeler un mot, et c'est celui d'un philosophe qui n'a peut-être que trop bien décrit notre situation actuelle.

« Les Lacédémoniens, dit Salluste, ayant vaincu les Athéniens, les mirent sous le gouvernement de trente hommes. Ces hommes condamnèrent d'abord à mort, sans formalités judiciaires, les plus grands scélérats qui étaient en horreur à tout le monde, et dont les crimes étaient publics et non contestés ; le peuple applaudit à leur supplice. Cette puissance s'accrut ensuite, et bientôt ils frappèrent arbitrairement les bons et les méchans, de sorte que la République, accablée sous le joug, fut punie de leur avoir donné sa confiance. De nos jours, lorsque Sylla fut victorieux, il fit égorger un nombre considérable de citoyens qui s'étaient élevés par leurs crimes et par le mal qu'ils avaient fait à la République. — Qui n'applaudit pas encore ? — On disait hautement que les criminels avaient bien mérité leur supplice ; mais il fut le signal d'un carnage affreux. Dès qu'un homme enviait une maison ou quelque terre, il faisait tant qu'on en mettait le possesseur au nombre des proscrits. »

Je reviens à l'objet de la discussion, et je demande, puisqu'il est convenu qu'il y aura des jurés, que ces jurés soient pris dans toutes les sections de la République ; qu'on ajourne à demain.

Philippeaux. On a parlé d'une manière générale et vague contre le projet de Lindet ; je demande à démontrer que, si vous ne voulez pas rapporter le décret d'hier, vous devez adopter ce plan. Je dis qu'il ne faut pas de jurés dans ce tribunal extraordinaire, précisément pour que nous puissions conserver cette belle institution.

Fonfrède. Nous avons fait la révolution pour avoir des jurés ; c'est faire la contre-révolution que de les anéantir.

Thureau. Je demande que les jurés soient nommés par la Convention nationale, et que provisoirement ils soient pris à Paris.

Fonfrède. Les délits que le tribunal aura à punir auront pu être commis dans les départemens, dans les armées. Je demande, au nom des citoyens de mon département, qu'ils puissent concourir à la nomination des jurés.

Garreau. Pour qu'il n'y ait point de délai, je demande que la Convention nationale, qui représente la France, nomme elle-même ses jurés.

— La Convention décrète, à une très-grande majorité, qu'il y aura des jurés, que les jurés seront nommés par elle et pris dans tous les départemens. — La séance se lève.

Danton, s'élançant à la tribune. Je somme tous les bons citoyens de ne pas quitter leur poste. (Tous les membres se remettent en place ; un calme profond règne dans toute l'assemblée.) Quoi, citoyens ! au moment où notre position est telle que, si Miranda était battu, et cela n'est pas impossible, Dumourier, enveloppé, serait obligé de mettre bas les armes, vous pourriez vous séparer sans prendre les grandes mesures qu'exige le salut de la chose publique? Je sens à quel point il est important de prendre des mesures judiciaires qui punissent les contre-révolutionnaires, car c'est pour eux que ce tribunal est nécessaire ; c'est pour eux que ce tribunal doit suppléer au tribunal suprême de la vengeance du peuple. Les ennemis de la liberté lèvent un front audacieux : partout confondus, ils sont partout provocateurs. En voyant le citoyen honnête occupé dans ses foyers, l'artisan occupé dans ses ateliers, ils ont la stupidité de se croire en majorité : eh bien ! arrachez-les vous-mêmes à la vengeance populaire, l'humanité vous l'ordonne.

Rien n'est plus difficile que de définir un crime politique. Mais si un homme du peuple, pour un crime particulier, en reçoit à l'instant le châtiment ; s'il est si difficile d'atteindre un crime politique, n'est-il pas nécessaire que des lois extraordinaires, prises hors du corps social, épouvantent les rebelles et atteignent les coupables? Ici le salut du peuple exige de grands moyens et des mesures terribles. Je ne vois pas de milieu entre les formes ordinaires et un tribunal révolutionnaire. L'histoire atteste cette vérité, et, puisqu'on a osé dans cette assemblée rappeler ces journées sanglantes sur lesquelles tout bon citoyen a gémi, je dirai, moi, que, si un tribunal eût alors existé, le peuple, auquel on a si souvent, si cruellement reproché ces journées, le peuple ne les aurait pas ensanglantées; je dirai, et j'aurai l'assentiment de tous ceux qui ont été les témoins de ces événemens, que nulle puissance humaine n'était dans le cas d'arrêter le débordement de la vengeance nationale. Profitons des fautes de nos prédécesseurs; faisons ce que n'a pas fait l'assemblée législative : soyons terribles pour dispenser le peuple de l'être; organisons un tribunal, non pas bien, cela est impossible, mais le moins mal qu'il se pourra, afin que le glaive de la loi pèse sur la tête de tous ses ennemis.

Ce grand œuvre terminé, je vous rappelle aux armes, aux commissaires que vous devez faire partir, au ministère que vous devez organiser; car nous ne pouvons nous le dissimuler, il nous faut des ministres; et celui de la marine, par exemple, dans un pays où tout peut être créé, parce que tous les élémens s'y trouvent avec toutes les qualités d'un bon citoyen, n'a pas créé de marine; nos frégates ne sont pas sorties, et l'Angleterre enlève nos corsaires. Eh bien! le moment en est arrivé, soyons prodigues d'hommes et d'argent; déployons tous les moyens de la puissance nationale, mais ne mettons la direction de ces moyens qu'entre les mains d'hommes dont le contact nécessaire et habituel avec vous vous assure l'ensemble et l'exécution des mesures que vous avez combinées pour le salut public. Vous n'êtes pas un corps constitué, car vous pouvez tout constituer vous-mêmes. Prenez-y garde, citoyens, vous répondez au peuple de nos armées, de son sang, de ses assignats; car si ses défaites atténuaient tellement la valeur de cette monnaie que les moyens d'existence fussent anéantis dans ses mains, qui pourrait arrêter les effets de son ressentiment et de sa vengeance? Si, dès le moment que je vous l'ai demandé, vous eussiez fait le développement de forces nécessaires, aujourd'hui l'ennemi serait déjà repoussé loin de vos frontières.

Je demande donc que le tribunal révolutionnaire soit organisé, séance tenante; que le pouvoir exécutif, dans la nouvelle organisation, reçoive les moyens d'action et d'énergie qui lui sont nécessaires. Je ne demande pas que rien soit désorganisé, je ne propose que des moyens d'amélioration.....

Je demande que la Convention juge mes raisonnemens et méprise les qualifications injurieuses et flétrissantes qu'on ose me donner. Je demande qu'aussitôt que les mesures de sûreté générale seront prises, vos commissaires partent à l'instant; qu'on ne reproduise plus l'objection qu'ils siégent dans tel ou tel côté de cette salle. Qu'ils se répandent dans les départemens, qu'ils y échauffent les citoyens, qu'ils y raniment l'amour de la liberté, et que s'ils ont regret de ne pas participer à des décrets utiles, ou de ne pouvoir s'opposer à des décrets mauvais, ils se souviennent que leur absence a été le salut de la patrie.

Je me résume donc : ce soir, organisation du tribunal, organisation du pouvoir exécutif; demain, mouvement militaire; que demain vos commissaires soient partis; que la France entière se lève, coure aux armes, marche à l'ennemi; que la Hollande soit envahie; que la Belgique soit libre; que le commerce d'Angleterre soit ruiné; que les amis de la liberté triomphent de cette contrée; que nos armes, partout victorieuses, apportent aux peuples la délivrance et le bonheur, et que le monde soit vengé.]

— Danton descend de la tribune couvert des plus vifs applaudissemens; l'assemblée ajourne ces différentes propositions.

La séance est suspendue; il est sept heures.

Du dimanche 10, à neuf heures du soir.

[Le maire et le commandant-général Santerre sont introduits à la barre.

Pache. J'ai été instruit dans le courant de la journée qu'il se formait des rassemblemens considérables. J'ai, chaque fois, requis le commandant-général de veiller par tous les moyens au maintien de l'ordre et de la tranquillité publique. J'ai encore appris que dans les sections on délibérait sur la fermeture des barrières. Le conseil-général a pris un arrêté pour rappeler la loi, a déclaré qu'il restait en permanence; la majorité des sections a envoyé au conseil-général des députations pour l'assurer de sa soumission à la loi. On peut compter à présent sur la tranquillité de Paris.

Santerre. On répandait des propos insidieux, entre autres celui-ci : qu'on voulait un roi; et on parlait du citoyen Égalité. Voici l'ordre que j'ai donné ce soir 10 mars. Il est encore besoin d'une forte surveillance et de plus d'exactitude que jamais. Les réserves de cent hommes par section resteront jusqu'à ce qu'elles soient remplacées; les commissaires des sections donneront au commandant-général avis des rassemblemens. J'ai donné encore ordre aux réserves d'être prêtes à marcher demain à six heures. Les barrières sont parfaitement libres. Il paraît qu'il n'y a guère que trois cents factieux qui veulent faire croire à un soulèvement pour le faire naître. J'ai envoyé dans les faubourgs : celui de Saint-Antoine ne s'occupe que de son recrutement. (On applaudit.)

Le maire, la députation du conseil-général et le commandant Santerre, invités aux honneurs de la séance, traversent la salle et se rendent à leurs fonctions.

On reprend la discussion sur l'organisation du tribunal révolutionnaire.

Duhem demande le rapport du décret qui attribue des jurés à ce tribunal.

On réclame la question préalable.

Le président la met aux voix, et prononce qu'il y a lieu à délibérer.

On demande avec chaleur l'appel nominal.

Laréveillière-Lepeaux. J'appuie l'appel nominal afin qu'on sache dans le département de Mayenne-et-Loire que j'ai voulu que le pouvoir national fût exercé par toutes les sections de l'Empire, et non par une section particulière, et par la faction qui la tyrannise.

Vergniaud. Je demande aussi l'appel nominal, afin de faire connaître ceux qui se servent continuellement du mot de liberté pour l'anéantir.

Thuriot. Je propose un amendement qui pourra tout concilier. Je demande que les jurés délibèrent à haute voix.

On demande la question préalable sur l'amendement.

Après quelques débats, la proposition de Thuriot est décrétée.]

La Convention adopte ensuite successivement, et après une légère discussion, les autres articles du projet de Lindet. — Voici la loi :

« La Convention nationale, après avoir entendu le rapport de son comité de législation, décrète ce qui suit :

TITRE PREMIER. — *De la composition et de l'organisation d'un tribunal criminel extraordinaire.*

» ART. 1. Il sera établi à Paris un tribunal criminel extraordinaire, qui connaîtra de toute entreprise contre-révolutionnaire, de tous attentats contre la liberté, l'égalité, l'unité et l'indivisibilité de la République, la sûreté intérieure et extérieure de l'état, et de tous les complots tendant à rétablir la royauté ou à établir toute autre autorité attentatoire à la liberté, à l'égalité et à la souveraineté du peuple, soit que les accusés soient fonctionnaires civils ou militaires, ou simples citoyens.

» 2. Le tribunal sera composé d'un juré, et de cinq juges qui dirigeront l'instruction et appliqueront la loi après la déclaration des jurés sur le fait.

» 3. Les juges ne pourront rendre aucun jugement, s'ils ne sont au moins au nombre de trois.

» 4. Celui des juges qui aura été le premier élu présidera, et en cas d'absence, il sera remplacé par le plus ancien d'âge.

» 5. Les juges seront nommés par la Convention nationale à la pluralité relative des suffrages, qui ne pourra néanmoins être inférieure au quart des voix.

» 6. Il y aura auprès du tribunal un accusateur public et deux adjoints, ou substituts, qui seront nommés par la Convention nationale, comme les juges, et suivant le même mode.

» 7. Il sera nommé, dans la séance de demain, par la Convention nationale, douze citoyens du département de Paris et des quatre départemens qui l'environnent, qui rempliront les opérations de juré, et quatre suppléans du même département, qui remplaceront les jurés en cas d'absence, de récusation ou de maladie. Les jurés rempliront leurs fonctions jusqu'au 1er mai prochain, et il sera pourvu par la Convention nationale à leur remplacement et à la formation d'un juré pris entre les citoyens de tous les départemens.

» 8. Les fonctions de la police de sûreté générale, attribuées aux municipalités et aux corps administratifs par le décret du 11 août dernier, s'étendront à tous les crimes et délits mentionnés dans l'article 1er de la présente loi.

» 9. Tous les procès-verbaux de dénonciation, d'information, d'arrestation, seront adressés en expédition par les corps administratifs à la Convention nationale, qui les renverra à une commission de ses membres chargée d'en faire l'examen, et de lui en faire le rapport.

» 10. Il sera formé une commission de six membres de la Convention nationale, qui sera chargée de l'examen de toutes les pièces, d'en faire le rapport, de rédiger et de présenter les actes d'accusation, de surveiller l'instruction qui se fera dans le tribunal extraordinaire, d'entretenir une correspondance suivie avec l'accusateur public et les juges sur toutes les affaires qui seront envoyées au tribunal, et d'en rendre compte à la Convention nationale.

» 11. Les accusés qui voudront récuser un ou plusieurs jurés seront tenus de proposer les causes de récusation par un seul et même acte, et le tribunal en jugera la validité dans les vingt-quatre heures.

» 12. Les jurés voteront et formeront leur déclaration publiquement, à haute voix, à la pluralité absolue des suffrages.

» 13. Les jugemens seront exécutés sans recours au tribunal de cassation.

» 14. Les accusés en fuite qui ne se représenteront pas dans les trois mois du jugement seront traités comme émigrés et sujets aux mêmes peines, soit par rapport à leur personne, soit par rapport à leurs biens.

» 15. Les juges du tribunal éliront à la pluralité absolue des suffrages un greffier et deux huissiers. Le greffier aura deux commis qui seront reçus par les juges.

TITRE II. — *Des peines.*

» ART. 1. Les juges du tribunal extraordinaire prononceront les peines portées par le Code pénal et les lois postérieures contre les accusés convaincus; et lorsque les délits qui demeureront constans seront dans la classe de ceux qui doivent être punis des peines de la police correctionnelle, le tribunal prononcera ces peines sans renvoyer les accusés aux tribunaux de police.

» 2. Les biens de ceux qui seront condamnés à la peine de mort seront acquis à la République, et il sera pourvu à la subsistance des veuves et des enfans, s'ils n'ont pas de biens d'ailleurs.

» 3. Ceux qui, étant convaincus de crimes ou de délits qui n'auraient pas été prévus par le Code pénal et les lois postérieures, ou dont la punition ne serait pas déterminée par les lois, et dont l'incivisme et la résidence sur le territoire de la République auraient été un sujet de trouble public et d'agitation, seront condamnés à la peine de déportation.

» 4. Le conseil exécutif est chargé de pourvoir à l'emplacement du tribunal. Le traitement des juges, greffier, commis et huissiers sera le même que celui qui a été décrété pour les juges, greffier, commis et huissiers du tribunal criminel du département de Paris. »

COMMUNE DE PARIS. — SÉANCE DU 10 MARS.

Le président fait lecture d'une lettre par laquelle l'administration de police avertit que des hommes armés se portent aux barrières de la ville pour les fermer.

Plusieurs décrets du 5 septembre et autres défendent, sous peine de mort, de fermer les barrières sans que la Convention nationale en ait été prévenue. En conséquence le conseil arrête que, jusqu'à ce que la Convention, officiellement avertie, ait déclaré ses intentions sur la fermeture des barrières, elles continueront de rester librement ouvertes. Le commandant général est chargé de donner les ordres nécessaires et de faire toutes les dispositions convenables pour maintenir la liberté du passage aux barrières. Cet arrêté est aussitôt envoyé à la Convention nationale, aux quarante-huit sections et à l'état-major, tenu de l'inscrire dans l'ordre.

Un commissaire du comité de la section du Finistère déclare que, dans la nuit du samedi au dimanche, quatre particuliers, se disant de la société des Jacobins, se sont rendus au comité de cette section, à l'effet de demander que l'on sonnât le tocsin, qu'on tirât le canon d'alarme, etc. ; ils ont ajouté que plusieurs sections adhéraient à l'arrêté dont ils étaient porteurs. On a examiné ces prétendues adhésions, qui ne portaient aucun timbre des sections. (On s'écrie de toutes parts : Ceux qui n'ont pas arrêté ces scélérats sont plus coupables qu'eux (1).)

Jacques Roux. « Ces quatre désorganisateurs se sont présentés à la section des Gravilliers à quatre heures du matin ; ils y ont fait les mêmes propositions : je demande qu'on arrête les agitateurs. »

Hébert. « Il faut mander celui qui représente ici le commandant-général ; il est instant d'arrêter le peuple que l'on égare. »

Favanne. « Des hommes en uniforme, le sabre nu, le pistolet à la main, parcourent les rues. Je suis instruit que des malveil-

(1) C'est de Varlet et de sa bande que ce membre veut parler. (*Note des aut.*)

lans s'insinuent dans les groupes avec un bouton distinctif sur lequel on remarque un A et un V. »

Un gendarme. « Nous sommes quarante à la réserve. Nous avons fait des patrouilles dans les environs de la Convention; tout est tranquille. »

Un membre. « Il y avait ici depuis long-temps une députation nombreuse; j'ai vu au bureau certains particuliers....... (1). Ils se sont retirés en murmurant, et en traitant de scélérats plusieurs membres de la Commune, et notamment Hébert. Ils ont vu que nous n'acquiescerions pas à leur demande. »

Santerre paraît à neuf heures et un quart, et dit : « Je n'ai que deux cents hommes ; je vais faire partir des patrouilles de demi-heure en demi-heure. Depuis plusieurs jours se trouvent réunis des agitateurs qui ne veulent pas que la République s'affermisse. Tous ceux qui veulent interrompre l'exécution de la loi ne sont pas républicains. Nous étions surpris que le crime restât impuni... On emprisonne, et on lâche les prisonniers... Ce soir j'ai entendu dire que l'insurrection était nécessaire. Des hommes en place, la plupart ineptes, se croient capables de tout régir. Paris n'est pas le peuple entier de la France. Il n'y a que des hommes perfides qui veulent une insurrection. Je ne dirai ni bien ni mal de Beurnonville : un ministre change ses agens parce qu'il est responsable... Renonçons à nos intérêts particuliers, et prenons tous les moyens pour empêcher une insurrection, qui désorganiserait tout. »

Sur l'avis que les mouvemens deviennent plus graves par la nouvelle des cruautés que les Prussiens ont exercées dans la ville de Liége, le conseil-général arrête la lettre suivante aux quarante-huit sections. Réal en donne lecture.

« Citoyens, ouvrez les yeux, de grands dangers nous environnent. Des citoyens égarés demandent que les barrières soient fermées, que le tocsin sonne; ils veulent une nouvelle insurrection. Rapprochez quelques événemens, et vous serez à portée

(1) Il s'agit ici de Fournier, Varlet et Champion. Voir plus bas le rapport de Garat à la séance du 19.   (*Note des auteurs.*)

de juger les scélérats qui égarent les citoyens, qui conseillent ces mouvemens. Rappelez-vous que c'est au moment même où les colonnes ennemies attaquaient nos cantonnemens que l'on excitait à Paris les désordres dont nous avons gémi ; réfléchissez que c'est au moment où, après avoir pillé Liége, des armées de barbares marchent sur Givet, veulent encore inonder la France, que l'on parle de faire une insurrection, qui arrêterait à l'instant le recrutement, une insurrection dont le véritable effet est aujourd'hui d'anéantir le seul centre d'autorité qui puisse sauver la chose publique. Citoyens, pour vaincre au-dehors il faut que la tranquillité règne au-dedans. Des malveillans veulent la troubler; déjouez les complots, restez sous les armes; que la force impose à ceux qui se refuseraient à la raison. Le conseil-général vient de se déclarer en permanence, faites de même; correspondez avec lui, et que la plus grande surveillance contienne les ennemis qui sont au milieu de nous. »

Plusieurs sections annoncent qu'elles se sont déclarées en état de permanence, et demandent d'être informées de l'état de Paris.

Le président leur répond que tout annonce que le calme renaît, et que les mesures prises par le conseil ont eu leur effet.

La section de la Cité annonce au conseil qu'elle s'est déclarée en état d'*insurrection permanente*.

Le conseil-général ayant paru étonné de cette expression, *insurrection*, les membres de la députation ont été invités à s'expliquer à ce sujet, et ils ont répondu que, par *insurrection permanente*, la section entendait dire *permanence armée*.

Le conseil, satisfait de cette interprétation, invite néanmoins la section de la Cité à supprimer ce mot, comme susceptible d'une interprétation précisément opposée à celle qu'elle lui donne.

« Le conseil-général, considérant que les émigrés qui ont intention de sortir de la République pourraient se servir de la voie de l'enrôlement pour effectuer leurs intentions perfides; considérant en outre qu'il serait dangereux d'admettre dans les bataillons des citoyens affligés de diverses maladies;

» Arrête que les sections seront invitées, 1° à n'enrôler aucun citoyen, que préalablement il n'ait été visité par un chirurgien nommé par la section; 2° à s'informer exactement des nom, surnoms, âge et profession de l'enrôlé, du lieu et du temps de son domicile; 3° enfin, à étendre ces mesures aux enrôlemens qui se font sur les amphithéâtres. »

Le conseil-général arrête qu'il sera envoyé à toutes les sociétés populaires une invitation conçue en ces termes :

« Citoyens, le conseil-général de la Commune a vu avec douleur que l'on cherchait encore à exciter des troubles à Paris; ces troubles ne tendent qu'à retarder le recrutement de nos armées, et à empêcher nos soldats d'aller repousser nos ennemis. Citoyens, aidez-nous à étouffer le mal qui nous menace. Songez qu'un jour de retard est un malheur public, que nous avons nos frères d'armes à venger, et qu'en arrêtant nos concitoyens dans l'intérieur, nous abandonnons nos armées qui les attendent comme des sauveurs. »

La séance a été suspendue à 3 heures et demie du matin, ce 11 mars.

CONVENTION NATIONALE. — SÉANCE DU 11 MARS.

Au commencement de cette séance, le président reçut une lettre de Beurnonville, annonçant sa démission. Danton monta à la tribune, et dans un long discours il fit l'éloge du ministre et demanda qu'on pût à l'avenir choisir les membres du conseil exécutif dans le sein de la Convention. Cette motion improvisée par Danton fut combattue par Laréveillère-Lépeaux, et rejetée. *Le Patriote français*, n. MCCCVIII, y trouve la preuve que la Montagne voulait s'emparer du pouvoir, et il donne la liste des candidats qui devaient se le partager. Selon ce journal, Danton aurait eu le ministère des affaires étrangères; Dubois-Crancé celui de la guerre; Jean-Bon Saint-André celui de la marine; Thuriot ou Cambacérès celui de la justice; Fabre-d'Églantine celui de l'intérieur; Collot-d'Herbois celui des contributions. Nous avons dû relever cette assertion, quoiqu'il soit bien évident que Danton ne fit pas une démarche concertée. Il affirme lui-même qu'il énonçait une opinion personnelle, et qu'il ne faisait pas une motion positive. Robespierre fut le seul membre du côté gauche qui en appuya la mise en discussion. Ce fut cette proposition qui fut écartée, et non pas la motion elle-même, car elle ne fut pas formellement présentée. Au reste, les Girondins commençaient à se rassurer. Le même journal dit sous la rubrique du lundi 11 mars :

« Cette nuit a été assez tranquille, grace à la pluie qui a dissipé les attroupemens, grace à la bonne contenance de quelques patriotes, grace surtout à la lâcheté des conspirateurs. — Aujourd'hui, même fermentation, mais peu de groupes, à cause du mauvais temps; ni *Gorsas*, ni *la Chronique* n'ont pu encore paraître. Les autres journalistes, frappés de terreur, ne se sont point élevés à la hauteur des dangers de la patrie. »

Un secrétaire lit la rédaction du décret d'organisation du nouveau tribunal. A cette occasion, quelques changemens furent introduits dans le projet de Lindet. Nous avons cru bon d'en faire connaître les auteurs; au reste le texte rapporté par nous, pages 59-61, est le texte définitif.

[*Robespierre*. Il est important de bien définir ce que vous entendez par *conspirateurs*; autrement les meilleurs citoyens risqueraient d'être victimes d'un tribunal institué pour les protéger contre les entreprises des contre-révolutionnaires. Toujours l'activité des tribunaux aristocrates s'est tournée contre les vrais amis de la patrie; toujours ils ont trouvé dans la loi même les moyens de l'appliquer aux vrais amis de la liberté et de l'égalité. Depuis les Lameth et les La Fayette, on n'a cessé de dire : Les contre-révolutionnaires, ce sont les anarchistes, les agitateurs : et on appliquait ce mot aux vrais, aux purs patriotes. Les fayétistes, les constitutionnaires et tous leurs continuateurs ont abusé du texte de la loi pour dénoncer aux tribunaux les vrais amis de la liberté; et je n'ai pas besoin d'en citer ici des exemples. Si vous laissez la porte ouverte aux mêmes abus, le tribunal que vous venez de créer ne sera qu'un tribunal contre-révolutionnaire. Qui le fait révolutionnaire ? C'est le caractère des hommes choisis. Si la Convention nationale se trompe, elle met un nouvel instrument entre les mains des ennemis de la patrie. Je demande qu'on spécifie ce que la Convention, ce que les amis de la liberté entendent par conspirateurs, contre-révolutionnaires. C'est ce qui est exprimé dans le projet de Lindet, susceptible de modifications et de corrections.

Thuriot. Je demande que Robespierre présente son article comme il le conçoit.

Robespierre. Le voici : « La loi défend, sous peine de mort, tout attentat contre la sûreté générale de l'état, la liberté, l'égalité, l'unité et l'indivisibilité de la République. » — Puisque vous avez déclaré révolutionnairement que quiconque provoquerait le rétablissement de la royauté sera puni de mort, je veux que le décret le mentionne. Il faut que ce tribunal punisse tous les écrits. (Il s'élève des murmures dans une partie de la salle.) Il est étrange qu'on murmure lorsque je propose de réprimer un système d'écrits publics dirigés contre la liberté, qui attaquent les principes de la souveraineté et de l'égalité, notamment ceux qui ont été soudoyés par le gouvernement lui-même pour apitoyer le peuple sur le sort du tyran, pour réveiller le fanatisme de la royauté, pour dénoncer à l'opinion ceux qui ont voté la mort du tyran, pour diriger les poignards contre les défenseurs de la liberté (Applaudissemens à plusieurs reprises.), pour allumer la guerre civile...

Albitte. Je demande que Robespierre lise sa rédaction, s'il en a une, afin que nous ne perdions pas notre temps.

Robespierre... en désignant Paris comme une ville qui devait être suspecte aux départemens; en désignant le berceau de la révolution à d'autres parties de la République comme une contrée ennemie contre laquelle elles devaient s'armer. Je veux enfin que ce tribunal punisse les administrateurs qui, au mépris des lois et de l'unité de la République, ont levé une force armée de leur propre autorité. (Une grande partie de l'assemblée applaudit.)

Isnard propose la rédaction suivante :

« Il sera établi à Paris un tribunal criminel extraordinaire qui connaîtra de toute entreprise contre-révolutionnaire, de tout attentat contre la liberté, l'égalité, l'unité, l'indivisibilité de la République, la sûreté intérieure et extérieure de l'état, et de tous les complots tendant à rétablir la royauté ou à établir toute autre autorité attentatoire à la liberté, à l'égalité et à la souveraineté du peuple, soit que les accusés soient fonctionnaires civils ou militaires, ou simples citoyens. »

Cette rédaction obtient la priorité. — Elle est adoptée.

N... Je demande que les jurés puissent être pris dans les départemens voisins de celui de Paris.

Rabaud de Saint-Étienne. Pour accélérer la formation du tribunal, vous avez voulu prendre les jurés dans le département de Paris; mais l'accélération sera-t-elle moindre si vous les choisissez parmi les citoyens du département de Seine-et-Oise et autres circonvoisins? Je demande que la Convention adopte la proposition faite par le préopinant.

La Convention décrète que les jurés seront pris dans le département de Paris et dans les départemens circonvoisins.

Burat. L'assemblée constituante, pour établir la liberté sur des bases solides, crut indispensable l'institution des jurés en matière criminelle. Par une disposition de votre décret d'hier, vous avez sapé cette institution, le boulevart de l'innocence. En décrétant que les jurés opineraient à haute voix, vous avez ôté ce qu'il y a de bon dans l'institution des jurés. Ce mode de vote tend à gêner leur liberté. Je demande le rapport de cet article.

Lamarque. Les observations du préopinant sont faciles à renverser. Vous avez voulu créer un tribunal extraordinaire, c'est-à-dire un tribunal qui ne fût pas assujetti à toutes les formes ordinaires. Ce n'est qu'en adoptant que les jurés opineraient à haute voix que les amis de la liberté ont consenti qu'il y eût des jurés dans ce tribunal.

Ceux-là insultent le peuple de Paris qui le disent capable de gêner les mandataires du peuple dans leurs fonctions. Il n'est pas un citoyen qui n'ait trouvé des adorateurs parmi le peuple lorsqu'il a émis un vœu conforme à la justice. Reportez-vous, citoyens, au commencement de la révolution : l'assemblée constituante ordonna le renouvellement de toutes les administrations, et on eut de bons administrateurs, parce qu'ils avaient été élus à haute voix. Si l'établissement du tribunal que vous venez de créer est un bienfait, maintenez l'article. Vous le détruisez si vous rejetez l'article.

On demande l'ordre du jour.

Guadet. Je demande à combattre l'ordre du jour. (L'ordre du jour!)

Duhem. Fermez la discussion; nous ne pouvons entendre un conspirateur.

Les membres à la droite de la tribune sont dans une vive agitation.

Le président. Je suis ici pour maintenir l'ordre; je vais consulter l'assemblée pour savoir si le nom de celui qui a dit qu'il y avait dans l'assemblée des conspirateurs sera inscrit au procès-verbal.

Duhem, Chabot, David, Carrier et plusieurs autres membres de l'extrémité gauche, descendant dans le milieu de la salle, s'écrient: *Oui, oui, il y a ici des conspirateurs.* — Il s'élève de violentes rumeurs dans la partie droite.

Guadet. Je vous somme de faire constater dans le procès-verbal que la représentation nationale a été violée en moi.

L'assemblée entière est pendant quelque temps dans l'agitation.

Le président. Sur la liste, Guadet a la parole après Lamarque; il doit parler, à moins que l'assemblée ne ferme la discussion.

L'assemblée consultée décide que la discussion sera continuée.

Guadet. Le préopinant, en prétendant que le vote à haute voix était le seul admissible, parce qu'un juré révolutionnaire ne devait jamais être arrêté dans sa marche, a donné un des plus solides motifs à l'opinion contraire: en effet, vous devez sentir que s'il s'agit de juger promptement, le vote au scrutin convient mieux que le vote à haute voix, où l'on est obligé de motiver son opinion, ce qui entraîne un temps considérable. Mais ce n'est point à des considérations de cette nature qu'il faut s'attacher. Dans des matières où il s'agit de l'honneur et de la vie des citoyens, le temps ne doit compter pour rien. C'est aux principes de justice qu'il faut toujours s'attacher. J'entends sans cesse répéter ici ces mots de liberté, égalité ; eh bien ! citoyens, l'égalité est violée par l'institution d'un juré qui ne reposera pas sur la même base que les autres jurés. En effet, si la voie du vote à haute voix est plus favorable à l'innocence, alors vous devez déclarer que partout les jurés prononceront de cette manière.

Citoyens, le vote à haute voix est favorable à l'innocence lorsque les juges sont corrompus ; mais dans un moment où la multitude est enflammée par les passions, ce mode lui est funeste.

Après ce qui vient de se passer ici, je puis être dispensé de rien dire en faveur du vote secret. Je me bornerai à remarquer que l'institution des jurés a été accueillie avec enthousiasme par les citoyens, parce que les juges prononçaient d'après leur conscience, et qu'on n'imaginait point qu'ils pussent être influencés. Vous avez maintenant à décider si vous devez laisser subsister ce bienfait.

Parmi les citoyens qui m'entendent, il peut se faire qu'il y en ait un d'accusé, quoiqu'innocent. Je lui demande si, au milieu des passions qui nous environnent, il croirait son innocence suffisamment garantie par la mesure qui est proposée. Pourquoi donc veut-il faire juger des citoyens par des mesures qu'il réprouverait pour lui-même? J'appuie la proposition de rétablir le même vote que pour tous les jurés de la République.

Prieur. C'est avec regret que la Convention nationale doit voir renaître une discussion dans laquelle elle s'est épuisée la nuit dernière....

Plusieurs voix. Ces messieurs dormaient.

Prieur. Une discussion dans laquelle les avantages et les désavantages du mode adopté ont été combinés. On a donc déjà oublié que la loi que nous organisons est une loi révolutionnaire dirigée contre les ennemis de la patrie? On a donc oublié que dans cette circonstance, où les contre-révolutionnaires se coalisent pour renverser la République, il faut prendre des mesures extraordinaires pour les arrêter dans leurs coupables entreprises? on a donc enfin oublié que c'est sous l'égide de cette institution sainte des jurés que les méchans déchirent la patrie? Nous avons cherché, cette nuit, à organiser d'une manière utile pour la patrie le tribunal que vous avez créé : on réclame maintenant sur le vote à haute voix des jurés ; mais le témoin ne dépose-t-il pas à haute voix? Croit-on, d'ailleurs, que les juges seront assez pusillanimes pour se laisser intimider par la multitude?

On a demandé que dans toutes les causes les jurés votassent hautement ; l'instant viendra où vous sentirez la nécessité de cette mesure ; l'instant viendra où vous sentirez qu'il est nécessaire de mettre le public entre la conscience des jurés et leurs devoirs.

Vous avez vous-même voté à haute voix contre le tyran, et vous n'avez pas craint qu'on vous accusât d'être influencés ; pourquoi ne croyez-vous pas les jurés capables d'une pareille fermeté? Élevez enfin les hommes à leur hauteur. Je demande le maintien du décret. — La demande est adoptée.

— A la séance du soir, sur la motion de Lacroix, il fut décrété que Blanchelande et tous les accusés dont l'affaire était pendante au tribunal criminel du 17 août seraient traduits devant le nouveau.

SÉANCE DU 12 MARS.

Une compagnie de volontaires de la section Poissonnière demande à défiler dans la salle.

Elle est admise avec une députation de cette section.

L'orateur de cette députation. Législateurs, vous voyez devant vous les volontaires que fournit la section Poissonnière. Ils se félicitent de pouvoir devancer de quelques jours les autres troupes qui partiront incessamment de Paris. La section nous a chargés de vous faire part en même temps de la réponse faite par son président aux députés envoyés par la Convention pour presser le recrutement ; la voici :

« Citoyens, il est des circonstances où les revers annoncent des succès. Le coup qui a frappé nos frères de Liége a porté jusqu'à nos cœurs. Le peuple va se lever tout entier, et ne posera les armes qu'après avoir terrassé les tyrans. Paris s'estime heureux, et particulièrement la section Poissonnière, de pouvoir donner une nouvelle preuve de son patriotisme. Maintenant, mandataires du peuple, nous devons vous transmettre ses justes plaintes. La Convention nationale n'a pas déployé toute l'énergie qu'on en devait attendre. Beurnonville n'eût jamais dû parvenir au ministère; il n'a point la confiance de la nation; au nom des citoyens ici présens, je vous demande sa destitution. Les généraux ne sont pas à leur poste, c'est par leur faute que notre avant-garde a été forcée et perdue; je demande un décret d'accusation contre Dumourier et son état-major..... (Un cri général d'indignation s'élève dans l'assemblée.) »

Lidon. Je demande que la section Poissonnière soit déclarée calomniatrice.

On demande que le pétitionnaire soit mis en état d'arrestation.

Robespierre jeune. Je demande qu'on ne le juge pas sans l'entendre.

Le président. Les volontaires présens demandent à prêter le serment et à défiler.

Boileau. Il faut que Dumourier soit justifié avant qu'ils sortent.

Chazal. Le président de cette section est connu par son aristocratie.

Une longue agitation règne dans l'assemblée.

Lacroix fait remarquer que le drapeau des volontaires a des fleurs-de-lis, et qu'il a des cravates blanches.

Une citoyenne des tribunes jette dans la salle un ruban tricolore pour être attaché au drapeau des volontaires de la section Poissonnière. (On applaudit à plusieurs reprises.)

Le président. Les braves volontaires qui sont là me font dire qu'ils ont partagé l'indignation de l'assemblée. (On applaudit.) Ils demandent à prêter le serment.

Le président prononce la formule. Les volontaires jurent, déchirent leur drapeau, le foulent aux pieds, mettent au bout de la pique le bonnet de la liberté. (Toute l'assemblée se lève, et partage, par ses acclamations, l'enthousiasme patriotique des volontaires et les applaudissemens des spectateurs.)

Cambacérès demande que le président de la section soit arrêté sur-le-champ. — Sergent demande la question préalable.

Isnard. Citoyens, ce qui vient de se passer est un coup de lumière qui doit nous éclairer sur les manœuvres qu'emploient les ennemis de la République. L'aristocratie, qui, nouveau Protée, revêt toutes sortes de formes, a bien senti qu'il ne suffisait pas de faire attaquer la liberté par les ennemis du dehors, mais qu'il fallait mettre à profit toutes les vertus qui embrasent les représentans du peuple, prendre le masque du patriotisme, et nous amener à une désorganisation totale. Depuis plus d'un mois, je vois ce système suivre avec une combinaison profonde sa marche perfide. Je savais bien que le feu du patriotisme brûlait dans le cœur de mes collègues, mais je craignais qu'ils ne servissent, sans le vouloir, ces manœuvres criminelles. Je l'ai dit à cette tribune, je fus accueilli avec défaveur : la vérité éblouit quelquefois les hommes. Lorsque je disais à l'assemblée législative que la constitution ancienne était mauvaise, qu'il fallait la déchirer, on me fit descendre de la tribune ; mais tel est le bonheur de la France, que les complots formés contre elle tournent toujours à la honte de leurs auteurs. On fomente, depuis quelques jours, un mouvement qu'on a cherché à imprimer à la généralité des citoyens. Combien d'hommes pervers se sont répandus dans les sections, dans les sociétés populaires, dans les groupes ! Ici, ils disaient qu'il fallait sonner le tocsin ; là, fermer les barrières ; ailleurs, tirer le canon d'alarme ; dans d'autres endroits, on insistait pour que Dumourier fût amené pieds et poings liés. Je rends justice au patriotisme des Jacobins ; mais, il faut l'avouer, c'est dans leur sein que cette motion épouvantable a été faite par un homme masqué, par un aristocrate sans doute. Dumourier amené pieds et poings liés ! Sans doute un général victorieux, sans doute un général qui a sauvé la République dans les plaines de Champagne, un général qui a fait pâlir les puissances du Nord, méritait bien que ces despotes dépensassent quelque argent pour faire amener pieds et poings liés, pour faire assassiner celui qui leur a été et qui doit leur être si funeste. (On applaudit.)

Citoyens, et vous, peuple, que l'expérience de ce jour vous serve pour l'avenir. N'oubliez jamais qu'un peuple qui comme nous est en révolution s'égare aisément dans les sentiers périlleux qui mènent à la liberté! Songez que ceux qui se disent ses plus ardens amis souvent ne le sont pas, et que ceux-là le sont sincèrement, qui savent préférer même le danger aux applaudissemens, qu'il est si aisé d'obtenir; et vous, ô mes collègues, si vous voulez que ce jour soit celui du salut de la patrie, celui de la mort des tyrans, que ce jour vous éclaire; que ce jour, en vous rendant méfians sur toutes les manœuvres de l'aristocratie, soit celui où, abjurant toutes vos haines..... (La plus grande partie de l'assemblée, et quelques membres de l'extrémité gauche se lèvent en répétant par acclamation : *Oui, oui!*) soit celui où, abjurant toutes vos haines, excepté celle du crime, vous confondrez vos passions dans une seule qui doit nous embraser tous, l'amour de la patrie. (On applaudit.) Voilà, citoyens, le vrai moyen de sauver la République, de la sauver de tous ses ennemis, de la délivrer de tous ses dangers. Il faut encore que nos discussions soient moins tumultueuses; car, et permettez-moi de le dire, si vous ne semez que du bruit, vous ne recueillerez que des tempêtes. Je me résume en demandant que ces deux citoyens soient mis en état d'arrestation pour être jugés par le tribunal révolutionnaire, et que les représentans du peuple s'unissent d'esprit et de sentiment pour travailler à la sûreté et au bonheur de la République.

—Isnard descend de la tribune au milieu des applaudissemens. La Convention ordonne l'impression de son discours.

Marat. J'ai à vous dévoiler des complots horribles. Quelles qu'aient été les liaisons politiques de Dumourier, quelles qu'aient été ses relations avec la cour, je le crois lié au salut public depuis le 10 août, et particulièrement depuis que la tête du tyran est tombée sous le glaive de la loi. Il y est lié par le succès de ses armes, et c'est moi qui parait à cette tribune pour combattre la motion insensée ou m'élever contre la proposition profondément perfide du décret d'accusation contre ce général. Si cette proposition était adoptée, ce serait ouvrir aux ennemis les portes de la République.

Vous tenez ici le fil d'un complot général pour perdre la patrie, complot dont ces perfides citoyens sont les meneurs, et qui a été ourdi dans la section Poissonnière, contre laquelle je me suis élevé tant de fois. Les citoyens qui sont à la barre doivent, non-seulement être mis en état d'arrestation, mais il faut les forcer à déclarer leurs complices, car ils en ont.

Une voix. Toi. (De violens murmures se font entendre de toutes les parties de la salle.)

Julien. Je demande que le membre qui s'est permis cette personnalité soit censuré, et que son nom soit inscrit au procès-verbal.

Marat. C'est une injure à laquelle je n'oppose que le mépris. Je prie l'assemblée d'oublier toutes ces querelles particulières.

L'assemblée consultée, le membre est rappelé à l'ordre, et son nom sera inscrit au procès-verbal.

Marat. Le complot général de perdre la liberté publique, dont le pétitionnaire que vous venez d'entendre n'est qu'un fil, a été ourdi dans cette même section. Il a commencé à éclater par la pétition sur les grains. Ce complot s'est successivement porté sur différens objets. Les troubles alarmans qui ont eu lieu à Paris en sont la preuve. Il y a quelques jours que des suppôts de l'ancienne police, aux ordres sans doute des agens ministériels et des députés contre-révolutionnaires, excitaient le peuple à l'assassinat.

Je demande que le pétitionnaire lise l'article de sa pétition où l'on demande les têtes de Gensonné, Vergniaud et de Guadet ; crime atroce, qui tend à la dissolution de la Convention et à la perte de la patrie. (Applaudissemens unanimes.) Moi-même, je me suis élevé dans les groupes contre ces assassins, je me suis transporté à la société populaire des Cordeliers ; j'y ai prêché la paix, et j'ai confondu ces orateurs soudoyés par l'aristocratie.

Je dénonce un nommé Fournier, qui s'est trouvé à toutes les émeutes populaires ; le même qui, à l'affaire du Champ-de-Mars, a porté le pistolet sur la poitrine de La Fayette, et qui est resté impuni, tandis que des patriotes étaient massacrés.

Billaud-Varennes. Cet homme se promenait dans Paris tandis que des patriotes gémissaient dans les prisons.

Un membre. Il présidait aux massacres du 2 septembre.

Marat. C'est ce scélérat qui est à la tête de cette sédition. Je demande contre lui le décret d'accusation ; il nous donnera le fil de cette trame, dont je somme la Convention de livrer les auteurs au tribunal révolutionnaire. Je demande aussi que les citoyens qui ont accompagné les prévenus soient admis aux honneurs de la séance.

Bourdon (de l'Oise). Il y a deux jours que ce même Fournier a dit à trois ou quatre scélérats : « Si vous aviez voulu me suivre, j'aurais donné un coup de pistolet à Pétion. (Un mouvement d'horreur et d'indignation s'élève dans toute l'assemblée.)

Barrère. Citoyens, c'est donc ainsi que la patrie déjoue les complots qui sont dirigés contre elle. Vous voyez depuis trois jours se dérouler devant vous cette trame ourdie depuis long-temps pour changer la forme du gouvernement. Je ne viens pas aujourd'hui réunir comme dans un faisceau tous les points de ces complots ; l'imprudence des meneurs avancera le moment où l'on pourra réunir tous les fils de cette intrigue perfide. Ce n'est point quelques têtes de la Convention que l'on veut faire tomber, ce n'est point la vie de quelques hommes que l'on veut, c'est la vie du peuple.

On sait aussi que ce sont toutes les cours de l'Europe, les aristocrates de l'intérieur et les ennemis de la République et de l'égalité, qui fomentent ces troubles. Je range aussi dans cette classe les prêtres qui s'en vont dans les campagnes fanatisant le peuple. J'ai déjà vu une infinité de complots déjoués ; celui-là le sera aussi. L'aristocratie commence la campagne de 1793, comme elle a commencé celle de 1792. Suivez le fil en 1792 ; elle tourmenta l'armée en lui inspirant de la défiance pour ses chefs ; elle agit de même aujourd'hui. En 1792, elle lui inspira des terreurs paniques, et aujourd'hui les dénonciations se multiplient pour produire les mêmes effets. Elle vient ensuite à Paris pour examiner le résultat de ses manœuvres, et elle sème le désordre en exagérant les malheurs. Je viens au fait qui concerne les pétitionnaires qui sont à votre barre. J'apprends que l'un d'eux est juge de paix : eh bien ! je le regarde, moi, comme un agent de l'aristocratie. Un juge de paix !... celui que la société charge des fonctions les plus augustes; celui dont le ministère est de porter le calme et d'apaiser les haines, a pu se charger de provoquer injustement la vengeance du peuple contre un citoyen. Je demande qu'il soit destitué de cette fonction, qu'il est indigne de remplir. Je ne suis pas d'avis du décret d'accusation ; je demande simplement qu'ils soient mis en état d'arrestation. Lorsque vous aurez entendu la lecture des registres des délibérations de la section Poissonnière, cette section qui porta jadis le nom de *Menus Plaisirs*, comme pour marquer ce qu'il y avait de plus corrompu, je ne dis pas parmi le peuple, qui ne connut jamais que des plaisirs innocens, mais à la cour des rois, reçut vos commissaires avec les principes qu'on y avait répandus depuis quatre jours. Et si, comme on vous l'a dénoncé, elle a délibéré de mettre en état d'arrestation deux cents membres de la Convention nationale, vous prendrez alors telle mesure que votre sagesse vous dictera. Je demande que le discours que l'orateur a dans les mains soit déposé sur le bureau ; c'est avec cela que vous motiverez le décret d'accusation. Il y a une autre mesure à prendre : en même temps que vous frappez deux citoyens, il faut inviter la section dont ils sont membres de dire franchement l'opinion qu'elle a sur ces deux individus.

Je demande ensuite qu'on ne passe pas légèrement sur un acte de patriotisme du conseil-général de la Commune de Paris. Dans la nuit du 9 au 10, tout était arrangé pour dominer Paris et la Convention par la terreur ; on devait sonner le tocsin, tirer le canon d'alarme, et faire fermer les barrières. Les aristocrates seraient venus ici, couverts des haillons de la misère, égorger une partie de la Convention. (*Un grand nombre de voix de toutes les parties de la salle* : C'est vrai.)

Plusieurs membres. Le conseil-général de la Commune et Santerre.

Barrère. Il n'était pas dans mon intention d'oublier le commandant-général. La dernière mesure que je propose est fondée sur le droit naturel, droit qui n'a jamais été méconnu... même par le despotisme, c'est que tout homme accusé doit être entendu. Je demande donc, avant que vous preniez aucune détermination, que les deux citoyens qui sont à la barre donnent leurs moyens de défense. Vous avez vu l'indignation de ces braves militaires qui ont au milieu de vous déchiré le drapeau aristocratique qui leur avait été donné par la section. On m'assure qu'il en existe encore trois pareils dans la même section ; je demande qu'ils soient brûlés. Certes, il n'est pas étonnant de voir des hommes venir avec un tel drapeau dénoncer le vainqueur de Jemmapes et d'Argonne, cet homme à qui les Anglais voudraient ôter la vie, cet homme enfin qui a sauvé la République. Je sais bien que dans une République il faut que le roc Tarpéien soit près du Capitole ; mais jusqu'à présent Dumourier n'est encore monté qu'au Capitole ; et quand des scélérats viennent dire que la roche Tarpéienne est là, je leur répondrai que c'est pour eux. (De vifs applaudissemens s'élèvent et se prolongent dans toutes les parties de la salle.)

Lesage. (*d'Eure-et-Loire*). Voici un arrêté de la section de Bon-Conseil, qui vous montrera jusqu'à quel point on peut égarer les sections.

10 *mars* 1793. « L'assemblée générale de la section de Bon-Conseil arrête qu'il sera envoyé sur-le-champ une députation à la Convention nationale, pour lui demander que Brissot, Pétion, Buzot, Guadet, Vergniaud, Gensonné, Barbaroux, Gorsas, Clavière, Rebecqui, Lanjuinais, etc., soient mis en état d'arrestation et poursuivis par un tribunal révolutionnaire... »

C'était le tribunal extraordinaire que vous avez décrété. (Il s'élève de violens murmures dans la partie gauche de la salle.)

Duroi. Président, censurez Lesage pour avoir insulté la Convention.

Maure. Monsieur Lesage, vous jouez le rôle de Tartuffe.

Lesage fait d'inutiles efforts pour se faire entendre.

Un pétitionnaire. Citoyens, c'est moi qui avais l'honneur de présider la section lorsque vos commissaires s'y rendirent. D'après un avis du maire, j'avais convoqué les citoyens; l'assemblée se trouva très-nombreuse. En attendant l'arrivée des commissaires, chacun proposa les réclamations qn'il croyait devoir être faites. Les esprits s'échauffèrent par ces motions et les récits dont on les appuyait. Comme président, on me fit tenir note de toutes les propositions, afin de les présenter à vos commissaires; mais dans ma réponse je n'ai fait aucune provocation au meurtre. J'ai dit que Roland, accusé de toute part, jouissait de la liberté, et que les citoyens de la section pensaient qu'il aurait dû porter sa tête sur l'échafaud; j'ai ajouté aussi que l'on demandait que Beurnonville fût déclaré avoir perdu la confiance de la nation; j'ai dit que le décret du 10 décembre pour la Belgique devait être étendu à toute la République, et qu'aucun ci-devant privilégié ne devait occuper de places dans les administrations; j'ai demandé le rapport du décret désastreux qui a déclaré l'argent marchandise; j'ai dit que depuis quatre ans le peuple était en butte à toutes les perfidies de la plupart de ses chefs; j'ai dit : Il faut que le peuple se lève encore une fois, et qu'il ne s'asseye plus que tous ses ennemis ne soient exterminés; j'ai dit enfin à vos commissaires que la section entière irait aux frontières, mais que, comme il y aurait des inconvéniens à abandonner l'intérieur aux contre-révolutionnaires, elle se bornerait à envoyer le plus grand nombre de ses membres, et que les autres resteraient ici pour défendre la Convention.

Quant au drapeau, je n'en avais pas vu la couleur; cela est relatif au militaire; et moi je ne m'en mêle pas. Je ne sais pourquoi on a choisi une ancienne flamme de Saint-Lazare, nom que portait autrefois notre section, et qui est figuré par les lettres S. L. Que l'on demande à ma section des renseignemens sur mon compte, je ne doute pas que tous les citoyens ne certifient que j'ai toujours été un des plus chauds patriotes. J'ai été membre de la municipalité du 10 août, et je suis encore nommé officier municipal dans celle qui se forme dans ce moment.

Plusieurs voix. Vous ne parlez pas du fait relatif à Dumourier.

Le pétitionnaire. Voici ce qu'il en est. Les revers qu'avait éprouvés l'armée de Valence avaient échauffé toutes les têtes; on les attribuait à la perfidie et aux trahisons des chefs; cela conduisit les citoyens à m'ordonner de demander le décret d'accusation contre Dumourier.

Aux voix le décret d'arrestation! continue-t-on de s'écrier dans une très-grande partie de la salle.

Marat. Je demande que la Convention m'accorde le plus profond silence; ce que j'ai à dire tient éminemment au salut public.

On ne sait rien quand on ne déchire pas le voile. Il est possible que le président de la section Poissonnière et celui qui leur sert d'organe ne soient qu'égarés. Quant à moi, j'ai reçu une dénonciation dans laquelle on me dit qu'ils ne sont que des agens subalternes, et que le foyer est dans le sein de la Convention. Oui, je dis que le foyer est dans le parti *Roland*, dans les *hommes d'état* de la Convention, qui veulent détruire la République. (Des rumeurs et des éclats de rire se font entendre dans une grande partie de l'assemblée.) Voici leur plan: dans le moment où ils ont vu que l'opinion publique se tournait contre eux, ils ont proposé une réconciliation qui n'était qu'une pantalonnade dont le premier acteur était Isnard. Vous avez sagement fait de décréter un tribunal révolutionnaire; il sera le boulevart de la liberté. Ils ont d'abord tenté de l'écarter, mais n'ayant pas réussi, ils ont voulu l'organiser à leur mode; mais leur complot a été encore déjoué. Ils ont voulu empêcher le recrutement des volontaires, ils ont tout fait pour arrêter le départ des commissaires. (*Un grand nombre de voix à la droite de la tribune :* Ce sont eux qui ne veulent pas partir.) Voici leur plan; je le dévoile pour les livrer à l'indignation publique. Lorsque les commissaires seront partis, ils se mettront en insurrection contre les patriotes. (Les rumeurs et les rires redoublent dans la partie droite...)

Marat, aux interrupteurs. Je vous rappelle à la pudeur.

On demande que la discussion soit fermée.

Plusieurs voix du côté droit. Nous demandons que Marat soit entendu.

Lasource. Je demande à faire une motion d'ordre après que Marat aura fini. Je réclame qu'il soit entendu jusqu'au bout, afin de ne pas laisser les choses dans l'état où elles sont, c'est-à-dire qu'on ne croie pas que le foyer de la contre-révolution est ici dans le sein de la Convention.

Marat. C'est parce que je vous dis la vérité que vous ne voulez pas m'entendre. Voici, vous disais-je, le plan des hommes d'état. Quand les commissaires patriotes seront partis, on provoquera au-dehors des propos incendiaires contre les patriotes qui seront restés à la Convention ; on appellera contre eux le meurtre. Je prie la Convention de prendre des mesures très-sévères pour arrêter leurs complots, pour leur ôter tout moyen, soit de dissoudre la Convention, soit de la transporter dans une ville aristocrate. Et moi, qui n'aime pas les *hommes d'état*, je déclare à la Convention que, plutôt de souffrir qu'il soit porté atteinte à leur sûreté, je leur ferai un rempart de mon corps, en même temps que je la défendrai contre leurs machinations. Revenant à ce qui concerne les pétitionnaires, je demande que le comité de surveillance examine leurs vie et mœurs, et qu'il recherche les provocateurs de la mesure indiscrète qu'on vous a proposée. Je sollicite en outre le décret d'accusation contre cet Américain, contre Fournier ; c'est le chef de la bande, j'en suis convaincu, parce que je lui ai ouï dire dans la société des Cordeliers.

Lasource. C'est ainsi que les ennemis du bonheur public sont féconds en moyens perfides. La séance avait commencé par un état de choses qui devait tourner à l'instruction de la France et au profit de la liberté ; elle finit par un changement de scène qui tourne à l'égarement du peuple et au profit des conspirateurs. Marat était convenu ce matin que les mouvemens qui ont eu lieu avaient leur cause immédiate dans un complot ténébreusement tramé contre la Convention nationale ; il s'était élevé contre cette affreuse conjuration ; et son opinion, j'ose le dire, n'était pas indifférente. Les conjurés l'ont senti. Ils n'ont pas voulu que le peuple restât convaincu qu'il existait un projet de contre-révolution qu'on lui faisait exécuter à lui-même, sans qu'il s'en doutât.

Marat est sorti ; qu'a-t-on fait ? Ne vois-tu pas, lui a-t-on dit, qu'on te joue et que tu es dupe ? ne vois-tu pas que c'est le côté droit qui a ourdi cette trame ? ne vois-tu pas que c'est dans le sein même de la Convention nationale qu'existe le foyer de la conspiration ? C'a été assez pour une imagination habituée à ne voir que de sinistres fantômes : il est venu, dans le délire de cette imagination égarée, répéter ce qu'on lui avait dit : s'il est de bonne foi, il en conviendra. (*Marat.* Vous mentez.) Je mens si peu que je ne parle que d'après l'aveu de Marat. N'est-il pas convenu lui-même qu'on venait de lui faire la dénonciation qu'il portait à la tribune ? Or, qu'était-ce avouer, sinon qu'il répétait ce qu'on venait de lui dire ?

En suivant attentivement les hommes, on les connaît. Quiconque a fait cette étude conviendra d'une vérité qu'il faut que la Convention et la nation sachent une fois pour toutes. Marat n'est pas la tête qui conçoit, mais le bras qui exécute ; il est l'instrument d'hommes perfides, qui, se jouant avec adresse de sa sombre crédulité, et mettant à profit son aptitude naturelle à voir tous les objets sous des couleurs funèbres, lui persuadent tout ce qu'ils veulent et lui font dire tout ce qu'il leur plaît. Une fois qu'ils ont monté sa tête, cet homme extravague et délire à leur gré. (*Une voix.* Parlez des choses, et non des hommes.) Des choses ! eh bien, j'en vais parler.

Je dis que si la dénonciation de Marat restait jetée dans l'opinion sans que la fausseté en fût démontrée, elle laisserait aux conspirateurs toute la force de leurs moyens. Qu'ont-ils dit au peuple pour l'égarer? Qu'une partie de ses représentans, indignes de sa confiance, trahissaient avec scélératesse ses intérêts les plus sacrés. Si la dénonciation de Marat restait sans réponse, le peuple resterait trompé; il croirait avoir été mu par des patriotes indignés contre des mandataires infidèles, et non avoir été instigué par des ennemis de la liberté étrangers à tout autre sentiment qu'au sacrilége désir de la contre-révolution. Le prétexte qu'ils ont eu pour tenter une première conspiration déjouée, ils l'auraient encore tout entier pour en tenter une seconde, qui pourrait avoir plus de succès.

Citoyens, je ne justifie ni ne condamne les opinions de personne, mais je veux éclairer et la Convention, et Paris et les départemens. C'est ici, vous dit-on, qu'est la cause des mouvemens qui ont eu lieu, le foyer du complot qui vient d'échouer. Quelqu'un conçut-il jamais une absurdité plus révoltante? Que demandaient les attroupemens qui ont troublé la tranquillité publique? les têtes de Brissot, de Guadet, de Buzot, de Gensonné, et de quelques autres; et ce sont ces hommes, dont on demandait les têtes, que vous accusez d'avoir excité ces mouvemens. Ils les ont excités ces mouvemens dirigés contre eux seuls, ils les ont excités pour le plaisir de voir tomber leurs têtes! Cette inculpation n'est-elle pas le comble de la mauvaise foi ou de la folie?

Non, citoyens, ils n'ont point été les artisans des troubles ceux d'entre vous dont on votait la mort. Les artisans de ces troubles sont les agens de Pitt, de Guillaume ou de François; les artisans de ces troubles sont les valets des émigrés; les artisans de ces troubles sont les fuyards de la Savoie, de Mayence, de la Belgique, qui affluent dans Paris, où ils ne se sont jetés que pour conspirer; les artisans de ces troubles sont tous les coupables amis d'un régime détruit qu'ils pleurent, et qui ne vous pardonneront jamais l'abolition de la royauté, l'établissement de la République et le supplice du tyran.

J'appelle en témoignage ceux de mes collègues qui ont le mieux connu Paris, qui ont le plus suivi, le plus dirigé la révolution. L'un d'eux m'avouait hier au soir, au comité de surveillance, qu'il ne connaissait rien au mouvement dont Paris était agité; que les hommes qui le dirigeaient, qui dominaient dans les sections, étaient des êtres que personne n'avait jamais vus. (*Plusieurs voix.* C'est vrai.) Ce n'était ni de quelques hommes, ni d'un côté qu'ils méditaient la perte, mais de la Convention tout entière; ce n'était pas d'un coupement de têtes qu'il s'agissait, mais d'une contre-révolution, du renversement de la République, du rétablissement de la royauté.

Ici, citoyens mes collègues, les raisonnemens cessent, et les faits parlent. Dans ces rassemblemens nocturnes où retentissaient des cris de rage et des sentences de mort, où le fer étincelait déjà dans les mains des assassins de la patrie; dans ces rassemblemens, le dirai-je? on a porté l'audace jusqu'au plus horrible blasphème : on a parlé d'un roi.

Était-ce indiscrétion d'agens secondaires qui ont trop tôt dévoilé le but de leurs maîtres, ou moyen de sonder le peuple, pour voir s'il aurait la bassesse de redemander un tyran ou de le souffrir? Je ne sais ; mais c'est ce mot qui a sauvé la République, par l'horreur qu'il a inspiré. En l'entendant, le peuple a frémi; il a aperçu l'abîme où l'on l'entraînait; il a vu qu'on voulait le replonger dans les fers qu'il vient de rompre; il s'est dispersé; les conspirateurs, restés seuls, ont fui soudain pour échapper et à la honte et à la peine du parricide qu'ils tramaient. S'ils ne s'étaient dévoilés trop tôt, c'en était fait de la liberté. Avez-vous pu croire un instant qu'on n'en voulût qu'à ceux d'entre vous qui avaient voté pour l'appel au peuple? Dormiez-vous en paix dans cette erreur? Eh bien! ouvrez les yeux ; sachez que nous n'aurions point échappé, ni vous, ni moi, qui avions voté la mort du tyran. Les rétablisseurs de la royauté auraient-ils épargné, dans leur fureur liberticide, ceux qui avaient prononcé le supplice du dernier des rois? Non, ce sont précisément vos têtes qu'ils auraient frappées. Encore un jour d'erreur, et vous n'existiez plus. Voyez la profondeur de l'abîme sur les bords duquel vous avez conduit la patrie, en servant sans le savoir, par des déclamations outrées contre vos collègues, les noirs projets des conspirateurs qui en voulaient également et à vous et à eux. Frémissez en pensant que vous fûtes l'instrument dont on se servait pour renverser la Convention nationale et la liberté. Peuple français, sache-le bien, c'est une contre-révolution qu'on a voulu faire; tel est le danger où tu as été. Cette vérité restant démontrée, j'en conclus que le président et le juge de paix de la section Poissonnière peuvent bien avoir été, sans le croire, des agens des contre-révolutionnaires, puisque des membres même de la Convention ont été joués dans le même sens. Ils ne sont pas criminels s'ils n'ont été que dupes. Je demande qu'ils ne soient pas mis sur-le-champ en état d'arrestation, mais seulement renvoyés au comité de sûreté générale. Je demande encore avec Marat, qui a eu raison aujourd'hui, et qui a donné des preuves de bonne foi, qu'un des chefs de la conjuration, que Fournier, ce grand coupable, qui a voulu exciter une insurrection contre la liberté, et faire égorger le peuple par le peuple même; je demande, dis-je, que cet homme, responsable à la patrie du sang qu'il a voulu répandre, soit mis sur-le-champ en arrestation.

On demande que la discussion soit fermée.

L'assemblée ferme la discussion.

Le président. Je rappelle les diverses propositions qui ont été faites. Le premier projet présenté est celui de Barrère; vous le connaissez tous. Bréard a demandé que les pétitionnaires fussent renvoyés au comité de sûreté générale; enfin on a demandé le décret d'accusation contre Fournier.

La priorité est accordée à la proposition de Bréard. Il est décrété que les pétitionnaires de la section Poissonnière sont renvoyés au comité de sûreté générale pour y être interrogés. — Fournier sera en état d'arrestation, et les scellés seront apposés sur ses papiers.]

SÉANCE DU 13 MARS.

[*Vergniaud.* Je demande la parole.

Marat. C'est pour vous faire perdre le temps.

Vergniaud. Lorsque la conspiration des poudres eut été découverte à Londres, il ne put convenir qu'aux auteurs même de la conspiration de prétendre que c'était perdre le temps que de l'employer à en développer la trame.

Je demande à dénoncer des faits relatifs à la grande conjuration dont le hasard vous a fait découvrir hier le premier fil. J'adjure la Convention nationale de me permettre aussi quelques développemens sur les moyens employés par l'aristocratie, depuis plusieurs mois, pour nous conduire graduellement à notre perte. Sans cesse abreuvé de calomnies, je me suis abstenu de la tribune tant que j'ai pensé que ma présence pourrait y exciter des passions, et que je ne pouvais y porter l'espérance d'être utile à mon pays. Mais aujourd'hui que nous sommes tous, je le crois du moins, réunis par le sentiment d'un danger devenu commun à tous; aujourd'hui que la Convention nationale *entière* se trouve sur les bords d'un abîme où la plus légère impulsion peut la précipiter à jamais avec la liberté; aujourd'hui que les émissaires de Catilina ne se présentent pas seulement aux portes de Rome, mais qu'ils ont l'insolente audace de venir jusque dans cette enceinte déployer les signes de la contre-révolution, je ne puis plus garder un silence qui deviendrait une véritable trahison.

Bien résolu d'éviter des personnalités indignes de moi, et qui jetteraient le désordre dans l'assemblée, priant même tous les membres qui la composent de s'interdire des applications qui sont loin de ma pensée, je vais dire ce que je sais, ce que je crois vrai. Je le dirai sans crainte du peuple, car le peuple aime la vérité. Je le dirai sans crainte des assassins, car les assassins sont lâches, et je sais défendre ma vie contre eux.

Telle est la nature du mouvement qui nous entraîne, que déjà, depuis long-temps, il n'est plus possible de parler du respect pour les lois, pour l'humanité, pour la justice, pour les droits de l'homme, dont la conquête nous coûte cependant quatre années de combats, sans être qualifié au moins d'intrigant, et plus souvent encore d'aristocrate et de contre-révolutionnaire; qu'au contraire, provoquer au meurtre, exciter au pillage, c'est un moyen sûr d'obtenir des hommes qui se sont emparés du gouvernail de l'opinion les palmes du civisme et le titre glorieux de patriote : aussi le peuple est-il comme divisé en deux classes, dont l'une, délirante par l'excès d'exaltation auquel on l'a portée, travaille chaque jour à sa propre ruine; et l'autre, frappée de stupeur, traîne une pénible existence dans les angoisses de terreurs qui ne connaissent plus de terme.

L'égarement est si profond qu'on se tromperait si l'on attribuait les pillages de février à une erreur instantanée. Ils ont été le résultat d'une opinion fortement inculquée dans les ames, fortement exprimée dans les discours, que ces attentats à la propriété, ces actes de violence qui ont plongé plusieurs familles dans la misère étaient des actes patriotiques, et que ceux qui les blâmaient n'étaient que les vils souteneurs de l'accaparement.

Cette funeste aberration de l'esprit public a été indirectement favorisée par des mesures prises par la Convention, mesures dont je n'entends point faire la censure : une indulgence politique a pu les faire adopter. Je veux parler des amnisties. Le jour où les meurtriers de Simoneau ont obtenu l'impunité, la résolution courageuse de mourir pour la loi a dû naturellement s'affaiblir dans le cœur des magistrats du peuple; l'audace qui la viole a dû au contraire s'accroître dans le cœur des scélérats.

Le jour où les auteurs des premiers troubles à raison des subsistances ont obtenu l'impunité, il s'est formé de nouveaux complots pour troubler la République, sous le prétexte des subsistances : de là les pétitions insensées et les injures faites à vos propres commissaires.

Ainsi, de crimes en amnisties, et d'amnisties en crimes, un grand nombre de citoyens en est venu au point de confondre les insurrections séditieuses avec la grande insurrection de la liberté, et de regarder les provocations des brigands comme les explosions d'ames énergiques, et le brigandage même comme des mesures de sûreté générale.

C'était un grand pas de fait pour les ennemis de la République d'avoir ainsi perverti la raison et anéanti les idées de morale. Il restait au peuple des défenseurs qui pouvaient encore l'éclairer, des hommes qui dès les premiers jours de la révolution se sont consacrés à ses succès, non par spéculation, pour faire oublier une vie criminelle, ou trouver sous la bannière de la liberté des moyens de se souiller de nouveaux crimes; non pour acquérir des hôtels et des carrosses, en déclamant avec hypocrisie contre les richesses, mais pour avoir la gloire de coopérer au bonheur de leur patrie, sacrifiant à cette seule ambition de leurs ames état, fortune, travail, famille même, en un mot, tout ce qu'ils avaient de plus cher. L'aristocratie a tenté de les perdre par la calomnie. Elle les a poursuivis par des dénonciations perfides, par l'imposture, par des cris forcenés, soit dans d'infâmes libelles, soit dans des discours de tribune plus infâmes encore, dans les assemblées populaires, dans les places publiques, chaque jour, à toute heure, à tout instant.

On a vu se développer cet étrange système de liberté d'après lequel on vous dit : Vous êtes libres; mais pensez comme nous sur telle ou telle question d'économie politique, ou nous vous dénonçons aux vengeances du peuple. Vous êtes libres; mais courbez la tête devant l'idole que nous encensons, ou nous vous dénonçons aux vengeances du peuple. Vous êtes libres; mais associez-vous à nous pour persécuter les hommes dont nous redoutons la probité et les lumières, ou nous vous désignons par des dénominations ridicules, et nous vous dénoncerons aux vengeances du peuple.

Alors, citoyens, il a été permis de craindre que la révolution, comme Saturne, dévorant successivement tous ses enfans, n'engendrât enfin le despotisme avec les calamités qui l'accompagnent.

En même temps que l'aristocratie nourrissait l'imagination du peuple de soupçons, de méfiances, d'erreurs et d'exagérations, elle travaillait à diviser la Convention nationale, et malheureusement elle n'a obtenu que trop de succès.

Une partie des membres qui la composent a regardé la révolution comme finie à l'instant où la France a été constituée en République. Dès-lors elle a pensé qu'il convenait d'arrêter le mouvement révolutionnaire, de rendre la tranquillité au peuple, et de faire promptement les lois nécessaires pour la rendre durable.

D'autres membres, au contraire, alarmés des dangers dont la coalition des tyrans nous menace, ont cru qu'il importait à l'énergie de notre défense d'entretenir encore toute l'effervescence de la révolution.

Cédant à des insinuations étrangères et à des préventions fomentées avec art, ceux-ci ont appelé les premiers d'abord, Feuillans, ensuite aristocrates ; et les premiers ont appelé les seconds anarchistes.

La Convention nationale avait un grand procès à juger. Les uns ont vu dans l'appel au peuple, ou dans la simple réclusion du coupable, un moyen d'éviter une guerre qui allait faire répandre des flots de sang, un hommage solennel rendu à la souveraineté du peuple.

Les autres n'ont vu dans cette mesure qu'un germe de guerres intestines, et une condescendance pour le tyran. Ils ont appelé les premiers royalistes ; les premiers ont accusé les seconds de ne se montrer si ardens pour faire tomber la tête de Louis que pour placer la couronne sur le front d'un nouveau tyran. Dès-lors le feu des passions s'est allumé avec fureur dans le sein de cette assemblée, et l'aristocratie, ne mettant plus de bornes à ses espérances, a conçu l'infernal projet de détruire la Convention par elle-même ; combinant toutes ses démarches d'après le degré d'exaltation des têtes, elle a dit : Enflammons encore les haines ; faisons en sorte que la Convention nationale elle-même soit le cratère brûlant d'où sortent ces expressions sulfureuses de conspirations, de trahisons, de contre-révolution. Mettons à profit les imprudences d'un patriotisme trop ardent, pour que la colère du peuple paraisse dirigée contre une partie de la Convention par l'autre. Notre rage fera le reste ; et si dans le mouvement que nous aurons excité périssent quelques membres de la Convention, nous présenterons ensuite à la France leurs collègues comme leurs assassins et leurs bourreaux ; l'indignation publique que nous aurons soulevée produira bientôt une seconde catastrophe qui engloutira toute la représentation nationale.

Ainsi tramait l'aristocratie, lorsque la déroute d'Aix-la-Chapelle, les malheurs de la ville de Liège tombée au pouvoir d'un ennemi féroce, la douleur dont ce revers a pénétré les bons Français, les fautes graves ou les trahisons auxquelles il faut l'imputer, ont fait croire que l'époque était arrivée où l'on pouvait faire éclater la première insurrection contre-révolutionnaire.

On a arrêté d'abord de demander le décret d'accusation contre Dumourier, tous les généraux et leurs états-majors. C'était un moyen sûr de livrer nos armées au désespoir et à la désorganisation.

Des patriotes avaient conçu l'idée d'un tribunal révolutionnaire pour épouvanter les conspirateurs. Ce tribunal, s'il était organisé d'après les principes de la justice, pourrait être utile. La Convention avait accueilli l'idée de sa formation : on résolut de le faire servir même au succès de la contre-révolution. Voici comment : on se flatta qu'il serait facile de persuader à la Convention que les ministres étaient coupables de la déroute d'Aix-la-Chapelle, et d'en obtenir au moins leur renvoi ; qu'il ne serait pas impossible de l'amener à en choisir de nouveaux dans son propre sein ; qu'il s'y trouverait des membres assez corrompus par l'ambition pour vouloir cumuler sur leurs têtes les fonctions exécutrices et les fonctions législatives, et que par l'intrigue et la terreur on parviendrait à les faire élire. Une fois que des hommes revêtus de l'inviolabilité inhérente au caractère de représentant du peuple auraient tenu entre leurs mains tous les trésors de la République, auraient eu à leur disposition toutes les places, toutes les faveurs, les bienfaits pour séduire, l'autorité pour épouvanter, tous les moyens d'intrigue, de corruption, de popularité, et même de sédition, ils auraient écrasé de la toute-puissance de leur ascendant la Convention nationale, qui n'eût plus été entre leurs mains qu'un instrument pour légaliser leurs crimes et leur tyrannie ; et si quelque citoyen avait voulu élever une voix gémissante contre cette nouvelle et exécrable tyrannie, le tribunal révolutionnaire était là pour le juger comme un conspirateur, et lui imposer silence en faisant tomber sa tête. Ici, je m'empresse de rendre hommage à la vérité. La Convention réunissant tous les pouvoirs, quelques patriotes, dont je respecte la probité, ont pu d'abord ne voir ni danger ni violation des principes dans l'élection qui serait faite des ministres au sein de l'assemblée ; mais bientôt tous se sont réunis à l'opinion contraire, et la Convention a échappé à l'unanimité au danger qui l'avait menacée. Je lui dirai cependant que plus d'un Brutus veillait à sa sûreté, et que si, parmi ses membres, elle avait trouvé des décemvirs, ils n'auraient pas vécu plus d'un jour.

J'entre maintenant dans les détails d'exécution de la trame odieuse que je viens de vous dévoiler. Permettez-moi seulement une observation préliminaire sur ce qui se passe dans plusieurs sections de Paris. Leur longue permanence a depuis long-temps fatigué la plus grande partie des citoyens que leur patriotisme y conduisait ; ils s'y rendent encore par zèle, mais moins nombreux, moins exactement ; et lorsque la séance se prolonge trop, appelés par leurs affaires domestiques, par les soins qu'ils doivent à leurs familles, souvent par des devoirs civiques, ils se retirent. On ne voit alors dans les sections que des hommes oisifs, sans état, inconnus, souvent étrangers à la section, quelquefois à Paris, même à la République, ignorans, grands motionneurs, guidés au moins par l'envie de faire du bruit, peut-être par la malveillance et les suggestions des puissances étrangères : de-là des arrêtés ridicules, incendiaires, que les sections s'empresseraient de désavouer si elles les connaissaient.

Pendant la discussion sur l'affaire de Louis, on vous dénonça un arrêté de section par lequel elle s'était déclarée en état d'insurrection. Elle observa que, par insurrection, elle entendait surveillance ; cette explication parut vous satisfaire. A la même époque, il se forma un comité appelé aussi d'insurrection, ou comité révolutionnaire ; et l'on assure que ce comité existe encore. Un comité révolutionnaire auprès de la Convention nationale ! Mais quels sont donc ses pouvoirs ? quelle résolution veut-il faire ? le despotisme n'est plus, il veut donc détruire la liberté ; il n'y a plus de tyran, il veut donc renverser la représentation nationale ?

On nomme plusieurs membres de ce comité ; Fournier, que vous avez fait mettre hier en état d'arrestation ; Desfieux, connu à Bordeaux par ses escroqueries et ses banqueroutes ; dans Paris, par son apologie du 2 septembre : aux Jacobins, par ses invitations continuelles au meurtre ; un étranger appelé Lajouski, intrigant dans les bureaux et dans les clubs, commandant avec Fournier l'expédition des prisonniers d'Orléans, commandant en chef les brigands qui ont été briser les presses de la *Chronique* et de Gorsas, arrêté à Amiens dans le mois de janvier pour avoir voulu jeter le trouble dans la ville, et annonçant alors le pillage qui devait se faire à Paris dans le mois de février. Je déposerai sur le bureau le procès-verbal de son arrestation, son interrogatoire et les dépositions faites contre lui.

On sait que des ci-devant nobles, des prêtres, des satellites du despotisme, des agens de l'Angleterre, ont emprunté le masque du patriotisme pour s'introduire dans une société qui en fut toujours le foyer ; que là ils s'efforcent de l'égarer par l'exagération de ses propres principes ; qu'ils ont osé y ériger l'assassinat en vertu, et qu'ils ne cessent de la fatiguer par des motions aussi révoltantes pour l'humanité que dangereuses pour la patrie et funestes pour la liberté.

Depuis quelques jours surtout ils y criaient avec fureur que le seul reproche qu'on pût faire aux journées de septembre, c'était d'avoir été incomplètes ; qu'il fallait purger la terre du conseil exécutif, des généraux, des brissotins, des girondins, des rolandins, de tous ceux, en un mot, qu'ils avaient inscrits sur leurs listes de proscription.

Le 9 de ce mois, à la séance du soir, un de ces orateurs de Coblentz, surprenant la parole à la complaisance de la société, invite les citoyens des tribunes à se rendre le lendemain à celles de la Convention, parce qu'il y aura une expédition à faire.

Pendant la nuit, les assassins résolurent de briser toutes les presses des journalistes; ils avaient ouï raconter que le farouche vainqueur d'Alexandrie avait dit, en parlant de la bibliothèque qu'il livra aux flammes : Ou elle ne contient que ce qu'il y a dans l'Alcoran, ou elle contient autre chose : au premier cas, elle est inutile; au second, elle est dangereuse. Ils ont dit aussi : ou ces journaux ne contiennent que des provocations au meurtre et au pillage, ou ils contiennent autre chose. Au premier cas, ils sont inutiles; nous n'avons pas besoin de leurs leçons. Au second, ils sont dangereux; car ils pourraient contrarier nos projets. Vous savez le reste. Si les presses du *Moniteur*, de Prudhomme et de quelques autres journalistes ont été respectées, c'est parce que les ouvriers imprimeurs se sont mis dans un état de défense respectable.

Le 10, dans la matinée, une consigne a été donnée par des étrangers aux sentinelles même qui veillent autour de vous. On leur a ordonné d'écarter les femmes, de ne laisser entrer que les hommes qui avaient *une expédition à faire*, celle dont il avait été parlé la veille aux Jacobins. Et ce qu'il y a d'étrange, la consigne fut exécutée : pas une femme ne parut à vos tribunes. On vous dénonça le pillage des presses. Gamon vous dénonça, avec des preuves écrites, le fait de la consigne. Sur la première dénonciation, vous ordonnâtes simplement que le maire de Paris rendrait compte des faits. Sur la seconde, vous passâtes à l'ordre du jour. J'oserai vous le dire, citoyens, votre faiblesse ou votre insouciance ont failli vous perdre.

Le club des Cordeliers prend un arrêté que l'on dit ainsi conçu :

« Le département de Paris, partie intégrante du souverain, est invité à s'emparer de l'exercice de la souveraineté; le corps électoral de Paris est autorisé à renouveler les membres traîtres à la cause du peuple; il sera envoyé des députés au comité d'insurrection. »

La section des Quatre-Nations fait porter dans les autres sections une adresse ainsi conçue :

« Voulez-vous être libres? Voulez-vous sauver la patrie? écoutez-nous. Nul doute que l'invasion de la Belgique ne soit l'œuvre de la faction impie qui paralyse la Convention nationale, et déchire le sein de la République. On reconnaît le complaisant des rois, le héros du camp de la Lune, le traître Dumourier, aux succès de nos ennemis. Les défenseurs de la patrie se lèvent, mais ils jettent au-dedans leurs premiers regards sur les chefs de conspiration ; au moment où il faut agir, ils ne s'arrêteront point à vous peindre les menées odieuses des Roland, des Brissot, des Gensonné, des Guadet, des Pétion, des Barbaroux, des Louvet, etc. Aux yeux de tous les Français libres, ces traîtres sont plus que démasqués, car ils ont la conviction intime de leurs trahisons ; ils pensent que la nouvelle proposition faite ces jours-ci par des patriotes, d'établir un nouveau tribunal révolutionnaire, et celle de la destitution des ministres, sont des palliatifs insuffisans, de fausses mesures, puisqu'elles n'attaquent qu'indirectement les assassins de l'intérieur, qui trouvent un point de ralliement au sein même de la Convention. Ils demandent, comme mesure suprême et seule efficace, que le département de Paris, partie intégrante du souverain, exerce en ce moment la souveraineté qui lui appartient. Qu'à cet effet, toutes les sections et cantons soient convoqués, pour autoriser l'assemblée électorale du département de Paris à révoquer et rappeler les mandataires infidèles, etc., etc. »

Dans la section Poissonnière, on donne à des hommes qui vont combattre pour la liberté un drapeau rouge et blanc, orné de cravates blanches, ayant sur la lance deux fleurs-de-lis et deux L croisées, c'est-à-dire un drapeau de Coblentz, un drapeau de la servitude, un drapeau du royalisme, un drapeau de la contre-révolution. On abuse de la trop inadvertante candeur des jeunes recrues auxquelles on fait ce perfide présent, et le signe à jamais flétri des despotes a pu se déployer un instant dans le temple même d'où est partie la foudre qui a terrassé le despotisme.

Le 10, dans la soirée, des hommes armés se réunissent du côté des Champs-Élysées, des groupes nombreux sont formés sur la terrasse des Feuillans, et les agens de Pitt s'y disséminent pour les embraser.

On se porte aux Jacobins. Là, un contre-révolutionnaire propose de se diviser en deux bandes, dont l'une se portera sur la Convention, l'autre sur les membres du conseil exécutif. On préfère d'aller d'abord aux Cordeliers où est le rendez-vous général. On y arrête de faire fermer les barrières, sonner le tocsin, et de se mettre en marche pour l'exécution du complot. Qui a pu en arrêter le succès?

1° La surveillance du conseil exécutif, qui, enveloppé dans la proscription, pressait de toute son influence la Commune.

Beurnonville a erré une grande partie de la nuit dans les rues, pour suivre de l'œil et de son sabre les manœuvres des conjurés.

2° La surveillance de la Commune qui a empêché de fermer les barrières, de sonner le tocsin, et que vous avez justement décrété avoir bien mérité de la patrie.

3° L'assurance donnée aux conjurés, par quelques espions, que plusieurs membres dont ils désiraient le plus de boire le sang, n'étaient pas présens à la séance de la nuit.

4° L'assurance qui leur fut encore donnée que le bataillon des fédérés de Brest, sur le départ duquel vous avez eu une discussion si chaleureuse, était sur pied, prêt à marcher au secours de la Convention, au premier mouvement qu'on ferait pour l'attaquer.

5° La crainte de l'indignation manifestée par presque toutes les sections lorsqu'on avait eu l'audace de leur faire des insinuations sur le crime qu'on voulait commettre. Et il m'est bien doux de vous apprendre que, dans ce célèbre faubourg Saint-Antoine, où l'on idolâtre la liberté et maudit l'anarchie, où l'on veut sincèrement et avec énergie la République, où l'on exècre toute espèce de tyrannie, dans ce faubourg qui a tant mérité de la reconnaissance des vrais amis de la patrie, et qui aura les justes hommages de la postérité, des citoyens ont formé une garde pour votre président. (On applaudit.)

Citoyens, telle est la profondeur de l'abîme qu'on avait creusé sous vos pas. Je vous ai montré tout ce que je connaissais des dangers que vous avez courus, non pour exciter des alarmes, ils sont passés : toute terreur serait maintenant presque aussi ridicule que votre sécurité a pensé vous devenir funeste. Mais j'ai cru que leur reconnaissance était importante pour vous diriger dans la conduite que vous tiendrez à l'avenir. Le bandeau est-il enfin tombé? Aurez-vous appris à reconnaître les usurpateurs du titre d'*amis du peuple*?

Et toi, peuple infortuné, seras-tu plus long-temps la dupe des hypocrites qui aiment mieux obtenir tes applaudissemens que les mériter, et surprendre ta faveur, en flattant tes passions, que te rendre un seul service? Méconnaîtras-tu toujours le courage du citoyen qui, dans un état libre, ne pouvant tenir sa gloire que de toi, ose cependant te contrarier lorsqu'on t'égare, et brave jusqu'à ta colère pour assurer ton bonheur? (On applaudit.)

Les royalistes ont cherché à t'opprimer avec le mot de *constitution*; les anarchistes t'ont trompé par l'abus qu'ils ont fait du mot *souveraineté*. Peu s'en est fallu qu'ils n'aient bouleversé la République en faisant croire à chaque section que la souveraineté résidait dans son sein. Aujourd'hui, les contre-révolutionnaires te trompent sous les noms d'égalité et de liberté.

Un tyran de l'antiquité avait un lit de fer sur lequel il faisait étendre ses victimes, mutilant celles qui étaient plus grandes que le lit, disloquant douloureusement celles qui l'étaient moins pour leur faire atteindre le niveau. Ce tyran aimait l'égalité : et voilà celle des scélérats qui te déchirent par leurs fureurs. L'égalité pour l'homme social n'est que celle des droits. Elle n'est pas plus celle des fortunes que celle des tailles, celle des forces, de l'esprit, de l'activité, de l'industrie et du travail.

On te la présente souvent sous l'emblème de deux tigres qui se déchirent. Vois-la sous l'emblème plus consolant de deux frères qui s'embrassent. Celle qu'on veut te faire adopter, fille de la haine et de la jalousie, est toujours armée de poignards. La vraie égalité, fille de la nature, au lieu de les diviser, unit les hommes par les liens d'une fraternité universelle. C'est elle qui seule peut faire ton bonheur et celui du monde. Ta liberté! des monstres l'étouffent et offrent à ton culte égaré la licence. La licence, comme tous les faux dieux, a ses druides qui veulent la nourrir de victimes humaines. Puissent ces prêtres cruels subir le sort de leurs prédécesseurs! puisse l'infamie sceller à jamais la pierre déshonorée qui couvrira leurs cendres!

Et vous, mes collègues, le moment est venu : il faut choisir enfin entre une énergie qui vous sauve et la faiblesse qui perd tous les gouvernemens, entre les lois et l'anarchie, entre la République et la tyrannie. Si, ôtant au crime la popularité qu'il a usurpée sur la vertu, vous déployez contre lui une grande vigueur, tout est sauvé. Si vous mollissez, jouets de toutes les factions, victimes de tous les conspirateurs, vous serez bientôt esclaves. Nous avons failli être vaincus sans combattre par ce ministre pervers qui n'eût été que ridicule par ses forfanteries envers la France, s'il n'eût réussi par ses manœuvres à diviser deux grandes nations faites pour s'estimer, et dont la bienveillance réciproque eût maintenu la tranquillité de l'Europe. Nous avons failli succomber sous les intrigues de Pitt, de ces orateurs célèbres par leurs fougues virulentes, des Burke, des Windham, des Scheffield, qui nous ont représentés comme des cannibales, parce que nous n'avons pas voulu nous laisser dévorer par des cannibales privilégiés, je veux dire par des rois; qui, sur une terre plus d'une fois rougie de ce sang qu'ils appellent royal, se sont apitoyés avec tant de bassesse sur le sort d'un tyran dont eux-mêmes ont prouvé la perfidie et voté la mort par leurs préparatifs hostiles et par leurs menaces.

Citoyens, profitons des leçons de l'expérience; nous pouvons bouleverser les empires par des victoires, mais nous ne ferons des révolutions chez les peuples que par le spectacle de notre bonheur. Nous voulons renverser les trônes, prouvons que nous savons être heureux avec une république... (Murmures.) Êtes-vous fâchés que je ne me permette pas de personnalités?... Si nos principes se propagent avec tant de lenteur chez les nations étrangères, c'est que leur éclat est obscurci par des sophismes anarchiques, des mouvemens tumultueux, et surtout par un crêpe ensanglanté.

Lorsque les peuples se prosternèrent pour la première fois devant le soleil pour l'appeler père de la nature, pensez-vous qu'il fût voilé par les nuages destructeurs qui portent les tempêtes? non sans doute : brillant de gloire, il s'avançait alors dans l'immensité de l'espace, et répandait sur l'univers la fécondité et la lumière.

Eh bien, dissipons par notre fermeté ces nuages qui enveloppent notre horizon politique; foudroyons l'anarchie non moins ennemie de la liberté que le despotisme; fondons la liberté sur les lois et une sage constitution. Bientôt vous verrez les trônes s'écrouler, les sceptres se briser, et les peuples, étendant leurs bras vers vous, proclamer par des cris de joie la fraternité universelle.

Je demande : 1° que le conseil exécutif soit tenu de rendre compte des renseignemens qu'il peut avoir sur le comité révolutionnaire et sur les événemens des 9, 10 et 11 de ce mois ;

2° Qu'il soit tenu de faire mettre en état d'arrestation les membres du comité d'insurrection, principalement Desfieux et Lajouski ;

3° Que les sections de Paris et le club des Cordeliers soient tenus de donner communication de leurs registres ;

4° Qu'il soit fait une adresse au peuple pour l'éclairer sur les manœuvres des contre-révolutionnaires.

5° Que le ministre de la justice soit tenu de rendre compte, tous les trois jours, de la procédure qui, suivant votre décret d'hier, sera faite contre les auteurs de la conspiration.

— Vergniaud descend de la tribune couvert d'applaudissemens. On demande l'impression de ce discours. — Saint-André paraît à la tribune. — Marat obtient la parole.

Marat. Je ne me présente point avec des discours fleuris, avec des phrases parasites pour mendier des applaudissemens ; je me présente avec quelques idées lumineuses faites pour dissiper tout le vain batelage que vous venez d'entendre. Personne n'est plus que moi pénétré des scènes scandaleuses qui ont eu lieu parmi nous, et des dissensions funestes qui ont éclaté dans cette assemblée. Personne plus que moi n'a été affligé de voir ici deux partis, dont l'un ne voulait pas sauver la patrie, et l'autre ne savait pas la sauver. (De vifs applaudissemens éclatent dans une extrémité de la salle et dans les tribunes. — Des murmures s'élèvent dans les autres parties de la salle.) Je ne prétends pas blesser personne ; la vérité toute nue ne doit offenser que les hommes qui s'y reconnaissent. Dans ce côté (en désignant la partie de la salle à la droite de la tribune) sont les hommes d'état ; je ne fais pas à tous un crime de leur égarement, mais je n'en veux qu'à leurs meneurs ; mais il est prouvé que les hommes qui ont voté l'appel au peuple voulaient la guerre civile, et que ceux qui ont voté pour la conservation du tyran votaient la conservation de la tyrannie. Ce n'est pas moi d'ailleurs qui les poursuis, c'est l'indignation publique. Je ne viens point jeter une pomme de discorde ; ceux qui m'entendent savent que j'ai parcouru moi-même les sociétés populaires, que je leur ai prêché la modération et l'obéissance aux lois, et que je les ai engagées moi-même à faire un rempart de leurs corps à la Convention nationale si elle venait à être menacée. En cela, je n'ai suivi que le sentiment de mon cœur. Et vous (s'adressant à la partie droite), si la sincérité, l'amour du bien public, sont dans vos cœurs, je vous engage à vous montrer toujours d'accord avec les patriotes ; voilà le seul vœu que je forme, voilà la seule action qui puisse sauver la République. Je m'oppose à l'impression d'un discours qui porterait dans les départemens nos alarmes et le tableau de nos divisions. Je vote pour qu'à l'instant nous nous occupions du recrutement et de l'organisation du ministère. (On applaudit.)

Guadet occupe le fauteuil.

Le président. Puisque l'assemblée veut connaître des faits, il est de mon devoir de lui donner lecture d'une lettre que je viens de recevoir. La voici :

« Citoyen président, l'intérêt que tout bon républicain doit prendre à la conservation des représentans de la nation, défenseurs de notre liberté, m'impose le devoir de vous avertir qu'une conjuration est formée contre la vie de plusieurs de nos meilleurs députés. Je suis instruit et dans la confidence de vils scélérats payés par l'aristocratie; ils doivent sous peu se présenter en armes devant l'assemblée, et lui demander la permission de défiler devant elle; c'est alors qu'ils doivent exécuter leur horrible projet. Je serai assez récompensé si cet avis peut garantir ma patrie d'un pareil malheur. *Signé*, JOURDAIN. »]

— Une vive discussion s'engage sur cette lettre. Guadet est soupçonné de l'avoir supposée. Il crie à la calomnie, et assure qu'elle vient de lui être remise par un député du côté gauche. Celui-ci soutient que la lettre communiquée par lui est de la citoyenne Lavergne, dont le mari, en prison à Arras, demande à être transféré dans une autre ville. L'un des secrétaires-commis de la présidence paraît à la tribune et déclare que cette lettre, adressée au président, et timbrée de la petite poste, a été remise par lui. — L'assemblée décide que Jourdain sera traduit à la barre.

L'impression du discours de Vergniaud et de celui de Marat est mise aux voix et adoptée. Il s'élève des réclamations; on demande le rapport du décret; le président le met aux voix et prononce qu'il n'y a pas lieu à délibérer. De vives rumeurs éclatent dans l'extrémité gauche.

[*Julien, de Toulouse*. Je réclame un article de réglement ainsi conçu : « En cas d'absence du président, l'ex-président doit occuper le fauteuil. » Je réclame que Dubois-Crancé remplace Guadet au fauteuil. (De vifs applaudissemens s'élèvent dans les tribunes et dans l'extrémité gauche de la salle. — Plusieurs membres placés près de Dubois-Crancé l'entraînent au fauteuil.)

Guadet demande la parole. — Des murmures violens et des cris répétés *à bas du fauteuil* couvrent sa voix. — *Présidez, la majorité vous soutiendra*, s'écrie-t-on dans une partie de la salle. (Un tumulte agite l'assemblée.)

Gensonné, président, remonte au fauteuil au bruit des applaudissemens de la grande majorité.]

Sur les observations de Barrère, le décret qui ordonnait l'impression du discours de Vergniaud et de celui de Marat est rapporté, attendu qu'ils ont été prononcés d'abondance, et qu'ils contiennent des choses dont l'envoi ne serait pas sans inconvénient.

On reprend le débat sur le comité d'insurrection. Lamarque s'oppose à l'arrestation de Lajouski, qu'il croit bon citoyen. Boyer-Fonfrède s'étonne du peu d'énergie de l'assemblée, quand elle ne peut douter qu'on l'ait conduite au bord du précipice ; il interpelle Danton de déclarer s'il ne lui a pas dit qu'il pensait qu'un mouvement contre-révolutionnaire avait été préparé ; que l'étranger avait un parti à Paris, et qu'il devait, lui Danton, proposer une grande mesure à l'assemblée. Danton dit que cela est vrai. Boyer-Fonfrède vote l'arrestation de tous les membres du comité insurrecteur. Décrété.

[*Le ministre de la justice.* Quelles qu'aient été mes recherches, je n'ai rien appris qui pût constater l'existence de ce comité, si ce n'est la tenue d'une assemblée dans une salle de l'Hôtel-de-Ville, par des citoyens qui avaient pour but les subsistances de Paris, mais dont l'un avoua à un commis de mes bureaux qu'ils devaient préparer une insurrection.

Depuis quelque temps le conseil exécutif entendait parler de mouvemens qu'on préparait ; il cherchait partout des renseignemens, et en obtenait peu ; car il a peu de moyens pour en obtenir. Dimanche 10, entre sept et huit heures, on entendit des cris aux environs de la Convention nationale : c'étaient des fédérés répandus dans les rues qui criaient et chantaient. Je craignis que ce désordre n'eût des suites plus graves. Les ministres se rassemblèrent ; celui des affaires étrangères nous communiquait divers bruits incertains, quand un de ses employés arriva : il venait du club des Jacobins, et nous annonça qu'on venait d'y faire la motion de se diviser en deux bandes ; que l'une se porterait sur la Convention nationale, pour y couper les têtes de ceux qui avaient

refusé de voter la mort du roi ; que l'autre irait égorger les ministres et ferait maison nette. Cet employé ajouta qu'un autre motionnaire avait déclaré que pour faire prospérer la République il fallait employer des moyens plus modérés, et qu'il était d'avis qu'on mît en état d'arrestation les membres du côté droit de la Convention nationale et les ministres. A l'instant arriva aux Jacobins Dubois-Crancé ; il leur dit : Vous perdez la République si vous employez de telles mesures, car toutes sont horribles. Le discours de Dubois-Crancé aurait dû faire impression, car il contenait une grande vérité ; cependant un moment après il sortit des Jacobins une foule de fédérés qui, passant par les Tuileries, se grossit de quelques groupes et se rendit aux Cordeliers.

Tout ce que nous entendions augmentait nos alarmes ; trois avis s'ouvraient parmi nous. Le premier voulait que, comme ministre de l'intérieur, je fisse battre la générale ; je ne crus point en avoir le droit. Le second fut de nous rendre au lieu de nos séances, et d'appeler au conseil le maire et le commandant de la force armée, afin d'avoir dans notre sein les fonctionnaires qui pouvaient la requérir. Nous prîmes le parti, le ministre des affaires étrangères et moi, d'aller à la mairie ; nous demandâmes au maire quelle était la situation de Paris : il nous répondit qu'on avait voulu se porter sur les barrières pour les fermer, mais que le commandant-général l'avait empêché ; il nous annonça que la Commune avait pris un arrêté pour rappeler aux sections que la loi punissait de mort ceux qui fermeraient les barrières, et les inviter à se tenir en permanence pour prévenir les troubles. J'avoue que, malgré les mesures prises pour prévenir les malheurs, je le crus difficile, parce que leur cause semblait être puissante.

Retourné chez le ministre des affaires étrangères, je crus entendre sonner le tocsin ; l'aide-de-camp du ministre de la guerre entra ; il paraissait ému ; il nous assura qu'il venait de l'entendre sonner ; il nous invita à prendre de promptes mesures ; car, ajouta-t-il, on en veut à vos têtes, et notamment à celles de Beurnonville et de Clavière. Le ministre des affaires étrangères rentra chez lui, et Clavière m'invita à le conduire dans un endroit de Paris, qu'il m'indiqua.

Je croyais, traversant Paris, trouver les rues pleines d'un peuple en fureur; je croyais entendre retentir tous les tocsins; mais non, nous ne trouvâmes que la solitude et le silence. Nous passâmes autour de la Convention nationale; là surtout régnait le calme le plus profond.

Pendant ce jour d'orage, le maire m'a toujours dit qu'il existait une grande cause d'inquiétude dans le peuple; que beaucoup d'ennemis de la révolution voulaient profiter de ses passions pour les tourner contre la liberté; il ne m'a pas dissimulé que nos têtes étaient menacées; mais il m'a toujours inspiré un sentiment de sécurité, car les précautions prises pour prévenir ces attentats étaient très-étendues. Le ministre de la guerre a toujours reçu du général Santerre les mêmes assurances.

Voilà le récit naïf de tout ce qui est parvenu à ma connaissance.

Dubois-Crancé. Je dois ajouter au compte qu'on vient de vous rendre un fait important : c'est que la section de la Halle-aux-Blés ayant demandé à faire défiler devant la société des Jacobins ses volontaires, il en entra plus de mille. C'est dans cette foule que s'introduisirent des malintentionnés qui firent les motions les plus odieuses; et si quelques-unes de ces motions ont été en partie exécutées, c'est encore par ces mêmes hommes; cela est si vrai, qu'après leur départ la société resta en séance pour prouver qu'aucun de ses membres ne prenait aucune part à ces désordres.]

— Fournier paraît à la barre; il nie le propos que lui a attribué Bourdon de l'Oise, et se justifie des faits qu'on lui a imputés. L'assemblée rapporte le décret d'accusation rendu contre lui, et le renvoie par-devant le tribunal révolutionnaire pour y être entendu comme témoin. — L'on procède à la nomination des juges et jurés de ce tribunal; les juges sont : Lieubotte, du Doubs; Pesson, de Verdun; Montalais, Desfougères, Remy Foucault, Deliège, d'Alençon; l'accusateur public est le citoyen Faure; ses substituts, Fouquier-Thinville, Verteuil et Fleuriot.

Les noms des jurés sont : Dumont, Brisson, Coppens, Lagrange, Langlier, Feuquière, ex-constituant ; Cabanis, Jourdeuil, Fallot, Moulins, Gaunet, Laroche et Fournier.

SÉANCE DU 14 MARS.

Une députation du Panthéon-Français est admise à la barre.

[*L'orateur de la députation.* La section du Panthéon-Français nous envoie pour vous donner lecture de l'arrêté suivant :

Section du Panthéon-Français. — Extrait du registre des délibérations du 13 mars 1793, l'an II de la République.

« Dans le moment où l'assemblée était nombreuse, un citoyen a dit :

« *Citoyens, on nous menace d'un dictateur !* A l'instant l'assemblée se lève tout entière saisie d'horreur ; elle a juré à l'unanimité de poignarder tout *dictateur* (on applaudit à plusieurs reprises dans toutes les parties de la salle), *protecteur, tribun, triumvir, régulateur,* ou tous autres, sous quelque dénomination que ce soit, qui tendraient à détruire la souveraineté du peuple ; et l'assemblée a ajouté : Qu'ils paraissent, le poignard est aiguisé. (Les applaudissemens recommencent avec plus de force.) L'assemblée arrête de plus que pendant huit jours le serment sera renouvelé dans son sein, et que le procès-verbal de cette séance sera communiqué à la Convention nationale et aux quarante-sept autres sections. » (On applaudit.)

Le président répond à la députation. On demande l'impression de l'arrêté de la section du Panthéon, et de la réponse du président, et l'envoi aux départemens et aux armées. Ces propositions sont adoptées.

On procède à l'appel nominal pour l'élection des ministres de la guerre et de l'intérieur.

Sur 530 votans, Beurnonville obtient 336 suffrages pour le ministère de la guerre. Sur 520, Garat, ministre actuel de la justice, obtient 500 suffrages pour le ministère de l'intérieur. — Les concurrens étaient Bouchotte et Loyseau.]

Lasource communique à l'assemblée la liaison des troubles de Paris avec ceux des départemens. Il annonce que le comité de sûreté générale a fait arrêter vingt-huit conspirateurs dans différentes villes. Boyer-Fonfrède rapporte que des mouvemens semblables à ceux de Paris se sont manifestés à Bordeaux, mais que les auteurs en sont arrêtés. Lettre des administrateurs du district de Beaune, portant qu'ils ont arrêté les chefs d'un complot qui tendait à empêcher le recrutement de l'armée. Fauchet et Bancal annoncent que des tentatives du même genre ont eu lieu dans les départemens du Calvados et du Puy-de-Dôme.

[*N*.... Vous avez mis en état d'arrestation le citoyen Lajouski. Je dois dire à l'assemblée que c'est un excellent patriote, et que, le 10 août, il commandait trois batteries de canon.

Plusieurs voix. L'ordre du jour.

Marat. J'invoque la justice de l'assemblée pour un brave citoyen, excellent patriote, qui, dans ce moment, est la victime des intrigues de Barbaroux et de la faction.... (De violens murmures et des cris à l'ordre couvrent la voix de l'orateur.)

Le président. Je vous rappelle à l'ordre. Émettez votre opinion, mais point de personnalités; il est temps de les bannir de nos discussions.

Marat. Dites-moi donc comment on inculpe un individu sans le nommer. Je dis que c'est Barbaroux qui a passé la dénonciation à Vergniaud; je dis que Lajouski est un patriote très-révolutionnaire, qui, ayant frondé Roland et Beurnonville, est maintenant leur victime. Il a des faits à révéler; je vous demande, au nom de la justice éternelle, qu'il soit entendu à la barre.

Le président. Lajouski est ici; il demande d'être traité comme Fournier, et que vous lui permettiez de se présenter à la barre.

Plusieurs voix. Oui, oui.

Il est introduit.

Lajouski. Citoyens, c'est avec surprise que j'ai vu mon nom inscrit sur les journaux comme conspirateur, je suis ici fort de ma conscience; j'attendrai que vous m'interrogiez.

Thuriot. C'est par erreur que le décret a été expédié au ministre de la justice ; il n'y en a point eu de particulier pour Desfieux et Lajouski ; l'assemblée a seulement chargé le conseil exécutif de poursuivre les membres du comité d'insurrection. Je demande l'ordre du jour, motivé sur ce qu'il n'y a point de décret particulier à Lajouski.

Un grand nombre de membres. C'est vrai ; aux voix. — La proposition de Thuriot est adoptée.]

Suites de la journée du 10 mars. — Tentative de réconciliation entre les Girondins et les Montagnards. — Danton. — Marat. — Dumourier. — Séances de la Convention du 14 au 19 mars.

Du 12 au 26 mars, il y eut une assez grande tranquillité dans le peuple de Paris. Les feuilles girondines sont les premières à en faire la remarque. Elles emploient les instans de cette trêve passagère à récriminer contre les anarchistes, et à colérer les amis de l'ordre. A mesure qu'il arrive des nouvelles des départemens, plus elles sont fâcheuses, plus les journalistes dont il s'agit se donnent de mal afin de les rattacher à la grande conspiration. A les en croire, le même fil a fait jouer à la fois Paris et toute la province. Si les émigrés et les prêtres agitent la Bretagne, si Léonard Bourdon a manqué d'être assassiné à Orléans, et Manuel à Montargis ; si les troubles de Lyon se sont accrus, il n'en faut pas douter, le comité insurrecteur a préparé ces désordres et en a donné le signal.

Nous allons transcrire, du *Patriote français*, l'article dans lequel il annonce la fin de la crise, tout en augurant un avenir meilleur :

« *Paris, le 14 mars.* Nos Catilina nous laissent assez de repos depuis trois jours ; mais il est aisé de voir que ce calme n'est que l'intervalle d'une tempête à une autre. Cependant, en pilotes habiles, les républicains doivent profiter de ce calme pour se préparer à lutter contre l'orage. Il faut qu'ils se rallient partout, à la Convention nationale, à la Commune, et dans les sections, même dans les clubs. Dans la Convention nationale l'absence des têtes les plus effervescentes permettra de délibérer avec plus de tranquillité, et par conséquent avec plus de vigueur. A la Commune, le renouvellement du conseil-général doit faire espérer un changement favorable aux principes; d'ailleurs il paraît que les chefs ont fait quelques réflexions sur l'issue du mouvement que l'on voulait opérer; ils se sont peut-être convaincus qu'il n'y aurait eu rien à gagner pour eux.

» Dans les sections, même dans celles qui étaient le plus profondément aveuglées, les esprits sages commencèrent à prendre le dessus; on s'y défit des prêcheurs d'insurrection, on s'y persuada qu'ils pourraient bien n'être que les émissaires de Pitt ou de Brunswick. Dans les clubs, il y a encore un grand nombre de patriotes, auxquels on ne peut reprocher qu'une exagération de principes, qu'une excessive chaleur de tête; plusieurs d'entre eux ont déjà réfléchi sur la conduite de leurs meneurs; ils ont vu que ces messieurs avaient beaucoup plus d'ambition que de patriotisme, qu'ils voulaient une révolution nouvelle, mais pour en être les chefs, et qu'après cette révolution il en faudrait encore une autre pour élever d'autres ambitieux.

» Telle est la situation actuelle des esprits; elle est rassurante. Si l'on y joint la difficulté d'opérer une insurrection sérieuse, à cause de la diversité des opinions et des vues, et la facilité d'en imposer à des brigands aussi lâches qu'effrontés, on se convaincra qu'il n'y aura rien à craindre qu'autant qu'on le voudra bien, et on désirera beaucoup plus qu'on ne redoutera un mouvement qui ne serait funeste qu'à ses auteurs. » (*Patriote français*, n. MCCCII.)

On voit, par le dernier paragraphe de cet article, que si la peur avait d'abord persuadé les Girondins de l'existence d'un complot, tous leurs efforts de tribune pour le rendre vraisemblable, et en exagérer l'étendue, ne furent autre chose que de la tactique parlementaire. Girey-Dupré devinait alors et mettait en œuvre le système par lequel tous les pouvoirs qui se sont succédé depuis le 9 thermidor, et qui tous ont été plus ou moins girondins, ont cherché à s'affermir. Il provoque en effet le parti de ses adversaires, en le qualifiant de lâche, et il insinue en même temps à son propre parti que les excès des anarchistes sont plus à désirer qu'à redouter, parce qu'ils retomberont sur la tête de leurs auteurs. Ce machiavélisme gouvernemental a beaucoup été perfectionné sous le régime des deux chartes, où les violences de l'opposition ont été toujours exploitées, et si souvent provoquées.

Au sein de la Convention nationale, les Girondins travaillaient à une réconciliation entre le côté droit et les membres les moins exaltés du côté gauche, ou dont l'exaltation tenait plus à la chaleur du sang qu'à la rigueur et à l'inflexibilité des principes. Marat nous apprend, n° CXLVII de son journal, que le vendredi 15 mars Guadet avait cherché à se concilier Danton par des flagorneries outrées, et cela en pleine séance du comité de défense générale. A la séance de la Convention du 13 mars, l'interpellation de Boyer-Fonfrède et la réponse de Danton sont une preuve de plus que ce personnage communiquait avec les Girondins. Ce fut lui qui reçut mission le lendemain pour aller en Belgique engager Dumourier à retirer une lettre qu'il venait d'écrire à la Convention nationale, et que les Girondins, la regardant comme trop imprudente (Gensonné présidait alors), n'avaient pas jugé à propos de communiquer à l'assemblée. Les manœuvres où Danton avait joué l'un des principaux rôles lors de la retraite des Prussiens après la campagne de l'Argonne, ses vieilles liaisons avec Dumourier, et les rapports intimes que sa qualité de commissaire en Belgique avait entretenus naguère entre ce dernier et lui, tout concourt à rendre probable qu'il connaissait les plans du général en chef de l'armée du Nord. Ce qui confirme d'ailleurs une présomption si bien fondée, c'est la conduite de Danton jusqu'après la nouvelle du désastre de Neer-Winden. Il ne manqua aucune occasion de faire crier son propre patriotisme, ni de louer Dumourier, qu'il avait ajourné à sa prochaine victoire, ou à sa prochaine défaite. Le caractère connu de ce conventionnel s'accorde parfaitement avec nos inductions. Révolutionnaire par tempérament, il avait rassasié ses passions à cet égard, sans jamais négliger ni le soin de son repos, ni ses plaisirs. Maintenant que la révolution menaçait de se prolonger et de fonder un pouvoir moral d'un despotisme absolu, comment Danton, tout en ménageant les convenances que son passé lui imposait, n'aurait-il pas abondé dans des calculs par lesquels lui était assurée la jouissance paisible d'une grande renommée et d'une grande fortune? Il espéra ce résultat, et laissa marcher les intrigues qui le préparaient tant que Dumourier eut une armée. Après la fuite de ce général, Danton commença de craindre. Ses sympathies pour les Girondins s'échauffèrent (voir les mémoires de Garat dans le t. XVIII de l'*Hist. parlem.*) en proportion de la rapidité avec laquelle leur destinée s'accomplissait, et appelait la sienne. Désormais ses fureurs démagogiques seront une comédie, et nous ne le retrouverons déployant franchement la force que son organisation prêtait à son audace, que devant le tribunal qui l'envoya à l'échafaud pour avoir participé aux trahisons de Dumourier, et, chose singulière, car la preuve n'en était pas encore acquise, pour s'être conduit en hypocrite au 31 mai 1793. En cette extrémité, il redeviendra révolutionnaire pour son salut personnel, mais ce sera vainement.

Si les sentimens de Danton, tels que nous les avons estimés par ses actes, étaient contestables, il faudrait expliquer pourquoi, lui autrefois si ombrageux, lui qui venait de pratiquer familièrement l'intérieur de Dumourier, lui qui connaissait sa fameuse lettre du 12 mars, puisqu'il consentait à aller lui-même en demander le désaveu, ne trouvait pas là assez de griefs pour l'accuser, tandis que Marat devinait et dénonçait les projets de ce général à la simple lecture de ses dernières proclamations aux Belges. Aussi repoussait-il avec indignation tous ces manéges de rapprochement, qui n'avaient, disait-il, d'autre but que de donner à Dumourier le temps de consommer ses trahisons. Mais écoutons-le lui-même :

« On ne parle aujourd'hui que de la réconciliation des deux partis qui divisent la Convention, comme du seul moyen de sauver la patrie. Il est incontestable que, tant qu'elle sera déchirée par l'esprit de parti, elle sera dans l'impossibilité non-seulement de sauver l'état, mais de rien faire pour le bien public, et cela pour deux grandes raisons :

» La première, c'est que, sans union, ses membres sont dans l'impuissance de faire de sages lois et de concerter des mesures réfléchies et vraiment salutaires. La seconde, c'est que l'affreux scandale des scènes qui se passent au sein de la Convention lui fait perdre entièrement la confiance du peuple, sans laquelle le législateur ne peut commander le respect dû aux lois. — Je n'examinerai pas si cette réconciliation désirable nous mènera droit au but ; car il est bien permis de mettre en question si des hommes qui n'ont pas su rétablir l'ordre dans leurs assemblées pourront le rétablir dans un vaste empire...

» Mais cette réconciliation, la veut-on de bonne foi, et le parti patriotique peut-il l'accepter en aveugle, en considérant qu'elle est proposée par le parti opposé dans un moment où il paraît chargé de l'exécration publique dans la plupart des départemens, et prêt à l'être dans tous les autres où les commissaires nationaux vont porter la lumière ? dans le moment où le généralissime infidèle vient de lever le masque pour usurper la souveraineté dans la Belgique et la Hollande...? Il a jeté le masque, et ses crimes paraissent à découvert, malgré le voile sous lequel ses complices de la Convention s'efforcent de les tenir encore.

» Il est constaté, par les actes publics qu'il vient de se permettre dans la Belgique, qu'il s'y est emparé de la souveraineté. Il a interdit aux sociétés populaires de prendre aucune part aux affaires publiques ; il a emprisonné arbitrairement les commissaires du pouvoir exécutif, il s'est emparé du trésor public de l'armée (50 millions en assignats et 20 millions en numéraire) ; il a improuvé hautement la réunion des villes du Hainaut à la France : enfin, sous prétexte de venger de prétendus excès de fonctionnaires publics, il s'est annoncé aux aristocrates belges comme leur protecteur, c'est-à-dire leur maître. » (*Le Publiciste de la République française*, n. CXLVII et CLVIII.)

Nous allons transcrire de suite les proclamations de Dumourier que Marat appelle « des attentats publics », ainsi que sa lettre à la Convention.

Toutes ces pièces sont datées du 11 mars.

« *Ordre.* L'intention de la nation française et des représentans de la République, en entrant dans les Pays-Bas, n'a jamais été d'y porter le brigandage et la profanation ; cependant ils s'y sont exercés par des agens du pouvoir exécutif de la république française, avec une tyrannie qui déshonore les Français, et qui met les Belges au désespoir. Ils se sont permis de s'emparer de l'argenterie des églises. Ce trait de l'avarice la plus sordide doit être réprimé, pour prouver à tous les peuples que nous respectons les opinions religieuses, et que la justice et la droiture sont le caractère essentiel de la nation française, qui, en conquérant sa liberté, doit avoir acquis de nouvelles vertus, et ne doit employer ses armes que pour la justice.

» En conséquence, voulant réparer le tort que nous a fait dans l'esprit des Belges l'indiscrétion sacrilége des agens qui ont fait enlever l'argenterie des églises, j'ordonne au nom de la république française, de la religion et de l'équité, que toute l'argenterie des églises soit restituée et rétablie dans les différens lieux où elle a été enlevée. J'ordonne à tous les commandans militaires français et à tous les administrateurs civils librement élus par le peuple belge de tenir la main à l'exécution du présent ordre, qui ramènera les Belges à la juste opinion qu'ils doivent prendre de la Convention nationale, de la nation française, et des agens politiques et militaires qu'elle n'a envoyés dans la Belgique que pour assurer la liberté et le bonheur du peuple.

» A Bruxelles, le 11 mars 1793, l'an II de la République. *Le général en chef,* DUMOURIER. »

Proclamation.

« Tous les corps administratifs et tous les habitans des différentes provinces de la Belgique sont invités à faire dresser des plaintes appuyées de procès-verbaux contre les vexations tyranniques de quelques-uns des agens connus sous le nom de commissaires du pouvoir exécutif, surtout contre celles qui portent le caractère de profanation. Leurs plaintes seront admises, et la Convention nationale de France est trop pénétrée des principes de justice et de respect pour la religion, pour ne pas abandonner des agens infidèles, qui auront abusé du pouvoir de leurs emplois, à toute la rigueur des lois. En donnant cette satisfaction au peuple belge, lésé dans ses opinions religieuses, dans ses personnes et dans ses propriétés, je déclare à regret que quiconque voudra se faire justice soi-même sera puni de mort; que si quelques villes ou villages se permettent des rassemblemens contre l'armée française, qui n'est point coupable des crimes de quelques particuliers, ces villes ou villages seront rasés ou brûlés. J'espère que le peuple belge, reconnaissant la justice de la Convention nationale et des chefs civils et militaires qu'elle emploie, reprendra les sentimens de fraternité qui conviennent à deux peuples libres, et ne me forcera pas à agir comme en pays ennemi, et avec plus de sévérité encore, puisque les insurrections armées porteront un caractère de rébellion et de trahison.

« A Bruxelles, le 11 mars 1793, l'an II de la République. *Le général en chef,* DUMOURIER. »

Proclamation.

« Comme les sociétés patriotiques ne doivent servir qu'à l'instruction des peuples, ou aux actes de bienfaisance et de fraternité, autant elles sont utiles en se renfermant dans ce principe, autant elles deviennent dangereuses en se mêlant des affaires politiques et militaires : en conséquence, il est défendu à tous les clubs patriotiques de s'immiscer aucunement dans les affaires publiques. Il est ordonné à tous les commandans militaires, administrateurs et magistrats, de tenir la main à cette défense ; et si un club se permet un arrêté qui la contredise, il est ordonné de faire fermer le lieu de l'assemblée, et d'en rendre responsables personnellement le président et les secrétaires dudit club.

Cette défense sera imprimée dans les deux langues, publiée et affichée.

» A Bruxelles, le 11 mars 1793, l'an II de la République. *Le général en chef*, DUMOURIER. »

Lettre du général Dumourier, commandant en chef l'armée du Nord, à la Convention nationale (1). *Louvain, le 12 mars.*

« Citoyen président, le salut du peuple est la loi suprême ; je viens de lui sacrifier une conquête presque assurée, en quittant la portion victorieuse de l'armée prête à entrer dans le cœur de la Hollande, pour venir au secours de celle qui vient d'essuyer un revers qu'on doit à des causes physiques et morales que je vais vous développer avec cette franchise qui est plus nécessaire que jamais, et qui eût toujours opéré le salut de la République si tous les agens qui la servent l'eussent employée dans les comptes qu'ils rendaient, et si elle eût toujours été écoutée avec plus de complaisance que la flatterie mensongère.

» Vous savez, citoyens représentans, dans quel état de désorganisation et de souffrance les armées de la Belgique ont été mises par un ministre et par des bureaux qui ont conduit la France sur le penchant de sa ruine. Ce ministre et ces bureaux ont été changés ; mais bien loin de les punir, Pache, Hassenfratz sont passés à la place importante de la mairie de Paris, et dès lors la capitale a vu se renouveler dans la rue des Lombards des scènes de sang et de carnage.

» Je vous ai présenté, au mois de décembre, dans quatre mémoires, les griefs qu'il fallait redresser ; je vous ai indiqué les seuls moyens qui pouvaient faire cesser le mal et rendre à nos armées toutes leurs forces, ainsi qu'à la cause de la nation toute la justice qui doit être son caractère. Ces mémoires ont été écar-

---

(1) Cette lettre ne fut point lue à la Convention ; elle vint à la connaissance du public parce qu'elle avait été imprimée et répandue en Belgique. Nous l'empruntons au *Moniteur* du 25 mars. Le lendemain, le *Patriote français* l'insérera tout entière avec cette note : « On a contesté l'authenticité de ce tte lettre ; nous sommes autorisés à l'affirmer. » Elle ne fut officiellement reconnue comme telle que le 1er avril, dans un rapport de Cambacérès.   (*Note des auteurs.*)

tés; vous ne les connaissez pas : faites-vous-les représenter, vous y trouverez la prédiction de tout ce qui nous arrive; vous y trouverez aussi le remède aux autres dangers qui nous environnent et qui menacent notre République naissante. Les armées de la Belgique, réunies dans le pays d'Aix-la-Chapelle et de Liége, y ont souffert tous les genres de besoins sans murmurer, mais en perdant continuellement par les maladies et les escarmouches contre l'ennemi, par l'abandon de quantité d'officiers et de soldats, plus de la moitié de leur force.

» Ce n'est que depuis l'entrée du général Beurnonville dans le ministère qu'on commence à s'occuper de son recrutement et de ses besoins. Mais il y a si peu de temps, que nous éprouvons encore tout le fléau désorganisateur dont nous avons été les victimes. Telle était notre situation, lorsque le 1er février vous avez cru devoir à l'honneur de la nation la déclaration de guerre contre l'Angleterre et la Hollande. Dès lors j'ai sacrifié tous mes chagrins; je n'ai plus pensé à ma démission, que vous trouverez consignée dans mes quatre mémoires; je ne me suis occupé que des énormes dangers et du salut de ma patrie. J'ai cherché à prévenir les ennemis, et cette armée souffrante a oublié tous ses maux pour attaquer la Hollande. Pendant qu'avec de nouvelles troupes arrivées de France je prenais Breda, Klunder et Gertruydenberg, me préparant à pousser plus loin ces conquêtes, l'armée de la Belgique, conduite par des généraux remplis de courage et de civisme, entreprenait le bombardement de Maestricht.

» Tout manquait pour cette expédition; le nouveau régime d'administration n'était pas encore établi; l'ancien était vicieux et criminel; on regorgeait de numéraire, mais les formes nouvelles qu'on avait mises à la trésorerie nationale empêchaient qu'aucune partie du service ne reçût d'argent. Je ne puis pas encore détailler les causes de l'échec qu'ont reçu nos armées, puisque je ne fais que d'arriver : non-seulement elles ont abandonné l'espoir de prendre Maestricht, mais elles ont reculé avec confusion et avec perte; les magasins de toute espèce qu'on commençait à ramasser à Liége sont devenus la proie de l'ennemi, ainsi qu'une partie de l'artillerie de campagne et des bataillons. Cette retraite nous a attiré de nouveaux ennemis, et c'est ici que je vais développer les causes de nos maux.

» Il a existé de tout temps dans les événemens humains une récompense des vertus et une punition des vices. Les particuliers peuvent échapper à cette providence, qu'on appellera comme on voudra, parce que ce sont des points imperceptibles; mais parcourez l'histoire, vous y verrez que les peuples n'y échappent jamais. Tant que notre cause a été juste, nous avons vaincu l'ennemi; dès que l'avarice et l'injustice ont guidé nos pas, nous nous sommes détruits nous-mêmes, et nos ennemis en profitent.

» On vous flatte, on vous trompe; je vais achever de déchirer le bandeau. On a fait éprouver aux Belges tous les genres de vexations; on a violé à leur égard les droits sacrés de la liberté; on a insulté avec impudence leurs opinions religieuses; on a profané par un brigandage très-peu lucratif les instrumens de leur culte; on vous a menti sur leur caractère et sur leurs intentions; on a opéré la réunion du Hainault à coups de sabre et à coups de fusil; celle de Bruxelles a été faite par une vingtaine d'hommes qui ne pouvaient trouver d'existence que dans le trouble, et par quelques hommes de sang qu'on a rassemblés pour intimider les citoyens. Parcourez l'histoire des Pays-Bas, vous trouverez que le peuple de la Belgique est bon, franc, brave et impatient du joug. Le duc d'Albe, le plus cruel des satellites de Philippe II, en a fait périr dix-huit mille par la main des bourreaux. Les Belges se sont vengés par trente ans de guerres civiles, et leur attachement à la religion de leurs pères a pu seul les faire rentrer sous le joug espagnol.

» Vos finances étaient épuisées lorsque nous sommes entrés dans la Belgique; votre numéraire avait disparu ou s'achetait au poids de l'or. Cambon, qui peut être un honnête citoyen, mais qui certainement est au-dessous de la confiance que vous lui avez donnée pour la partie financière, n'a plus vu de remède que dans la possession des richesses de cette fertile contrée,

Il vous a proposé le fatal décret du 15 décembre; vous l'avez accepté unanimement, et cependant chacun de ceux d'entre vous avec qui j'en ai parlé m'a dit qu'il le désapprouvait et que le décret était injuste. Un de mes quatre mémoires était dirigé contre ce décret; on ne l'a pas lu à l'assemblée; le même Cambon a cherché à rendre mes remontrances odieuses et criminelles en disant à la tribune que j'opposais un *veto* sur le décret de l'assemblée : vous avez confirmé ce décret par celui du 30 décembre; vous avez chargé vos commissaires de tenir la main à son exécution. D'après vos ordres, le conseil exécutif a envoyé au moins trente commissaires ; le choix est très-mauvais, et, à l'exception de quelques gens, honnêtes qui sont peut-être regardés comme des citoyens douteux, parce qu'ils cherchent à mitiger l'odieux de leurs fonctions, la plupart sont ou des insensés, ou des tyrans, ou des hommes sans réflexion, qu'un zèle brutal et insolent a conduits toujours au-delà de leurs fonctions.

» Les agens de la tyrannie ont été répandus sur la surface entière de la Belgique; les commandans militaires, par obéissance au décret, ont été obligés d'employer, sur leur réquisition, les forces qui leur étaient confiées ; ces exacteurs ont achevé d'exaspérer l'âme des Belges. Dès lors la terreur et peut-être la haine ont remplacé cette douce fraternité qui a accompagné nos premiers pas dans la Belgique; c'est au moment de nos revers que nos agens ont déployé le plus d'injustice et de violence.

» Vous avez été trompés sur la réunion à la France de plusieurs parties de la Belgique. Vous l'avez crue volontaire, parce ce qu'on vous a menti. Dès lors vous avez cru pouvoir enlever le superflu de l'argenterie des églises pour subvenir sans doute aux frais de la guerre. Vous regardiez dès lors les Belges comme Français; mais, quand même ils l'eussent été, il eût encore fallu attendre que l'abandon de cette argenterie eût été un sacrifice volontaire, sans quoi, l'enlever par force devenait à leurs yeux un sacrilége. C'est ce qui vient d'arriver. Les prêtres et les moines ont profité de cet acte impudent, et ils nous ont regardés comme des brigands qui fuient, et partout les communautés des villages s'arment contre nous. Ce n'est point ici une guerre d'aristocratie, car notre révolution favorise les habitans des campagnes, et cependant ce sont les habitans des campagnes qui s'arment contre nous, et le tocsin sonne de toutes parts. C'est pour eux une guerre sacrée; c'est pour eux une guerre criminelle. Nous sommes en ce moment environnés d'ennemis : vous le verrez par les rapports que j'envoie au ministre de la guerre ; vous verrez en même temps toutes les premières mesures que la nécessité m'a forcé de prendre pour sauver l'armée française, l'honneur de la nation, de la République elle-même.

» Représentans de la nation, j'invoque votre probité et vos devoirs ; j'invoque les principes sacrés expliqués dans la déclaration des droits de l'homme, et j'attends avec impatience votre décision. En ce moment vous tenez dans vos mains le sort de l'empire, et je suis persuadé que la vérité et la vertu conduiront vos décisions, et que vous ne souffrirez pas que vos armées soient souillées par le crime, et en deviennent les victimes. *Le général en chef,* DUMOURIER. »

Du 15 au 19 mars, les séances de la Convention ne présentent qu'un faible intérêt. Nous allons en extraire en peu de mots les détails importans.

Le 15, Beurnonville et Garat déclarèrent accepter, l'un le ministère de la guerre, l'autre le ministère de l'intérieur.

Le 16, sur la motion de Cambacérès, Ducruix, ancien sous-officier des gardes françaises, dont il a été plusieurs fois question dans notre histoire, et qui était maintenant détenu comme séditieux à Perpignan, fut rendu à la liberté. Marat avait entamé et chaudement poursuivi cette affaire. La dernière discussion à ce sujet fut extrêmement orageuse; Barbaroux proposa et fit décréter que, malgré l'élargissement de Ducruix, la procédure commencée contre lui serait continuée.

Le 17 et le 18 on reçut des nouvelles positives de l'insurrection de la Bretagne (voir plus bas le chapitre des départemens). Le

18, sur le rapport de Lasource, un décret attribua au tribunal révolutionnaire la connaissance de cette conspiration. Lanjuinais proposa de confisquer les biens des individus tués dans des rassemblemens séditieux. Il est bien remarquable que cette motion fut combattue par la Montagne: Marat et Lamarque demandèrent que les chefs seuls fussent punis de la confiscation de leurs biens.
— Barrère proposa, au nom du comité de défense générale, les projets de décrets suivans :

Il demanda la peine de mort contre ceux qui proposeraient des lois agraires; cette motion fut décrétée à l'unanimité. Il fit décréter comme principe l'établissement de l'impôt progressif sur les propriétés territoriales, industrielles et commerciales. Il demanda le partage des biens communaux, et la division des biens des émigrés en petites parties; cette proposition fut ajournée jusqu'après le rapport du comité. Il fit décréter en principe que les châteaux des émigrés seraient démolis, et les matériaux donnés aux malheureux; et que les étrangers sans aveu seraient chassés de la République. Il fit décréter enfin la permanence de tous les corps administratifs. »

Sur la proposition de Duhem, la Convention décrète ce qui suit :

« Les émigrés et les prêtres déportés qui, huit jours après la publication du présent décret, seront surpris sur le territoire de la République, seront arrêtés à l'instant et conduits dans les prisons, soit au district, soit au département. Ceux qui seront convaincus d'émigration, ou qui étaient dans le cas de la déportation, seront punis de mort dans les vingt-quatre heures. »

Séances de la Commune de Paris.

12 *mars.* Le commandant-général, par l'ordre de ce jour, prévient que plusieurs particuliers portent à leur chapeau un bouton autour duquel est comme en exergue le mot *Uni-vers* avec une épée au milieu; que d'autres portent au lieu d'une épée une *L* au milieu du même mot; qu'il y a toujours eu, malgré la tranquillité apparente, des agitations auprès de la Convention. « Le projet

de nos ennemis, ajoute Santerre, est certainement de faire arrêter quelques membres de la Convention pour pouvoir réussir d'autant mieux à corrompre les départemens. Rallions-nous, citoyens, détournons un pareil orage; les braves citoyens doivent se réunir et faire tous leurs efforts en cet instant pour sauver la République. » — Le bruit se répand qu'il se distribue dans Paris des médailles portant d'un côté l'effigie de Louis XVI, de l'autre ces mots : *Il est mort martyr.*

15 *mars.* Une lettre des commissaires des huit sections qui composent la commune de Besançon informe les commissaires des quarante-huit sections de Paris que Frédéric Diétrich, ci-devant maire de Strasbourg, et en état d'arrestation, vient d'échapper au glaive de la loi : « C'est un monstre, porte la lettre, et un agitateur rendu à la société ; son émigration est constatée et confirmée par le département du Bas-Rhin. » Cette lettre est renvoyée au comité de sûreté générale.

Le conseil-général arrête que ceux qui occupent à Paris des chambres garnies, ou qui se disent voyageurs, seront assujétis à représenter un certificat de civisme délivré par la commune du lieu de leur résidence habituelle; et à ce défaut, ils seront sur-le-champ arrêtés comme suspects.

15 *mars.* Santerre rend compte de la garde de Paris. Plusieurs employés dans les bureaux des administrations refusent le service. « La tranquillité se rétablit, ajoute Santerre; il reste néanmoins quelques têtes chaudes qui passent pour des patriotes exaltés, et qui n'ont pas encore retrouvé leur aplomb..... J'oubliais de vous dire que des méchans croient que c'est moi seul qui ai empêché qu'ils ne se livrassent à des excès dans la nuit du 9 au 10. Ils ne savent pas les scélérats, que tous les honnêtes citoyens étaient réunis pour les exterminer. Ils disent que mon faubourg les aurait étranglés..... Le petit Fournier et d'autres crient partout que je l'ai fait exprès..... Je ne les crains pas, je les ferai surveiller, et j'espère que ceux qui aujourd'hui ne nous aiment pas deviendront nos meilleurs amis.

» D'après l'invitation d'une députation de la société des Défenseurs de la République d'assister, dimanche 27, à la place de la Réunion, où le corps électoral et les sociétés patriotiques doivent se rendre à l'effet de se donner le baiser fraternel, le conseil général, applaudissant aux motifs qui ont inspiré cette démarche amicale, déclare, à l'unanimité, qu'il donne son adhésion à l'arrêté de la société des Défenseurs de la République ; qu'en conséquence le conseil-général se rendra dimanche matin, à dix heures, à la place de la Réunion, pour assister à la cérémonie fraternelle qui doit y avoir lieu; arrête que le corps électoral, les quarante-huit sections et les sociétés patriotiques seront invités à y assister. »

16 mars. Le commandant-général, par l'ordre de ce jour, prévient qu'une affiche couleur jonquille a été placardée ce matin, par laquelle les bons citoyens sont invités à se soulever contre les Jacobins. Chaumette dit, à l'occasion d'un léger mouvement qui a été apaisé sur-le-champ par le maire et les officiers municipaux, qu'il a été affiché ce matin un placard portant que le maire est un monstre, et qu'il faut massacrer la Convention, le conseil-général et la municipalité ; il ajoute qu'il a dénoncé ce placard au comité de sûreté générale.

17 mars. Le procureur de la Commune représente au conseil que jamais les rues de Paris n'ont été plus encombrées, ni plus mal éclairées, et par conséquent moins sûres ; que dans un moment où les ennemis de la chose publique, les agitateurs de toute espèce, se réunissent à Paris, il est instant de surveiller toutes les branches de l'administration de la police ; qu'il serait bon aussi de connaître les employés dont elle s'entoure, ainsi que ceux qu'elle a pu refuser. Le conseil général a arrêté que les administrateurs de police feront demain leur rapport sur le nettoiement, l'illumination de Paris, et sur les différentes personnes qu'ils emploient et préfèrent dans les diverses portions de la police. Il a été arrêté en outre que cette administration sera invitée à donner des éclaircissemens sur les moyens d'occuper provisoirement la classe des citoyens indigens.

18 mars. Le conseil a arrêté qu'il serait fait un récit exact des travaux de la Commune du 10 août, et du conseil-général provisoire ; qu'on y présentera le tableau de la conduite des habitans de Paris dans cette circonstance. Ce récit sera terminé par le décret de la Convention nationale qui déclare que la Commune de Paris a bien mérité de la patrie.

Chaumette a été chargé de la rédaction de cette adresse, et Dorat-Cubières lui a été adjoint.

Club des Jacobins.

La raison qui fait que les séances des Jacobins ont en ce moment une médiocre importance révolutionnaire, c'est que les débats de la Convention occupent exclusivement les députés qui sont l'ame de ce club. Aujourd'hui la Montagne commence à tenir la majorité, et bientôt elle sera maîtresse absolue. Or, il est remarquable que, dans le passé, les Jacobins ont joué le principal rôle tout le temps que l'opposition, étant en minorité dans les assemblées nationales successives, a cherché au-dehors à s'organiser en majorité. Depuis qu'elle triomphe dans la sphère parlementaire, ce n'est plus qu'à la veille des coups d'état, et lorsqu'elle a besoin de l'assentiment énergique de la nation entière, qu'elle vient émouvoir et passionner le club dont elle a fait le centre moral de la France. Ainsi, il faut s'attendre à ce que les séances de cette société ne présenteront désormais un grand intérêt qu'à l'époque du 31 mai, qu'au temps de la lutte entre Robespierre et Danton, et enfin qu'aux approches du 9 thermidor, lorsque Robespierre s'efforcera d'y exciter le zèle des bonnes mœurs pour l'extermination définitive des hommes immoraux.

Nous avons déjà analysé la séance des Jacobins du 10 mars. Celles qui précèdent n'offrent d'intéressant que le rapport fait le dimanche 3 mars par J.-M. Collot-d'Herbois « sur les nombreuses accusations à porter contre l'ex-ministre Roland. » Voici comment le rapporteur se résume :

« Mon opinion est qu'il y a lieu à accusation contre l'ex-ministre Roland :

» Pour avoir, contre les intentions de la Convention nationale, employé des sommes énormes à corrompre l'opinion publique, en faisant circuler les écrits qui se sont trouvés les plus contraires aux principes républicains consacrés par les décrets, et au crédit public, toujours attaqué dans ces écrits ; par des terreurs imaginaires, dont le but le plus manifeste était de rompre l'unité de la République, et de modérer la haine forte et prononcée du peuple français contre les tyrans ;

» Pour avoir affecté un mépris scandaleux pour les lois existantes et les autorités constituées en refusant de s'y conformer, quelquefois en y apportant des modifications, et particulièrement en faisant briser des scellés apposés, sans autre formalité que sa propre volonté ;

» Pour avoir provoqué l'anarchie, en détruisant la confiance pour le gouvernement, soit en dénonçant calomnieusement des proclamations qu'il avait signé lui-même, soit par des instructions particulières qui ont mis souvent les commissaires nationaux en danger, le but de ces attentats étant de ramener sur lui seul toute la puissance du conseil exécutif ;

» Pour avoir violé le secret de la poste, intercepté et falsifié les correspondances patriotiques ;

» Pour avoir provoqué une force armée qui tendait visiblement à rétablir la tyrannie et à créer la guerre civile, l'avoir mise en mouvement sans qu'aucune loi l'y ait autorisé ;

» Pour avoir publié des écrits pseudonymes, et notamment la lettre d'un Anglais aux Parisiens, qui tendait à ruiner une partie de la République ;

» Pour avoir méprisé et insulté les citoyens qui lui portaient les plus légitimes réclamations ;

» Pour avoir voulu, par sa correspondance avec les directoires des départemens, rétablir l'ancienne corvée ;

» Pour avoir essayé de rebuter et décourager les habitans des frontières du Nord, par une correspondance insultante avec ceux de Lille et par le refus des secours accordés à ceux de Thionville ;

» Pour avoir, de son autorité, rétabli dans leurs fonctions

des citoyens suspects, rejetés par la loi et suspendus par les administrations supérieures;

» Pour avoir envoyé une somme de douze millions en Angleterre, sans avoir voulu donner aucune explication à cet égard au conseil exécutif, justement inquiet de voir exposer ainsi une partie de la fortune publique;

» Pour avoir protégé la rentrée des émigrés, les avoir fait sortir, par son ordre privé, des prisons où ils étaient détenus, leur avoir procuré toutes sortes de facilités pour rester en France, et soustraire ainsi à la République leurs biens devenus nationaux;

» Pour avoir osé, seul, se rendre maître des plus importans secrets de l'état, en saisissant furtivement dans l'armoire de fer, aux Tuileries, des papiers desquels pouvait dépendre le salut de la République, et dont il est évident, par différens rapprochemens et par les propres contradictions de l'ex-ministre, qu'une partie a été soustraite aux regards de la Convention nationale.

» Citoyens, il y a dans vos archives une grande partie de pièces probantes qui vous ont été envoyées par différentes sociétés ou administrations. Il vous reste à nommer des commissaires, afin de les réunir, pour que cette accusation soit munie de tous les témoignages qui doivent la rendre victorieuse et utile à la patrie. »

Roland répondit à Collot-d'Herbois par une lettre que plusieurs journaux insérèrent. Il reprit chacun des griefs que nous venons de transcrire, et y opposa la plus formelle dénégation. « Pour réponse à votre absurde dénonciation, dit Roland en terminant, je sollicite de la Convention l'examen sévère de ma conduite et l'apurement de mes comptes. »

A la séance du 11 mars, Blanchard dénonça Joanno, pour lui avoir entendu dire ce même jour que l'on avait fait la veille aux Jacobins la motion de couper la tête à des députés. Cette imputation calomnieuse lui paraissait trop grave pour que la société ne fît pas disparaître de son tableau celui de ses membres qui n'avait pas craint de l'avancer. — Collot, à la veille de son départ pour l'accélération du recrutement militaire, fit nommer ensuite quatre commissaires chargés de recueillir les pièces à la charge de l'ex-ministre Roland.

Les séances qui suivent, jusqu'au 18 inclusivement, sont principalement occupées par des lectures et des récits sur l'état de l'armée. Le 15, Robespierre fit un long discours sur la situation de la République. Il compara la tactique des Feuillans, sous l'assemblée législative, avec celle des Girondins. Il signala la calomnie et la provocation comme les moyens de ce parti pour égarer les patriotes, afin de pouvoir les frapper ensuite. Il termina en invitant les citoyens à se méfier de ces piéges, à respecter tous les individus, et à ne se porter à aucune voie de fait contre qui que ce pût être. « Nous ne voulons pas, dit-il, la mort de ces intrigans; mais qu'ils se convertissent et qu'ils vivent. » (*Le Républicain*, n. CXXXIV.) — Le 18, la société adopta un scrutin épuratoire. Les réceptions furent suspendues, et un comité composé de seize membres, auxquels devaient s'adjoindre successivement ceux qui seraient appelés, fut dès le lendemain mis en activité.

CONVENTION NATIONALE. — SÉANCE DU 19 MARS.

[*Le ministre de la justice.* Avant de prendre la parole, je dois annoncer à l'assemblée que c'est pour lui rendre compte des mesures que j'ai prises pour la découverte des conspirateurs des 9 et 10 de ce mois.

Citoyen président, ma conduite dans cette circonstance mémorable a été tracée par les décrets de la Convention. Le premier qui a été rendu est celui d'arrestation contre le citoyen Fournier; vous savez que depuis l'assemblée a rapporté son décret, et l'a mis en liberté. Le deuxième décret est celui qui chargeait le conseil exécutif de faire mettre en état d'arrestation Desfieux et Lasowski. Ce décret portait qu'il serait mis sur-le-champ à exécution, et sur-le-champ il a été exécuté. Les gendarmes qui en étaient porteurs ont commis dans son exécution une erreur dont une légère différence dans le nom a été la cause. Le citoyen qui avait été arrêté à la place de Desfieux a réclamé, et sur-le-champ il a été mis en liberté. Le lendemain du jour où ce décret a été rendu, une députation de la section de Paris dite du Finistère est entrée chez moi avec des formes républicaines extrêmement prononcées; elle m'interpella en ces termes : « Nous sommes députés par la section du Finistère pour vous demander par quels ordres vous avez lancé un mandat d'arrêt contre Lasowski, Lasowski qui, le 10 août, porta le premier une main hardie sur le trône du tyran ; Lasowski qui, dans toutes les circonstances, s'est montré comme un bon patriote ; Lasowski appartient à la section du Finistère, et avant de le laisser arrêter, elle aurait chargé ses canons et l'aurait défendu de toutes ses forces. »

J'ai répondu ainsi à cette députation : « Citoyens, si la section du Finistère avait employé la violence pour empêcher l'arrestation de Lasowski, quelque coupable qu'il fût, elle aurait été plus coupable que lui, et la loi aurait frappé l'un et l'autre. » Ces hommes qui m'avaient ainsi parlé, et qui paraissaient vouloir s'opposer à la loi, à ma réponse ne montrèrent plus qu'un grand respect pour la loi et pour celui qui en était l'organe. Alors je me fis apporter les décrets qui concernaient Desfieux et Lasowski, et je leur lus celui-ci :

« La Convention nationale, sur la proposition d'un membre, d'entendre Lasowski dans sa défense, passe à l'ordre du jour, motivé sur ce qu'il n'existe pas de décret particulier à ce citoyen. »

La députation du Finistère, persuadée qu'en donnant des ordres pour l'arrestation de Lasowski, j'avais suivi la loi, s'est retirée satisfaite. Un autre décret ordonnait que Jourdain, qui avait écrit une lettre à l'assemblée, serait appelé à la barre pour donner les éclaircissemens qui lui seraient demandés. Je l'ai cherché, j'ai écrit à l'administration de police et à la municipalité de Paris. Le maire m'a répondu qu'il connaissait un nommé Jourdain, qu'il avait de lui une lettre signée. J'ai envoyé un commis de mes bureaux pour vérifier si c'était la même écriture que celle envoyée à l'assemblée ; il s'est trouvé que les deux écritures n'avaient aucun rapport : dès-lors, je n'ai pu me procurer des renseignemens sur Jourdain. Un autre décret, et c'est le plus essentiel, portait que le conseil exécutif ferait mettre en état d'arrestation les membres du comité d'insurrection, et que les scellés seraient apposés sur leurs papiers. Pour faire arrêter les membre du comité d'insurrection, il fallait d'abord s'assurer de son existence. J'ai écrit aux fonctionnaires publics les plus rapprochéss du peuple, qui, par leurs rapports journaliers avec lui, sont plus à portée de connaître les moyens qu'on emploie pour l'égarer.

Le maire de Paris me fit passer une lettre que lui écrivait l'administration de police ; elle était ainsi conçue :

« Nous avons fait, citoyen maire, les recherches les plus exactes, et nous n'avons rien trouvé qui puisse faire soupçonner dans Paris l'existence d'un comité d'insurrection. Outre ces recherches, en quelque sorte légales et judiciaires, j'en ai fait de personnelles. »

Un citoyen m'a écrit qu'un autre citoyen, nommé Jacquot, coutelier, rue des Lanternes, près celle des Arcis, habitué du club des Cordeliers, lui avait fait la confidence qu'il existait aux Filles-Dieu un comité d'insurrection, qu'on l'avait conduit à ce comité par des chemins qui ne lui étaient pas connus. J'ai écrit à Jacquot, je l'ai interrogé ; ses réponses m'ont paru sincères. Il m'a dit qu'effectivement il se rassemblait aux Filles-Dieu un comité, mais qu'il n'était nullement mystérieux. Je lui ai fait différentes questions, afin de l'engager dans les plus grands détails ; mais il m'a répondu avec la même franchise que ce comité n'était pas celui d'insurrection, et qu'il croyait qu'il s'appelait comité des Hommes du 10 août. En nous séparant, le citoyen Jacquot a pris avec moi l'engagement, dans le cas où il se passerait dans ce comité des choses extraordinaires, de venir m'en rendre un compte exact.

Citoyens, beaucoup de dénonciations me sont parvenues, dans lesquelles on m'annonçait que le comité d'insurrection se tenait dans la maison Égalité. J'ai fait tout ce qui était en moi pour m'assurer de ce fait, et voici ce que j'ai découvert : c'est que plusieurs membres des Jacobins ont pris l'habitude, en sortant des séances de cette société, de se rendre au ci-devant Palais-Royal, dans le café Coradza, et d'y boire de la bierre. (On rit, et on demande l'ordre du jour.) Le nombre de ces citoyens s'accroissant de jour en jour, et le café Coradza se trouvait trop petit pour les contenir, ils louèrent un local au-dessus. Mais qu'y font-ils? ont-ils des registres pour inscrire leurs délibérations? s'appellent-ils comité d'insurrection? Personne n'a pu me le dire; on m'a simplement dit les noms de quelques citoyens qui composent cette réunion, et je vais vous les nommer : l'un d'eux s'appelle Proly, étranger, qui a pris naissance dans la Belgique, et qui est, dit-on, fils naturel du prince Kaunitz; on m'a dit beaucoup de mal de ce citoyen, et on me l'a annoncé comme une tête exaltée; j'ai voulu m'en instruire, et j'ai consulté plusieurs personnes; Lebrun, membre du conseil exécutif, m'a assuré que ce Proly avait rendu de grands services à la liberté, et qu'il était l'auteur d'un journal qui avait paru sous le titre de *Cosmopolite*. On m'a dit aussi qu'à ce café Coradza se rendaient Tallien et plusieurs membres qui professent dans la Convention les principes les plus énergiques de liberté; voilà tout ce que j'ai pu découvrir sur ce café. J'ai fait d'autres recherches. J'avais entendu dire à des hommes connus par leur logique qu'il n'était pas nécessaire de savoir s'il existait un comité particulier d'insurrection, mais qu'on était assuré qu'il y avait à Paris des hommes insurrectionnaires contre lesquels il fallait sévir; ces personnes ajoutaient que ces hommes étaient les Jacobins, les Cordeliers et les quarante-huit sections de Paris. Je n'ai jamais pu concevoir comment on pouvait appeler comité d'insurrection les sociétés des Jacobins et des Cordeliers, et les quarante-huit sections de Paris; mais ce qui pourrait être vrai, c'est que des membres de ces sociétés ou des sections sont des insurrectionnaires.

Mes recherches ont dû se porter sur les hommes qui, dans la nuit du 9 au 10 mars, portaient avec eux un arrêté qui provoquait au meurtre et à l'incendie. Je pris connaissance de cette délibération, et deux choses essentielles m'ont frappé : la première est une invitation faite au corps électoral de Paris de se rassembler pour élire une nouvelle Convention nationale ; la seconde, c'est qu'on y disait qu'un comité d'insurrection paraissait devoir être nécessaire. Les personnes qui croient que cette délibération est la preuve de l'existence du comité d'insurrection se sont grandement trompées ; car s'il existait, on n'aurait pas dit qu'il fallait l'organiser : preuve qu'il n'existe pas. Les nommés Varlet, Fournier et Champion ont porté cette délibération au conseil-général de la Commune de Paris ; ils n'en ont pas fait la lecture publique, mais ils se sont adressés à plusieurs membres, afin de la faire lire ; ces membres en ont eu la plus grande horreur ; ils leur ont démontré qu'une pareille délibération ne tendait à rien moins qu'à la perte de la République. Champion a reconnu son erreur ; Varlet et Fournier insistaient pour la faire lire ; cependant ils se sont retirés, mais en s'en allant ils ont menacé la Commune, et ont dit qu'elle était infectée d'aristocratie. J'ai voulu connaître ce Varlet, et voici ce qu'on m'a dit : Varlet, dans la révolution, s'est montré dans toutes les occasions brûlant du désir de se faire remarquer ; éloigné de la tribune des Jacobins, où, toutes les fois qu'il se présentait pour parler, il ne recevait que des huées, il ne se découragea pas ; quelques jours après le 10 août, avec une tribune portative, il se faisait aux Tuileries une tribune aux harangues, et là il déclamait contre les vrais défenseurs de la liberté et contre l'assemblée elle-même. Un membre de la Convention lui a entendu dire : « Il y a quelques jours le despotisme était dans le palais des rois, aujourd'hui il est dans le palais des lois », désignant l'assemblée nationale. Un autre particulier a tenu des propos plus graves ; l'assemblée me permettra de taire son nom, car, si je le nommais, les mesures prises contre lui pourraient échouer : mais je dois lui dire que ce particulier ne paraît pas tenir à un comité d'insurrection ; il est membre d'une société populaire dont les principes sont exaltés, mais qui ne s'enveloppe point de ténèbres. C'est-là, citoyens, tous les renseignemens que j'ai sur l'existence d'un comité d'insurrection.

Si la Convention veut me le permettre, je lui parlerai d'un placard qui pourra jeter quelque lumière sur les troubles qui ont eu lieu. Dans ce placard, répandu avec profusion dans les sociétés populaires et dans les sections, se trouve un mélange de principes avoués par la raison, et en même temps des mesures propres à bouleverser la République; jamais le tocsin de la guerre civile ne sonna avec plus de fureur. Le résultat de ce placard était de soulever toutes les sections de Paris, de les appeler en armes à la Convention nationale en leur disant que la vie des patriotes était menacée, que des soldats qui défileront aujourd'hui dans son sein, doivent les égorger. Citoyen président, on a souvent dit que les deux clubs des Jacobins et des Cordeliers voulaient faire assassiner des membres de l'assemblée. Eh bien! les auteurs de ce placard invitaient les citoyens à se porter à ces clubs et à en massacrer les membres. Heureusement la distribution de ce placard a été arrêtée; heureusement des mesures ont été prises pour en arrêter l'influence, et l'on doit ce bienfait à un homme que je me crois obligé de défendre, parce qu'il est en butte à toutes sortes de persécutions; on doit, dis-je, ce bienfait au maire de Paris. (Applaudissemens.)

Citoyen président, s'il est permis à un ministre qui, depuis quinze jours, suit la trace de ces mouvemens, soit pour les arrêter, soit pour en déterminer la nature, de dire ce qu'il pense, j'aurai à dire à la Convention des choses qui doivent nécessairement fixer son opinion sur l'état de Paris et sur celui de la République entière.

Je crois, citoyens, m'être assuré qu'il existe ici vingt ou trente hommes, que je ne connais point, qui ne sont peut-être coupables d'aucun crime, mais que je crois dangereux et capables de tout entreprendre pour satisfaire leurs passions. Si ces hommes étaient abandonnés à eux-mêmes, ils ne seraient point à craindre; mais ils se sont mis à la suite des mouvemens populaires. Lorsque dans la Convention nationale des débats violens ont lieu, lorsque des dissensions se déclarent, ces hommes se répandent dans les clubs, dans les sections et dans les groupes, et disent que la Convention nationale renferme dans son sein ses plus mortels ennemis, que le côté droit n'est composé que d'aristocrates dont il faut faire tomber les têtes. Ces hommes seraient rejetés avec horreur si les dissensions qui se manifestent quelquefois dans la Convention ne leur fournissaient des prétextes pour échauffer le peuple.

Pour mieux déterminer les faits, ayant des amis des deux côtés de la Convention, je me flatte d'avoir lu dans leur ame; voici les soupçons qui se sont établis des deux côtés; je rapporte ces confidences, parce qu'elles ne peuvent nuire à personne. Des personnes du côté droit m'ont dit : Ne voyez-vous pas que ces hommes veulent vous mener à l'anarchie pour l'accomplissement de leurs vues criminelles? mais ils peuvent en avoir deux, ou d'ériger un nouveau trône, ou d'élever un pouvoir de triumvir ou de dictateur. Les membres du côté gauche ont aussi un système très-lié, très-suivi et, à mon avis, très-raisonnable, sur les conspirations attribuées au côté droit. Ne voyez-vous pas que ce dernier, sous prétexte de modérer le cours trop rapide de la révolution, veut tuer la liberté? Ses membres, par leurs discours, leurs journaux, répandent que Paris, que la Convention nationale, même dans sa majorité, est remplie de brigands. Par là, ils cherchent à soulever les départemens pour détruire la Montagne, la sainte Montagne, et anéantir sous ses débris la liberté et la France.

Voilà ce que j'ai entendu à mon grand étonnement, et, lorsque après j'ai essayé de les dissuader et de défendre les membres de la Convention contre lesquels ils s'élevaient avec le plus de fureur, ils m'ont tous dit : Vous ne connaissez pas les hommes; nous serons leurs victimes, et vous leur dupe. Eh bien! c'est moi qui, placé par mes fonctions au milieu de tous les partis, ne m'associant à aucun, crois avoir le mieux jugé et les hommes et les événemens. Je pense qu'il y a des moyens très-simples de calmer les inquiétudes, et si ce n'est d'étouffer entièrement les haines, au moins de prévenir les malheurs qui peuvent résulter de leur exaspération. Les scélérats qui se trouvent dans Paris ne peuvent avoir de forces que par les suites des querelles qui s'élèveraient entre les deux côtés de la Convention ; elle peut les déjouer en ne s'occupant d'aucun des objets particuliers qui excitent les passions, mais seulement des objets généraux qui tiennent au salut de la République. La seule séance d'hier, et cela résulte des rapports qui m'ont été faits à la mairie, a produit en bien un effet prodigieux sur Paris. Avec de semblables mesures, la sagesse et la vertu du maire de Paris parviendront à maintenir le calme. Il a été beaucoup calomnié ; quant à moi, je ne l'ai point suivi dans les bureaux du ministre de la guerre, mais je l'ai vu au conseil exécutif voter constamment pour les mesures les plus favorables à la liberté, mais les plus calmes et les plus modérées. Depuis que je suis au ministère de l'intérieur, je l'ai vu se livrer avec la plus grande activité à la recherche des malintentionnés et des agitateurs ; je l'ai toujours trouvé debout, veillant à la tranquillité publique. Si cette conduite n'était pas sincère, elle serait d'un grand scélérat ; mais il faudrait avoir de fortes preuves pour le prétendre. Je crois donc que Pache ne trompe pas la République. (On applaudit.)

Cambacérès, au nom du comité de législation. Votre comité de législation obéit à vos ordres. Il vient vous présenter un projet de décret relatif à la rébellion qui se manifeste dans différens départemens de la République. Ce projet contient des mesures sévères. Je me borne à vous observer que les circonstances sont pressantes, et vous n'oublierez pas que les circonstances commandent presque toujours les décisions.

— Cambacérès lit un projet de loi qui est adopté en ces termes.

La Convention nationale, après avoir entendu le rapport de son comité de législation, décrète ce qui suit :

Art. 1. Ceux qui sont ou seront prévenus d'avoir pris part aux révoltes ou émeutes contre-révolutionnaires qui ont éclaté ou qui éclateraient à l'époque du recrutement dans les différens départemens de la République, et ceux qui auraient pris ou prendraient la cocarde blanche, ou tout autre signe de rébellion, sont hors de la loi; en conséquence, ils ne peuvent profiter des dispositions des lois concernant les procédures criminelles et l'institution des jurés.

2. S'ils sont pris ou arrêtés les armes à la main, ils seront, dans les vingt-quatre heures, livrés à l'exécuteur des jugemens criminels, et mis à mort après que le fait aura été reconnu et déclaré constant par une commission militaire formée par les officiers de chaque division employée contre les révoltés ; chaque commission sera composée de cinq personnes prises dans les différens grades de la division.

3. Le fait demeurera constant, soit par un procès-verbal revêtu de deux signatures, soit par un procès-verbal revêtu d'une seule signature, confirmé par la déposition d'un témoin, soit par la déposition orale et uniforme de deux témoins.

4. Ceux qui, ayant porté les armes ou ayant pris part à la révolte et aux attroupemens, auront été arrêtés sans armes, ou après avoir posé les armes, seront envoyés à la maison de justice du tribunal criminel du département, et, après avoir subi interrogatoire dont il sera retenu note, ils seront, dans les vingt-quatre heures, livrés à l'exécuteur des jugemens criminels, et mis à mort après que les juges du tribunal auront déclaré que les détenus sont convaincus d'avoir porté les armes parmi les révoltés, ou d'avoir pris part à la révolte, le tout sauf la distinction expliquée dans l'article 6.

5. Les moyens de conviction contre les coupables seront les mêmes pour les tribunaux criminels que pour les commissions militaires.

6. Les prêtres, les ci-devant nobles, les ci-devant seigneurs, les agens et domestiques de toutes ces personnes, les étrangers, ceux qui ont eu des emplois ou exercé des fonctions publiques dans l'ancien gouvernement ou depuis la révolution, ceux qui auront provoqué ou maintenu quelques-uns des révoltés, les chefs, les instigateurs et ceux qui seraient convaincus de meurtre, d'incendie et de pillage, subiront la peine de mort. Quant aux autres détenus, ils demeureront en état d'arrestation, et il

ne sera statué à leur égard qu'après un décret de la Convention nationale sur le compte qui lui en sera rendu.

7. La peine de mort prononcée dans les cas déterminés par la présente loi emportera la confiscation des biens, et il sera pourvu sur les biens confisqués à la subsistance des pères et mères, femmes et enfans qui n'auraient pas d'ailleurs des biens suffisans pour leur nourriture et entretien; on prélèvera en outre sur le produit desdits biens le montant des indemnités dues à ceux qui auront souffert de l'effet des révoltés.

8. Les biens de ceux dont il est parlé dans la première partie de l'article 6, et qui seront pris en portant les armes contre la patrie, seront déclarés acquis et confisqués au profit de la République, et la confiscation sera prononcée par les juges du tribunal criminel sur le procès-verbal de reconnaissance du tribunal.

9. Les commandans de la force publique feront incessamment publier une proclamation à tous les rebelles de se séparer, et de mettre bas les armes.

Ceux qui auront obéi et seront rentrés dans le devoir, aux termes de la proclamation et dans les vingt-quatre heures, ne pourront être inquiétés ni recherchés.

Ceux qui livreront les chefs ou auteurs et instigateurs des révoltés dans quelque temps que ce soit, avant néanmoins l'entière dispersion des révoltés, ne pourront être poursuivis, ni les jugemens rendus contre eux être mis à exécution.

Les personnes désignées dans la première partie de l'article 6 ne pourront profiter des dispositions du présent article, et elles subiront la peine portée par la présente loi.

10. La loi portant établissement du tribunal criminel extraordinaire sera exécutée, sauf les distractions d'attribution déterminées par la présente loi.]

—A la séance du 20, le ministre des affaires étrangères transmet le récit des cruautés auxquelles étaient exposés les Français en Espagne. Gohier fut nommé ministre de la justice. Le reste de la séance fut consacré à des nouvelles départementales.

SÉANCE DU 21 MARS.

Le général Dumourier écrit qu'il vient d'éprouver un échec où l'armée française a perdu deux mille hommes et du canon : le maréchal-de-camp Miklin, commandant l'artillerie, a été tué, et le général Valence blessé. (Il s'agit de la défaite de Neer-Winden.)

[Marat est à la tribune.

Un grand nombre de membres. Voilà la cause du désordre qui règne dans nos armées.

Marat. C'est l'artifice ordinaire des chefs perfides, lorsqu'ils ont essuyé un revers, d'en accuser les soldats patriotes. (De violens murmures se font entendre), et de solliciter des lois de sang contre les hommes que leur zèle brûlant porte à voler aux frontières ; ce ne sont point les soldats qui sont les voleurs, ce sont quelques-uns de leurs chefs ; ce sont quelques intrigans qui se mêlent parmi eux qui commettent ces désordres ; c'est donc sur ces chefs que la loi doit s'appesantir.

Nous sommes arrivés au moment de déchirer le voile et de tout dire. Nous n'avons pas de généraux capables de faire face à l'ennemi ; nous n'avons point de troupes capables de livrer bataille. (De violens murmures s'élèvent, et un mouvement presque général d'indignation se manifeste dans l'assemblée. — Des cris : *Il est payé par nos ennemis,* se font entendre dans une très-grande partie de la salle.)

Masuyer. Je demande que Marat soit entendu ; qu'il vomisse ses calomnies, et qu'il se démasque.

Marat. Je serai entendu pour le salut public.

Masuyer. Et que ceux qui, comme lui peut-être, sont soldés pour battre des mains applaudissent à ses discours.

Marat. C'est moi qui cherche à sauver la patrie ; c'est moi qui de tout temps me suis élevé contre les plans de vos généraux ; c'est moi qui ai dit que nous devions nous tenir sur la défensive, et que nous ne devions jamais entrer sur le territoire de nos ennemis, sur lequel il est impossible de nous maintenir.

J'ai des vues particulières à présenter pour armer tous les Français ; je demande que les membres du comité de défense générale s'entendent avec moi comme avec leur frère, et je déclare que la France est invincible si elle veut se tenir sur la défensive.

Lecointre-Puyraveau. Il n'y a pas très-long-temps que le préopinant, en parcourant toutes les parties de la salle, disait, en s'adressant à ses collègues : « Vous êtes incapables de sauver la chose publique, aujourd'hui vos généraux sont incapables de résister aux ennemis, et vos troupes sont ineptes. » Je déclare que s'il y avait dans la France dix hommes comme Marat, la République serait perdue. Je ne dirai pas que sa conduite soit le résultat de sa coalition avec nos ennemis, mais je dirai qu'elle tient de la démence. Je demande donc que Marat soit déclaré en état de démence.

N..... Je demande que nous ne recommencions pas à nous occuper des personnes.

L'assemblée passe à l'ordre du jour.

Sur le rapport de Jean Debry, la Convention porte la loi suivante sur la police des étrangers.

« La Convention nationale, considérant qu'à l'époque où des despotes coalisés menacent la République plus encore par les efforts de leurs intrigues que par le succès de leurs armes, il est de son devoir de prévenir les complots liberticides ;

» Considérant qu'ayant reçu du peuple français la mission de lui présenter une constitution fondée sur les principes de la liberté et de l'égalité, elle doit, en redoublant de surveillance, empêcher que les ennemis de l'intérieur ne parviennent à étouffer le vœu des patriotes, et ne substituent des volontés privées à la volonté générale ;

» Voulant enfin donner aux magistrats du peuple tous les moyens d'éclairer le mal, et d'en arrêter tous les progrès, décrète ce qui suit :

» Art. 1. Il sera formé dans chaque commune de la République et dans chaque section des communes divisées en sections, à l'heure qui sera indiquée à l'avance par le conseil-général, un comité composé de douze citoyens.

» 2. Les membres de ce comité, qui ne pourront être choisis ni parmi les ecclésiastiques, ni parmi les ci-devant nobles, ni parmi les ci-devant seigneurs de l'endroit et leurs agens, seront nommés au scrutin et à la pluralité des suffrages.

» 3. Il faudra pour chaque nomination autant de fois cent votans que la commune ou section de commune contiendra de fois mille ames de population.

» 4. Le comité de la commune, ou chacun des comités des sections de commune, sera chargé de recevoir, pour son arrondissement, les déclarations de tous les étrangers actuellement résidant dans la commune, ou qui pourront y arriver.

» 5. Ces déclarations contiendront les nom, âge, profession, lieu de naissance, et moyens d'exister du déclarant.

» 6. Elles seront faites dans les huit jours après la publication du présent décret; le tableau en sera affiché et imprimé.

» 7. Tout étranger qui aura refusé ou négligé de faire sa déclaration devant le comité de la commune ou de la section sur laquelle il résidera, dans le délai ci-dessus prescrit, sera tenu de sortir de la commune sous les vingt-quatre heures, et sous huit jours, du territoire de la République.

» 8. Tout étranger né dans les pays avec les gouvernemens desquels les Français sont en guerre, qui, en faisant sa déclaration, ne pourra pas justifier devant le comité ou d'un établissement formé en France, ou d'une profession qu'il y exerce, ou d'une propriété immobilière acquise, ou de ses sentimens civiques, par l'attestation de six citoyens domiciliés depuis un an dans la commune, ou dans la section, si la commune est divisée en sections, sera également tenu de sortir de la commune sous les vingt-quatre heures; et sous huit jours, du territoire de la République. Dans le cas contraire, il lui sera délivré un certificat d'autorisation de résidence.

» 9. Les étrangers qui n'auront pas en France de propriété, ou qui n'y exerceront pas une profession utile, seront tenus, sous les peines ci-dessus portées, outre le certificat de six citoyens, de donner caution jusqu'à concurrence de la moitié de leur fortune présumée.

» 10. Tous ceux que la disposition des précédens articles exclurait du territoire français, et qui n'en seraient pas sortis au délai fixé, seront condamnés à dix ans de fers, et poursuivis par l'accusateur public du lieu de leur résidence.

» 11. Les déclarations faites devant le comité seront, en cas de contestation, soit sur lesdites déclarations, soit sur la décision, portées devant le conseil général ou devant l'assemblée de la section, qui statueront sommairement et définitivement; et, à cet effet, lorsque le conseil général ou les sections d'une commune suspendront leurs séances, il sera préalablement indiqué sur le registre l'heure à laquelle le retour de la séance sera fixé.

» 12. Hors le cas de convocation extraordinaire, dont l'objet, la nécessité et la forme seront constatés sur le registre, toute délibération arrêtée dans l'intervalle de suspension des séances est annulée par le fait. Le président et le secrétaire qui l'auront signée seront poursuivis devant le tribunal de police correctionnelle, et condamnés à trois mois de détention.

» 13. Tout étranger saisi dans une émeute, ou qui serait convaincu de l'avoir provoquée ou entretenue par voie d'argent ou de conseil, sera puni de mort. »]

Séance du 21 au soir. — Jean Debry est élu président. Laréveillère-Lépaux, Boyer-Fonfrède et Garran-Coulon sont secrétaires. — Le président fait lire l'adresse suivante, envoyée à la Convention par la société des Amis de la liberté et de l'égalité de Marseille.

« Mandataires infidèles, qui vouliez *l'appel au peuple,* votre perfidie est à son comble. Trop long-temps vous avez occupé le poste honorable que vous étiez indignes de remplir, et où vous ne restez que dans le coupable espoir de perdre la République dans son berceau; mais vainement vous attendez le succès de vos sourdes manœuvres et de vos scélérates intelligences avec les tyrans conjurés contre nous. Ce revers passager que nous devons à votre trahison ne tend qu'à creuser le tombeau des traîtres; il a réveillé dans nos cœurs républicains cette mâle énergie d'un peuple qui veut sa liberté. Fuyez de cette enceinte sacrée, que vous avez souillée tant de fois de votre souffle impur ; laissez aux seuls amis du peuple le soin de faire son bonheur. Sections, corps administratifs, assemblée populaire, toute la côte de Marseille enfin vous déclare que vous avez perdu sa confiance et qu'elle vous dénie pour ses représentans; elle ne peut faire un plus salutaire usage de son droit partiel de souveraineté que de vous ordonner de vous retirer; nous ne connaissons de Convention nationale que cette Montagne tutélaire, qui doit avec nous sauver la patrie. Fuyez, lâches et parjures mandataires, ou craignez de ressentir les premiers le glaive vengeur d'un peuple républicain qui se lève pour la troisième fois, et qui jure de vivre ou de mourir pour la défense de ses droits. » (Quelques applaudissemens se font entendre dans l'extrémité gauche et dans les tribunes. L'improbation de la partie opposée se manifeste par de violens murmures.)

Babey demande la convocation des assemblées primaires. Grande agitation. Barrère s'élance à la tribune, attaque à la fois et l'adresse et la motion comme désorganisatrices, tendant à diviser et à perdre la révolution. « La Convention, dit l'orateur, n'est ni dans le côté droit ni dans le côté gauche de l'assemblée; elle est dans tous ses membres. » Il s'élève avec indignation contre les principes de l'adresse, et conjure ses collègues d'abjurer leurs divisions. « Je vous somme, s'écrie-t-il, au nom du salut public, de vous réunir pour vous sauver vous-mêmes en sauvant la patrie. » (Applaudissemens prolongés.) Barrère considère ensuite les dangers de la convocation des assemblées primaires dans le moment où l'étranger attaque nos frontières, et où les royalistes de l'intérieur sont aux portes de Saumur; il conclut à ce que les arrêtés des administrations du département des Bouches-du-Rhône soient cassés, l'adresse de la Société populaire et les adhésions des sections improuvées, et que l'on passe à l'ordre du jour sur le surplus. Guadet vote le décret d'accusation contre les signataires. Barbaroux insiste sur la convocation des assemblées primaires. Charlier appuie l'improbation de l'adresse. Lasource rappelle l'exemple de l'Angleterre, qui, après avoir été quelques années dans l'anarchie, finit par retomber sous le despotisme monarchique; il appuie les propositions de Barrère. Elles sont décrétées.

Séance du 22. Camus, de retour de la Belgique, rend compte de la situation de l'armée; il annonce que de nombreux renforts couvrent les routes, et qu'elle reprendra bientôt l'offensive; la conduite de quelques individus a indisposé les Belges, mais avec quelques ménagemens on en fera facilement des Français. Albitte et Bentabole demandent l'établissement d'une commission pour l'examen de la conduite des généraux. Quinette propose la création d'un comité permanent, chargé de veiller aux mesures de sûreté générale. Isnard appuie cette demande et vote un *comité de salut public*. Bancal y consent; mais il veut que ce comité ne fasse que surveiller le pouvoir exécutif, que ses membres soient réélus de quinze en quinze jours, et qu'il n'ait qu'un mois de durée. L'assemblée charge le comité de défense générale de lui présenter l'organisation d'un *comité de salut public*. — Gohier accepte le ministère de la justice.

Séance du 23. — Sur la proposition d'Albitte, les émigrés pris en pays étranger, armés ou non armés, seront traités de la même manière. — Une députation des départemens de l'Ouest annonce les progrès des rebelles royalistes dans ces départemens, et demande le changement du général Marcé, dans lequel les soldats n'ont pas de confiance. — Barrère fait rendre un décret sur les mesures à opposer aux rebelles de l'Ouest : un des articles porte que le général Marcé sera jugé à La Rochelle par une cour martiale.

Séance du 24. — Dumont dénonce et lit une adresse de la société populaire d'Amiens, qui demande : 1° un décret de bannissement contre toute la famille des Bourbons; 2° une loi contre les provocateurs au meurtre et à l'anarchie; 3° une force départementale auprès de la Convention; 4° un décret d'accusation contre Marat, Robespierre, Danton et leurs affidés; 5° la poursuite des assassins du 2 septembre; 6° la destitution de la Commune de Paris; 7° le rappel de l'ex-ministre Roland; 8° l'abolition du tribunal révolutionnaire; 9° l'alternat des séances du corps législatif dans les principales villes du centre, etc., etc. On invoque l'ordre du jour; il est décrété avec improbation de l'adresse.

Séance du 23. — Lettre de Sévestre et Billaud-Varennes, commissaires de la Convention, annonçant la position difficile du département d'Ille-et-Vilaine. — Autre des autorité du département de Mayenne-et-Loire, annonçant que, tandis que les brigands, au nombre de vingt-cinq à trente mille, ravagent ce département, leurs partisans sont parvenus à faire sauter le magasin à poudre du château de Saumur.

Décret sur l'organisation du Comité de défense générale et de salut public.

[ART. 1. Le comité de défense générale sera composé de vingt-cinq membres; il sera chargé de préparer et de proposer toutes les lois et les mesures nécessaires pour la défense extérieure et intérieure de la République.

2. Le comité appellera à ses séances les ministres composant le conseil exécutif provisoire, au moins deux fois par semaine.

3. Le conseil exécutif, et chacun des ministres en particulier, donneront au comité tous les éclaircissemens qu'il demandera; ils lui rendront compte dans la huitaine de tous leurs arrêtés généraux.

4. Le comité rendra compte tous les huits jours à la Convention de l'état de la République et de ses opérations qui seront susceptibles de publicité.

5. Le comité désignera chaque jour deux de ses membres pour donner à la Convention les éclaircissemens qui lui seront demandés sur l'état de la République.

6. Le comité aura extraordinairement la parole toutes les fois qu'il s'agira d'un rapport arrêté par le comité.

7. Le comité fera imprimer, autant que le temps le permettra, les projets de décret qu'il devra présenter à la Convention.]

Séance du 26.—[Le président soumet à la délibération la liste des membres désignés par le bureau pour former, sous le nom de *Commission de salut public*, le nouveau comité de défense générale. — Quelques murmures s'élèvent dans l'extrémité gauche. On remarque que cette partie ne prend point de part à la délibération.

La liste est décrétée ainsi qu'il suit :

Dubois-Crancé, Pétion, Gensonné, Guyton-Morveau, Robespierre l'aîné, Barbaroux, Rhul, Vergniaud, Fabre-d'Églantine, Buzot, Delmas, Guadet, Condorcet, Bréard, Camus, Prieur (de la Marne), Camille Desmoulins, Barrère, Quinette, Danton, Sieyès, Lasource, Isnard, Cambacérès, Jean Debry.

Suppléans. Treilhard, Aubry, Garnier (de Saintes), Lindet, Lefèvre (de Nantes), Réveillère-Lépaux, Ducos, Sillery, Lamarque, Boyer-Fonfrède.

Une députation de la section de la Réunion, admise à la barre, demande la ratification de la Convention pour un arrêté pris par cette section à l'effet de désarmer tous les ci-devant nobles, ci-devant prêtres, et tous les hommes suspects qui se trouvent dans l'étendue de la section.

Plusieurs membres convertissent l'arrêté en motion.

Génissieux. Je demande que la mesure soit généralisée pour toute la République. (On applaudit.)

La proposition est unanimement décrétée avec l'amendement.

Duquesnoy. Je demande que ce décret soit envoyé aux départemens par des courriers extraordinaires.

Cette proposition est décrétée.

Plusieurs rédactions sont proposées. — Après de légères discussions, la suivante passe à une grande majorité :

Art. 1. La Convention nationale décrète que les ci-devant nobles, les ci-devant seigneurs autres que ceux qui sont employés dans les armées de la République, ou comme fonctionnaires publics, civils ou militaires, les prêtres autres que les évêques, curés, vicaires, ou autres que ceux qui servent dans les armées, seront désarmés, ainsi que les domestiques, agens desdits ci-devant nobles, ci-devant seigneurs et prêtres.

2. Les conseils généraux des communes pourront faire désarmer les autres personnes reconnues suspectes; à défaut des conseils généraux de communes, les directoires de district ou de département pourront ordonner ce désarmement.

3. Les conseils généraux des communes, ou à leur défaut les autres corps administratifs, prendront, selon les localités, toutes les mesures pour que ce désarmement ait lieu sans troubler la tranquillité publique, et pour que les personnes et les propriétés soient respectées. Le désarmement ne pourra avoir lieu de nuit.

4. Il sera fait des états des armes : elles seront provisoirement déposées, dans chaque commune; dans des lieux sûrs indiqués par le corps administratif qui aura fait procéder au désarmement, et il en sera disposé suivant les besoins de la République.

5. Les personnes désignées par la présente loi, et reconnues comme suspectes, qui, après avoir été désarmées, seront trouvées saisies de nouvelles armes, seront de nouveau désarmées et punies de six mois de détention.

6. Ceux qui seront convaincus d'avoir recelé des armes appartenantes aux personnes dont le désarmement a été décrété par l'article 1 seront punis de trois mois de détention.

Montaut. Je demande que l'adresse qui vient de vous être lue au nom de la section de la Réunion soit envoyée à tous les départemens.

Boyer-Fonfrède. J'ai voté pour que les conclusions de cette adresse fussent converties en décret; mais l'adresse elle-même contient des inculpations indirectes contre une partie de vos membres, des erreurs de fait. Je crois qu'au moment où la Convention vient de consacrer une réunion qui, j'espère, durera toujours; au moment où elle vient de nommer un comité qui sauvera la République; au moment où elle a prouvé, par la composition de ce comité, qu'elle ne voulait plus connaître de parti; au moment où tous les bons citoyens de la Convention, et j'aime à croire qu'il n'y en a pas d'autres, ont reconnu que, pour sauver la chose publique, il fallait abjurer toutes les passions haineuses qui ont failli perdre la République; je crois, dis-je, que, dans ces circonstances, elle ne doit pas décréter l'impression d'une pétition qui, quoique renfermant d'excellens principes, contient plusieurs faits absolument faux. Je demande la question préalable sur l'impression de l'adresse et sur son envoi aux départemens.

Albitte. Je demande à relever plusieurs faits faux avancés par Fonfrède. Il n'est pas question dans cette adresse des opinions des membres de l'assemblée, mais de l'esprit rolandiste répandu dans plusieurs départemens, et dont des hommes adroits ont usé avec beaucoup d'art pour agiter une grande partie de la République. Vous avez dit vous-même qu'il fallait faire connaître au peuple les aristocrates qui abusent si souvent de sa confiance. Eh bien! cette adresse les démasque tous. J'en demande l'impression et l'envoi aux départemens.

Grangeneuve. Je m'étonne qu'on ait déjà oublié que ce n'est point le modérantisme qui a failli nous précipiter dans l'abîme que des scélérats avaient creusé sous nos pas, que c'est au contraire ces hommes qui se couvrent avec tant d'art du masque du patriotisme. (Murmures de l'une des extrémités.) On ne doit pas murmurer, car ce que j'ai dit là est mot pour mot dans nos procès-verbaux. Je soutiens donc qu'indépendamment des objections présentées pour imprimer cette adresse, la question préalable doit être admise, parce qu'elle attribue les maux de la République au modérantisme, tandis que vous avez reconnu le contraire.

L'assemblée ferme la discussion, et décrète qu'il n'y a pas lieu à délibérer sur la proposition de l'envoi de l'adresse aux départemens.]

Séance du 27. — Ducos propose de faire connaître les députés qui donnent des recommandations pour des places auprès des ministres. Danton déclare avoir recommandé de vrais patriotes, et croit qu'on ne peut ôter à un député sa pensée. L'orateur pense que la Convention doit déclarer au peuple qu'elle est un corps révolutionnaire : « Une nation en révolution, dit-il, est comme l'airain qui bout et qui se régénère dans le creuset. La statue de la liberté n'est pas fondue ; le métal bouillonne ; si vous n'en surveillez le fourneau, vous serez tous brûlés.... Nous avons perdu un temps précieux ; il faut sortir de cette léthargie politique. Marseille sait déjà que Paris n'a jamais voulu opprimer la République, n'a jamais voulu que la liberté. Marseille s'est déclarée la Montagne de la République : elle se gonflera, cette Montagne ; elle roulera les rochers de la liberté, et les ennemis de la liberté seront écrasés. Je ne veux pas rappeler de fâcheux débats. Je ne veux pas faire l'historique des haines dirigées contre les patriotes. Je ne dirai qu'un mot. Je vous dirai que Roland écrivait à Dumourier (et c'est ce général qui nous a montré la lettre, à Lacroix et à moi) : « Il faut vous liguer avec nous pour écraser ce parti de » Paris, et surtout ce Danton. » (On murmure.) Jugez si une imagination frappée au point de tracer de pareils tableaux, a dû avoir une grande influence sur toute la République. Mais tirons le rideau sur le passé. Il faut nous réunir. Montrez-vous peuple, la nécessité vous le commande ; réunissez-vous ; assistez aux sociétés populaires, malgré ce qu'il peut y avoir en elles de défectueux, et bientôt les despotes se repentiront de leurs succès éphémères. » Il fait adopter l'ordre du jour.

Cambon se plaint de ce que l'on ne suit pas l'affaire des généraux Stengel et Lanoue, décrétés d'arrestation. Il demande aussi que l'on fasse un rapport sur la lettre écrite le 11 mars par un général ambitieux (Dumourier), qui attaque les décrets de la Convention : cette lettre, qu'on a cachée soigneusement, a été imprimée et affichée dans la Belgique.

Robespierre, après un discours étendu sur le mauvais choix des généraux, où il a nominativement attaqué les généraux Marcé, Menou et Witenkaf, et appelé l'attention sur Dumourier, propose l'expulsion, dans la huitaine, de tous les Bourbons, tant du territoire français que de celui occupé par les armées ; la traduction de Marie-Antoinette d'Autriche au tribunal révolutionnaire, comme complice d'attentats contre la sûreté de l'état, et la détention du fils de Louis XVI. Lamarque observe que la demande de Robespierre coïncide avec celle des ennemis de la liberté. Il déclare qu'il n'est le panégyriste de personne, mais croit devoir rappeler les services rendus par d'Orléans lors des états-généraux et pendant la révolution. Mathieu veut appuyer la motion de Robespierre ; mais l'assemblée lui refuse la parole et passe à l'ordre du jour.

Sur le rapport de Savary, au nom du comité de législation, le décret suivant est rendu.

Articles additionnels au décret du 10 mars, portant établissement d'un tribunal criminel extraordinaire pour juger les conspirateurs.

[La Convention nationale, après avoir entendu le rapport de son comité de législation, décrète ce qui suit :

ART. 1ᵉʳ. Les fonctionnaires publics qui ont été ou pourront être nommés pour remplir les fonctions de juges, accusateur public et jurés au tribunal criminel extraordinaire, créé par le décret du 10 de ce mois, conserveront leurs places, et pourront en reprendre l'exercice après la cessation de leurs travaux près ce tribunal.

2. Ils seront pendant leur absence remplacés par leurs suppléans, qui jouiront alors du traitement attaché à leurs fonctions.

3. Ceux des juges, accusateurs publics, substituts et jurés, qui seront tenus de se déplacer pour se rendre au poste où ils auront été appelés près le tribunal extraordinaire, seront indemnisés de leurs frais de voyage.

4. Il y aura auprès du tribunal quatre huissiers qui seront élus par les juges, accusateur public et substituts, à la majorité absolue ; il y aura aussi un concierge et deux garçons, qui seront élus de la même manière, et payés comme ceux du tribunal criminel de Paris.

5. Si, nonobstant les dispositions du décret du 8 de ce mois, qui attribue aux municipalités et corps administratifs la connaissance des crimes et délits énoncés en l'art. 1 du même décret, il se trouvait que des tribunaux criminels fussent saisis d'instruc-

tions et procès relatifs à ces crimes et délits, ils seront tenus de suspendre le jugement de ces procès, et d'envoyer les informations, listes de témoins, pièces de conviction et autres, à la Convention nationale, qui décidera s'il y a lieu à la translation des accusés au tribunal extraordinaire.

L'envoi des informations, listes de témoins et autres pièces aura également lieu s'il arrive que, dans le cours d'une instruction relative à des crimes et délits ordinaires, des tribunaux criminels découvrent des preuves ou des vestiges des crimes ou délits indiqués ci-dessus.]

Séance du 28. — L'ex-ministre Roland dément la lettre que Danton prétendait avoir lue, et par laquelle lui, Roland, invitait le général Dumourier à se liguer avec lui contre les factieux et contre Danton.

Sur la proposition de Charal, la Convention nationale décrète que le tribunal extraordinaire entrera en activité aujourd'hui, et, à cet effet, l'autorise à juger au nombre de dix jurés.

[On admet à la barre une députation au nom des quarante-huit sections de Paris.

Le maire. La section des Tuileries a pris un arrêté relatif aux circonstances actuelles. La majorité des sections y a adhéré; je viens vous présenter cette pétition au nom des commissaires des sections. On va vous en donner lecture.

« Citoyens législateurs, de grands maux affligent la République; les intrigans de l'extérieur veulent l'anéantir; de grandes mesures peuvent seules la sauver; déjà vous avez pris quelques-unes de ces mesures, mais leur tardive exécution les rend illusoires; un tribunal révolutionnaire est créé depuis plus de vingt jours, et la tête d'aucun coupable n'est encore tombée sous le glaive de la loi; ce tribunal n'est pas même encore installé. Quelques-uns de nos généraux sont suspects d'ambition ou d'incivisme; le conseil exécutif manque d'énergie. Nous appelons l'attention de la Convention sur la conduite des ministres et des généraux. Citoyens législateurs, dans une crise à peu près semblable à celle où nous nous trouvons, l'assemblée législative eut le courage de déclarer qu'elle ne pouvait sauver la patrie ; le peuple se leva tout entier, et la patrie fut sauvée ; s'il faut un nouvel effort, nous le ferons, parlez. »

Le président. La Convention nationale appartient à la république française ; Paris en est le dépositaire ; vous êtes les témoins de sa sollicitude. Oui, quelle que soit la gravité des circonstances, son courage est encore au-dessus. Née de la révolution, elle ne souffrira jamais que l'aristocratie la fasse rétrograder. Magistrats immédiats du peuple, éclairez-le, enflammez son zèle, et que son bonheur soit le prix de nos communs efforts.

La Convention ordonne l'impression et l'envoi de la pétition et de la réponse du président aux départemens et à l'armée.

Le citoyen Garnier, un des pétitionnaires. Citoyens représentans, les sections de Paris nous ont chargés de vous demander si dans les circonstances vous êtes capables de sauver la patrie. Eh bien ! citoyens, vous avez trop de grandeur d'ame et de courage pour ne pas répondre aux sections : nous pouvons sauver la patrie ; il ne faut plus de mesures partielles. Depuis 89, j'ai pensé aux mesures que je viens vous présenter. Nos armées sont prêtes à revenir sur nos frontières ; des troubles éclatent dans cinq ou six départemens ; nous n'avons pas de forces suffisantes pour les arrêter. (On murmure.) Mettez en réquisition tous les citoyens depuis seize ans jusqu'à cinquante ; que pendant cinq mois toute affaire cesse dans la République. (Nouveaux murmures.) Que la moitié des citoyens marche aux frontières, et que l'autre moitié reste dans l'intérieur pour écraser les contre-révolutionnaires. Si la première moitié est détruite, l'autre la remplacera ; et si elle succombe, l'univers dira : Ils ont mieux aimé mourir que de capituler avec les tyrans. Citoyens, quand les rois voulaient faire triompher leurs armées, ils se mettaient à leur tête ; vous n'êtes pas des rois, car vous seriez des monstres, mais que la moitié de la Convention se mette à notre tête. (Les éclats de rire se mêlent aux applaudissemens.) Dans chaque section il sera formé une caisse commune, moitié pour l'armée, moitié pour l'intérieur.]

Pétion dit que cette pétition coïncide avec celle présentée contre les membres qui ont voté l'appel au peuple; il propose, pour faire cesser les calomnies, de s'en rapporter aux assemblées primaires sur l'exclusion des députés qui n'ont pas leur confiance. Gamon déclare qu'il croit que l'on est arrivé au point où il est impossible aux membres de l'assemblée de se réunir sincèrement et de marcher d'accord. Boyer-Fonfrède rappelle que tous les décrets qui tiennent à l'intérêt général de la patrie et à la gloire des armées ont été rendus à l'unanimité; il croit que l'assemblée peut sauver la patrie si elle est libre, et demande qu'on dise aux pétitionnaires : « La Convention répond de sauver la patrie: mais vous, vous répondez du sort de la Convention. » (Vifs applaudissemens.) Buzot demande la question préalable sur la conclusion du préopinant, parce qu'il croit que la dignité de l'assemblée ne lui permet pas de faire d'autre réponse que celle du président. Barrère, en se joignant à Fonfrède, demande que le président déclare, en outre, aux sections que dans quinze jours l'assemblée s'occupera d'une constitution. — Adopté. — Le président interroge le général Lanoue, qui paraît à la barre, et l'assemblée décrète ensuite qu'il lui sera fait un rapport sur l'ensemble de cette affaire, et que les généraux Lanoue et Stengel resteront en arrestation. — Camus fait rendre un décret sur les moyens d'activer le recrutement et l'équipement de l'armée. — Marat fait décréter la peine de mort contre les embaucheurs qui engagent les volontaires à la désertion.

Séance du 29. — Un membre propose d'allouer une indemnité aux députés en mission. Lesage, d'Eure-et-Loir, rappelle la frugalité des Bataves lorsqu'ils secouèrent le joug du despotisme; il s'oppose à toute augmentation de traitement. La Convention décrète qu'il ne sera remboursé aux députés que leurs frais de poste et autres dépenses extraordinaires.—Marat se plaint d'être éclaboussé dans les rues par les chevaux de luxe qui devraient être envoyés aux armées; il demande que le maire de Paris soit autorisé à les faire saisir; qu'il soit tenu de donner la liste des personnes mises en état d'arrestation, et que Danton, qui n'est pas encore venu dénoncer le malheureux état de la Belgique, soit entendu sur-le-champ. Buzot s'élève avec force contre le système de dénonciation de Marat; il déclare le côté gauche de l'assemblée responsable des maux de la République. — Ordre du jour. — Lamarque, après un rapport sur les libelles répandus depuis la mort de Louis XVI, fait décréter la peine de mort contre les auteurs d'écrits provoquant à la royauté, au meurtre ou au pillage; et de deux années de fers contre les colporteurs. — Le ministre Gohier annonce l'installation du tribunal révolutionnaire.

[On introduit à la barre une députation du conseil-général de la commune, qui demande la sanction de la Convention à l'arrêté suivant:

« Le conseil-général de la commune arrête que dans trois jours tous les propriétaires, principaux locataires, ou, à leur défaut, tous concierges ou portiers des maisons de cette ville, seront tenus, sous les peines portées aux articles 5 et 6 du titre 1er de la loi du 19 septembre, relative aux mesures de sûreté et de tranquillité publique, d'afficher à l'extérieur desdites maisons, dans un endroit apparent, et en caractères bien lisibles, les noms, prénoms, surnoms, âge et profession de tous les citoyens résidant actuellement et habituellement dans lesdites maisons. Cette affiche sera renouvelée toutes les fois qu'elle aura été détériorée ou qu'il y aura quelque mutation. Ils en remettront copie certifiée d'eux aux comités des sections dans l'arrondissement desquelles les maisons sont situées; et, à cet effet, tous les sous-locataires seront tenus de remettre dans le même délai aux propriétaires ou principaux locataires l'état signé d'eux, de leurs noms, prénoms, surnoms et professions, ainsi que de ceux demeurant habituellement chez eux, à quelque titre que ce soit.

» Tous hôteliers, aubergistes et logeurs seront pareillement, et sous les mêmes peines, tenus de se conformer aux présentes dispositions. Ils seront néanmoins dispensés de remettre les doubles de ces affiches aux comités des sections, attendu qu'ils sont obligés de les porter sur des registres qu'ils tiennent à cet effet. »

Cette pétition est convertie en motion et décrétée en ces termes :

La Convention nationale décrète ce qui suit :

Art. 1. Dans trois jours de la présente loi, tous propriétaires et principaux locataires, concierges, fermiers, régisseurs, portiers, logeurs et hôteliers des maisons et de toutes habitations dans le territoire de la République, seront tenus d'afficher à l'extérieur des maisons, fermes et habitations, dans un endroit apparent, et en caractères bien lisibles, les noms, prénoms, surnoms, âge et professions de tous les individus résidant actuellement ou habituellement dans lesdites maisons, fermes ou habitations.

2. Lesdites affiches seront renouvelées toutes les fois qu'il y aura mutation d'individu ou détérioration de l'affiche.

3. Dans toutes les villes et lieux de la République d'une population de dix mille ames et au-dessus, les copies des affiches certifiées des propriétaires, principaux locataires, fermiers, concierges ou portiers, seront par eux remises aux comités des communes ou sections de communes, et en retireront récepissé.

4. En cas de négligence ou d'infidélité dans l'exécution de la présente loi, les délinquans seront punis d'un emprisonnement qui ne pourra être moindre d'un mois ni excéder six mois, et seront condamnés en outre à une amende égale au double du montant de leurs contributions. Les propriétaires, principaux locataires et tous chefs de maison seront responsables de la négligence ou de l'infidélité de leurs agens.

5. Il est néanmoins dérogé à l'exécution de la loi du 26 février dernier touchant les déclarations à faire des noms et qualités des étrangers résidant dans le territoire de la République.]

Séance du 30 mars. — Camus propose, au nom des comités réunis, le décret suivant : Le général Dumourier est mandé à la barre. Le ministre de la guerre et cinq commissaires pris dans la Convention partiront sur-le-champ pour l'armée de la Belgique avec le pouvoir de suspendre et faire arrêter les généraux qui leur paraîtront suspects. Marat propose de laisser le ministre de la guerre à Paris et d'envoyer le général Duval. Ordre du jour sur cet amendement et adoption du projet. Les commissaires nommés pour cette mission sont : Camus, Quinette, Lamarque, Bancal et Carnot l'aîné.

Une discussion très-vive s'élève à l'occasion d'un secours pour les subsistances de Bordeaux, réclamé par Boyer-Fonfrède; elle se termine par un décret qui accorde deux millions. — Les commissaires de la Convention à Nancy, Levasseur et Antoine, font connaître à l'assemblée une lettre de Salles, leur collègue, qui cherchait à les noircir dans l'esprit des habitans de cette ville. Salles se disculpe sur ce que sa lettre était confidentielle, et qu'elle a été défigurée. L'assemblée ajourne jusqu'à la présentation de la lettre originale. — On demande que Danton rende compte de sa mission. Danton, après s'être plaint des soupçons qu'on semble jeter sur sa conduite, demande que, le lendemain, le conseil exécutif fasse, d'après la correspondance, le rapport des événemens qui concernent la Belgique, et déclare qu'il s'expliquera ensuite avec franchise sur les hommes et sur les choses; il provoque toutes les explications, tous les reproches, et se propose d'y répondre. Lasource fait décréter l'ajournement jusqu'à la comparution de Dumourier à la barre. — Lasource lit une lettre interceptée, écrite par un émigré, et qui contient le plan de la désorganisation des armées françaises.

Séance du 31 mars. — Renvoi au comité d'une pétition des épiciers de Paris pillés dans les journées des 25 et 26 février dernier, tendant à être indemnisés de leurs pertes. — La commune de Paris vient demander la punition de Dumourier pour avoir insulté à la souveraineté nationale. — Impression. — Marat demande le rapport concernant Bonvallet, Desbrosses, Kolly, Bréan et le ci-devant comte de Mossac, se disant chevalier de Beauvoir, tous prévenus d'être chargés par les frères de Louis XVI de distribuer de faux assignats. — Adopté. — Sur la proposition de Génissieux et la rédaction de Boissy-d'Anglas, le comité d'instruction publique est chargé de présenter un projet de loi concernant la surveillance des spectacles.

*Réflexions sur les séances de la Convention du 19 au 31 mars.
— Presse. — Désarmement des suspects. — Jacobins. — Commune de Paris.*

Depuis que les proclamations de Dumourier en Belgique, et sa lettre du 12 mars à la Convention, étaient connues du public, les Girondins apportaient une grande réserve dans les débats parlementaires. La déroute de Neer-Winden avait achevé de les interdire; ils n'accusaient plus maintenant, ils se défendaient. Aussi, les mesures les plus énergiques furent-elles votées sans discussion, et Marat lui-même ayant été dénoncé par Garat à la séance du 26, à l'occasion du CXVIIII. numéro de son journal, la Convention eut-elle assez de renvoyer cette affaire au comité de législation, que les événemens dispensèrent d'ailleurs de tout rapport.

Cependant Marat ne gardait plus aucun ménagement. Le sommaire de la feuille dénoncée après le cinquième jour de la publication est ainsi conçu : « Trahison de Dumourier consommée. — Accomplissement des prédictions de l'Ami du peuple sur ce général. — Menées du comité de défense générale pour étouffer les machinations où quelques-uns de ses membres sont compromis. — L'affreuse conspiration. » Marat résume tous les actes de Dumourier depuis son entrée en fonctions, et il rappelle les conséquences de plus en plus fâcheuses qu'il en avait déduites dans les circonstances même où ils furent produits. Passant à ses dernières opérations, il dit :

« Enfin lorsqu'il entra en Belgique, et qu'au lieu de mettre les armes à la main des citoyens contre leurs oppresseurs, il ne chercha qu'à maintenir en place les créatures de l'empereur, et à composer d'aristocrates fieffés, de nobles titrés et du haut clergé, l'assemblée des représentans du peuple, je ne vis en lui qu'un conspirateur vendu au cabinet de Vienne, comme à celui de Berlin; qu'un perfide qui sacrifiait la liberté des Belges à son ambition; qu'un atroce scélérat qui faisait servir à sa propre élévation les trésors et les armées de la France; qu'un ambitieux coupable qui vendait sa patrie pour être duc de Brabant. Depuis le supplice du tyran, il a porté ses vues plus haut : il veut être souverain de la Belgique et de la Hollande réunies. »

Plus loin Marat consacre une longue note à s'expliquer sur sa sortie contre les pétitionnaires de la section Poissonnière à la séance du 12 mars : « La mise en accusation de Dumourier devait être prononcée il y a cinq mois, dit-il, lorsque je la proposai. Mais puisqu'elle n'avait pas eu lieu, le mettre sous un décret avant qu'il eût consommé ses crimes, comme le demandait la section Poissonnière, était une imprudence impardonnable, qui aurait livré nos troupes au fer de l'ennemi, et ouvert les barrières de l'état. Je suis loin d'avoir accusé les bons citoyens de cette section, si long-temps menée par des ennemis de la liberté : je ne les ai crus qu'égarés, sans en excepter les pétitionnaires ; et il était bien naturel de penser que le juge de paix était suspect, en considérant qu'il est le successeur d'un Buob, et en se rappelant qu'un Lepécheux, banqueroutier frauduleux, un Gollot, un Destournier, mouchards de La Fayette, étaient du nombre des intrigans qui menaient cette section. »

Marat rappelle que dans son numéro du 13 octobre 1792, il annonçait que Dumourier émigrerait avant le mois de mars ; et il termine ainsi sa feuille : « Jamais la patrie ne se trouva menacée de plus grands dangers. Ce ne sont pas seulement les puissances ennemies qui conspirent la perte de la république française, mais les meneurs de la faction criminelle des hommes d'état, tous suppôts du royalisme, conjurés avec nos perfides généraux, les directoires de district et de département, les membres des tribunaux, les aristocrates et les émigrés, qu'ils protègent ouvertement. Les députés de la Montagne auraient pu, en se réunissant, déjouer ces horribles complots ; mais leur effervescence, leurs clameurs, leurs débats les empêchèrent de faire servir leurs lumières à la chose publique. Que le ciel ait pitié de nous si la nation ne se lève pas en masse pour écraser à la fois les ennemis implacables de son repos, et du dedans et du dehors. »
(*Le Publiciste*, etc., n. CXLVIII.)

Ce numéro exposa Marat à quelques dangers. Voici ce que nous lisons à cet égard dans le *Patriote français* du 22 mars :

« *Paris, 21 mars.* — Pendant qu'on lisait à la Convention nationale les lettres qui confirmaient les succès de Dumourier, le *toujours journaliste* (1) Marat faisait colporter sur la terrasse des Feuillans un numéro avec ce titre : *Grande trahison du général Dumourier* (2). L'indignation a été telle qu'on a chassé les colporteurs. Marat a paru quelque temps après, et sur cette même terrasse, où il fut porté en triomphe il y a dix jours, il se vit huer, insulter et même menacer. — Citoyens, vous vous êtes oubliés ; si Marat n'était qu'un vil libelliste, qu'un lâche conspirateur, qu'un opprobre pour l'espèce humaine ; si enfin, il n'était qu'un *Marat*, je vous dirais : que vos huées ne descendent pas jusqu'à lui ; ne l'honorez pas de votre indignation, ne remuez pas la fange où il est plongé. Mais, citoyens, Marat, tout *Marat* qu'il est, est représentant du peuple ; des huées contre lui sont presque un délit, des menaces sont un crime. Que la seule peine de Marat soit d'entendre dire sur son passage : Prenons garde à nous, voilà Marat. » (*Patriote français*, n. MCCCXVII.)

Au moment où Girey-Dupré écrivait ces lignes, il ignorait encore la défaite de Dumourier ; car la nouvelle n'en fut répandue que dans la soirée du 21. On voit néanmoins qu'il s'exprime avec une grande prudence. Ses articles sur Paris ne recommencent que le 26 mars. Nous allons les transcrire tous jusqu'au 1er avril ; ils nous dispenseront de toute réflexion sur la modération avec laquelle les Girondins annonçaient à cette heure leurs craintes, et sur l'approbation très-explicite, pour ne pas dire les éloges, qu'ils donnaient au désarmement des suspects, ainsi qu'aux visites domiciliaires que cette mesure nécessita.

» *Du mardi 26 mars.* On annonce des troubles violens pour

---

(1) Girey-Dupré fait ici allusion au décret qui ordonnait aux députés d'opter entre leurs fonctions et celle de journaliste. Nous avons fait connaître le moyen employé par Marat pour éluder ce décret. (*Note des auteurs.*)

(2) On voit que le rédacteur ne savait que par ouï-dire le titre du journal de Marat ; car celui qu'il indique n'est pas exactement conforme au véritable.
(*Note des auteurs.*)

cette semaine; on annonce une nouvelle tentative de la conspiration du 10 mars. — Citoyens, veillez sur la Convention nationale, veillez sur la liberté. » (*Patriote Français*, n. MCCCXXII.)

« *Du mercredi 27 mars*. Les mouvemens sur lesquels nous avons donné l'éveil deviennent de plus en plus probables. On parle d'un grand rassemblement qui doit avoir lieu au Champ-de-Mars. Santerre doit être loué pour avoir pris des mesures contre cette démarche, qui produirait à Paris les mêmes troubles qui déchirent les départemens du nord-ouest. Santerre, c'est sur toi que repose la tranquillité de Paris. Quelle terrible responsabilité d'un côté; quelle gloire de l'autre! » (*Patriote français*, n. MCCCXXIII.)

« *Du jeudi 28 mars*. Cette journée a été belle pour Paris. Cette ville s'est levée tout entière, et ne s'est levée que contre les aristocrates. Dès le matin le rappel a battu; toutes les sections ont été rassemblées; les postes des caisses publiques et des prisons ont été renforcés; on a fait de fortes patrouilles. Cependant les visites domiciliaires nécessaires pour désarmer les gens suspects se sont faites dans le plus grand ordre. Un grand nombre d'hommes sans cartes civiques ont été arrêtés, et il faut espérer que parmi eux on découvrira quelques émigrés rentrés et quelques agitateurs. — On a aussi passé en revue les citoyens des tribunes de la Convention. » (*Patriote français*, n. MCCCXXIV.)

« *Du vendredi 29 mars*. La tranquillité règne dans Paris, et les projets des *septembristes* ont été encore mieux déjoués hier que ceux des aristocrates, du masque desquels ils se servaient pour égorger le peuple. La journée d'hier a prouvé que le meilleur esprit règne dans les sections de Paris; qu'elles se lèvent, et les brigands sont à bas! Les bons décrets rendus aujourd'hui le prouvent. — Il sera difficile cependant d'amener la municipalité de Paris à obéir à la loi. Le décret d'hier portait que les barrières ne seraient gardées que pendant vingt-quatre heures, et ce soir encore les barrières étaient gardées. Comment veut-on que le peuple respecte la loi et la Convention, lorsque ses magistrats les outragent? » (*Patriote français*, n. MCCCXXV.)

« *Du samedi 30 mars*. Le tribunal extraordinaire a été installé hier. — On se fera une idée de la doctrine prêchée dans la société des Jacobins de Paris en lisant ce passage d'un discours du prêtre Chasles, que nous copions textuellement sur le journal des débats. « Nous avons annoncé, a-t-il dit, aux citoyens des
» campagnes que, par le moyen de la taxe de guerre, les pau-
» vres seraient nourris par les riches, et qu'*ils trouveraient dans*
» *les portefeuilles des égoïstes de quoi subvenir à leurs besoins.* »
(*Patriote français*, n. MCCCXXVI.)

Le discours de Chasles dont parle ici Girey-Dupré fut prononcé aux Jacobins le 27 mars. L'orateur revenait des départemens de Seine-et-Marne et d'Eure-et-Loir, où il avait été envoyé comme commissaire. — La polémique extra-parlementaire du *Patriote français* se borne aux quelques lignes qui précèdent. Le 31 mars il répéta, sous son titre PARIS, un article du *Bulletin des amis de la vérité*; nous nous contentons d'en faire la remarque.

Gorsas avait repris son journal ; il donne des détails sur l'objet même des craintes qui occupaient son parti. L'adresse des Marseillais contre les *appelans*, adresse lue et imprimée par la Convention dans la séance du 21 au soir, était maintenant colportée, par certains individus, de club en club, de section en section ; mais, au dire de Gorsas, ils étaient assez mal accueillis. Nous empruntons au n. XXIX du *Courrier des départemens* l'article où il raconte les visites domiciliaires.

« *Comité de salut public*. La séance de ce comité, dans la nuit du 27 mars, avait pour objet *particulier et instant* l'exécution du décret rendu à la Convention. Le département, le maire et la municipalité y ont été appelés; un grand nombre de membres s'y sont également rendus, et y ont délibéré. On y a fait plusieurs dénonciations et rapports dont quelques-uns étaient fondés, les autres exagérés ou faux. Quand on saura que les Marat et compagnie ont assisté à cette séance, l'on en sera peu ou point étonné. Cette engeance a besoin, surtout dans ces jours-ci, d'entretenir son système de terreur, qui est plus dirigé encore contre la probité courageuse que contre les ennemis de la chose publique.

Quoi qu'il en soit, il faut espérer (car l'espoir est le seul bien qui reste au courage et à la vertu), il faut espérer, dis-je, que les malveillans et les hommes suspects et coupables seront seuls victimes de ces mesures, dont l'exécution inopinée a jeté l'alarme. Voici l'arrêté ; nous parlerons ensuite de l'exécution :

« Après avoir conféré avec les départemens, le maire et les of-
» ficiers municipaux, le comité arrête : 1° que la délivrance des
» passeports sera suspendue jusqu'après l'exécution du décret ;
» qu'on désarmera les hommes suspects, qu'on les arrêtera même
» si le salut public l'exige. 2° La garde des barrières sera ren-
» forcée, et des commissaires s'y transporteront pour arrêter
» les personnes sans passeport, ou qui auraient des passeports
» de la municipalité de Boulogne. 3° Le conseil exécutif est auto-
» risé à envoyer des courriers aux municipalités environnantes,
» pour faire également arrêter les gens suspects. 4° La munici-
» palité de Boulogne est particulièrement tenue de surveiller les
» châteaux et maisons de campagne de son arrondissement, d'y
» désarmer les gens suspects et de les mettre provisoirement en
» état d'arrestation. 5° Il sera présenté à la Convention un projet
» d'adresse pour prémunir les départemens contre les hommes
» coupables qui voudraient les égarer et les porter à des mesures
» contraires à l'ordre et à la tranquillité publique. 6° Le départe-
» ment et la municipalité prendront des dispositions conformes
» au présent arrêté. »

» Cet arrêté était à peine pris, ou même avant qu'il le fût, les citoyens ne pouvaient plus circuler dans Paris sans montrer leurs cartes ; et plusieurs personnes qui ne s'en sont pas trouvées munies ont été détenues jusqu'au matin. — Dès le jour, le rappel a battu dans tous les quartiers ; il battait encore à midi ; et dans plusieurs sections on envoyait des fusiliers chercher les citoyens trop tardifs, ou qui étaient retenus par des affaires urgentes et indispensables. Vers les onze heures toute la ville offrait un spectacle véritablement fait pour effrayer les coupables, mais qui n'était pas rassurant pour l'homme de bien qui ignorait le motif de cette levée étrange, et qui n'ignorait pas les projets de la malveillance, enfin qui se voyait environné des poignards de la calomnie : l'on en jugera par quelques bruits que l'imposture avait médités et répandus, sans doute dans des desseins bien criminels, comme on le verra tout à l'heure.

» A midi, toutes les sections étaient sous les armes, toutes les barrières, toutes les rues, tous les ponts, tous les passages étaient interceptés, et aucun citoyen, quel qu'il fût, ne pouvait plus circuler s'il n'avait sa carte ou son certificat de civisme ; enfin plusieurs maisons ont été investies, grand nombre d'individus arrêtés, et l'on préjuge que le nombre devait être bien considérable, puisqu'il suffisait qu'on eût oublié le signe exigé pour être mis sur-le-champ en charte privée. Tel était l'état extérieur des choses.

» La scélératesse, toujours aux aguets, profite de tout ; et cet événement subit lui a offert des *moyens de terreur* : dès le matin les bruits les plus étranges s'étaient répandus ; mais quels étaient ces bruits que l'on soufflait à l'oreille du peuple?... « Les deux » ou trois cents députés, disait-on, qui ont voté l'appel ont dé- » serté leur poste ; quelques-uns ont été arrêtés aux barrières ; » de là les cris à la trahison. » D'un autre côté l'on assurait que la société des Jacobins devait se porter avec ses tribunes et un grand nombre de citoyens au Champ-de-Mars.

» La calomnie dirigée contre une partie de la Convention pouvait acquérir l'apparence de la vérité, quoiqu'elle fût sans fondement ; l'on en jugera par un fait très-constant, c'est que pendant la nuit *on avait marqué les portes d'un très-grand nombre de ces députés ;* l'on espérait sans doute les épouvanter, et les empêcher de se rendre où leur devoir les appelait. Cette mesure bizarre, déjà employée en 1789, a produit un effet tout contraire : de sorte que cette assertion qui aurait eu les couleurs de la vraisemblance si l'on fût venu à bout d'écarter certains députés, ne tarda pas de perdre son crédit par la présence de ces mêmes députés. »

Si les Girondins ne furent pas aussi mécontens qu'ils l'auraient été en tout autre circonstance de ces rigueurs inquisitoriales, cela tient sans doute à la nécessité où les jetaient de donner des gages révolutionnaires, et leur conduite pendant le procès de Louis XVI, et les suspicions encourues par Dumourier; mais ils avaient encore d'autres motifs, et Marat va nous les apprendre.

« Vendredi matin, plusieurs députés de la Montagne, arrêtés par des patrouilles aristocrates, ont été outragés d'une manière révoltante, et conduits indécemment aux sections. Je me borne ici aux outrages commis envers le citoyen Guillemardet, député, par une patrouille composée des sieurs Le Comte, ex-procureur; Favelas, employé aux affaires étrangères; Baudry, collègue de Favelas; Curvilier, ancien laquais de l'ex-ministre d'Angivilier, etc. Ils lui demandent sa carte; il présente celles de député et de Jacobin.—Nous nous f...... de ces cartes, répondent-ils insolemment, et ils le conduisent à la section. Les commissaires de service lui font des excuses, et l'engagent à oublier l'outrage. Le député a eu la faiblesse de garder le silence au lieu de porter sa plainte, et de faire punir rigoureusement des scélérats qui l'auraient égorgé s'ils l'avaient osé.

» J'apprends que d'autres patrouilles aristocrates ont désarmé plusieurs patriotes. Sur la section des Feuillans, plusieurs patriotes qui voulaient faire arrêter une trentaine d'aristocrates, qui tenaient des discours criminels contre la Convention, ont été mis eux-mêmes en état d'arrestation. » — Marat termine son journal par les observations suivantes :

« La mesure prise de désarmer dans Paris les ex-nobles, les prêtres réfractaires, et d'arrêter les sujets suspects, en vertu d'un décret de la Convention, a été absolument manquée; on a saisi assez peu d'armes; et cela ne pouvait être autrement, car cette mesure ayant été prise au sein de l'assemblée nationale, en présence d'un public nombreux, elle ne pouvait avoir d'autre effet que d'avertir les prévenus de cacher leurs armes et de se cacher eux-mêmes. Qui ne sent que pour réussir cette mesure devait être prise dans le secret par la police, et exécutée avec célérité, pendant la nuit, et au moment même dans toute la ville?

» Mais faites entendre à la Convention, ou plutôt à la faction des hommes d'état, de s'en rapporter là-dessus aux soins d'un maire patriote, c'est vouloir prendre la lune avec les dents; car, alors comment parviendrait-elle à sauver les machinateurs, les émissaires et les espions des Capets émigrés et des puissances ennemies?

» Ce qui me désole, c'est que la Convention ne prend jamais de décrets révolutionnaires qui ne soient complétement illusoires, je dis mieux, dérisoires. On croirait que les députés du peuple n'ont pas les premières notions de politique; car il est absurde que le législateur dirige une opération de police pour la faire échouer.

» Je ne cesserai de répéter, pour le salut public, et pour faire cesser les sarcasmes moqueurs de nos ennemis, qu'il est indispensable que la Convention établisse un comité de six bons patriotes, et qu'elle l'investisse du pouvoir et des moyens de faire arrêter tous les ennemis publics, saisir leurs papiers, et de les livrer au tribunal révolutionnaire. » (*Le Publiciste*, etc., n. CLVII.)

Club des Jacobins.

Séance du 20 mars. — Un citoyen gendarme annonce qu'il a fait la conduite de quatre émigrés au comité de surveillance; il a témoigné sa vive indignation d'avoir vu venir à ce comité deux ex-constituans, députés à la Convention, et s'offrir pour défenseurs officieux de ces quatre émigrés, qui sont le ci-devant duc de Lévis, sa femme, leur domestique et celui de sa belle-mère.

Anacharsis Clootz parle sur les conférences qui ont eu lieu ces jours derniers au comité de sûreté générale. Marat s'en expliquait ainsi dans son journal du 21 mars : « Il s'est fait, dans les conférences au comité de sûreté générale, quelques aveux bien précieux, qui démontrent clair comme le jour que les meneurs de la clique étaient l'ame des mouvemens anarchiques qui viennent d'avoir lieu dans Paris. Pétion a déclaré que le 10 de ce mois plusieurs commandans de bataillons sont venus le trouver pour lui proposer d'en finir avec les factieux de la Montagne; ce qui prouve qu'il a des relations intimes avec les chefs de la force armée, et qu'ils sont à ses ordres. — Buzot à son tour a déclaré que ce jour-là il s'était absenté de l'assemblée, lui et ses acolytes, pour conférer avec quatre cents militaires armés, munis de quatre pièces de canon, et prêts à marcher contre leurs adversaires de la Convention. Ces messieurs s'étaient donc concertés pour faire massacrer les patriotes en cas de besoin; et les scélérats crient sans cesse aux assassins. »

Séance du 22 mars. — On lit une adresse de la société de Marseille, avec adhésion des sections de cette ville, aux sociétés populaires, aux sections, aux faubourgs Saint-Antoine et Saint-Marceau de Paris. Cette adresse, conçue en termes très-énergiques, a pour but de faire appuyer la pétition des *appelans*, présentée la veille à la Convention nationale au nom de la même société. De vifs applaudissemens interrompent et suivent ces différentes pièces.

Robespierre fait à cet égard des observations auxquelles la société adhère après de très-légers débats. Il pense que les mesures de prudence, quand il s'agit surtout du salut public, sont toujours préférables à celles que précipiterait un zèle, louable à la vérité, mais prématuré dans les moyens d'exécution. Il désire en conséquence qu'avant toute démarche on attende que le vote des départemens soit généralement formé, afin que la mesure que dicterait le salut public soit plus unanime, plus imposante, et par là plus efficace. Il faut donc, ajoute-t-il, éclairer les départemens, leur ouvrir les yeux sur les calomnies dont on accable les Parisiens; calomnies qui prendraient un caractère plus apparent si Paris se déterminait à une démarche partielle. — Adopté.

Séance du 27 mars. — Un membre remarque que les émigrés réfugiés à Paris, ne sachant plus où coucher, sortent le soir des barrières, au-delà desquelles ils trouvent des retraites. Quand ils passent à côté de quelque citoyen de Paris, on les voit d'abord porter les yeux sur le bouton du chapeau pour distinguer s'il est ou non national. Des domestiques d'émigrés s'insinuent dans les séances des sections pour y jeter le trouble et la discorde, et y réussissent au point que souvent il est impossible de rien délibérer. Il invite à la plus grande surveillance, et exhorte les sections à nommer chacune un comité *ad hoc*.

Un membre pense qu'il est temps que le peuple se lève tout entier. « L'aristocratie, dit-il, nous déclare ouvertement la guerre; déjà elle secoue le flambeau de la guerre civile. »

Desfieux lit une lettre de Marseille, dont le passage suivant est beaucoup applaudi : « Paris et Marseille ont sauvé la patrie; Paris et Marseille la sauveront encore. Les Marseillais marchent vers Paris. »

Châles propose de solliciter l'organisation et les exécutions d'une taxe de guerre, qui lui paraît être de la plus grande urgence. Bentabolle appuie fortement cette mesure; il voudrait que cette taxe fût portée en totalité à 150 millions.

Robespierre parle sur les moyens de salut. Il est convaincu que le premier de tous doit être celui d'expulser de Paris les traîtres de toute forme qu'il renferme dans son sein, et à qui sa vaste étendue offre des ressources qu'ils ne trouveraient pas ailleurs. Il invite en conséquence les sections à exercer à cet égard une infatigable surveillance, et à prendre tous les moyens que leur zèle leur inspirera pour délivrer Paris de cette horde contre-révolutionnaire; mais il s'oppose à ce qu'elles viennent demander à la Convention si elle peut sauver la patrie, et prouve l'inutilité et le danger de cette démarche.

Dufourny fait observer à cette occasion qu'à la Chine on oblige chaque propriétaire à exposer sur le seuil de sa porte un écriteau portant les noms de tous les individus habitant sa maison. La société arrête qu'elle informera les sections de ces différentes mesures.

Albitte invite la société à former un comité de sûreté générale composé de vingt-quatre membres, correspondant avec les comités de surveillance des sections. Sa proposition est adoptée avec réduction du nombre des membres de ce comité.

Châles dit avoir appris du portier de l'hôtel qu'il habite que les poteaux de la porte avaient été marqués avec de la craie, et les portes des autres députés, logés dans l'arrondissement, avaient été aussi marquées, mais d'un signe distinct, selon que le député était ou non appelant au peuple. Châles, après s'être assuré de ce fait par lui-même, en conclut que le projet d'éloigner la Convention de Paris existe encore, et que, pour le faire réussir, la malveillance a imaginé ce nouveau moyen, qu'elle a cru propre à insinuer que les députés n'étaient pas en sûreté dans Paris.

Séance du 31 mars. Danton, d'après l'invitation de Marat qui garantit que Dumourier est à cet instant émigré, fait les rapports de sa mission dans la Belgique. Il justifie la conduite qu'il a tenue, ainsi que ses collègues. Il entre dans les détails des conférences qu'ils ont eues avec Dumourier ; elles ne lui laissent aucun doute sur les machinations de ce général, entraîné dans les vues perfides d'un certain parti de la Convention nationale. Après avoir exposé les crimes de Dumourier comme ceux de plusieurs autres généraux dans les événemens malheureux qui viennent de se succéder, il jette ses regards sur les ressources de la République : elle en a encore de grandes, dit-il. « Et que nous importe, s'écrie-t-il, que la statue de la liberté soit couverte de haillons, pourvu qu'elle conserve la beauté et la vigueur de ses formes ? » Il demande qu'on sollicite la formation d'une armée centrale, pour protéger Paris et renforcer les frontières au besoin.

Marat, surpris que Danton n'ait pas fait ce rapport à la tribune de la Convention immédiatement après son arrivée, l'invite vivement à le faire demain.

Danton fait observer qu'il a déjà tout dit au comité de sûreté générale, ne lui dissimulant pas qu'il fallait destituer Dumourier et juger sa conduite, et il s'engage à remplir le vœu de Marat.

Celui-ci continue en disant : « Les dangers de la patrie sont extrêmes ; mais nous en triompherons, ou nous nous ensevelirons sous ses ruines. Danton vous dit que Paris serait toujours le centre de la liberté, et que de sa main il y mettrait le feu plutôt qu'il fût jamais livré aux ennemis ; et moi aussi (Marat montre une épée romaine) je fondrais sur nos ennemis, si cette chance pouvait nous être réservée. Cette arme est terrible. J'invite à ouvrir une souscription pour en faire fabriquer sur ce modèle, et en armer les citoyens qui n'entendent pas les évolutions militaires. » La souscription proposée est arrêtée.

Saint-Just, commissaire dans la Belgique, monte à la tribune et insinue l'imminence des dangers ; il ajoute que Beurnonville est un traître, et qu'il en fournira les pièces dans un moment plus opportun. (*Le Républicain, journal des hommes libres*, n. CXLII, CXLIII, CXLIX, CLII.)

Commune de Paris.

Séance du 19 mars. — Il résulte du dépouillement des scrutins des sections convoquées pour remplacer par de nouveaux choix les citoyens rejetés de la formation du conseil-général définitif, que sur trente sections qui devaient réélire, vingt-huit seulement ont envoyé leurs procès-verbaux.

Les sections du Mont-Blanc et du Panthéon-Français ont refusé de nommer de nouveaux membres malgré le rejet fait par la majorité des sections de ceux qu'elles avaient précédemment élus. Celles des Champs-Élysées, des Gardes-Françaises, de Popincourt, des Quinze-Vingts et de l'Observatoire ont procédé à un nouveau scrutin, dont le résultat a présenté les mêmes sujets qui avaient été rejetés.

Les sections du Temple et des Gravilliers n'ont pas encore envoyé leurs procès-verbaux, quoique invitées à trois reprises différentes.

Le corps municipal a pensé que la réélection des membres rejetés par la majorité des sections était une lésion des droits de ces mêmes sections.

En conséquence, les sections indiquées ci-dessus ont été convoquées pour le jeudi 21 de ce mois, à l'effet de procéder, aux termes de la loi du mois de mai 1790, au remplacement des membres qui ont été retranchés de la liste présentée à l'acceptation des sections.

Les procès-verbaux seront remis, le dimanche 24, au secrétariat de la Commune pour le dépouillement en être fait le 25 de ce mois sans autre délai.

Séance du 20.—Le commandant-général demande que la garde du Temple soit réduite à cent hommes et une compagnie de canonniers. Le conseil s'est rappelé les décrets qui mettent les prisonniers du Temple sous sa responsabilité. Il a passé à l'ordre du jour sur la demande du commandant-général, en lui recommandant d'apporter la plus grande surveillance dans le service du Temple.

Dans l'ordre de l'état-major-général en date de ce jour, Santerre annonce qu'attendu le besoin absolu d'une surveillance active, nécessaire à tous, il exige un service strict et militaire de tous les citoyens de service ; que, s'ils y manquent, il les punira militairement ; que les réglemens faits et sur lesquels on s'occupe à faire des changemens en ce moment ne sont que pour un temps de révolution achevée, qu'en cet instant, où la patrie est en danger, il punira militairement et sévèrement, jusqu'à ce qu'il y ait réclamation des sections ou autorités constituées.

Séance du 23. — La section de Bon-Conseil annonce au coseil-général qu'adhérant à l'arrêté de celle de Marseille, elle a ouvert un registre d'inscription, afin qu'il soit formé des compagnies de volontaires qui seront à la disposition du ministre de la guerre pour aller dans les divers départemens où nos ennemis secouent le flambeau de la discorde, et allument le feu de la guerre civile.

Le conseil-général approuve cet arrêté et en ordonne l'envoi aux quarante-six autres sections.

Dans l'ordre de ce jour, le commandant-général annonce le départ de quatorze pièces de canon avec leurs caissons pour le département de la Vendée.

Séance du 25. — Chaumel annonce qu'il a demandé aux détenues du Temple si elles n'avaient aucune plainte à porter contre ceux qui les entourent, et qu'elles lui ont répondu qu'elles n'avaient qu'à se louer des commissaires de service à la Tour, ainsi que du conseil de la Commune. Elles ont demandé une porte de communication entre leurs appartemens.

Arthur demande que le maire, le procureur-général de la Commune et le commandant-général se rendent au Temple pour inspecter les lieux et pour faire droit, s'il y a lieu, à la demande des prisonnières. (Accordé.)

Le citoyen Deseize demande un certificat de civisme.

Dunoui. Deseize est le défenseur de Louis Capet; je demande qu'on ne lui accorde pas de certificat de civisme.

Chaumel. Deseize est à Londres, où il a reçu des guinées pour son mémoire qui a été mal accueilli en France.

Séance du 26 mars. — Il résulte des opérations des sections, dont les élections pour la formation du conseil-général définitif avaient été annulées, que, sur trente sections convoquées pour procéder à des remplacemens, vingt-cinq se sont conformées à la loi et ont remplacé les citoyens rejetés. Cinq sections n'ont pas exécuté l'arrêté. Celles du Panthéon-Français et de Popincourt ont persisté dans leurs précédentes élections ; celles du Mont-Blanc, de l'Observatoire et des Gardes-Françaises n'ont pas envoyé leurs procès-verbaux.

D'après ce résultat, le corps municipal a ordonné l'impression de la liste nouvelle des citoyens nommés en remplacement de ceux qui ont été rejetés. Il invite les sections à procéder dans la journée de vendredi prochain à l'examen de cette liste et à l'admission ou au rejet des citoyens qui y sont compris.

Les procès-verbaux seront envoyés dans la journée de lundi 1er avril, pour le dépouillement en être fait mardi à dix heures du matin, dans l'une des salles de la maison commune.

Aussitôt que l'on sera parvenu à composer la liste de tous les membres admis, elle sera de nouveau soumise aux sections pour l'élection des quarante-huit officiers municipaux.

Un membre dénonce plusieurs de ses collègues pour avoir eu des conversations familières avec les détenues au Temple. De vifs débats s'élèvent ; le conseil les termine en passant à l'ordre du jour sur cette dénonciation. Il arrête néanmoins que les membres qui seront nommés pour le service du Temple seront préalablement soumis à la censure.

Séance du 27. — Le conseil-général, considérant que les malveillans dont Paris est infesté pourraient abuser des armes qui sont chez les fourbisseurs et autres marchands d'armes, a arrêté que provisoirement aucun fourbisseur, arquebusier et autres marchands ne pourront vendre aucune arme qu'à des citoyens munis de certificats du comité de surveillance de leurs sections, lesquels certificats ils seront tenus de garder pour les représenter au besoin. Lesdits fourbisseurs, arquebusiers et autres marchands d'armes tiendront des registres sur lesquels seront inscrits les noms, qualités et demeures des personnes qui auront acheté des armes, comme aussi le nombre de celles qu'ils auront chaque jour vendues ou achetées. Dès demain, chacun d'eux sera tenu de déposer au comité de sa section l'état exact et certifié des armes qu'il aura dans son magasin.

Un inventaire et récolement de ces armes sera fait par les commissaires des sections dans le plus bref délai.

La section du Mail demande quelle est l'époque fixée pour l'exécution du décret qui porte qu'il sera établi un comité de surveillance dans chaque section. Le conseil invite toutes les sections à former incessamment leurs comités de surveillance.

Le conseil-général a arrêté que les cartes de sûreté seraient renouvelées et uniformes ; que ces cartes contiendraient le signalement de ceux qui les obtiendraient ; que les couleurs ne seraient pas les mêmes pour les citoyens et pour les étrangers. Celles des citoyens seront blanches, celles des étrangers seront rouges.

Le conseil-général a adressé la lettre suivante aux présidens des comités des sections.

« Citoyens, vous voudrez bien convoquer l'assemblée générale de votre section demain 28 mars, avant neuf heures du matin. Si vous avez des barrières dans votre arrondissement, elle procédera à l'instant à la nomination de commissaires civils pour arrêter à ces barrières les hommes sans passe-ports ou avec des passe-ports qui seraient suspects, ainsi que les chevaux de luxe.

» 1° Vous regarderez comme suspects tous les hommes qui sont munis de passe-ports pour Boulogne-sur-Mer ou pour Calais, ainsi que les porteurs de ceux délivrés dans ces deux endroits; tous porteurs de cartes de civisme délivrées depuis un mois, seront regardés comme suspects.

» 2° Vous ferez effectuer le désarmement, conformément au décret ci-joint.

» 3° Vous prendrez note de tous les gens suspects. Vous mettrez en état d'arrestation tous ceux sur lesquels vous auriez de suffisans motifs de suspicion.

» 4° Vous formerez le comité de surveillance, conformément au décret des 18 et 21 de ce mois. »

Les commissaires des quarante-huit sections ont fait lecture d'un projet d'adresse à la Convention.

(C'est celle que nous avons rapportée dans notre analyse de la séance de la Convention nationale du 28.)

Le conseil-général adopte les principes et les dispositions de cette adresse, et arrête que le lendemain il se rendra à la Convention avec les commissaires des sections, qui se trouveront réunis pour la lui présenter.

Séance du 28 mars. Le citoyen maire a rendu compte des différentes mesures prises de concert avec le département et les sections, pour mettre à exécution le décret de la Convention, qui ordonne le désarmement des gens suspects.

Un membre observe qu'il est onze heures et qu'on ne s'est pas encore occupé dans les sections de l'exécution de cette loi importante.

Le conseil arrête que des membres du conseil se transporteront dans leurs sections respectives pour y faire sentir combien il est instant de désarmer sur-le-champ tous les gens suspects.

Diverses propositions sont faites sur le mode d'exécution de la loi. Après une légère discussion, le conseil arrête l'envoi pur et simple de commissaires dans les sections.

Le conseil accorde des passe-ports à divers citoyens employés dans l'armée, qui demandent à rejoindre leurs corps.

Le conseil autorise les commissaires civils des sections, établis aux barrières, à empêcher de sortir, conformément à l'arrêté pris par le comité de défense générale, ceux qui se présenteront sans passe-port, ou avec des passe-ports des municipalités de Boulogne-sur-Mer et de Calais, et tous ceux qui paraîtraient suspects ; n'entendant point comprendre ceux qui apportent des approvisionnemens à Paris et s'en retournent, les électeurs et fonctionnaires publics des environs de Paris, et toute personne qui, au défaut de passe-port, présentera toute autre pièce portant le caractère de civisme, et la preuve de l'obligation de se rendre promptement dans les environs de Paris. Dans le cas où les commissaires civils auraient quelque doute, ils en référeront au comité de la section, qui statuera sur la demande d'un *laissez-passer*.

Sur la demande de quelques sections, le conseil a nommé quatre commissaires pour se transporter à la Convention nationale, à l'effet de demander un décret qui autorise à continuer pendant la nuit les opérations relatives au désarmement.

La Convention s'étant opposée à cette mesure, le conseil a envoyé aux sections une circulaire pour leur notifier le décret. Il observe que s'il y a des maisons suspectes, on peut les faire cerner pendant la nuit pour éviter les évasions.

Il invite les sections à faire battre le rappel demain matin, dès le jour, afin de rassembler la force armée pour fermer les issues. Il les prévient aussi de ne laisser éprouver aucun retard aux députés qui représenteraient leurs cartes de membres de la Convention.

Un membre propose que tous les propriétaires et principaux locataires soient tenus d'afficher à la porte des maisons les noms de ceux qui les habitent.

La discussion s'ouvre sur cet objet. Quelques membres craignent que cette mesure ne soit blâmée par la Convention.

Dubois-Crancé, présent à la séance, demande la parole comme pétitionnaire. Après avoir tranquillisé ceux qui craignaient d'être désapprouvés par la Convention, il a développé tous les avantages qui peuvent résulter de cette mesure, et a invité le conseil à l'adopter sur-le-champ.

A sept heures du soir, le maire a donné lecture d'une lettre par laquelle le ministre de la justice invite la municipalité à installer le tribunal extraordinaire dans la salle où siége le tribunal de cassation, au ci-devant Palais de Justice.

Le conseil-général ayant entendu la lecture de cette lettre et du décret de la Convention qui ordonne que le tribunal extraordinaire entrera en activité aujourd'hui, et qu'à cet effet il sera autorisé à juger au nombre de dix jurés, le maire et le conseil général se sont rendus dans la salle du tribunal de cassation, et l'installation du tribunal a été faite.

Le conseil considérant que la loi sur les visites domiciliaires porte qu'elles dureront vingt-quatre heures, et qu'elles n'ont été commencées qu'aujourd'hui 28 mars, à midi, et que la loi s'oppose à ce qu'elles soient continuées pendant la nuit, a arrêté qu'elles seraient continuées demain matin, à la pointe du jour; qu'en conséquence la consigne donnée aux barrières subsisterait jusqu'à nouvel ordre.

Cet arrêté a été signifié sur-le-champ à l'administration de police et au commandant général.

Séance du 29. Le maire annonce qu'il s'est rendu hier au comité de sûreté générale de la Convention, et qu'il y a été témoin des mesures prises pour le désarmement. Il donne lecture d'une lettre qu'il vient d'adresser aux quarante-huit sections, pour leur rappeler que les opérations relatives au désarmement doivent être terminées à la fin du jour. Il prévient que demain l'on recommencera à délivrer des passe-ports à ceux qui seront munis de toutes les pièces précédemment exigées. Il invite néanmoins les sections à tenir toujours une garde suffisante aux barrières, où les commissaires civils s'assureront des gens suspects qui pourraient arriver à Paris.

Le conseil-général approuve les mesures prises par le citoyen maire.

Le comité de sûreté générale prévient par une lettre la municipalité qu'il est essentiel de surveiller, à l'entrée de Paris, un grand nombre de particuliers vêtus de différens uniformes des armées de la République. Ces hommes, qui annoncent des intentions perfides, ont sur eux de l'or et du numéraire. Ils viennent se rallier à Paris, et arrivent de Lille. Leurs chefs, au nombre de soixante, seront réunis à Paris, et doivent tenter un coup contre la Convention.

Le conseil arrête que copie de cette lettre sera envoyée, dans le plus court délai, aux quarante-huit sections.

Le procureur de la Commune annonce que la Convention nationale a converti en décret l'arrêté par lequel le conseil a enjoint aux propriétaires et principaux locataires d'afficher sur les portes de leurs maisons, les noms, âges, qualités et professions de ceux qui les habitent.

Un membre dénonce que l'on expose en vente dans tous les lieux publics une gravure représentant le buste de Louis Capet, décoré des emblèmes de royauté et de chevalerie, et de celui de son fils et de sa fille avec les mêmes distinctions.

Chaumet demande que tous les citoyens soient autorisés à déchirer ces sortes d'estampes, et même à casser les carreaux qui les couvriraient.

Le conseil arrête, après quelques débats, qu'il sera fait défense à tous marchands d'estampes, de tableaux et autres, d'exposer au public ladite gravure ou autres de semblable nature et blessant la liberté et l'égalité, à l'extérieur ou dans l'intérieur de leurs boutiques, ainsi que dans tous les lieux où ils ont accoutumé d'établir leurs étalages.

Il est enjoint au département de police de maintenir l'exécution du présent arrêté, et au commandant général d'employer, de son côté, tous les moyens qui sont en son pouvoir pour qu'il ne souffre ni interruption ni retard.

Dans les visites domiciliaires, la section de Marseille a fait arrêter et conduire à l'Abbaye le nommé Billon, cordonnier, chez lequel il a été trouvé une quantité de pain coupé par tranches et desseché au feu, des calices, des ciboires, hosties, chasubles, surplis, Sainte-Vierge et habits de chartreux.

Il a été trouvé chez le même cordonnier une correspondance suivie avec les aristocrates.

Séance du 30. — Le procureur de la Commune requiert que demain tout le conseil-général se transporte à la Convention nationale, à l'effet de lui représenter que la loi prononce peine de mort contre quiconque demanderait un roi, un dictateur ou un tyran ; que Dumourier ayant écrit une lettre criminelle dans ce sens, le conseil-général demande contre Dumourier le décret d'accusation.

Le réquisitoire de Chaumet est adopté.

Le conseil renvoie au comité de sûreté générale deux hussards de la liberté qui se sont présentés en armes à la barrière, et ont dit qu'ils étaient soixante, et n'attendaient plus que leur chef pour se présenter à la Convention.

Une force suffisante est envoyée aux barrières, pour arrêter les personnes suspectes, et les conduire au comité de sûreté générale.

Deux commissaires se rendent à la Convention pour l'informer des mesures de sûreté que l'on vient de prendre.

La section de Bondy annonce qu'elle vient d'arrêter six hussards, dits de la Liberté. Le conseil les renvoie, comme les deux premiers, au comité de sûreté générale.

L'on amène deux voitures que l'on dit être remplies d'armes. Le conseil les renvoie au comité de police, chargé d'en faire la vérification.

Le conseil a arrêté que toute personne qui se présenterait pour obtenir un certificat de résidence, serait tenue de justifier de sa résidence non interrompue depuis le 7 mai 1792.

Le corps municipal, informé par une lettre du ministre de la guerre, que plusieurs gendarmes, et notamment ceux de l'armée de la Belgique, désertent lâchement leur poste, et se rendent à Paris pour y exciter du trouble, a arrêté que les gendarmes arrivant à Paris seraient désarmés et mis en état d'arrestation.

Séance du 31. — Le conseil a de nouveau suspendu la représentation du drame intitulé : *L'Ami des lois.*

Le procureur de la Commune requiert qu'il soit fait une adresse à la Convention nationale, pour obtenir un décret qui ordonne à son comité d'instruction publique de se faire représenter le répertoire des théâtres, à l'effet de les purger de toutes les pièces propres à corrompre l'esprit républicain; que par la même adresse, la Convention soit invitée à s'occuper des moyens d'établir un spectacle destiné à l'instruction du peuple. — Ce réquisitoire est converti en arrêté.

Le conseil a arrêté que dans la délivrance des passe-ports pour les villes maritimes du côté du Nord, l'on prendra les mêmes précautions qui ont été précédemment arrêtées pour celle de Calais.

La section des Gravilliers envoie une députation pour témoigner sa surprise de ce que le maire a invité les sections à retirer la garde des barrières, et demander que les corps-de-garde y soient rétablis.

Le vice-président répond que la lettre du maire était motivée sur le décret rendu à ce sujet par la Convention.

La section du Luxembourg fait la même demande. Le conseil envoie des commissaires au comité de sûreté générale de la Convention, pour lui représenter la nécessité de continuer la garde des barrières.

DÉPARTEMENS.

Nous avons fait connaître la situation morale de la République et la manière dont elle s'était manifestée au sein de la capitale et dans la Convention. Nous avons vu la majorité conventionnelle, forcée par les accidens de la guerre et par les démarches des sections, suivre la Montagne dans des mesures rigoureuses, sans cesser pour cela d'appartenir à la Gironde. Ainsi, au moment où elle décrétait la terreur, Gensonné était élu président, et le comité nouveau de salut public était presque entièrement composé de Girondins. Ces combinaisons diminuaient de beaucoup si elles ne réduisaient pas à une simple apparence les décrets révolutionnaires; aussi avons-nous remarqué qu'ils étaient approuvés par les journaux girondins, tandis que ceux de la Montagne se plaignaient amèrement de ce que la forme, selon laquelle ces décrets étaient exécutés, en dénaturât et en détruisît complétement le fond.

La lutte qui se résoudra par l'insurrection du 31 mai divisait donc Paris en deux pouvoirs rivaux; l'un, organe du peuple, c'étaient les quarante-huit sections; l'autre, cherchant à placer les sentimens populaires et les exigences qui en émanaient sous la direction des Girondins, c'était la majorité conventionnelle. Il est évident que l'organe direct et sincère de la volonté des masses devait l'emporter sur le système mixte que la majorité conventionnelle avait adopté. Voilà en peu de mots la ligne politique de la Commune, celle de la Convention, et les conjectures certaines qui naissent de ce rapprochement.

La Gironde était condamnée à Paris, et elle le savait depuis long-temps. Elle avait une autre opinion à l'égard des départemens, où sa cause n'était cependant pas meilleure. Il est vrai que cette ressource, l'objet de tous ses soins, se trouvait alors son unique et dernière espérance; de telle sorte qu'il lui était difficile de la juger et de l'apprécier sans se faire illusion. Il suffisait néanmoins d'un simple calcul basé sur l'importance révolutionnaire de diverses contrées de la France pour se convaincre que les Jacobins triompheraient dans les départemens comme ils triomphaient à Paris. Voyons ce que les Girondins avaient fait pour s'assurer la province, et ce qui y déterminait la supériorité de leurs adversaires.

Depuis les visites domiciliaires faites après le 10 août, jusqu'à la conspiration du 10 mars, dernier thème de leur polémique, les Girondins avaient mis tout en œuvre pour insurger les départemens contre Paris. Il nous suffira de rappeler qu'ils signalaient continuellement leurs adversaires comme des forcenés qui voulaient se baigner dans le sang et se gorger de rapines, pendant qu'ils affectaient eux-mêmes le zèle de l'ordre et de la modération. Tant que dura le ministère Roland, ils eurent à leur disposition la puissance administrative, et ils purent par le moyen des directoires et des districts faire donner partout une grande publicité à leurs pamphlets et à leurs journaux. Il ne faut pas oublier que les membres de l'administration étaient nommés par les électeurs, tandis que ceux des municipalités étaient choisis par les assemblées primaires. Ce double degré pour l'élection des corps administratifs en faisait les représentants de la classe qui, soit par son aisance, soit par les lumières qu'elle avait puisées dans ce que renfermait de plus superficiel et de plus antinational l'enseignement du dix-huitième siècle, était à portée de saisir les dépouilles de l'ancien pouvoir, et bornait à cela son patriotisme. Les manœuvres des Girondins réussirent dans les pays où, les dangers de la guerre n'étant pas immédiats, l'énergie, déployée par les sections et par les clubs de la capitale ne paraissait pas justifiée. Encore leur succès ne fut-il complet que dans le petit nombre des départemens dont la députation appartenait entièrement à la Gironde. Grace aux sections et aux clubs, il fut, ou contesté, ou douteux, ou nul, même dans ceux qui étaient éloignés du théâtre de la guerre, lorsque leurs députés se trouvaient dans les rangs de la Montagne.

Ce n'était pas cependant sans effroi que les Jacobins voyaient leurs ennemis maîtres absolus de la presse, et pourvus d'un instrument de propagande qui n'était rien moins que le pouvoir exécutif lui-même avec toutes ses ramifications. Comment pouvaient-ils lutter? Tous les journaux un peu répandus, sans en excepter les *Révolutions de Paris*, de Prudhomme, étaient maintenant girondins. Des fonds considérables avaient été mis à la disposition de Roland pour former l'esprit public. Nous avons sous les yeux l'emploi détaillé d'une somme de 32,913 liv. consacrée par l'ex-ministre à la publication des discours de Brissot, à payer le rédacteur de la *Sentinelle*, à acheter des tirages extraordinaires de certains numéros du *Patriote français*, du *Courrier*, de Gorsas, du *Thermomètre du jour*, de Dulaure, etc., etc. Les Jacobins ne se dissimulaient pas que des correspondances privées et la filiation irrégulière et désordonnée des clubs étaient des moyens bien précaires. Le sentiment d'un désavantage si marqué, et la conviction qu'il fallait renverser les Girondins pour sauver la nation, nous expliquent les haines, l'opiniâtreté et les violences du parti opposé. Il était témoin que ses antagonistes, même sous le coup des désastres de l'armée du Nord, au lieu de s'occuper de la France, n'avaient songé qu'à eux-mêmes. Il n'était pas dupe de la manœuvre par laquelle la mesure destinée à hâter le recrutement venait d'être exploitée dans les intérêts du côté droit. Tous les commissaires en effet avaient été tirés des rangs de la Montagne, et ce faux-semblant d'une concession de la part des Girondins cachait le double but de rester les paisibles directeurs de la Convention, pendant que les membres les plus exaltés du côté gauche iraient subir dans les départemens les dangers de la réputation odieuse qu'on leur y avait faite. Les lettres nombreuses qui les précédèrent dans les lieux où ils étaient envoyés, et qui donnaient le mot d'ordre pour leur courir sus, ne laissèrent aucun doute dans l'esprit des Montagnards sur les piéges tendus pour les perdre.

Mais ces habiletés politiques furent sans résultat. La gravité des circonstances et le sentiment national qu'elles excitaient partout où elles étaient présentes, rangèrent du parti des Jacobins toutes les populations du nord et de l'est. Le pays du centre étant lui-même devenu frontière par l'insurrection de la Vendée, l'influence des Girondins y fut bientôt annulée. Dès le mois d'avril, ils ne pouvaient compter que sur Bordeaux, car dans le Calvados et dans les Bouches-du-Rhône, où ils avaient aussi des partisans, les clubs et les sections tenaient pour les Jacobins et luttaient avec avantage contre les directoires et les districts. Nous ne parlons ici, ni de Rouen, ni de Lyon, parce que ces deux villes étaient au fond royalistes et ennemies des républicains, sans distinction de doctrine.

L'histoire des départemens, pendant le mois de Mars, comprend la tentative d'assassinat contre Léonard-Bourdon, à Orléans, l'émeute de Montargis contre Manuel, la suite des événemens de Lyon et l'origine de la guerre civile dans la Vendée.

Assassinat de Léonard Bourdon. — Les commissaires de la Convention, Bernard et Guimbettot, adressent à la Convention la lettre suivante lue à la séance du 18 mars.

« Orléans, le 16 mars.

» Citoyens, nos collègues, un grand attentat vient d'être commis sous nos yeux. La représentation nationale a été violée par ceux-là mêmes qui sont chargés de la défendre. En passant devant la maison commune, nous avons vu une forte garde postée dans la cour; on a dit : *Voilà ces scélérats qui passent;* et crié : *Tuez, tuez!* Léonard Bourdon s'est trouvé enveloppé dans l'attroupement. En vain nous avons réclamé notre collègue, en vain nous avons annoncé notre caractère; on nous a répondu que ce n'était pas à nous qu'on en voulait. Pendant ce temps-là, on massacrait Léonard Bourdon (Il s'élève dans l'assemblée de longs frémissemens d'horreur.) dans l'anti chambre de l'Hôtel-de-Ville à coups de baïonnette. La municipalité en séance n'est pas sortie malgré le bruit qui se faisait à sa porte. Nous devons dire que cet assassinat était prémédité, que la municipalité a procédé devant nous à une information partiale en entendant en témoignage sa garde, c'est-à-dire les assassins. Il faut dire encore que cette municipalité ne donne des armes qu'aux aristocrates. Tout ici est en contre-révolution. Le petit nombre de patriotes n'ose élever la voix. »

On fait ensuite lecture d'une lettre de Léonard Bourdon, ainsi conçue :

« Orléans, le 17 mars.

» Et moi aussi, j'ai payé mon tribut à ma patrie; et moi aussi, j'ai versé mon sang pour elle. De nouveaux Pâris, au nombre de trente, armés de baïonnettes et de pistolets, m'ont frappé sur tout le corps dans l'antichambre de la maison commune en criant : *Va rejoindre Lepelletier.* Aucune de mes blessures n'est dangereuse. Ma redingote sur mon habit, et mon chapeau enfoncé sur ma tête, n'ont pas permis aux baïonnettes de s'enfoncer plus de deux ou trois lignes. Cet événement est la suite de celui d'hier, où trois de mes collègues ont été insultés. Je ne crains maintenant que le ressentiment des sans-culottes. Il est doux d'être le confesseur de la liberté. Je ne rendrai à personne les blessures que j'ai reçues. »

Dans la même séance, sur le rapport de Barrère, la Convention ordonna que les auteurs du crime qui lui était dénoncé seraient traduits devant le tribunal révolutionnaire, et déclara la ville d'Orléans en état de rébellion. Cette partie de son décret fut rapportée à la séance du 24 mars, sur une explication de Tallien, dont voici la teneur :

Tallien. Je vais faire part à la Convention de ce qui est en ma connaissance relativement aux événemens d'Orléans. Nous étions à Nevers, lorsque nous reçûmes l'ordre de revenir à Orléans. En arrivant dans cette ville, en exécution de votre décret, nous avons destitué la municipalité, et elle a été remplacée avec la plus grande tranquillité. Ceux qui ont été accusés d'être les auteurs de l'assassinat commis sur notre collègue Léonard Bourdon ont été arrêtés ; la procédure s'instruit avec activité. Léonard Bourdon est parfaitement rétabli ; il se dispose à partir demain pour continuer sa mission. Vous avez nommé des commissaires pour aller à Orléans faire exécuter votre décret ; cette mesure me paraît inutile ; votre décret est déjà presque exécuté dans son entier.

Garan-Coulon. D'après le compte que vient de rendre Tallien, je crois que la Convention jugera qu'elle peut rapporter la partie du décret qui déclare Orléans en état de rébellion.

Tallien. J'ajoute que les administrateurs du département du Loiret ont levé cinq mille hommes pour aller soumettre les contre-révolutionnaires du département de la Vendée. — Les deux propositions furent décrétées.

L'émeute de Montargis eut lieu le 14. Le 20, elle fut annoncée à la Convention par Lepage. L'envoi des pièces au comité de sûreté générale fut décrété sur la proposition de Bréard. Le *Moniteur* ne renferme aucun détail sur cet événement. Nous empruntons ceux qui suivent à une lettre adressée, par un ami de Manuel, au *Patriote français*.

« Jeudi 14 du courant, les jeunes gens s'étaient rassemblés au nombre de trois à quatre cents pour choisir parmi eux cinquante-sept défenseurs à la patrie qui, avec vingt-un enrôlés volontairement, complétaient leur contingent. Soixante-dix-huit ivres de vin, travaillés par la rage de l'aristocratie qui désolait notre ville, se portèrent à tous les excès; n'écoutant ni la loi, ni la raison, ils forcèrent le procureur de la commune et un officier municipal, tous deux jeunes gens célibataires, à se présenter avec eux; ils demandèrent à grands cris Pierre Manuel, qui, âgé de plus de quarante ans, citoyen de Paris, privé d'un œil, les deux premiers doigts de chaque main inflexibles, était exempt à tous égards. Les officiers municipaux, obligés de céder au nombre qui croissait d'instant en instant par la réunion des malveillans, envoyèrent prier Pierre Manuel de se présenter. Il était midi environ; Manuel se pressa d'obéir. En entrant dans l'enceinte où se trouvait la municipalité, il dit : Citoyen maire, obtenez-moi la parole... A ces mots, une troupe de scélérats tombe sur lui, lui ensanglante la tête et le traîne dehors. La municipalité le suit et le protége. Le procureur-syndic du district, le citoyen Mésanges, à qui on ne saurait donner trop d'éloges, et qui a montré un courage plus qu'humain pendant deux heures, *s'en empare* et le conduit chez sa sœur. La foule s'y porte. Des femmes transformées en tigres excitent la multitude et poussent les brigands moins féroces qu'elles dans la boutique, qu'on n'avait pu fermer. Une compagnie de grenadiers qui était de piquet est en partie désarmée; un officier municipal évite un coup de baïonnette qu'on lui lance; le maire est outragé, frappé; le courageux procureur-syndic sur l'escalier du premier est déposté, renversé. On monte, on arrache Manuel de sa chambre, on le traîne sanglant, dit-on, au pied de l'arbre de la liberté pour l'y pendre. Près d'y arriver ses forces l'abandonnent, il tombe; malgré la municipalité qui le couvre, mille coups l'atteignent; il se relève, il secoue ses bourreaux et en renverse plusieurs; le nombre le pousse encore, ses défenseurs rétrogradent et le jettent en prison; la foule se dissipe; il est en sûreté. Jamais spectacle ne fut plus horrible; des monstres se partageaient ses dépouilles, teintes de son sang, en mille pièces; il arriva en prison presque nu.

» N'accusez pas, citoyen, la municipalité si dans mon récit vous ne voyez pas qu'elle ait fait battre la générale. Si elle l'eût fait, tout était perdu. Les scélérats n'attendaient que ce moment pour s'armer, et la ville était en sang et en feu. La prudence même avait éloigné les grenadiers sitôt qu'ils avaient pu se ressaisir de leurs armes.

» Du reste il faut moins accuser les Montargeois, que les étrangers, compagnons, terrassiers, etc., qui formaient le plus grand nombre; il faut surtout accuser les valets des ci-devant, qui tenaient les propos les plus affreux, les plus incendiaires. Manuel, disaient-ils, a volé à la nation deux cent mille livres, il a fondu les saints des églises, etc.; il nous faut sa tête; et la tourbe, furieuse d'être exposée à aller à la frontière, de répéter : *Sa tête! sa tête!*

» Une chose remarquable, et que je tiens de madame Merlin, sœur de Manuel, chez qui la scène se passait, c'est que les brigands ne connaissaient pas Manuel, et disaient : On nous trompe, ce n'est pas lui, il s'est sauvé. » (*Patriote français*, n. MCCCXIV,)

Affaires de Lyon. (Suite.)

Les commissaires envoyés à Lyon adressèrent, pendant le mois de mars, une seule lettre à la Convention nationale. Il en fut fait lecture à la séance du 20. Voici cette pièce.

« Les choses ont bien changé dans la ville de Lyon. Vous nous avez chargés d'y rétablir l'ordre, et l'ordre paraît y régner. Mais les dangers de la patrie commandent au patriotisme des élans de courage et de zèle qui seuls pourront sauver la liberté. Ce n'est pas assez de revenir aux bons principes. Il faut voler aux bords du Rhin, dans les plaines et départemens de la Belgique, sur les côtes, vers les Alpes, les Pyrénées, partout enfin où la patrie est menacée. Peut-être la conservation de la liberté dépend-elle aujourd'hui de l'affranchissement du monde, et nous sommes seuls pour l'opérer.

» Pour remplir notre mission, il ne nous suffisait pas d'atterrer les ennemis de la révolution, il fallait détruire l'égoïsme, exciter dans l'ame des citoyens le dévoûment héroïque que doit inspirer le sentiment de la liberté. Nous avons tout tenté pour y parvenir; mais nous ne nous flattons pas du succès, tant est grande l'apathie des citoyens. Nous n'en accusons pas l'esprit du commerce, il n'est pas incompatible avec la liberté; nous n'en accusons pas le climat, il est au contraire très-propre à produire des sentimens d'exaltation et d'enthousiasme; nous n'en accusons pas l'immense population de cette ville, les hommes s'électrisent en s'associant. Nous n'en connaissons d'autre cause que la multitude des journaux inciviques et des écrits mensongers, où l'on s'occupe plutôt des hommes que des choses, où l'on alarme les propriétaires, où l'on aigrit les riches contre les citoyens pauvres, où l'on taxe d'ignorance et où l'on calomnie le peuple, dont le bon sens a jusqu'à présent soutenu la révolution, où l'on jette des semences de constitution bourgeoise et aristocratique. Nous n'en connaissons d'autre que les libelles périodiques dont on inonde les départemens, et dont les plus dangereux portent le nom de plusieurs membres de la Convention qui ont long-temps usurpé une réputation de patriotisme. Une des causes les plus actives de la mauvaise disposition des esprits dans cette ville est la distribution d'un journal connu sous le nom de *Journal de la ville de Lyon*. Ce journal est rédigé par Carrier, personnage dangereux, auquel le conseil exécutif vient de faire passer une somme considérable, comme nous l'a attesté la municipalité. La cause du mal est encore dans les bataillons érigés sous le nom de bataillons des *Fils de famille*, qui prennent le beau nom des fédérés, en même temps qu'ils se proclament les soutiens d'une secte orgueilleuse. Ils perdent l'esprit public. Ils menacent ouvertement les meilleurs patriotes. Nous avons à nous plaindre du deuxième bataillon des Marseillais, qui en arrivant, a demandé à loger chez les négocians, ce qu'il a obtenu ; du premier bataillon d'Aix, qui s'est joint à lui ; de celui qui a été envoyé par le département de l'Hérault. Les volontaires de ce dernier se répandaient dans les rues, dans les cafés, poussant des chants séditieux, mettant la vie des magistrats, la nôtre même en danger, et ils nous ont forcés à requérir leur départ.

» Les bons citoyens ont eu le dessus dans la nomination du maire, qui a été nommé à une grande majorité dans les assemblées primaires, où les patriotes ont enfin osé se montrer. Les aristocrates ont tenté d'exciter des mouvemens ; mais les bonnes dispositions du citoyen Braison, commandant, les ont contenus. Des citoyens s'assemblèrent aux Augustins pour protester contre la nomination ; des volontaires s'y rendirent ; on courut aux armes ; mais de fortes patrouilles, des proclamations, la bonne contenance des magistrats maintinrent le calme.

» La commission a prouvé son impartialité par un grand acte de justice. Laussel, procureur de la commune, couvert du manteau du patriotisme, affectait un faux zèle. Depuis long-temps il était suspect aux patriotes. On a reconnu qu'il ne sévissait contre les agitateurs que pour en tirer des contributions. Il est fortement prévenu d'avoir reçu de l'argent pour sauver des coupables, et d'avoir vendu des certificats de civisme. Les officiers municipaux nous ont déclaré qu'il avait perdu leur confiance, et les patriotes nous l'ont dénoncé. Nous l'avons suspendu de ses fonctions, et fait mettre en état d'arrestation.

» *Signé*, BAZIRE, LEGENDRE (de Paris), ROVÈRE. »

La lettre des commissaires est l'analyse exacte des faits principaux qui s'étaient passés à Lyon depuis leur arrivée. Nous allons recueillir dans le journal de Carrier les détails indispensables de ces faits. Nous y joindrons le récit de certains actes dont il n'est pas question dans l'exposé des conventionnels.

Nous avons laissé notre narration (Voir le tome XXIV, pages 385 et 404.) au moment où Nivière Chol venait d'être réélu maire. Nos lecteurs connaissent les troubles qui s'ensuivirent, le pillage du club du Centre, l'émeute contre Chalier et contre le conseil municipal, enfin les nombreuses arrestations qui eurent lieu, et remplirent pour un instant de personnes suspectes les caves de l'Hôtel-de-Ville. Cette prison de circonstance devint l'objet des plaisanteries de ceux-là même qui y avaient été enfermés, et qui s'intitulaient gaîment *les encavés*.

En conséquence du refus de Nivière Chol les sections furent convoquées le samedi 23 février. Le scrutin, commencé le dimanche et fermé le lundi à midi, ne donna point de pluralité absolue. Sur dix mille quatre-vingt-quatorze votans, Bertrand, officier municipal, candidat jacobin, obtint quatre mille trois cent soixante-cinq suffrages; Gilibert, médecin, candidat porté par les amis de Nivière Chol, obtint trois mille six cent treize voix. Le reste des voix fut perdu ou partagé entre Dussurgey, avoué, et Carré, chirurgien. En annonçant ce résultat dans le *Journal de Lyon* du 26 février, J-L. Fain dit :

« Une foule immense qui attendait avec impatience le résultat de l'apurement des scrutins inondait toutes les avenues de l'hôtel commun. L'entrée en était interdite. Il n'y avait au recensement que les commissaires nommés par les sections pour y assister. Les volontaires appelés dans la ville par la municipalité entouraient l'hôtel commun... Il est donc vrai que toute confiance est détruite entre le peuple et ses agens.

» J'apprends dans le même instant une nouvelle *mesure municipale* pour *sauver* la patrie. Le citoyen Gilibert, désigné pour maire, fut enlevé dans la nuit du lundi au mardi en vertu d'un mandat d'arrêt, signé Laussel. Gilibert a paru, et sa fermeté républicaine a intimidé les inquisiteurs. L'arrêt fatal : *A la cave!* était prononcé. Ce n'est pas ainsi, s'est écrié Gilibert, que l'on juge les citoyens. La vertu a fait pâlir le crime. On a feuilleté, comme pour le citoyen Rey, le registre des *dénonciations*, et on a dit au citoyen Gilibert que c'était sans doute par *erreur*; mais, au même moment on disait au club central qu'on ne pouvait pas désigner pour maire un homme en état d'*arrestation*!!! »

Lyon, 2 mars. « Gilibert est nommé maire. Sur onze mille six cent quatre-vingt-six votans, Gilibert a réuni cinq mille huit cent quatre-vingt-dix-huit voix ; Bertrand, cinq mille sept cent quarante-une ; quarante-sept voix perdues. « Gilibert est proclamé maire et Gilibert est dans les prisons de Saint-Joseph ! Profite de cette leçon, citoyen estimable. Victime de l'arbitraire, tu apprendras à respecter la liberté individuelle. — La procédure de ce citoyen est envoyée à la Convention. Gravier et Fillion sont partis, dit-on, pour Paris. Si l'on en croit leur témoignage que deviendrons-nous ? » Dans ce même numéro J.-L. Fain commence à accuser Laussel de mettre à prix la liberté des personnes arrêtés, et d'avoir déjà touché plusieurs rançons. (*Journal de Lyon*, n. XLV.)

Le n. XLIX, mercredi 6 mars, annonce que Gilibert a donné sa démission. « Harcelé, dit le journaliste, par des persécutions de tout genre, plongé dans un cachot, abandonné de ses concitoyens, oublié de tous ceux qui lui avaient donné leurs suffrages, Gilibert n'a pas pu résister plus long-temps. Sa renonciation a été lue au conseil de la commune, en présence des trois législateurs. » Il s'agit ici de Bazire, Legendre et Rovère. Le 2 mars, pour la première fois, ils assistèrent à la séance du conseil municipal, et ce fut à cette séance que la démission de Gilibert fut communiquée ; il était nommé de la veille ou de l'avant-veille. J.-L. Fain termine le numéro auquel nous avons emprunté le précédent extrait, par des couplets adressés aux braves Marseillais, au nom des bons patriotes de Lyon. Le bataillon des Marseillais était arrivé le mercredi 27 février, et il avait pris chaudement parti contre la commune et contre le club central. La chanson que les partisans de Nivière Chol et de Gilibert composèrent en l'honneur des Marseillais n'est qu'une déclamation contre Chalier. En voici le moins mauvais couplet :

> Ces tyrans, ces petits despotes,
> Au lieu de faire leur devoir,
> Après s'être emparés des postes,
> Ils abusent de leur pouvoir !
> Ils veulent nos bras, notre vie,
> Attentent à la liberté.
> Ils voudraient perdre la cité ;

Oui, c'est là toute leur envie.
De grace, citoyens, démasquez nos tyrans ;
Parlez, parlez, et vengez-nous de tous les intrigans.

Lyon, 7 mars. « Indignation muette, apathie, terreur, voilà toujours la position de cette ville. Quelques sections ont envoyé des députations chez les citoyens commissaires de la Convention, pour demander la permanence. La pétition n'a pas été favorablement accueillie. C'est demain que s'assemblent les sections ; les opinions sont partagées et les candidats sont nombreux. Gilibert et Bertrand-Chalier paraissent réunir le plus de voix. L'ex-ministre Roland ; Antoine Gachet, notable ; Dussurgey, avoué ; Meygnis, procureur-syndic du département, sont les concurrens désignés. » (*Journal de Lyon*, n. L.)

Le 9, les assemblées primaires étaient convoquées pour l'élection d'un maire. Pendant qu'elles y vaquaient, un rassemblement se forma dans le jardin des Augustins, dans le but de rédiger une pétition aux députés commissaires, afin d'en obtenir la convocation des sections. Cette demande était motivée sur ce que les assemblées primaires n'étaient pas régulièrement convoquées, puisque huit jours ne s'étaient pas encore écoulés depuis la publication de l'affiche, et sur la non-liberté de la démission de Gilibert. Le rassemblement n'ayant pas rempli lui-même les formalités voulues par la loi, plusieurs officiers municipaux vinrent pour le dissiper à la tête d'un détachement de dragons et d'un bataillon des Basses-Alpes. La force armée se fit simple spectatrice, et livra les municipaux aux désordres et aux clameurs de la foule. Pendant qu'ils péroraient, la pétition fut rédigée. « Sept ou huit cents signatures, dit J.-L. Fain, y étaient placées. Douze commissaires porteurs de la pétition se présentent chez les citoyens commissaires. Le citoyen Rovère en prend lecture ; Legendre la lui arrache. Les signatures y sont-elles ? — Il peut y en avoir sept ou huit cents. — Eh bien ! ce sont sept ou huit cents factieux. Ils nous répondront sur leurs têtes de tout ce qui peut arriver. J'irai moi-même les dissoudre, et si je péris, ils partageront mon corps et l'enverront aux quatre-vingt-quatre départemens pour attester leur infamie. » Les conventionnels appuyèrent principalement leur blâme sur cette considération qu'aux termes de la loi une adresse devait contenir cent cinquante signatures seulement. Les douze députés retournèrent auprès des leurs avec cette réponse. Quelques voix crièrent aux armes ! mais les troupes se décidèrent cette fois à environner l'enceinte et à forcer le rassemblement à se dissoudre. La longue narration que J.-L. Fain consacre à cet événement, dans son n. LII, se réduit au petit nombre de faits dont nous avons composé notre analyse. Le même numéro nous apprend que Bertrand fut nommé et proclamé maire dans cette journée ; sur 9,986 votans, il avait réuni 6,481 suffrages.

La nomination définitive d'un maire jacobin qui acceptait ferma le mouvement des élections commencé depuis le 10 février. Par là toute occasion et tout prétexte d'émeute furent perdus pour les mécontens. Leurs derniers échecs les avaient d'ailleurs beaucoup calmés. « Apathie et terreur, dit le numéro du 15 mars du *Journal de Lyon*, voilà le thermomètre de l'esprit public. L'assemblée des Augustins avait ranimé l'espoir des vrais républicains. Les anarchistes étaient intimidés ; mais la défaveur jetée par les commissaires de la Convention sur cette assemblée *légale* a plus que jamais ranimé la faction Chalier. On a entendu la nuit des voix s'écrier : « A bas l'assemblée des Augustins ! » Hélas, elle est bien à bas. Aucun des pétitionnaires n'a osé reproduire l'entreprise échouée, et le calme règne ! »

Les commissaires de la Convention mirent à profit cette trève momentanée pour scruter la conduite de certains officiers municipaux, objet continuel des plaintes et des accusations des mécontens. Ainsi qu'on le leur reprocha plus tard, ils voulurent frapper à la fois les deux partis, espérant que les contre-révolutionnaires recevraient des concessions toutes gratuites comme un gage de justice, d'ordre et de paix. Le procureur de la commune, Laussel, fut mis en prison. Les motifs de son arrestation, allégués par la lettre des commissaires plus haut citée, ne furent peut-être pas les motifs déterminans. Ce qu'il y a de vrai, c'est que Laussel et sa femme furent acquittés par le tribunal révolutionnaire de Paris le 2 décembre 1793, en des circonstances où le simple soupçon de vol et de concussion suffisait pour envoyer un officier public à l'échafaud. Les rançons exigées par Laussel restent une calomnie, et voici ce qui nous fait pencher à croire que les députés commissaires n'eurent recours à ce grief qu'à défaut d'un plus précis. Déjà Laussel avait eu des querelles fort vives avec les trois conventionnels. Quoiqu'ils eussent eux-mêmes ordonné que le bataillon de Marseille sortirait de Lyon parce qu'il y bouleversait tout, criant dans les rues, au spectacle, dans les sections, dans les clubs : *Chalier à la guillotine! Marat à la guillotine!* etc., ils forcèrent le procureur de la commune à retirer une affiche contre ces perturbateurs et à en rétracter les expressions. Quelques jours après, les commissaires pacificateurs lui reprochèrent, en plein conseil municipal, les différentes arrestations arbitraires qu'il dirigeait. « Laussel s'excusa (*Journal de Lyon*, n. LIV) sur la chaleur de son civisme, sur la fatigue et la multiplicité des affaires. J'ai passé, répondit-il, cinq jours et cinq nuits sans prendre plus de huit heures de sommeil, obligé d'*entendre* amis et parens des prévenus; mais dorénavant, quand on viendra me supplier, j'enverrai faire f..... Le mot était lâché. Legendre se lève aussitôt et fait au procureur de la commune une vive réprimande. Il faut avoir le cœur chaud, lui dit le député, mais la tête froide. Je rendrai compte à la Convention de la réponse imprudente qu'a faite à des magistrats du peuple, à ses représentans, un fonctionnaire public. » Cette scène se passait le 9 au soir; le 14 Laussel était dans les prisons de Roanne.

Pendant le restant du mois de mars, le journal de J.-L. Fain ne renferme que de longs articles sur les tracasseries personnelles que lui fit éprouver la police municipale, lesquelles d'ailleurs n'interrompirent aucunement la publication de sa feuille. Une anecdote relative au sapeur parisien Rocher, qui figurera le mois prochain dans le procès de Marat, et qui avait accompagné à Lyon les députés commissaires, terminera nos extraits.

A l'occasion d'un article de J.-L. Fain, le sapeur Rocher placarda une lettre à ce journaliste. Voici cet article : « Toujours de *grandes* mesures pour *sauver la patrie*. Quatre bataillons furent convoqués vendredi (15 mars), à cinq heures du soir, et, malgré plusieurs rappels, vingt personnes au plus se sont rassemblées sur les places d'armes, et cela parce que la veille au soir on avait demandé dans les deux spectacles : *Rendez-moi mon écuelle de bois*, que l'on accompagnait en disant : *A la guillotine Marat !* Un sapeur, venu de Paris pour défendre les trois députés commissaires contre les attentats des *contre-revolutionnaires* de Lyon, avait pris la parole au nom de la loi pour défendre de jouer cet air ; et quoique le sapeur le plus effroyable ne puisse se dire l'organe de la loi, et quoique aucune loi ne défende à l'orchestre de jouer tel ou tel air, tout le monde s'est tu. » (*Journal de Lyon*, n. LVII.)

Voici maintenant le placard du sapeur :

« *Le sapeur parisien au journaliste Fain, ci-devant de la Corbière.*

» Il faut, journalier Fain, que tu aies bien...., mais j'dis bougrement faim, pour alimenter platement comme tu le fais, à la journée, l'imbécile et mercantile aristocratie de cette ville pestiférée.

» Il faut que l'expérience t'ait bien appris qu'un jean-foutre n'a rien à craindre d'un brave homme.

» Il faut que tu saches bien que le mépris des honnêtes gens est la sauve-garde de tes pareils.

» Sans cela aurais-tu osé insulter à ces moustaches respectables qui, comme tu en conviens, sont l'effroi de tous les mauvais citoyens tels que toi ?

» Non, gredin, je ne suis point venu pour défendre les commissaires des atteintes des aristocrates ; vous êtes tous trop lâches pour attaquer personne à découvert. Les trois républicains dont la présence te donne la fièvre n'ont donc contre vos piéges souterrains d'autre ressource que leur courage et leur dévouement à la chose publique.

» Tu es un grand sot ou un grand ignorant, ou, pour mieux

dire, l'un et l'autre, de vouloir empoisonner ce que je fis, il y a quelques jours, au spectacle.

» Je n'ai, animal, que les simples lumières du bon sens; elles me suffisent pour m'apprendre que tout citoyen peut et doit invoquer la loi contre tout provocateur au meurtre.

» Mes principes là-dessus sont tels que, tout en te regardant comme la plus inutile des bêtes humaines, si des exagérés voulaient prévenir la loi en te conduisant à la guillotine, je chercherais à te soustraire toi-même à leur juste rage. Va-t'en au diable.

» *Rocher, sapeur parisien.* »

J.-L. Fain, qui déclare n'insérer ce placard que pour donner à ses lecteurs une idée du ton aimable de ses *honnêtes et terribles* adversaires, y fait la réponse suivante :

« Il fallait, sapeur *effroyable*, qu'une nourriture bien abondante eût égaré le *peu de pudeur* qui te reste pour que tu oses souiller les murs de la ville de ta *dégoûtante déjection; l'expérience t'a bien appris qu'un jean-foutre n'a rien à craindre d'un brave homme;* il faut que tu saches bien que ton mépris m'honore. Les *mauvais citoyens tels que moi* ne craignent pas les MOUSTACHES; oui, sapeur *honnête*, ton large sabre, ta ceinture dorée, tes pistolets d'arçon, et tes moustaches même, n'en imposeront qu'à des enfans. Si les députés commissaires n'avaient que toi pour leur défense....! Notre respect les environne. Leur présence ne m'a jamais donné la fièvre ; je ne tremble pas plus devant un homme de bien que devant un sapeur. J'espérais à leur arrivée ; j'ai gémi quand je les ai vus se faire accompagner d'un licteur très-inutile.

» Tu as fait tes preuves, m'a-t-on dit, dans la journée du 2 septembre : un assassin ne fut jamais un brave homme. Ne me démens donc pas; tu ne soutiendrais pas ce que tu avances.

» Tu t'es présenté jeudi, en grand costume, dans la loge de la municipalité; tu as imposé silence au nom de la loi; tu as requis toi-même la force armée d'entrer dans le parterre; tu y es entré le bonnet sur la tête; tu as toisé impunément deux cents personnes, et tu es retourné siéger à ta loge. Jamais, estafier d'intendant..... Je t'en dirai plus quand tu auras du bon sens et des principes. Va te coucher. J.-L. Fain. » (*Journal de Lyon*, n. LXI.)

Affaires de la Bretagne et de la Vendée.

Les monumens parlementaires de la guerre civile qui désola si long-temps les provinces de l'ouest témoignent uniformément qu'une conspiration en fut l'origine. Comme ces monumens sont des lettres écrites à la Convention à l'heure même des événemens, ou des rapports faits sur ces lettres, ils ont une grande valeur révolutionnaire, mais ils n'ont pas de valeur historique; ils servent à constater l'opinion que se forma le pouvoir d'alors touchant l'insurrection de la Vendée et de la Bretagne, et, par suite, à nous expliquer le système qu'il employa pour la combattre; mais on n'y trouve que dénaturés, niés ou contestés, le caractère et les motifs véritables de ce soulèvement.

La plupart des historiens ont traité ces épisodes de notre révolution sous l'influence des préjugés contemporains. Servan (Notes du quatrième volume de l'*Histoire des guerres des Gaulois et des Français en Italie*) et Toulongeon (tome II, p. 218) accusent les meneurs conventionnels d'avoir fomenté et alimenté ces troubles. Le premier pense que ce fut dans le but « de faire de la Vendée le gouffre où l'on voulait engloutir une partie de la population : les prêtres, les nobles, les artistes, les savans, toute la jeunesse qui avait reçu quelque éducation ou qui avait quelque talent en partage; enfin tout ce qui pouvait être le plus contraire au gouvernement révolutionnaire. » Le second dit formellement que « les mouvemens imprimés à ces contrées lointaines ressortaient d'une action centrale, et correspondaient avec les Jacobins. » Ce qu'il y a de vraiment singulier, c'est que sa principale raison de croire à un concert entre les insurgés vendéens et les montagnards est tirée de ce que, Lanjuinais proposant de confisquer les biens des rebelles, Marat voulut réduire cette mesure aux chefs seulement. (Voir plus haut les séances de la Convention.)

Des histoires particulières de cette guerre, celle de M. de Beauchamp, la réfutation qu'en a écrite M. Bouvier-Desmortiers, et les nombreux mémoires publiés sous la restauration, sont les sources où nous puiserons les faits. Les causes qui les préparèrent et servirent à les maintenir sont maintenant dégagées de toute passion politique; il nous sera facile de les montrer telles qu'elles furent.

Nous commencerons par les troubles de la Bretagne; il y eut là une conspiration royaliste, et, comme pour attester la nullité de semblables moyens, elle n'y fut suivie d'aucun effet sérieux; tandis que dans la Vendée, où la guerre naquit d'une spontanéité populaire, sans l'ombre d'une conjuration, des combats, des batailles rangées, des siéges et des assauts furent les premiers actes des masses révoltées que le même sentiment avait fait courir aux armes.

La conjuration royaliste de la Bretagne avait pour chef Armand Tuffin, marquis de la Rouarie, ex-officier dans les gardes françaises. Cet homme avait montré des passions indomptables : amoureux de mademoiselle Fleury, actrice célèbre de cette époque, il voulut l'épouser, et se battit en duel avec Bourbon-Busset, son rival. Cette conduite lui attira la disgrace du roi; désespéré de l'issue de ses aventures amoureuses et de ses malheurs de courtisan, il tenta de s'empoisonner, fut secouru et alla se faire trappiste. Le bruit de la guerre d'Amérique vint bientôt tenter et détruire cette vocation de moine, dont le dépit, l'orgueil et la fausse honte avaient été les seuls conseillers. Il partit pour les États-Unis, où il commanda une légion, sous le nom de colonel Armand. De retour en France, il se signala dans l'opposition que firent contre la cour la noblesse et les parlemens, et figura parmi les douze députés qui furent envoyés près du roi pour le maintien des priviléges de sa province. La Rouarie encourut par cette démarche un emprisonnement à la Bastille. Il embrassa d'abord la révolution de 1789; mais, borné à un rôle secondaire, il excita la noblesse bretonne à la résistance, et provoqua son refus d'envoyer des députés aux États-Généraux. Ce fut lui qui conseilla la protestation chevaleresque signée du sang des nobles bretons. (*Guerres de la Vendée*; Beauchamp, t. I, p. 36.)

En 1791, La Rouarie entreprit d'organiser une conjuration en Bretagne ; il alla à Coblentz, soumit ses plans à Calonne et au comte d'Artois, et dès le 5 décembre 1791 il avait fait tout approuver, et s'en retournait muni de la sanction des frères du roi. L'association devait consister dans l'établissement d'un comité central d'insurrection par chaque ville d'évêché, composé de membres des trois ordres. Au-dessous de ces comités il fallait des commissaires secondaires dans les villes et dans les arrondissemens de moindre importance. Le but proposé à l'association, gouvernée par un chef commun, était de procurer des hommes, de l'argent, et de tramer des défections parmi les milices nationales et les troupes de ligne. Jersey était désignée pour servir de dépôt d'armes et de munitions, et de point de correspondance avec l'Angleterre.

Une femme romanesque, amoureuse de l'Américain Chafner, compagnon de La Rouarie et l'un des conjurés, prit à ce complot une part très-active : c'était Thérèse de Mollien, de Fougères. Le commandement militaire se trouvait à peu près réparti de la manière suivante : le prince de Talmont dans la Mayenne ; dans l'Avranchin, le marquis de Saint-Gilles ; Lahaie Saint-Hilaire entre Dol et Rennes ; Duboisguy à Fougères ; Labourdonnaye, de Silz et de Pontivy, dans le Morbihan ; vers l'embouchure de la Vilaine, les Dubernard et Caradeux ; Palierne et Laberillais dans le pays nantais ; Dubeaubry-Dumoland, près Monfort ; le baron Dampherné au Finistère, et Charles Boishardy dans les Côtes-du-Nord. Le trésorier de l'association était Desilles de la Fosse Iagant, père du jeune officier de ce nom qui fut tué à Nancy lors des émeutes militaires qui eurent lieu dans cette ville en 1790.

Un médecin de Cazouges, désigné par l'historien A. de Beauchamp sous le nom de Latouche-C...., surprit et trahit la confiance des conjurés. Il avait tiré La Rouarie d'une maladie grave, et les rapports intimes qui s'en étaient suivis avaient permis à ce dernier de se confier à Latouche, alors à Paris, pour la négociation de faux assignats et de billets de caisse provenant de Calonne. Le neveu de La Rouarie, chargé du message, prenant Latouche pour un royaliste, ne lui déguisa rien. Celui-ci alla immédiatement trouver Danton, avec lequel il était lié, et lui révéla le complot; ceci se passait sous la Législative, dont le comité de sûreté générale fut aussitôt saisi de la dénonciation.

Après le 10 août, et dès l'ouverture de la Convention, Latouche vint en Bretagne pour espionner les conjurés; il déclara à La Rouarie qu'il avait tout dévoilé à Danton, et qu'il l'avait trouvé disposé à favoriser de tout son pouvoir une contre-révolution, indigné qu'il était des excès de la populace, de la férocité des anarchistes et des brigands. On ajouta foi à ses paroles; pendant ce temps-là Danton, alors ministre, convoquait le conseil et y exposait la conjuration de Bretagne. Le système qu'il avait adopté fut approuvé, et Latouche continua son espionnage, allant et venant de Bretagne en Angleterre, où il était admis auprès de Calonne. Le moment des hostilités était fixé au mois de mars. Le comité de sûreté générale de la Convention, tenu au courant de tous les préparatifs, adjoignit à Latouche Labillent-Morillon, ami et compatriote du député Barrère. Morillon, tour à tour gendarme, musicien, aventurier et espion, avait trahi à Coblentz les intérêts des princes, et était venu se vendre au parti jacobin. Il fut envoyé en Bretagne comme agent révolutionnaire, avec mission de s'entendre avec Latouche, et d'agir d'après ses conseils. Ce dernier devait porter La Rouarie à supplier le comte d'Artois de se mettre à la tête des émigrés et d'une descente projetée au moment même où les républicains seraient en mesure de s'assurer de sa personne.

Les résultats qu'on attendait furent empêchés par la mort de La Rouarie, qui succomba le 30 janvier, après quatorze jours de maladie. A cette nouvelle, Latouche va chez Desilles, à la Fossé-Ingant, et obtient que les papiers du chef de la conspiration y seront déposés; Laguyomarais les y porte dans un bocal de verre;

qui est enterré à six pieds de profondeur dans un des carrés du jardin.

Averti par Latouche de la mort de La Rouarie, que les conjurés voulaient garder secrète jusqu'à l'arrivée de Malseigne, destiné à le remplacer, Morillon se transporte au château de Laguyomarais. La Rouarie avait été enterré dans un bois voisin de ce château; Morillon le fait déterrer, constate juridiquement l'identité, et de là se porte à la Fosse-Ingant, chez Désilles, où il s'empare des papiers du mort; la liste des confédérés ne s'y trouve point : Thérèse de Mollien, à qui elle était confiée, l'avait brûlée au moment où elle apprit que La Rouarie avait cessé de vivre.

A la suite de cette découverte (5 mars) vingt-huit personnes furent arrêtées et conduites à Rennes sous l'escorte de Morillon. Ainsi finit la conjuration de Bretagne. L'avortement en eût été plus misérable encore si la rumeur des expéditions de Morillon et de l'issue d'un complot royaliste, dont ils entendaient alors parler pour la première fois, n'eût fait prendre les armes à un grand nombre de paysans. Ils attaquèrent le Faouet, Guéméné, Pontivy, Lominé, Auray, Vannes, la Roche-Bernard, Pont-Château, Savenay, Oudon et Guérande. Deux membres de l'association bretonne, Piron de la Varenne et Scheton, soulevèrent les ouvriers des mines de Montrelais; mais les Nantais unis aux Angevins les dispersèrent aussitôt. Piron et Scheton, ayant échoué de ce côté, passèrent sur la rive gauche de la Loire, où ils se réunirent aux Vendéens. Cependant la rive gauche de la Vilaine resta quelque temps en pleine révolte. Les insurgés se portèrent à des actes d'une férocité inouïe. Le président du district de la Roche-Bernard, nommé Sauveur, ardent révolutionnaire, fut d'abord mutilé, puis jeté dans un brasier ardent. La Convention rendit plus tard hommage à ce martyr de la révolution; elle décréta que la ville de la Roche-Bernard se nommerait désormais la Roche-Sauveur, et que son nom serait inscrit au Panthéon français. Billaud-Varennes et Sevestre envoyés en Bretagne dirigèrent avec promptitude et succès la pacification de cette contrée. Ils furent si bien secondés par le général Beysser, qu'en moins de trois semaines toute la rive gauche de la Vilaine, jusqu'aux portes de Nantes, était rentrée dans le devoir.

Telle est l'histoire de la conspiration sur laquelle Lasource, au nom du comité de sûreté générale, fit un rapport vague et mystérieux à la séance du 18 mars. Si on eût dit alors tout ce qu'on en savait, certaines accusations eussent été impossibles. Le bruit s'était répandu que Danton avait eu connaissance de cette affaire; et parce qu'on jugea à propos de tenir dans le secret une manœuvre de police, le champ fut laissé libre à toutes les interprétations. Nous avons mentionné celle qui s'accrédita chez des écrivains qui se sont faits, depuis les historiographes de cette époque, et qui consiste à imputer aux montagnards l'insurrection de l'Ouest. Or, en admettant, ce qui n'a ni vérité, ni vraisemblance, que Danton fût complice de La Rouarie, l'opinion dont il s'agit n'en serait pas moins tout-à-fait insoutenable; car il est démontré que le complot fut entièrement stérile. Quel mouvement étaient-ils en effet capables de lancer, ces royalistes sans conviction morale, ces courtisans, ces affidés de Calonne, ces trafiquans de faux assignats, conjurés avec des amazones? L'ancienne foi pouvait seule entreprendre de résister à la foi nouvelle: c'est ce qui arriva dans une contrée où l'ébranlement général fut si peu l'ouvrage de quelques meneurs, que les bandes armées cherchèrent elles-mêmes et se donnèrent des chefs.

Avant de raconter l'explosion de la guerre civile en Vendée, nous donnerons un aperçu topographique, nécessaire pour l'intelligence des opérations militaires dans ce pays, et nous esquisserons en peu de mots le caractère moral de la population.

La portion du territoire français dont les habitans s'insurgèrent au mois de mars 1793 est comprise, de l'est à l'ouest, entre les 2° 30' et les 4° 40' de longitude occidentale du méridien de Paris; du midi au nord elle occupe l'espace situé entre le 46° 30' et le 47° 20' de latitude. Elle est composée de l'ancienne province du Poitou divisée en Haut et Bas Poitou, le premier appuyé à l'est sur la Manche, le second tombant à l'ouest vers la mer et borné par l'Océan ; 2° de la partie de la Bretagne et de l'Anjou au midi de la Loire. La géographie politique révolutionnaire sépara le Poitou en trois départemens, la Vendée, les Deux-Sèvres et la Vienne, tous trois contigus et dans une longitude parallèle.

Le département de la Vendée prend son nom de la rivière de Vendée, qui en intercepte l'extrême pointe orientale, et va se perdre dans la Sèvre Niortaise. Il a trois cent soixante-cinq lieues carrées de superficie; il contenait avant la guerre environ trois cent six mille habitans, trois cent trente communes, et seulement cinq à six petites villes : Fontenay, alors son chef-lieu, ne comptait que sept mille ames. Le sol de ce département présente dans ses aspects et dans sa nature trois différences, selon lesquelles il est divisé en Bocage, en Plaine et en Marais. Le Bocage forme les sept neuvièmes de son étendue ; il est couvert d'arbres, mais on n'y rencontre que peu de grandes forêts. On nomme Marais les côtés de la Vendée autrefois couvertes par l'Océan. La Plaine est le terrain compris entre le Bocage et la limite méridionale de la Vendée.

A l'est de ce département se trouve celui des Deux-Sèvres. Il a trois cent vingt lieues carrées de superficie; il contenait, avant les troubles, deux cent cinquante-sept mille habitans, trois cent soixante-six communes et un plus grand nombre de villes que la Vendée. Niort, son chef-lieu, était peuplé de quinze mille ames. Ce département, arrosé par sept rivières et traversé par quatre routes, se divisait en Bocage et en Plaine.

La partie de la Haute-Bretagne et celle de l'Anjou au midi de la Loire appartenaient, l'une au département de la Loire-Inférieure, l'autre à celui de Maine-et-Loire. Tous deux sont irrégulièrement divisés de l'est à l'ouest par la Loire. Le premier renfermait deux cent sept communes et quatre cent vingt-huit mille habitans ; le second, trois cent huit communes et près de quatre cent cinquante-six mille habitans. La rive gauche du fleuve fut seule vendéenne. La limite méridionale de ces deux départemens s'appuie sur le Bocage de la Vendée et sur celui des Deux-Sèvres. A mesure qu'on s'avance vers la Loire, la contrée devient ouverte et plaine, et reçoit le nom de pays de Mauges. Nantes et Angers, dont il sera souvent question dans cette guerre, étaient alors, comme aujourd'hui, les chefs-lieux respectifs de ces deux départemens.

C'est là toute la Vendée militaire; là naquit et s'arrêta l'insurrection. Le périmètre de cette enceinte, dont nous avons fixé plus haut la longitude et la latitude, était formé au nord par la Loire, depuis l'embouchure de ce fleuve jusqu'à Saumur; à l'est par la rivière de Thoué jusqu'à Thouars; au sud par la route qui conduit de Thouars à Parthenay, à Fontenay et aux Sables; à l'ouest par l'Océan. De nombreuses collines, des vallons étroits, sinueux et pourvus d'abondantes eaux; un terrain gras et fertile couvert d'une végétation en grande partie sauvage, concourent à faire de ce pays un inextricable labyrinthe. On y rencontre peu de sites assez élevés pour commander une vaste étendue et servir aux observations stratégiques. Une seule grande route le traverse de Nantes à la Rochelle par Montaigu. Celle qui va de Tours à Bordeaux, par Poitiers, laisse entre les deux un intervalle de plus de trente lieues, où l'on ne trouve que des chemins de traverse, creusés d'ordinaire entre deux haies, en été raboteux, bourbeux en hiver, parfois servant de lit à des ruisseaux, ou taillés dans le roc, remontant les hauteurs, ou suivant la pente des collines. Les chemins sont encaissés, la plupart à dix ou douze pieds au-dessous du niveau des terres; et à peine sont-ils viables, à peine les convois peuvent-ils y faire trois lieues dans une journée. Les voitures qui y sont engagées n'ont presque jamais assez d'espace pour tourner et changer de direction. Les enclos qui entourent ces chemins, et que bordent de hautes et larges haies, ne sont pénétrables que par de rares échaliers pratiqués pour l'exploitation, et fermés par des barres de bois et des fagots d'épines. Ces entrées étaient la seule porte des fortifications naturelles que nous venons de décrire. La grande route n'offrait pas de meilleures chances aux opérations d'une armée régulière; les plis d'un terrain partout inégal, des lisières d'arbres, de genêts et de bruyères, des fossés plantés de buissons, en faisaient une perpétuelle embuscade, extrêmement difficile à éclairer.

Nous passons maintenant au caractère moral des habitans, à la cause efficiente et à la cause occasionnelle de l'insurrection. Ceux qui ont écrit en détail les événemens que la nature de notre ouvrage nous impose de concentrer dans un sommaire succinct se sont beaucoup appesantis sur l'individualité des paysans vendéens. Cet élément est sans importance; nous ne nous en occuperons pas. Toute la question morale se réduit au principe d'activité commune dont ces hommes étaient animés. Or, ce principe était la foi catholique, mêlée des formes et des croyances superstitieuses de l'ancienne religion druidique, dont un grand nombre vivent encore dans nos campagnes les plus éloignées des grands centres d'enseignement, et que l'instruction distribuée par un clergé ignorant a presque toujours fortifiées au lieu de les transformer. Les paysans du Poitou et de l'Anjou étaient donc des chrétiens superstitieux, entièrement dévoués à un catholicisme où se confondaient les traditions celtiques et le catéchisme de leurs curés. Ces derniers, gens simples et bons, menaient pour la plupart une vie irréprochable, et à cause de cela ils exerçaient une influence absolue sur l'esprit des paysans. Lorsque la révolution vint mettre en question d'abord l'ordre politique, et ensuite l'ordre religieux, ces formes nouvelles furent condamnées par les curés, et les paysans les condamnèrent sur leur parole. Bientôt l'installation de l'église constitutionnelle évinça et dispersa les pasteurs catholiques. Alors les paysans, se voyant arracher ceux sans qui il n'y avait plus pour eux ni culte ni religion, commencèrent à se révolter. Des séditions sans cesse renaissantes éclatèrent sur divers points. Le supplice de Louis XVI acheva d'exaspérer cette population, aux yeux de laquelle la France était maintenant livrée à des impies et à des brigands, et il ne manqua plus qu'une occasion pour qu'elle se levât en masse.

Combat de Machecoult. — Le 10 mars, jour fixé pour l'exécution de la loi qui décrétait une levée extraordinaire de trois cent mille hommes, fut le signal de l'insurrection. Le tocsin sonna dans plus de six cents villages. Les républicains de Machecoult se mettent sur la défensive. Le lendemain, quinze cents hommes, commandés par les frères Hiérault et Légé, Paigni, homme d'affaires de M. de La Plâtrière, Bertaud et Boursault, et de Sainte-Lumine de Grand-Lieu, viennent attaquer cette ville. Cent hommes de la garde nationale, sous les ordres de Maupassant, ex-député de l'assemblée constituante et commissaire du département, soutenus par la gendarmerie, sortent de la ville, espérant dissiper par leur seule présence cette multitude désordonnée. Pressés et débordés, ils se débandent et fuient. Maupassant, resté seul avec cinq gendarmes, est assommé par les paysans. Machecoult est aussitôt envahi ; le curé constitutionnel est massacré ; le juge de paix Pagnot, Pingt et son fils, refusant de crier *vive le roi*, sont fusillés et meurent en criant : *Vive la nation !* Un comité royal, présidé par Souchu, ancien receveur des gabelles, ordonnait ces meurtres. Quarante-quatre républicains furent égorgés les 11 et 12 mars ; on en avait jeté autant dans les cachots.

Combat de Saint-Florent. Le 11 mars, trois mille insurgés du district de Saint-Florent se portèrent au chef-lieu, demandant à grands cris l'exemption de la milice ; ils étaient conduits par Laurent Fleury, par André Michel, dit Chapelle, et par le nommé Foret. Vainement les administrateurs du district s'efforcent de les amener à la soumission ; des huées couvrent leurs voix : il fallut recourir aux armes. Tixier du Clozeau, commissaire du gouvernement, se met à la tête de la gendarmerie et d'une poignée de républicains. Un combat a lieu sur la place même de Saint-Florent ; quatre hommes sont tués. En même temps Tixier du Clozeau ordonne de faire avancer un canon et de tirer sur les jeunes révoltés. Ceux-ci s'élancent impétueusement sur les républicains, leur arrachent la pièce, la tournent contre eux, et les mettent en fuite. L'administration du district est envahie ; ses papiers brûlés, et les assignats qui s'y trouvent sont partagés entre les vainqueurs, qui passent la nuit en réjouissances.

Combat de Jallais (13 mars). Cathelineau, que les uns disent avoir été voiturier, d'autres ouvrier en laine, d'autres enfin boulanger, avant de rendre son nom célèbre, apprend à Pin-en-Mauges, qu'il habite, le combat de Saint-Florent. Cet homme, généralement estimé dans son pays, s'y faisait remarquer par une grande piété et par des mœurs austères. A la nouvelle de l'insurrection, il parcourt sa commune, appelle aux armes les habitans, et marche à leur tête contre un détachement de républicains posté avantageusement sur les hauteurs du château de Jallais, dans un retranchement défendu par une pièce de six, que les paysans vendéens nommèrent depuis le *Missionnaire*. Cathelineau franchit le coteau avec sa troupe; en dix minutes le poste est enlevé, les chefs sont faits prisonniers, et la pièce de canon reste au pouvoir des royalistes.

Combat de Chemillé (14 mars). Cathelineau, vainqueur, se porte aussitôt à Chemillé, village à deux lieues de Jallais, que défendaient deux cents républicains, et l'attaque avec la même ardeur. Il est d'abord accueilli par un feu très-vif. Après une demi-heure de combat, Chemillé reste en son pouvoir. Un grand nombre de prisonniers, trois couleuvrines, beaucoup de munitions et d'armes sont le résultat de cette victoire.

Combat et prise de Chollet (15 mars). La troupe de Cathelineau, grossie par les paysans des communes voisines, accourus au bruit de ses succès, s'avance sur Chollet, ville dépourvue d'une garnison suffisante. Deux paysans, l'un nommé Foret, et l'autre Stofflet, garde-chasse de M. de Maulévrier, et qui depuis s'illustra beaucoup dans cette guerre, accompagnaient Cathelineau. Les républicains, au nombre de cinq cents, sortent de la ville pour les attendre; les royalistes fondent sur eux, les enfoncent, les poursuivent dans Chollet, qui reste en leur pouvoir. Ils trouvèrent dans cette ville, chef-lieu d'un district, des armes, des munitions, quatre pièces de campagne, outre la *Marie-Jeanne* non moins fameuse que le *Missionnaire*.

La conquête de Chollet entraîna la Vendée entière. Alors des chefs nobles furent élus par les insurgés. Les paysans de l'Anjou mirent à leur tête d'Elbée, gentilhomme angevin, né en France d'une mère saxonne; il avait d'abord servi dans les troupes électorales, puis dans le régiment Dauphin, cavalerie. Stofflet et Cathelineau se joignirent à lui. D'un autre côté, le jour même de la prise de Chollet, les insurgés du district de Saint-Florent se portèrent en foule au château de la Baronnière, où résidait le marquis de Bonchamps; ils le proclamèrent leur chef. Artus de Bonchamps, militaire depuis son adolescence, n'avait alors que trente-trois ans, et avait déjà fait la guerre avec distinction dans les Grandes-Indes.

Les paysans qui avaient pris Machecoult, réunis à quatre mille insurgés commandés par le marquis de Laroche Saint-André, s'étaient avancés contre Pornic. Ils s'emparèrent de cette ville; mais pendant qu'ils se livraient au pillage, se gorgeant de vin et d'eau-de-vie, les républicains, commandés par le prêtre Abline, les en chassèrent deux heures après. Le massacre fut horrible. Les royalistes se retirèrent en désordre vers Machecoult, où Souchu rédigea un procès-verbal tendant à faire fusiller le marquis, comme ayant lâchement abandonné son poste. Ce dernier fut obligé de s'enfuir pour éviter la mort. Il fallait le remplacer. Les paysans se portèrent en foule chez Athanase Charette de la Contrie, lieutenant de vaisseau, alors retiré chez sa femme, à sa terre de Fonte-Clause, à deux lieues de Machecoult, près la Garnache. Charette résista deux jours entiers à toutes leurs prières. Enfin, le 18 mars, ils revinrent en plus grand nombre, et sommèrent Charette, avec menaces, de prendre le commandement. « Eh bien! leur dit-il, vous m'y forcez; je marche à votre tête: songez à m'obéir, ou je vous punirai sévèrement. » Charette les passa en revue et vint à Machecoult; il y jura dans l'église, sur l'Évangile, en présence des insurgés, qu'il périrait les armes à la main plutôt que d'abandonner son parti. « Promettez comme moi, dit-il en se tournant vers les paysans, que vous serez fidèles à la cause de l'autel et du trône... » Il lui fut répondu par une acclamation unanime. On marcha de nouveau sur Pornic, et le 29 mars cette ville fut de nouveau prise et pillée.

Les commencemens de cette guerre, dont nous avons emprunté les détails à l'histoire d'Alph. de Beauchamps, jetèrent l'épouvante dans les villes voisines. Dès le 11 mars, les administrateurs de la Loire-Inférieure écrivaient en ces termes aux départemens environnans : « Frères et amis, à notre secours ! notre département est en feu ; une insurrection générale vient de se manifester ; partout on sonne le tocsin, partout on pille, on assassine, on brûle ; partout les patriotes en petit nombre tombent victimes de la fureur et du fanatisme des révoltés..... Avez-vous des forces à nous prêter, des moyens de défense à nous fournir ? avez-vous des soldats, des hommes, du fer ? envoyez-les-nous, jamais on n'en eut plus besoin. » Dès le début, les paysans vendéens commirent des actes d'une férocité révoltante. Il faut les attribuer, dit l'historien que nous citons plus haut, au comité royaliste, présidé par Souchu. Il n'en est pas moins vrai que le premier exemple des atrocités qui souillèrent de part et d'autre cette guerre fut donné par les rebelles, et qu'elles ne furent du côté des républicains que des représailles exercées contre des provocateurs.

Combat de Saint-Vincent (19 mars). Les deux derniers faits d'armes pendant ce mois dignes d'être mentionnés sont le combat de Saint-Vincent et le siége des Sables-d'Olonne. Les Vendéens du centre, commandés par Royrand, Sapinaud, Baudry et Vrigneaux, menaçaient la ville de Fontenay, chef-lieu de la Vendée. Les républicains avaient là un petit corps d'armée commandé par le général Marcé. Le 19 mars ce général marcha contre les royalistes, et s'engagea dans le vallon du Laye. Au bout de trois heures de combat, sans que Marcé eût rien fait pour sauver ses troupes, Sapinaud et Royrand les mirent dans une déroute complète. Marcé fut accusé de trahison, destitué, envoyé au tribunal révolutionnaire, et condamné à mort.

Siége des Sables-d'Olonne (24 mars). Les deux chefs Joly et La Sécherie, à la tête d'une forte colonne, se présentèrent le 24 mars devant la ville des Sables-d'Olonne, défendue par une faible garnison. Cependant cette garnison, commandée par le général Foucault, repoussa les assiégeans dans une sortie. Joly laissa La Sécherie autour de la place, et alla chercher du renfort. Il revint le 27. La garnison fit encore une sortie, et prit position en avant de la ville. Les chefs vendéens envoyèrent au conventionnel Gaudin, qui partageait le commandement avec le général Foucault, un parlementaire portant sommation de se rendre à Louis XVII. Ceux-ci, pour toute réponse, donnent le signal du combat, qui reste indécis. Le conventionnel Nion, en mission à La Rochelle, instruit de la situation des Sables, envoie un renfort qui porte la garnison à quinze cents hommes. Joly, qui s'était encore éloigné momentanément pour chercher à grossir sa troupe, reparaît le 28, accompagné de Savin, qui se trouvait lui-même à la tête d'un rassemblement assez nombreux. Ces troupes réunies attaquent le soir même les républicains, et repoussent leurs avant-postes. Joly établit aussitôt des batteries à l'embranchement des deux routes de Nantes et de Beauvoir. Le lendemain 29, il fait tirer sur la ville à boulets rouges. Les assiégés redoublent d'efforts et leurs canonniers servent leurs pièces avec tant d'adresse, qu'ils parviennent à démonter celles des royalistes. La garnison fait une troisième sortie, fond sur les Vendéens, les charge la baïonnette en avant, leur tue trois cents hommes, les disperse, et s'empare de tout le matériel du camp. Joly et La Sécherie sont obligés d'abandonner leur entreprise.

La Convention nationale n'opposa d'abord à l'insurrection que des mesures législatives. Elle en reçut le premier avis officiel à la séance du 18 mars, par une lettre du commissaire Nion. Cette dépêche annonçait que Gaston et Verneuil étaient chefs des rebelles. Ce prétendu Gaston, perruquier, à qui Toulongeon et d'autres historiens de notre temps attribuent le gain d'une bataille et la prise de Chantonnay, est si peu connu dans la Vendée, qu'on l'a regardé depuis comme un personnage imaginaire. (A. Beauchamps, t. I, p. 114.) En outre des gardes nationales de Nantes et d'Angers, qui déployèrent un grand courage, la République n'avait dans ce pays d'autres troupes régulières que six mille hommes sous les ordres du général Labourdonnaye, et douze cents hommes sous ceux du général Marcé. Nous verrons, dans le mois prochain, quel système de répression armée la Convention ajouta à son fameux décret du 19 mars, par lequel elle mettait hors la loi tout individu prévenu d'avoir pris part aux révoltes contre-révolutionnaires.

ARMÉE DU RHIN.

Nous allons compléter notre bulletin des opérations relatives à la guerre étrangère. Notre tableau de la campagne de Belgique placé en tête du mois nous dispense de rien ajouter sur l'armée du Nord. Nous reprenons ici l'histoire de l'armée du Rhin à l'endroit où nous l'avons arrêtée en février.

Nous avons laissé le général Custine à Paris, où il était venu, sous prétexte d'affaires personnelles, pour se concerter avec le pouvoir exécutif sur la défense de Mayence et du Rhin. Il se tint un conseil chez Lebrun, ministre des affaires étrangères. On y agita la question de savoir si Mayence serait évacuée. Le général Grimoard, qui avait été appelé à cette conférence, fit adopter l'avis de non-évacuation, et Custine retourna à son armée.

Outre le corps de troupes qui couvrait, en avant de Mayence, les travaux de Cassel, souvent inquiétés par l'ennemi, les Français occupaient la rive gauche du Rhin jusqu'au-delà du confluent de la Nahe. Les Allemands étaient maîtres des deux rives du fleuve au-dessus de ce point, et communiquaient par des ponts construits à Bacharach, entre Bingen, Rhinfels et Coblentz. Le général Houchard commandait cette gauche des Français. Le général prussien Seckeli l'attaqua le 17 mars, et le força d'abord à se replier sur la Nahe; les Français furent renforcés, retournèrent à la charge, et repoussèrent les Prussiens.

Le 20, les généraux Custine, Neuwinger et Houchard s'avancèrent vers Stromberg, entre Creutznach et Bacharach, avec un renfort de dix bataillons, huit escadrons et un train d'artillerie. A l'aide d'une position dominante et bien choisie, le général Seckeli repoussa d'abord l'avant-garde, qui avait déjà pris poste sur une hauteur; cependant l'adjoint aux adjudans-généraux,

Barthélemi, qui commandait cette avant-garde, après l'avoir ralliée, la fit avancer en gravissant la montagne, chargea vigoureusement l'ennemi, et, malgré un feu très-vif, le força de se retirer dans les bois. Le général Custine se préparait à suivre cet avantage; mais, sur la nouvelle de la sortie de Trèves d'un corps considérable pour soutenir le général Seckeli, il appuya sa droite à Bingen, sa gauche à Creutznach, et poussa en avant de la Nahe des détachemens pour observer l'ennemi.

Les Prussiens, après avoir repassé le Rhin à Rhinfels et sur plusieurs points entre Bacharach et Coblentz, s'étaient réunis, le 23, dans le Hundsdruck, à une division de leurs troupes commandée par le général Kalckreuth, envoyé par le prince de Hohenlohe-Kirchberg. Kalckreuth marcha contre le général Custine, qui n'avait fait aucune des dispositions nécessaires pour défendre le passage de la Nahe, et avait même négligé de garnir des hauteurs et des gorges qui avoisinent cette rivière.

Le 26, les Prussiens se présentèrent sur deux colonnes devant Woldelgesheim, entre Bingen et Stromberg, défendu par un seul bataillon qui, attaqué par une colonne à droite et tourné par une autre à gauche, repoussa d'abord vigoureusement l'ennemi; mais vers trois heures après midi, les Prussiens, considérablement renforcés, étant revenus à la charge, malgré le renfort envoyé par le général Custine, le poste fut cerné et forcé; quelques bataillons prirent la fuite, et le général Neuwinger fut fait prisonnier. Cet échec força le centre des Français de repasser la Nahe, pour se porter sur Alsei, entre Bingen et Worms; leur droite se replia en même temps sur Mayence.

Le 28, le général Custine réunit ses forces à Alsei, tandis que les Prussiens entraient dans Bingen, d'où ils marchèrent le lendemain à Creutznach. Persuadé de l'impossibilité d'arrêter les ennemis, le général français crut devoir prendre le parti d'abandonner Mayence à ses propres forces, avec une garnison de quinze mille hommes, sous les ordres des généraux Doiré et Meunier. Le surplus des troupes eut ordre de se rendre à Worms, où Custine arriva le 29, couvert par une arrière-garde commandée par le général Houchard, qui s'arrêta à Ober-Flesheins, entre Alsei et Worms. Cette arrière-garde fut attaquée le 30, et contint pendant long-temps, par la vigueur de sa résistance, les Prussiens, qui étaient parvenus cependant à tourner le flanc droit de l'infanterie française, au moment où le général Custine parut à la tête de deux bataillons, et repoussa l'ennemi. Au moment où les Français arrivaient sur la hauteur, ils trouvèrent dix escadrons prussiens qui débouchaient par le côté opposé ; l'artillerie légère fit rétrograder cette cavalerie ; mais plusieurs colonnes ennemies s'étant présentées avec trente pièces de canon pour les soutenir, alors la charge fut ordonnée et exécutée ; l'ennemi plia, cependant il continua son feu. Dans cet instant la cavalerie française tomba sur les Prussiens, tandis que l'infanterie faisait un feu très-vif qui jonchait la terre de morts, ce qui décida enfin l'ennemi à se retirer, et laissa aux Français la facilité d'effectuer leur retraite de Worms sur Franckenthal, où ils arrivèrent la nuit du 30 au 31, et où l'on fut obligé de détruire des magasins immenses qui s'y trouvaient formés, ainsi qu'à Worms. Tous les effets de campement et la grosse artillerie étant restés à Mayence, l'armée bivouaqua à Neustadt le 31, et arriva le 1er avril sous les murs de Landau.

Le *Tableau historique des guerres de la révolution*, dont nous suivons ici la narration, dit que, parmi les fautes assez nombreuses qu'eut à se reprocher le général Custine, avant et après le passage de la Nahe, il en a commis une surtout qui eut des suites fâcheuses. Grace à son imprévoyance de retirer à propos de Mayence les troupes, les effets de campement, l'artillerie et les attirails de campagne qu'il ne voulait pas y laisser, et qui lui étaient indispensables pour opérer, le corps de sept mille hommes chargé d'escorter ces différens objets trouva le chemin coupé par les Prussiens, et n'étant pas assez fort pour se faire jour, fut obligé de rentrer dans Mayence, où il ne tarda pas à être bloqué et bientôt après assiégé.

AVRIL 1793.

Pendant quelques jours on craignit à Paris que Dumourier ne marchât avec son armée sur cette ville. Toutes les mesures prises par les sections et par les sociétés populaires annoncent cette crainte. Le mot d'ordre des Jacobins, depuis la trahison du général en chef, était : *Sauvons Paris!* Là, en effet, et là seulement la question révolutionnaire était bien connue ; là, les hommes appelés à résoudre cette question étaient sainement appréciés ; là, une volonté indomptable de faire triompher les principes nouveaux animait la majorité des citoyens. La nouvelle que Dumourier réuni au prince de Cobourg envahissait le territoire français, et qu'il serait bientôt sous les murs de la capitale, produisit un mouvement analogue à celui du 10 mars. Il fut à la vérité moins tumultueux et moins désordonné ; cependant les mêmes hommes que nous avons vus par leur conduite faire croire alors à une conspiration, viennent encore tenter une entreprise, et réussissent un moment. Varlet et quelques autres, alléguant un arrêté de la section des Droits-de-l'Homme (les Cordeliers), arrêté qui fut démenti par la section, comme l'avait été celui dont le même individu s'était autorisé dans la nuit du 9 au 10 mars, surprirent l'adhésion de quelques sections, et s'installèrent à l'évêché en qualité de *Comité central du salut public, correspondant avec les départemens, sous la sauvegarde du peuple.* Le 1er avril, le conseil-général de la Commune reconnut ce comité, et lui ouvrit un crédit pour les frais de bureau. Mais le 2, sur la dénonciation de l'assemblée électorale, et sur des plaintes nombreuses des sections, le même conseil rapporta son arrêté de la veille. Parmi les membres de ce comité, en outre de Varlet, figuraient un nommé Truchon, Grenier, clerc de procureur, mis aussitôt en état d'arrestation, et Naudrin, de la section du Panthéon. (*Journal de Paris*, numéro du 4 avril.) Ce Naudrin est le même que Landrin, dont il a été question lors des émeutes de février dans une lettre que nous avons transcrite du journal de Marat.

Nous allons assister aux attaques personnelles les plus violentes que se soient encore livrées les Girondins et les Montagnards. Robespierre se mesure maintenant corps à corps avec Brissot, Pétion, Guadet, Vergniaud. La tactique des Girondins consiste à faire passer la Montagne en masse pour la faction d'Orléans ; celle-ci repousse cette accusation en demandant sans cesse contre cette famille et contre les complices de Dumourier les décrets les plus rigoureux, et elle ne peut les obtenir. Les votes de la Convention montrent que la Gironde avait bien calculé en choisissant pour les missions départementales des députés du côté gauche.

Dès les premiers jours d'avril, Marat avait été nommé président des Jacobins. Le moment parut favorable aux Girondins pour achever de perdre Paris dans l'esprit des départemens. On y avait pu croire en effet, jusqu'ici, que cet homme qui ne leur était connu que par sa phrase sur la nécessité d'abattre un grand nombre de têtes, comptait à Paris fort peu de partisans. Aujourd'hui que les Jacobins se personnifiaient en lui, il était évident que la faction de Marat était prépondérante. Ils choisirent cette occasion pour le traduire au tribunal révolutionnaire, et voici comment leurs ennemis interprétèrent cette démarche.

A la séance des Jacobins du 12 avril, Robespierre monta à la tribune, et dit : « Je quitte l'assemblée, excédé de ce que j'ai vu (on avait discuté à la Convention sur la faction d'Orléans) ; il n'y a que la nécessité de vous éclairer sur les trames ourdies contre nous qui m'a fait abandonner la Convention pour me rendre ici. Il ne restait plus à nos adversaires qu'un coup de désespoir pour se sauver ; ils l'ont tenté avec une intrépidité scandaleuse. Guadet a exhalé tous les poisons d'une ame impure. On a demandé le décret d'accusation contre les plus chauds patriotes.

» Marat a parlé avec force, précision et en même temps avec modération. Il a peint les crimes de nos ennemis avec des couleurs capables de faire rougir tout homme qui a quelque sentiment de pudeur. On a opposé une résistance invincible à tous les efforts de la raison. Marat a été mis provisoirement en arrestation. Je vais vous dévoiler le but où tendent ces hommes. Ils ont senti qu'il ne leur restait d'autre parti à prendre que d'exciter à Paris un mouvement partiel qui leur fournît le prétexte d'anéantir la liberté. Ils veulent avoir l'occasion d'annoncer aux départemens, avant qu'ils soient éclairés, une sédition élevée en faveur de Marat !

» Dans le moment actuel, les départemens rapporteraient ce mouvement à toutes les calomnies des traîtres ; ils ne verraient d'autre cause apparente que l'arrestation de Marat ; et comme on ne verrait que Marat, dont le nom n'est pas dégagé des nuages dont la calomnie l'a environné, les départemens seraient entraînés par la prévention. Je ne doute pas, et j'en ai des avis certains, je ne doute pas que nos ennemis n'aient des émissaires pour exciter un mouvement ; je ne doute pas qu'ils n'aient des assassins à leur solde pour égorger les patriotes ; si vous avez le caractère de l'indignation calme et noble, l'injustice qu'ils ont consommée aujourd'hui tournera à leur désavantage, et ouvrira les yeux du peuple. Quand la République apprendra que le plus chaud des patriotes a été arrêté pour avoir dévoilé les crimes de Dumourier ; quand elle apprendra que les Vergniaud, les Guadet, les Brissot, les Gensonné et tous les amis de la Prusse et de l'Autriche, de l'infâme d'Orléans et de Dumourier, l'ont emporté sur les défenseurs des droits du peuple, alors tous les yeux seront dessillés.

» Je n'ai pas besoin de vous en dire davantage pour vous prouver que vous devez effrayer vos ennemis par une attitude imposante et calme ; que vous devez veiller autour de vous afin que les émissaires soudoyés par eux ne puissent renouveler les désordres qu'ils ont précédemment excités et qu'ils essaieront de reproduire pour nous calomnier.

» Je demande que tous les membres de cette société, que tous les citoyens des tribunes qui nous entendent, se répandent dans les sections pour éclairer le peuple sur les manœuvres des traîtres, et que la société des Jacobins confonde la calomnie en arrêtant une adresse dans laquelle elle prêchera le calme en dévoilant toute la scélératesse de nos ennemis. » — Ces propositions furent mises aux voix et adoptées par acclamation. (*Journal des Débats des Jacobins*, n. CCCXCIII.)

Marat fut mis en accusation le 13; le 14, la Commune de Paris, au nom de trente-cinq sections, vint à la barre de l'assemblée exprimer son vœu contre vingt-deux députés girondins, et demander que les départemens fussent consultés sur l'expulsion de ces indignes mandataires. Le 24, Marat fut porté en triomphe du tribunal révolutionnaire dans la salle de la Convention.

La marche des événemens est désormais si simple et si claire, que toute critique historique devient superflue; des considérations de ce genre ne pourraient que nuire à l'intérêt du drame révolutionnaire, que nous nous hâtons de placer sous les yeux de nos lecteurs.

Indépendamment de la polémique orageuse dont retentit à chaque instant la tribune de la Convention, des sujets constitutionnels y sont traités de temps à autre, et ils donnent lieu à quelques discours très-remarquables. La fameuse opinion de Saint-Just sur la Constitution fut prononcée le 24 avril; dans cette même séance Robespierre présenta sa Déclaration des droits, déjà unanimement adoptée par la société des Jacobins. La question des subsistances vient aussi se mêler à tous les conflits parlementaires; de nombreuses adresses demandent une loi qui fixe le *maximum* des denrées de première nécessité, et ajoutent un nouveau ferment aux discordes conventionnelles.

Nous divisons le mois d'avril en deux chapitres; dans l'un nous placerons le journal de la Convention, qui sera composé : 1° des séances de cette assemblée; 2° des séances de la Commune, de celles du tribunal révolutionnaire, de celles des Jacobins; séances recueillies par nous au jour le jour, selon leur importance. Nous y transcrirons aussi les articles de feuilles quotidiennes qui nous paraîtront avoir une valeur. Dans le second chapitre se trouveront l'histoire des départemens et le bulletin des armées.

CONVENTION NATIONALE.

séance du 1ᵉʳ avril. — *Présidence de Jean Débry.*

On lit un rapport où les commissaires rendent compte des propos et des vues de Dumourier. Ce général ne ménage ni les sociétés populaires, ni la Convention. Il a honte, dit-il, de voir la France en proie à trois cents imbéciles et à quatre cents brigands. Il ne dissimule plus l'intention de mettre fin à un tel état de choses et se dispose à marcher sur Paris. Un roi et la constitution de 1791 peuvent seuls assurer la tranquillité publique. Ce rapport est celui des commissaires Proly, Pereyra et Dubuisson.

[*Robespierre.* Vous avez entendu un rapport qui prouve que la République est exposée à de grands dangers. L'ordre du jour est donc de prendre les mesures nécessaires pour la sauver.

L'audace de Dumourier prouve qu'il croit être sûr que le moment de mettre à exécution son infâme complot est arrivé. Il n'y a pas un moment à perdre pour mettre la République en défense. Dumourier ne vous a pas dissimulé que son intention était de livrer la République à vos ennemis; et vous savez, citoyens, que vos places fortes sont sans défense. Comment donc hésiteriez-vous à prendre des mesures pour les mettre en état de résister aux efforts de l'ennemi? Je demande donc que la discussion s'ouvre à l'instant sur les mesures à prendre pour mettre nos frontières en état de défense.

Penières. Quelques jours après l'arrivée de Danton et de Lacroix de la Belgique, une lettre écrite par Dumourier fut renvoyée au comité de défense générale, sans avoir été lue à l'assemblée. (*Plusieurs membres* : Cela n'est pas vrai.)

La lettre fut apportée au comité de défense générale, où Danton fut appelé pour en entendre la lecture. Bréard, qui était alors président, dit qu'il était de son devoir d'en donner connaissance à l'assemblée. Lacroix lui répondit en ces termes : Quant à moi, si j'étais président, je ne balancerais pas un moment à exposer ma responsabilité, et la lettre ne serait pas lue;

car si un décret d'accusation devait être porté contre Dumourier, j'aimerais mieux que ma tête tombât que la sienne ; Dumourier est utile à l'armée.

Après cette explication, il fut arrêté que le lendemain on ferait renvoyer cette lettre au comité sans en faire la lecture. Après que ce renvoi fut décrété, Danton nous dit qu'il repartirait avec Lacroix, et qu'il promettait de faire rétracter Dumourier ; et il ajouta que, dans le cas où Dumourier s'y refuserait, il demanderait lui-même le décret d'accusation contre lui.

Qu'est-il arrivé ? Danton, de retour de Belgique, ne se présenta ni à l'assemblée, ni au comité. Je lui demande en ce moment pourquoi, ayant promis de faire rétracter Dumourier et ne l'ayant pas fait, n'a-t-il pas demandé contre lui le décret d'accusation ?

Bréard. Si l'on n'eût pas parlé de moi, je ne paraîtrais pas à cette tribune ; mais je dois répondre au fait sur lequel je suis interpellé.

Sur la fin d'une séance on me remit un paquet, je l'ouvris et je vis qu'il renfermait des lettres de la Belgique. Dans ce moment l'assemblée, composée de très-peu de membres, leva la séance ; je parcourus ces dépêches, et je crus devoir les communiquer au comité de défense générale, où j'annonçai que je les ferais lire le lendemain à l'assemblée ; on m'observa qu'il était imprudent de faire lire de pareilles lettres ; et, après m'avoir rassuré sur la crainte que j'avais que ma responsabilité ne fût compromise, il fut décidé qu'elles ne seraient pas lues. Voilà le fait qui me concerne. Quant à ce que dit Penières relativement à Danton, je ne me le rappelle nullement.

Danton. Je commence par bien préciser l'interpellation qui m'est faite ; elle se réduit à ceci : Vous avez dit, Danton, que, si vous ne parveniez pas à faire écrire à Dumourier une lettre qui détruisît l'effet de la première, vous demanderiez contre lui le décret d'accusation. Cette lettre n'ayant point eu lieu, pourquoi n'avez-vous pas tenu votre promesse ?

Voilà la manière dont je suis interpellé. Je vais donner les éclaircissemens qui me sont demandés.

D'abord j'ai fait ce que j'avais annoncé : la Convention a reçu une lettre par laquelle Dumourier demandait qu'il ne fût fait de rapport sur sa première qu'après que la Convention aurait entendu les renseignemens que devaient lui donner ses commissaires. Cette lettre ne nous satisfit pas, et, après avoir conféré avec lui, nous acquîmes la conviction qu'il n'y avait plus rien à attendre de Dumourier pour la République.

Arrivé à Paris à neuf heures du soir, je ne vins pas au comité ; mais le lendemain j'ai dit que Dumourier était devenu tellement atroce, qu'il avait dit que la Convention était composée de trois cents imbéciles et de quatre cents brigands. J'ai demandé au comité que tout fût dévoilé : ainsi tous ceux qui s'y sont trouvés ont dû voir que mon avis était qu'il fallait arracher Dumourier à son armée.

Mais ce fait ne suffit pas ; il importe que la Convention et la nation entière sachent la conduite qu'ont tenue vos commissaires à l'égard de Dumourier, et il est étrange que ceux qui constamment ont été en opposition de principes avec lui soient aujourd'hui accusés comme ses complices.

Qu'a voulu Dumourier ? Établir un système financier dans la Belgique. Qu'a voulu Dumourier ? Point de réunion. Quels sont ceux qui ont fait les réunions ? Vos commissaires. La réunion du Hainaut, dit Dumourier, s'est faite à coups de sabre. Ce sont encore vos commissaires qui l'ont faite. C'est nous que Dumourier accuse des malheurs de la Belgique ; c'est nous qu'il accuse d'avoir fait couler le sang dans le Hainaut, et par une fatalité inconcevable, c'est nous qu'on accuse de protéger Dumourier.

J'ai dit que Dumourier avait conçu un plan superbe d'invasion de la Hollande ; si ce plan eût réussi, il aurait peut-être épargné bien des crimes à Dumourier ; peut-être l'aurait-il voulu faire tourner à son profit, mais l'Angleterre n'en aurait pas été moins abaissée et la Hollande conquise.

Voilà le système de Dumourier ; Dumourier se plaint des sociétés populaires et du tribunal extraordinaire; il dit que bientôt Danton n'aura plus de crédit que dans la banlieue de Paris. (*Une voix* : Ce sont les décrets de l'assemblée, et non vous.) On m'observe que je suis dans l'erreur, je passe à un autre fait plus important : c'est que Dumourier a dit à l'armée que, si Danton et Lacroix y reparaissaient, il les ferait arrêter. Citoyens, les faits parlent d'eux-mêmes ; on voit facilement que la commission a fait son devoir.

Dumourier s'est rendu criminel, mais ses complices seront bientôt connus. J'ai déjà annoncé que Dumourier a été égaré par les impulsions qu'il a reçues de Paris, et qu'il était aigri par les écrits qui présentaient les citoyens les plus énergiques comme des scélérats. La plupart de ces écrits sont sortis de cette enceinte. Je demande que la Convention nomme une commission pour débrouiller ce chaos et pour connaître les auteurs de ce complot. Quand on verra comment nous avons combattu les projets de Dumourier, quand on verra que vous avez ratifié tous les arrêtés que nous avons pris, il ne restera plus aucun soupçon sur notre conduite.

Citoyens, ce n'est point assez de découvrir d'où viennent nos maux, il faut leur appliquer un remède immédiat; vous avez, il est vrai, ordonné un recrutement, mais cette mesure est trop lente; je crois que l'assemblée doit nommer un comité de la guerre chargé de créer une armée improvisée. Les ennemis veulent se porter sur Paris; leur complice vous l'a dévoilé; je demande qu'il soit pris des mesures pour qu'un camp de cinquante mille hommes soit formé à vingt lieues de Paris; ce camp fera échouer les projets de nos ennemis, et pourra au besoin servir à compléter les armées.

Je demande aussi que mes collègues dans la Belgique soient rappelés sur-le-champ. (*Plusieurs membres* : Cela est fait.) Je demande aussi que le conseil exécutif rende un compte exact de nos opérations dans la Belgique; l'assemblée acquerra les lumières qui lui sont nécessaires, et elle verra que nous avons toujours été en contradiction avec Dumourier.

Si vos commissaires avaient fait enlever Dumourier au moment où il était à la tête de son armée, on aurait rejeté sur eux la désorganisation de cette armée. Vos commissaires, quoique investis d'un grand pouvoir, n'ont rien pour assurer le succès de leurs opérations; les soldats ne nous prennent, en arrivant aux armées, que pour de simples secrétaires de commission; il aurait fallu que la Convention donnât à ceux qu'elle charge de promulguer ses lois à la tête des armées une sorte de décoration moitié civile et moitié militaire.

Que pouvaient faire de plus vos commissaires, sinon de dire : il y a urgence, il faut arracher promptement Dumourier de la tête de son armée? Si nous avions voulu employer la force, elle nous eût manqué; car quel général, au moment où Dumourier exécutait sa retraite, et lorsqu'il était entouré d'une armée qui lui était dévouée, eût voulu exécuter nos ordres? Dumourier était constamment, jour et nuit, à cheval, et jamais il n'y a eu deux lieues de retraite sans un combat; ainsi il nous était impossible de l'arrêter. Nous avons fait notre devoir, et j'appelle sur ma tête toutes les dénonciations, sûr que ma tête, loin de tomber, sera la tête de Méduse qui fera trembler tous les aristocrates.

Lasource. Ce n'est point une accusation formelle que je vais porter contre Danton, mais ce sont des conjectures que je vais soumettre à l'assemblée. Je ne sais point déguiser ce que je pense; ainsi je vais dire franchement l'idée que la conduite de Lacroix et de Danton a fait naître dans mon esprit.

Dumourier a ourdi un plan de contre-révolution; l'a-t-il ourdi seul, oui ou non?

Danton a dit qu'il n'avait pas pu, qu'il n'avait osé sévir contre Dumourier, parce qu'au moment où il se battait aucun officier général n'aurait voulu exécuter ses ordres. Je réponds à Danton qu'il est bien étonnant qu'il n'ait osé prendre aucune mesure contre Dumourier, tandis qu'il nous a dit que l'armée était tellement républicaine que, malgré la confiance qu'elle avait dans son général, si elle lisait dans un journal que Dumourier a été décrété d'accusation, elle l'amènerait elle-même à la barre de l'assemblée.

Danton vient de dire qu'il avait assuré le comité que la République n'avait plus rien à espérer de Dumourier. J'observe à l'assemblée que Danton a dit au comité que Dumourier a perdu la tête en politique, mais qu'il conservait tous ses talens militaires; alors Robespierre demanda que la conduite de Dumourier fût examinée; Danton s'y opposa, et dit qu'il ne fallait prendre aucune mesure contre lui avant que la retraite de la Belgique fût entièrement effectuée. Son opinion fut adoptée.

Voilà les faits : voici comme je raisonne.

Maure. Je demande à dire un fait, c'est qu'on a proposé d'envoyer Gensonné, qui avait tout pouvoir sur Dumourier, afin de traiter avec lui du salut de la République.

Plusieurs membres. C'est vrai.

Lasource. Voici comme je raisonne. Je dis qu'il y avait un plan de formé pour rétablir la royauté, et que Dumourier était à la tête de ce plan. Que fallait-il faire pour le faire réussir? Il fallait maintenir Dumourier à la tête de son armée. Danton est venu à la tribune, et a fait le plus grand éloge de Dumourier. S'il y avait un plan de formé, pour faire réussir les projets de Dumourier que fallait-il faire? Il fallait se populariser. Qu'a fait Lacroix? Lacroix en arrivant de Belgique a affecté un patriotisme exagéré dont jusqu'à ce moment il n'avait donné aucun exemple (De violens murmures se font entendre.), et pour mieux dire, Lacroix se déclara montagnard. L'avait-il fait jusqu'alors? Non. Il tonna contre les citoyens qui ont voté l'appel au peuple, et contre ceux qu'on désigne sous le nom d'hommes d'état. L'avait-il fait jusqu'alors? Non.

Pour faire réussir la conspiration tramée par Dumourier, il fallait acquérir la confiance populaire, il fallait tenir les deux extrémités du fil. Lacroix reste dans la Belgique; Danton vient ici; il y vient pour prendre des mesures de sûreté générale; il assiste au comité, et il se tait... (*Danton.* Cela est faux. — *Plusieurs voix.* C'est faux.) Ensuite Danton, interpellé de rendre compte des motifs qui lui ont fait abandonner la Belgique, parle d'une manière insignifiante. Comment se fait-il qu'après avoir rendu son compte, Danton reste à Paris? Avait-il donné sa démission? Non. Si son intention était de ne pas retourner dans la Belgique, il fallait qu'il le dît, afin que l'assemblée le remplaçât; et, dans le cas contraire, il devait y retourner.

Pour faire réussir la conspiration de Dumourier, que fallait-il faire? Il fallait faire perdre à la Convention la confiance publique. Que fait Danton? Danton paraît à la tribune, et là il reproche à l'assemblée d'être au-dessous de ses devoirs; il annonce une nouvelle insurrection; il dit que le peuple est prêt à se lever, et cependant le peuple était tranquille. Il n'y avait pas de marche plus sûre pour amener Dumourier à ses fins que de ravaler la Convention et de faire valoir Dumourier; c'est ce qu'a fait Danton.

Pour protéger la conspiration, il fallait exagérer les dangers de la patrie : c'est ce qu'ont fait Lacroix et Danton; on savait qu'en parlant de revers, il en résulterait deux choses : la première, que les âmes timides se cacheraient; la seconde, que le peuple, en fureur de se voir trahir, se porterait à des mouvemens qu'il est impossible de retenir.

En criant sans cesse contre la faction des hommes d'état, ne semble-t-il pas qu'on se ménageait ici un mouvement, tandis que Dumourier se serait avancé à la tête de son armée?

Citoyens, voilà les nuages que j'ai vus dans la conduite de vos commissaires. Je demande comme Danton que vous nommiez une commission *ad hoc* pour examiner les faits et découvrir les coupables. Cela fait, je vous propose une mesure de salut public. Je crois que la conduite de Dumourier, mal connue de son armée, pourrait produire quelques mouvemens funestes. Il faut l'éclairer; il faut qu'elle et la France entière sachent les mesures que vous avez prises; car Dumourier est, comme le fut jadis La Fayette, l'idole de la République. (De violens murmures et des cris *non, non*, s'élèvent dans toutes les parties de la salle.) Pour prévenir les inquiétudes que nos revers ont pu faire naître dans l'ame des Français, il faut que la nation sache que, si l'armée a été battue, c'est qu'elle a été trahie; il faut que la nation sache que, tant que son général a voulu la liberté, l'armée a marché à des triomphes.

Je termine par une observation. Vous voyez maintenant à découvert le projet de ceux qui parlaient au peuple de couper des têtes, vous voyez s'ils ne voulaient pas la royauté. Je sais bien que le peuple ne la voulait pas, mais il était trompé. On lui parle sans cesse de se lever. Eh bien! peuple français, lève-toi, suis le conseil de tes plus perfides ennemis, forge-toi des chaînes, car c'est la liberté qu'on veut perdre, et non pas quelques membres de la Convention.

Et vous, mes collègues, souvenez-vous que le sort de la liberté est entre vos mains; souvenez-vous que le peuple veut la justice. Il a vu assez long-temps le capitole et le trône, il veut voir maintenant la roche tarpéienne et l'échafaud. (Applaudissemens.) Le tribunal que vous avez créé ne marche pas encore; je demande :

1° Qu'il rende compte tous les trois jours des procès qu'il a jugés et de ceux qu'il instruit : de cette manière on saura s'il a fait justice.

2° Je demande que les citoyens Égalité et Sillery, qui sont inculpés, mais que je suis loin de croire coupables, soient mis en état d'arrestation chez eux.

3° Je demande que la commission demandée par Danton soit à l'instant organisée;

4° Que le procès-verbal qui vous a été lu soit imprimé, envoyé aux départemens et aux armées; qu'une adresse soit jointe à ce procès-verbal; ce moyen est puissant, car lorsque le peuple voit une adresse de l'assemblée nationale, il croit voir un oracle. Je demande enfin, pour prouver à la nation que nous ne capitulerons jamais avec un tyran, que chacun d'entre nous prenne l'engagement de donner la mort à celui qui tenterait de se faire roi ou dictateur. (Une acclamation unanime se fait entendre; les applaudissemens et les cris *oui, oui,* se répètent à plusieurs reprises. L'assemblée entière est levée; tous les membres, dans l'attitude du serment, répètent celui de Lasource. Les tribunes applaudissent.)

Biroteau. Je demande la parole pour un fait intéressant. Au comité de défense générale, où l'on agita les moyens de sauver la patrie, Fabre-d'Églantine, qu'on connaît très-lié avec Danton, qui dans une séance précédente avait fait son éloge, Fabre-d'Églantine, dis-je, annonça qu'il avait un moyen sûr de sauver la République, mais qu'il n'osait pas en faire part, attendu qu'on calomniait sans cesse les opinions. On le rassura en lui disant que les opinions étaient libres, et que d'ailleurs tout ce qui se disait au comité y demeurait enseveli. Alors Fabre-d'Églantine, à mots couverts, proposa un roi. (De violens murmures se font entendre.)

Plusieurs membres s'écrient à la fois : *Cela n'est pas vrai.*

Danton. C'est une scélératesse; vous avez pris la défense du roi, et vous voulez rejeter vos crimes sur nous.

Biroteau. Je vais rendre les propres paroles de Fabre avec la réponse qu'on lui fit. Il dit..... (De nouveaux murmures s'élèvent.)

Delmas. Je demande la parole au nom du salut public.

Citoyens, je me suis recueilli; j'ai écouté tout ce qui a été dit à cette tribune. Mon opinion est que l'explication qu'on provoque dans ce moment doit perdre la République. Le peuple vous a envoyés pour sauver la chose publique; vous le pouvez; mais il faut éloigner cette explication. Et moi aussi j'ai des soupçons, mais ce n'est pas le moment de les éclaircir.

Je demande que l'on nomme la commission proposée par Lasource; qu'on la charge de recueillir tous les faits, et ensuite on les fera connaître au peuple français.

La proposition de Delmas est adoptée unanimement.

Danton. Je somme Cambon, sans personnalités, sans s'écarter de la proposition qui vient d'être décrétée, de s'expliquer sur un fait d'argent, sur 100,000 écus qu'on annonce avoir été remis à

Danton et Lacroix, et de dire la conduite que la commission a tenue relativement à la réunion.....

Plusieurs voix. Le renvoi à la commission.

Cette proposition est décrétée.

Danton retourne à sa place; toute l'extrémité gauche se lève et l'invite à retourner à la tribune pour être entendu. — Des applaudissemens s'élèvent dans les tribunes, et se prolongent pendant quelques instans.

Danton s'élance à la tribune. — Les applaudissemens des tribunes continuent avec ceux d'une grande partie de l'assemblée.

Le président se couvre pour rétablir l'ordre et le silence. — Le calme renaît.

Le président. Citoyens, je demande la parole, et je vous prie de m'écouter en silence.

Différentes propositions ont été faites; on avait provoqué une explication sur des faits qui inculpaient des membres de la Convention. Delmas a demandé la nomination d'une commission chargée d'examiner les faits et d'en rendre compte à l'assemblée. Cette proposition a été adoptée à l'unanimité. Danton s'y était rendu; maintenant il demande la parole pour des explications; je consulte l'assemblée.

Toute la partie gauche. Non, non, il a la parole de droit.

Un grand nombre de membres de l'autre côté réclament avec la même chaleur le maintien du décret. — L'assemblée est long-temps agitée.

Lasource. Je demande que Danton soit entendu, et je déclare qu'il n'est entré dans mon procédé aucune passion.

Le président. Citoyens, dans cette crise affligeante le vœu de l'assemblée ne sera pas équivoque. Je vais le prendre.

L'assemblée consultée accorde la parole à Danton à une très-grande majorité.

Danton. Je dois commencer par vous rendre hommage comme vraiment amis du salut du peuple, citoyens qui êtes placés à cette montagne (se tournant vers l'amphithéâtre de l'extrémité gauche); vous avez mieux jugé que moi. J'ai cru long-temps que quelle que fût l'impétuosité de mon caractère, je devais tempérer les moyens que la nature m'a départis; je devais employer, dans les circonstances difficiles où m'a placé ma mission, la modération que m'ont paru commander les événemens. Vous m'accusiez de faiblesse : vous aviez raison, je le reconnais devant la France entière. Nous, faits pour dénoncer ceux qui par impéritie ou scélératesse ont constamment voulu que le tyran échappât au glaive de la loi... (Un très-grand nombre de membres se lèvent en criant *oui, oui,* et indiquant du geste les membres placés dans la partie droite. — Des rumeurs et des récriminations violentes s'élèvent dans cette partie.) Eh bien! ce sont ces mêmes hommes.... (Les murmures continuent à la droite de la tribune. — L'orateur, se tournant vers les interrupteurs) : Vous me répondrez, vous me répondrez.... Citoyens, ce sont, dis-je, ces mêmes hommes qui prennent aujourd'hui l'attitude insolente de dénonciateurs..... (Grangeneuve interrompt. — Les murmures d'une grande partie de l'assemblée couvrent sa voix.)

Grangeneuve. Je demande à faire une interpellation à Danton.....

Un grand nombre de voix. Vous n'avez pas la parole... A l'Abbaye !

Danton. Et d'abord, avant que d'entrer aussi à mon tour dans des rapprochemens, je vais répondre. Que vous a dit Lasource? Quelle que soit l'origine de son roman, qu'il soit le fruit de son imagination ou la suggestion d'hommes adroits.... (De nouveaux murmures s'élèvent dans la partie de la salle à la droite de la tribune.)

Albitte. Nous avons tranquillement écouté Lasource, soyez tranquilles à votre tour.

Danton. Soit que cet homme, dont on s'est emparé plusieurs fois dans l'assemblée législative, ait voulu préparer, ce que j'aime à ne pas croire, le poison de la calomnie contre moi pour la faire circuler pendant l'intervalle qui s'écoulera entre sa dénonciation et le rapport général qui doit vous être fait sur cette affaire; je n'examine pas maintenant ses intentions; mais que vous a-t-il dit? qu'à mon retour de la Belgique je ne me suis pas présenté au comité de défense générale. Il en a menti. Plusieurs de mes collègues m'ont cru arrivé vingt-quatre heures avant mon retour effectif, pensant que j'étais parti le jour même de l'arrêté de la commission; je ne suis arrivé que le vendredi 29, à huit heures du soir. Fatigué de ma course et du séjour que j'ai fait à l'armée, on ne pouvait exiger que je me transportasse immédiatement au comité. Je sais que les soupçons de l'inculpation m'ont précédé. On a représenté vos commissaires comme les causes de la désorganisation de l'armée. Nous, désorganisateurs! nous, qui avons rallié les soldats français; nous, qui avons fait déloger l'ennemi de plusieurs postes importans! Ah, sans doute tel a dit que nous étions venus pour sonner l'alarme, qui, s'il eût été témoin de notre conduite, vous aurait dit que nous étions faits pour braver le canon autrichien, comme nous braverons les complots et les calomnies des ennemis de la liberté.

J'en viens à la première inculpation de Lasource. En arrivant, je n'étais pas même instruit qu'il dût y avoir comité ce jour-là. Me fera-t-on un crime d'avoir été retenu quelques heures chez moi pour réparer mes forces affaiblies par le voyage et par la nécessité de manger? Dès le lendemain je suis allé au comité, et quand on vous a dit que je n'y ai donné que de faibles détails, on a encore menti. J'adjure tous mes collègues qui étaient présens à cette séance : j'ai dit que Dumourier regardait la Convention comme un composé de 300 hommes stupides et de 400 scélérats. « Que peut faire pour la République, ai-je ajouté, un homme dont l'imagination est frappée de pareilles idées? Arrachons-le à son armée. » .... (L'orateur se tournant vers l'extrémité gauche de la salle.) N'est-ce pas cela que j'ai dit? (*Plusieurs voix* : Oui, oui.) Il y a plus, Camus, qu'on ne soupçonnera pas d'être mon partisan individuel, a fait un récit qui a coupé le mien; et ici j'adjure encore mes collègues. Il a fait un rapport dont les détails se sont trouvés presque identiques avec le mien. (*Plusieurs voix* : Cela est vrai.) Ainsi, il est résulté de ce que nous avons dit en commun un rapport effectif au comité.

Lasource trouve étrange que je sois resté à Paris, tandis que ma mission me rappelait dans la Belgique ; il cherche à faire croire à des intelligences entre Lacroix et moi, dont l'un serait resté à l'armée, et l'autre à Paris, pour diriger à la fois les deux fils de la conspiration.

Lasource n'est pas de bonne foi ; Lasource sait bien que je ne devais partir qu'autant que j'aurais des mesures à porter avec moi ; que j'avais demandé et déclaré que je voulais rendre compte à la Convention de ce que je savais. Il n'y a donc dans ma présence ici aucun rapport avec les événemens de la Belgique, aucun délit, rien qui puisse faire soupçonner une connivence. Lasource vous a dit : Danton et Lacroix ont proclamé que, si un décret d'accusation était porté contre Dumourier, il s'exécuterait, et qu'il suffirait que le décret fût connu par les papiers publics pour que l'armée l'exécutât elle-même. Comment donc ces mêmes commissaires n'ont-ils pas fait arrêter Dumourier ?.... Je ne nie pas le propos cité par Lasource ; mais avions-nous le décret d'accusation dont j'ai parlé ? Pouvions-nous prendre la résolution d'enlever Dumourier, lorsque nous n'étions à l'armée que Lacroix et moi, lorsque la commission n'était pas rassemblée ? Nous nous sommes rendus vers la commission, et c'est elle qui a exigé que Lacroix retournât vers l'état-major, et qui a jugé qu'il y aurait du danger pour la retraite même de l'armée à enlever Dumourier. Comment se fait-il donc qu'on me reproche, à moi individu, ce qui est du fait de la commision ? La correspondance des commissaires prouve qu'ils n'ont pu se saisir de l'individu Dumourier. Qu'auraient-ils donc fait en notre place ceux qui nous accusent, eux qui ont signé des taxes, quoiqu'il y ait un décret contraire ? (On applaudit dans une grande partie de l'assemblée.)

Je dois dire un fait qui s'est passé dans le comité même de sûreté générale. C'est que, lorsque je croyais du danger à ce qu'on lût la lettre de Dumourier, et à s'exposer d'engager un combat au milieu d'une armée en retraite, en présence de l'ennemi, je proposai cependant des mesures pour que l'on parvînt à se saisir du général, au moment où on pourrait le faire sans inconvénient. Je demandai que les amis mêmes de Dumourier, que Guadet, Gensonné, se rendissent à l'armée ; que, pour lui ôter toute défiance, les commissaires fussent pris dans les deux partis de la Convention, et que par là il fût prouvé en même temps que, quelles que soient les passions qui vous divisent, vous êtes unanimes pour ne jamais consentir à recevoir la loi d'un seul homme. (On applaudit.) Ou nous le guérirons momentanément, leur disais-je, ou nous le garrotterons. Je demande si l'homme qui proférait ces paroles peut être accusé d'avoir eu des *ménagemens* pour Dumourier.

Quels sont ceux qui ont pris constamment des ménagemens ? Qu'on consulte les canaux de l'opinion, qu'on examine ce qu'on disait partout, par exemple dans le journal qui s'intitule *Patriote français* : on y disait que Dumourier était *loin d'associer ses lauriers aux cyprès du 2 septembre*. C'est contre moi qu'on excitait Dumourier. Jamais on n'a eu la pensée de nous associer dans les mêmes complots ; nous ne voulions pas prendre sur nous la responsabilité de l'enlèvement de Dumourier ; mais je demande si l'on ne m'a pas vu déjouer constamment la politique de ce général ; ses projets de finances, les projets d'ambition qu'il pouvait avoir sur la Belgique, je les ai constamment mis à jour. Je le demande à Cambon : il dira, par exemple, la conduite que j'ai tenue relativement aux 300,000 liv. de dépenses qui ont été secrètement faites dans la Belgique.

Et aujourd'hui, parce que j'ai été trop sage et trop circonspect, parce qu'on a eu l'art de répandre que j'avais un parti, que je voulais être *dictateur* ; parce que je n'ai pas voulu, en répondant à mes adversaires, produire de trop rudes combats, occasionner des déchiremens dans cette assemblée, on m'accuse de mépriser et d'avilir la Convention !

Avilir la Convention ! Et qui plus que moi a constamment cherché à relever sa dignité, à fortifier son autorité ? N'ai-je pas parlé de mes ennemis mêmes avec une espèce de respect ? (Se tournant vers la partie droite.) Je vous interpelle, vous qui m'accusez sans cesse.... (*Plusieurs voix* : Tout à l'heure vous venez de prouver votre respect.) Tout à l'heure, cela est vrai ; ce que vous me reprochez est exact ; mais pourquoi ai-je abandonné le système du silence et de la modération? Parce qu'il est un terme à la prudence, parce que quand on se sent attaqué par ceux-là même qui devraient s'applaudir de ma circonspection, il est permis d'attaquer à son tour et de sortir des limites de la patience. (On applaudit dans une grande partie de l'assemblée.)

Mais comment se fait-il que l'on m'impute à crime la conduite d'un de mes collègues? Oui sans doute, j'aime Lacroix; on l'inculpe parce qu'il a eu le bon esprit de ne pas partager, je le dis franchement, je le tiens de lui, parce qu'il n'a pas voulu partager les vues et les projets de ceux qui ont cherché à sauver le tyran. (De violens murmures s'élèvent dans la partie droite. — Les plus vifs applaudissemens éclatent dans une grande partie du côté opposé et dans les tribunes.)

Quelques voix s'élèvent pour demander que Danton soit rappelé à l'ordre.

Duhem. Oui, c'est vrai, on a conspiré chez Roland, et je connais le nom des conspirateurs.

Maure. C'est Barbaroux, c'est Brissot, c'est Guadet.

Danton. Parce que Lacroix s'est écarté du fédéralisme et du système perfide de l'appel au peuple, parce que lorsque, après l'époque de la mort de Lepelletier on lui demanda s'il voulait que la Convention quittât Paris, il fit sa profession de foi en répondant : « J'ai vu qu'on a armé de préventions tous les départemens contre Paris ; je ne suis pas des vôtres » ; on a inculpé Lacroix; parce que, patriote courageux, sa manière de voter dans l'assemblée a toujours été conséquente à la conduite qu'il a tenue dans la grande affaire du tyran; il semble aujourd'hui que moi, j'en ai fait mon second en conjuration. Ne sont-ce pas là les conséquences, les aperçus jetés en avant par Lasource? (*Plusieurs voix à la droite de la tribune* : Oui, oui.)

Une autre voix : Ne parlez pas tant, mais répondez.

Danton. Eh! que voulez-vous que je réponde? J'ai d'abord

réfuté pleinement les détails de Lasource ; j'ai démontré que j'avais rendu au comité de défense générale le compte que je lui devais ; qu'il y avait identité entre mon rapport et celui de Camus, qui n'a été qu'un prolongement du mien ; que si Dumourier n'a pas été déjà amené pieds et poings liés à la Convention, ce ménagement n'est pas de mon fait. J'ai répondu enfin assez pour satisfaire tout homme de bonne foi (*Plusieurs voix dans l'extrémité gauche* : Oui, oui) ; et certes, bientôt je tirerai la lumière de ce chaos. Les vérités s'amoncelleront et se dérouleront devant vous. Je ne suis pas en peine de ma justification.

Mais tout en applaudissant à cette commission que vous venez d'instituer, je dirai qu'il est étrange que ceux qui ont fait la réunion contre Dumourier, qui, tout en rendant hommage à ses talens militaires, ont combattu ses opinions politiques, se trouvent être ceux contre lesquels cette commission paraît être principalement dirigée.

Nous, vouloir un roi ! Encore une fois les plus grandes vérités, les plus grandes probabilités morales restent seules pour les nations. Il n'y a que ceux qui ont eu la stupidité, la lâcheté de vouloir ménager un roi, qui peuvent être soupçonnés de vouloir rétablir le trône ; il n'y a que ceux qui constamment ont cherché à exaspérer Dumourier contre les sociétés populaires et contre la majorité de la Convention ; il n'y a que ceux qui ont présenté notre empressement à venir demander des secours pour une armée délabrée comme une pusillanimité ; il n'y a que ceux qui ont manifestement voulu punir Paris de son civisme, armer contre lui les départemens.... (*Un grand nombre de membres se levant, et indiquant du geste la partie droite* : Oui, oui, ils l'ont voulu.)

Marat. Et leurs petits soupers.

Danton. Il n'y a que ceux qui ont fait des soupers clandestins avec Dumourier quand il était à Paris. (On applaudit dans une grande partie de la salle.)

Marat. Lasource !...... Lasource en était....., Oh ! je dénoncerai tous les traîtres.

Danton. Oui, eux seuls sont les complices de la conjuration. (De vifs applaudissemens s'élèvent à l'extrémité gauche et dans les tribunes.) Et c'est moi qu'on accuse.... moi !.... Je ne crains rien de Dumourier, ni de tous ceux avec qui j'ai été en relation. Que Dumourier produise une seule ligne de moi qui puisse donner lieu à l'ombre d'une inculpation, et je livre ma tête.

Marat. Il y a les lettres de Gensonné..... C'est Gensonné qui était en relation intime avec Dumourier.

Gensonné. Danton, j'interpelle votre bonne foi. Vous avez dit avoir vu la minute de mes lettres; dites ce qu'elles contenaient.

Danton. Je ne parle pas textuellement de vos lettres, je n'ai point parlé de vous ; je reviens à ce qui me concerne.

J'ai, moi, quelques lettres de Dumourier; elles prouveront qu'il a été obligé de me rendre justice ; elles prouveront qu'il n'y avait nulle identité entre son système politique et le mien ; c'est à ceux qui ont voulu le fédéralisme. (*Plusieurs voix :* Nommez-les !)

Marat, se tournant vers les membres de la partie droite : Non, vous ne parviendrez pas à égorger la patrie !

Danton. Voulez-vous que je dise quels sont ceux que je désigne ?

Un grand nombre de voix : Oui, oui.

Danton. Écoutez !

Marat, se tournant vers la partie droite : Écoutez !

Danton. Voulez-vous entendre un mot qui paie pour tous ?

Les mêmes cris s'élèvent : Oui, oui.

Danton. Eh bien! je crois qu'il n'est plus de trêve entre la Montagne, entre les patriotes qui ont voulu la mort du tyran, et les lâches qui, en voulant le sauver, nous ont calomniés dans la France. (Un grand nombre de membres de la partie gauche se lèvent simultanément et applaudissent. — *Plusieurs voix se font entendre :* Nous sauverons la patrie !)

Danton. Eh ! qui pourrait se dispenser de proférer ces vérités, quand, malgré la conduite immobile que j'ai tenue dans cette assemblée, quand vous représentez ceux qui ont le plus de sang-froid et de courage comme des ambitieux ; quand, tout en semblant me caresser, vous me couvrez de calomnies ; quand beaucoup d'hommes qui me rendent justice individuellement me présentent à la France entière dans leur correspondance comme voulant ruiner la liberté de mon pays ? Cent projets absurdes de cette manière ne m'ont-ils pas été successivement prêtés ? Mais jamais la calomnie n'a été conséquente dans ses systèmes ; elle s'est repliée de cent façons sur mon compte, cent fois elle s'est contredite. Dès le commencement de la révolution, j'avais fait mon devoir, et vous vous rappelez qu'alors je fus calomnié ; j'ai été de quelque utilité à mon pays lorsqu'à la révolution du 10 août Dumourier lui-même reconnaissait que j'avais apporté du courage dans le conseil, et que je n'avais pas peu contribué à nos succès. Aujourd'hui, les homélies misérables d'un vieillard cauteleux, reconnu tel, ont été le texte de nouvelles inculpations ; et, puisqu'on veut des faits, je vais vous en dire sur Roland. Tel est l'excès de son délire, et Garat lui-même m'a dit que ce vieillard avait tellement perdu la tête, qu'il ne voyait que la mort, qu'il croyait tous les citoyens prêts à le frapper, qu'il dit un jour, en parlant de son ancien ami qu'il avait lui-même porté au ministère : *Je ne mourrai que de la main de Pache, depuis qu'il se met à la tête des factieux de Paris...* Eh bien ! quand Paris périra, il n'y aura plus de République. Paris est le centre constitué et naturel de la France libre ; c'est le centre des lumières.

On nous accuse d'être les factieux de Paris ! Eh bien ! nous avons déroulé notre vie devant la nation ; elle a été celle d'hommes qui ont marché d'un pas ferme vers la révolution. Les projets criminels qu'on m'impute, les épithètes de scélérats, tout a été prodigué contre nous, et l'on espère maintenant nous effrayer ! Oh, non ! (De vifs applaudissemens éclatent dans l'extrémité gauche de la salle ; ils sont suivis de ceux des tribunes. — Plusieurs membres demandent qu'elles soient rappelées au respect qu'elles doivent à l'assemblée.) Eh bien ! les tribunes de Marseille ont aussi applaudi à la Montagne... J'ai vu depuis la révolution, depuis que le peuple français a des représentans, j'ai vu se répéter encore les misérables absurdités que je viens d'entendre débiter ici. Je sais que le peuple n'est pas dans les tribunes; qu'il ne s'y en trouve qu'une petite portion; que les Maury, les Cazalès et tous les partisans du despotisme calomniaient aussi les citoyens des tribunes.

Il fut un temps où vous vouliez une garde départementaire (Quelques murmures se font entendre.); on voulait l'opposer aux citoyens égarés par la faction de Paris; eh bien, vous avez reconnu que ces mêmes citoyens des départemens, que vous appeliez ici, lorsqu'ils ont été à leur tour placés dans les tribunes, n'ont pas manifesté d'autres sentimens que le peuple de Paris, peuple instruit, peuple qui juge bien ceux qui le servent (On applaudit dans les tribunes et dans une très-grande partie de l'assemblée.); peuple qui se compose de citoyens pris dans tous les départemens, peuple exercé aussi à discerner quels sont ceux qui prostituent leurs talens, peuple qui voit bien que qui combat avec la Montagne ne peut pas servir les projets d'Orléans. (Mêmes applaudissemens.) Le projet lâche et stupide qu'on avait conçu d'armer la fureur populaire contre les Jacobins, contre vos commissaires, contre moi, parce que j'avais annoncé que Dumourier avait des talens militaires, et qu'il avait fait un coup de génie en accélérant l'entreprise de la Hollande, ce projet vient sans doute de ceux qui ont voulu faire massacrer les patriotes; car il n'y a que les patriotes qu'on égorge. (*Un grand nombre de voix* : Oui, oui.)

Marat. Lepelletier et Léonard Bourdon.

Danton. Eh bien, leurs projets seront toujours deçus, le peuple ne s'y méprendra pas. J'attends tranquillement et impassiblement le résultat de cette commission. Je me suis justifié de l'inculpation de n'avoir pas parlé de Dumourier. J'ai prouvé que j'avais le projet d'envoyer dans la Belgique une commission composée de tous les partis pour se saisir, soit de l'esprit, soit de la personne de Dumourier.

Marat. Oui, c'était bon; envoyez-y Lasource.

Danton. J'ai prouvé, puisqu'on me demande des preuves pour répondre à de simples aperçus de Lasource, que, si je suis resté à Paris, ce n'a été en contravention à aucun de vos décrets. J'ai prouvé qu'il est absurde de dire que le séjour prolongé de Lacroix dans la Belgique était concerté avec ma présence ici, puisque l'un et l'autre nous avons suivi les ordres de la totalité de la commission; que si la commission est coupable, il faut s'adresser à elle et la juger sur des pièces après l'avoir entendue; mais qu'il n'y a aucune inculpation individuelle à faire contre moi. J'ai prouvé qu'il était lâche et absurde de dire que moi, Danton, j'ai reçu 100,000 écus pour travailler la Belgique. N'est-ce pas Dumourier qui, comme Lasource, m'accuse d'avoir opéré à coups de sabre la réunion? Ce n'est pas moi qui ai dirigé les dépenses qu'a entraînées l'exécution du décret du 15 décembre. Ces dépenses ont été nécessitées pour déjouer les prêtres fanatiques qui salariaient le peuple malheureux; ce n'est pas à moi qu'il faut en demander compte, c'est à Lebrun.

Cambon. Ces 100,000 écus sont tout simplement les dépenses indispensablement nécessaires pour l'exécution du décret du 15 décembre.

Danton. Je prouverai subséquemment que je suis un révolutionnaire immuable, que je résisterai à toutes les atteintes; et je vous prie, citoyens (se tournant vers les membres de la partie gauche), d'en accepter l'augure; j'aurai la satisfaction de voir la nation entière se lever en masse pour combattre les ennemis extérieurs, et en même temps pour adhérer aux mesures que vous avez décrétées sur mes propositions.

A-t-on pu croire un instant, a-t-on eu la stupidité de croire que moi je me sois coalisé avec Dumourier? Contre qui Dumourier s'élève-t-il? contre le tribunal révolutionnaire : c'est moi qui ai provoqué l'établissement de ce tribunal. Dumourier veut dissoudre la Convention; quand on a proposé, dans le même objet, la convocation des assemblées primaires, ne m'y suis-je pas opposé? Si j'avais été d'accord avec Dumourier, aurais-je combattu ses projets des finances sur la Belgique? aurais-je déjoué son projet de rétablissement de trois états ? Les citoyens de Mons, de Liége, de Bruxelles, diront si je n'ai pas été redoutable aux aristocrates, autant exécré par eux qu'ils méritent de l'être ; ils vous diront qui servait les projets de Dumourier, de moi ou de ceux qui le vantaient dans les papiers publics, ou ceux qui exagéraient les troubles de Paris, et publiaient que des massacres avaient eu lieu dans la rue des Lombards.

Tous les citoyens vous diront : Quel fut son crime ? c'est d'avoir défendu Paris.

A qui Dumourier déclare-t-il la guerre? aux sociétés populaires. Qui de nous a dit que sans les sociétés populaires, sans le peuple en masse, nous ne pourrions nous sauver? De telles mesures coïncident-elles avec celles de Dumourier? ou la complicité ne serait-elle pas plutôt de la part de ceux qui ont calomnié à l'avance les commissaires, pour faire manquer leur mission? (Applaudissemens.) Qui a pressé l'envoi des commissaires? Qui a accéléré le recrutement, le complétement des armées ? C'est moi, moi, je le déclare à toute la France, qui ai le plus puissamment agi sur ce complétement. Ai-je, moi, comme Dumourier, calomnié les soldats de la liberté qui courent en foule pour recueillir les débris de nos armées? N'ai-je pas dit que j'avais vu ces hommes intrépides porter aux armées le civisme qu'ils avaient puisé dans l'intérieur? N'ai-je pas dit que cette portion de l'armée qui, depuis qu'elle habitait sur une terre étrangère, ne montrait plus la même vigueur, reprendrait, comme le géant de la fable, en posant le pied sur la terre de la liberté, toute l'énergie républicaine? Est-ce là le langage de celui qui aurait voulu tout désorganiser? N'ai-je pas montré la conduite d'un citoyen qui voulait vous tenir en mesure contre toute l'Europe?

Qu'on cesse donc de reproduire des fantômes et des chimères, qui ne résisteront pas à la lumière et aux explications.

Je demande que la commission se mette sur-le-champ en activité, qu'elle examine la conduite de chaque député depuis l'ouverture de la Convention. Je demande qu'elle ait caractère surtout pour examiner la conduite de ceux qui, postérieurement au décret pour l'indivisibilité de la République, ont manœuvré pour la détruire, de ceux qui, après la réjection de leur système pour l'appel au peuple, nous ont calomniés; et si, ce que je crois, il y a ici une majorité vraiment républicaine, elle en fera justice. Je demande qu'elle examine la conduite de ceux qui ont empoisonné l'opinion publique dans tous les départemens; on verra ce qu'on doit penser de ces hommes qui ont été assez audacieux pour notifier à une administration qu'elle devait arrêter des commissaires de la Convention; de ces hommes qui ont voulu constituer des citoyens, des administrateurs, juges des députés que vous avez envoyés dans les départemens pour y réchauffer l'esprit public et y accélérer le recrutement. On verra quels sont ceux qui, après avoir été assez audacieux pour transiger avec la royauté, après avoir désespéré, comme ils en sont convenus, de l'énergie populaire, ont voulu sauver les débris de la royauté; car, on ne peut trop le répéter, ceux qui ont voulu sauver l'individu ont par là même eu intention de donner de grandes espérances au royalisme. (Applaudissemens d'une grande partie de l'assemblée.) Tout s'éclaircira; alors on ne sera plus dupe de ce raisonnement par lequel on cherche à insinuer qu'on n'a voulu détruire un trône que pour en rétablir un autre. Quiconque auprès des rois est convaincu d'avoir voulu frapper un d'eux est pour tous un ennemi mortel.

Une voix. Et Cromwel?... (Des murmures s'élèvent dans une partie de l'assemblée.)

Danton se tournant vers l'interlocuteur. Vous êtes bien scélérat de me dire que je ressemble à Cromwel. Je vous cite devant la nation.

Un grand nombre de voix s'élèvent simultanément pour demander que l'interrupteur soit censuré; d'autres, pour qu'il soit envoyé à l'Abbaye.

Danton. Oui, je demande que le vil scélérat qui a eu l'impudeur de dire que je suis un Cromwel soit puni, qu'il soit traduit à l'Abbaye. (On applaudit.) Et si en dédaignant d'insister sur la justice que j'ai le droit de réclamer, si je poursuis mon raisonnement, je dis que, quand j'ai posé en principe que quiconque a frappé un roi à la tête devient l'objet de l'exécration de tous les rois, j'ai établi une vérité qui ne pourrait être contestée. (*Plusieurs voix.* C'est vrai!)

Une voix. Il a été roi lui-même.

Danton. Il a été craint parce qu'il a été le plus fort. Ici ceux qui ont frappé le tyran de la France seront craints aussi; ils seront d'autant plus craints que la liberté s'est engraissée du sang du tyran. Ils seront craints parce que la nation est avec eux. Cromwel n'a été souffert par les rois que parce qu'il a travaillé avec eux. Eh bien, je vous interpelle tous (se tournant vers les membres de la partie gauche) : est-ce la terreur, est-ce l'envie d'avoir un roi qui vous a fait proscrire le tyran? (*L'assemblée presque unanime.* Non, non!) Si donc ce n'est que le sentiment profond de vos devoirs qui a dicté son arrêt de mort, si vous avez cru sauver le peuple et faire en cela ce que la nation avait droit d'attendre de ses mandataires, ralliez-vous (s'adressant à la même partie de l'assemblée), vous qui avez prononcé l'arrêt du tyran, contre les lâches (indiquant du geste les membres de la partie droite) qui ont voulu l'épargner (Une partie de l'assemblée applaudit.); serrez-vous; appelez le peuple à se réunir en armes contre l'ennemi du dehors et écraser celui du dedans, et confondez par la vigueur et l'immobilité de votre caractère tous les scélérats, tous les aristocrates, tous les modérés (l'orateur s'adressant toujours à la partie gauche, et indiquant quelquefois du geste les membres du côté opposé), tous ceux qui vous ont calomniés dans les départemens. Plus de composition avec eux. (Vifs applaudissemens d'une grande partie de l'assemblée et des tribunes.) Reconnaissez-le tous, vous qui n'avez jamais su tirer de votre situation politique dans la nation le parti que vous auriez pu en tirer, qu'enfin justice vous soit rendue. Vous voyez, par la situation où je me trouve en ce moment, la nécessité où vous êtes d'être fermes, et de déclarer la guerre à tous vos ennemis, quels qu'ils soient. (Mêmes applaudissemens.) Il faut former une phalange indomptable. Ce n'est pas vous, puisque vous aimez les sociétés populaires et le peuple, ce n'est pas vous qui voudrez un roi. (Les applaudissemens recommencent. — *Non, non!* s'écrie-t-on avec force dans la grande majorité de l'assemblée.) C'est à vous à en ôter l'idée à ceux qui ont machiné pour conserver l'ancien tyran. Je marche à la République; marchons-y de concert, nous verrons qui de nous ou de nos détracteurs atteindra le but.

Après avoir démontré que, loin d'avoir été jamais d'accord avec Dumourier, il nous accuse textuellement d'*avoir fait la réunion à coups de sabre*, qu'il a dit publiquement qu'il nous ferait arrêter; qu'il était impossible à Lacroix et à moi, qui ne sommes pas la commission, de l'arracher à son armée; après avoir répondu à tout; après avoir rempli cette tâche de manière à satisfaire tout homme sensé et de bonne foi, je demande que la commission des Six que vous venez d'instituer examine non-seulement la conduite de ceux qui vous ont calomniés, qui ont machiné contre l'indivisibilité de la République, mais de ceux encore qui ont cherché à sauver le tyran (Nouveaux applaudissemens d'une partie de l'assemblée et des tribunes.), enfin, de tous les coupables qui ont voulu ruiner la liberté, et l'on verra si je redoute les accusateurs.

Je me suis retranché dans la citadelle de la raison; j'en sortirai avec le canon de la vérité, et je pulvériserai les scélérats qui ont voulu m'accuser.

Danton descend de la tribune au milieu des plus vifs applaudissemens d'une très-grande partie de l'assemblée et des citoyens. — Plusieurs membres de l'extrémité gauche se précipitent vers lui pour l'embrasser. — Les applaudissemens se prolongent.

Romme. Il y a beaucoup de membres de la Convention qui sont absens, parce qu'ils ont passé la nuit dans les comités. Je demande que la nomination des commissaires pour faire l'analyse des plans de constitution envoyés par les départemens soit remise à demain.

Marat. Lorsque le feu de la sédition est allumé dans plusieurs parties de la République, lorsque les ennemis extérieurs nous pressent, lorsqu'il s'agit d'étouffer la guerre civile et d'arrêter l'ennemi, nous n'avons besoin que de lois révolutionnaires. Je m'oppose à toute discussion sur la Constitution jusqu'après le retour des commissaires patriotes. Examinons la conduite des membres de la Convention, des généraux, des ministres qui nous sont dénoncés de toutes parts. Frappons les traîtres, quelque part qu'ils se trouvent.

Biroteau. J'appuie la proposition faite par le citoyen Marat. Dans un moment où la liberté est menacée de tout côté, toute espèce d'inviolabilité cesse ; le peuple ne doit pas laisser sa confiance à un député contre lequel sont portées de nombreuses accusations.

Je demande que la Convention porte le décret d'accusation contre celui de ses membres sur la tête duquel flotteront de violens soupçons.

Cette proposition est adoptée en ces termes :

« La Convention nationale, considérant que le salut du peuple est la suprême loi, décrète que, sans avoir égard à l'inviolabilité d'un représentant de la nation française, elle décrétera d'accusation celui ou ceux de ses membres contre lesquels il y aura de fortes présomptions de sa complicité avec les ennemis de la liberté, de l'égalité et du gouvernement républicain, résultantes des dénonciations ou des preuves écrites, déposées au comité de défense générale, chargé des rapports relatifs aux décrets d'accusation à lancer par la Convention. »]

Romme fait un rapport sur l'invention du citoyen Chappe (le télégraphe). Il propose de charger le conseil exécutif d'en faire l'essai, et de consacrer six mille livres à cet objet. — Adopté.

COMMUNE DE PARIS. — *Séance du 1ᵉʳ avril.*

Sur le rapport des administrateurs au département des domaines et finances, le corps municipal a arrêté que l'indemnité accordée aux boulangers leur serait payée nonobstant toute opposition, de quelque part qu'elle vienne, et que cet arrêté serait soumis à l'approbation du conseil-général.

La section de Baurepaire a arrêté une voiture de pains qu'un boulanger de Paris envoyait au dehors. Le corps municipal, considérant que l'indemnité que paie la Commune aux boulangers la grèverait d'une dépense qui ne la regarde nullement si ces mêmes boulangers se chargeaient de fournir du pain à l'extérieur, applaudit au zèle de la section de Baurepaire, et passe à l'ordre du jour, ainsi motivé :

D'après une pétition de la section du Luxembourg, le corps municipal a nommé des commissaires chargés de rédiger une instruction qui sera adressée aux sections relativement à la formation de leurs comités de surveillance.

Le conseil a approuvé l'arrêté pris ce matin par le corps municipal, portant que les nouveaux tribunaux seront installés demain, et que les commissaires nommés pour procéder à cette installation se diviseraient en sections pour parvenir plus promptement à l'exécution de la loi. En conséquence de cet arrêté, le conseil a nommé cinq commissaires pour chacun des six arrondissemens.

Le conseil a aussi approuvé l'arrêté du corps municipal relatif aux oppositions qui pourraient être formées sur le paiement de l'indemnité accordée aux boulangers.

Une députation des commissaires de la majorité des sections, réunis à l'évêché (bureau n° 6) pour délibérer sur les moyens de salut public « *et correspondre avec les départemens de la République sous la sauvegarde du peuple,* » donne avis au conseil de sa réunion, et demande qu'il soit pourvu à ses frais de bureau.

Chaumet fait observer que les commissaires de la majorité des sections ne se réunissent à l'évêché que faute d'un local suffisant dans la maison commune, et qu'en conséquence le conseil doit sanctionner cette réunion. D'après ce réquisitoire, le conseil arrête qu'il pourvoira aux frais de bureau de cette assemblée, et, pour l'exécution, renvoie au corps municipal.

Le procureur de la Commune annonce qu'il se trouve dans la garde du Temple des gens qui peuvent être regardés comme suspects; que l'on a arrêté un certain individu qui, étant de service, s'amusait à lever le plan de la tour du Temple. Il rappelle au conseil que chacun de ses membres répond sur sa tête de la sûreté de la tour, que l'on ne saurait prendre trop de précautions pour en écarter tous les gens suspects.

D'après ce réquisitoire, le conseil arrête : 1° qu'aucune personne de garde au Temple, ou autrement, ne pourra y dessiner quoi que ce soit, et que, si quelqu'un est surpris en contravention au présent arrêté, il sera sur-le-champ mis en état d'arrestation et amené au conseil-général, faisant en cette partie les fonctions de gouverneur du Temple.

2° Il est enjoint aux commissaires de service au Temple de ne tenir aucune conversation familière avec les personnes détenues, comme aussi de ne se charger d'aucune commission pour elles.

3° Il est fait défense auxdits commissaires de rien changer ou innover aux anciens réglemens pour la police de l'intérieur du Temple, etc.

Le conseil-général, considérant que les malveillans menacent les dépôts publics, a arrêté que les sections seraient invitées à surveiller les différens dépôts et établissemens publics, et notamment le poste de l'arsenal ; que les armes qui doivent être mises en dépôt à la Commune seront partagées dans les différentes sections pour être plus exactement gardées, et afin de prévenir les entreprises que les contre-révolutionnaires pourraient tenter sur un dépôt unique; que les canons qui sont placés dans les différens parcs d'artillerie seront également partagés entre les sections ; que cet arrêté sera envoyé aux quarante-huit sections et au commandant-général, qui sera tenu de lui donner sa prompte exécution.

Le conseil a nommé des commissaires pour se transporter chez le ministre de la guerre et l'inviter à faire caserner les soldats qui arrivent à Paris, et les faire traiter, à tous égards, de la manière convenable.

Paris, 1ᵉʳ *avril.* « Les scellés ont été mis ce matin sur les papiers de l'irréprochable Roland, en vertu d'un ordre du comité de surveillance de la Convention. Cet ordre a été le résultat de la grande conférence de la nuit entière, où tant de mandats d'arrêt ont été distribués contre les personnes qu'on soupçonnait de quelque complicité avec Dumourier. Il était difficile assurément d'accuser Roland de cette complicité ; cependant l'esprit de parti le prétendait, mais la justice s'y opposait ; les hommes même qui estiment Roland ont consenti aux scellés, parce que cet acte prouvera sans doute d'une manière irrésistible combien cet ex-ministre est pur. Il est fâcheux que ces persécutions rappellent celles des Phocion et des Socrate. » (*Patriote français*, n. MCCCXXVIII.)

Le comité de surveillance avait décerné, en outre, des mandats d'arrêt contre les citoyennes Sillery, Égalité, lady Fitz-Gérald (Paméla), contre Valence, Égalité fils, Montjoie et d'autres personnes de l'état-major de Dumourier. — Ce même jour, la société des Jacobins raya de la liste de ses membres le citoyen Égalité ; elle arrêta aussi d'exclure de son sein tous les prêtres et les ci-devant nobles.

CONVENTION NATIONALE. — *Séance du* 2 *avril.*

Sur la motion de Bentabole et d'Abitte, un décret ordonne au conseil exécutif de rendre compte de la conspiration de Bretagne, et de fournir la liste des officiers-généraux. Haussmann dit que le ministre Beurnonville n'a pas la confiance, et demande son remplacement. Cette proposition n'a pas de suite. — Sur la dénonciation de la société populaire de Toulon, et d'après la motion d'Escudier, appuyée par Lasource et Marat, Cambon fait autoriser les commissaires de la Convention en Corse à s'assurer de Paoli, s'ils le jugent à propos. — Barrère demande que le ministre de la marine, Monge, soit appelé pour déclarer si dans son ministère il peut répondre du salut de la patrie. — Décrété,

Marat. Nous dormons, et jamais la patrie ne courut de plus grands dangers. Les ennemis sont sur nos frontières et les menacent. Nos armées sont détruites. Je commence par demander que la Convention, dérogeant aux décrets précédens, nomme immédiatement les généraux ; c'est le moyen de remettre sous les lois des soldats qu'on accuse d'indiscipline. Ce fut un acte de délire de ceux qui conduisaient le peuple français au commencement de la révolution, de n'avoir pas écrasé sous le glaive national tous les ennemis de la liberté. Je demande qu'il soit défendu à tout ex-noble de commander nos armées, à moins qu'on n'ait des preuves irrésistibles de leur civisme. Je demande un décret d'accusation, ou au moins de destitution contre Moreton, cette ame damnée de La Fayette. La misère est une des causes qui peuvent forcer le peuple à redemander la servitude. (*Plusieurs voix* : Vous calomniez le peuple.) Non, je ne le calomnie point, mais il faut du pain avant tout. Je demande que la Convention, prenant en considération les malheurs des départemens dévastés par la guerre civile, leur remette l'arriéré de leurs impositions.

Un grand nombre de membres. Il n'y a que les riches qui en profiteraient.

La Convention passe à l'ordre du jour.

Bentabolle. Je rappelle à la Convention que les trois commissaires gardés à vue par l'ordre du comité de défense générale doivent être libres d'aller où bon leur semble. Cependant Dubuisson, l'un de ces commissaires, ne peut pas sortir de chez lui. Je demande que la liberté leur soit rendue.

Ducos. Une preuve que ces commissaires peuvent sortir, c'est que j'en ai rencontré un hier, avec qui j'ai causé.

Dubois. Je demande que la Convention décrète que les trois commissaires iront où ils voudront, avec un garde.

Cette proposition est décrétée.

Marat demande la parole.

La Convention décide de passer à l'ordre du jour.

Marat. Je prends acte de l'explosion de mon zèle, et je viendrai bientôt faire tomber sur vos têtes le poids de l'indignation publique.

Une députation de la section du Mail est introduite à la barre.

L'orateur de la députation. Les citoyens de la section du Mail nous ont chargés de vous faire lecture de l'arrêté suivant :

L'assemblée générale de la section du Mail, après avoir entendu le rapport de ses commissaires nommés, sur l'invitation faite par la section des Droits de l'Homme, pour se rendre à l'évêché, à l'effet d'aviser aux moyens de sauver la patrie ;

Lecture faite de l'arrêté pris aujourd'hui en l'assemblée desdits commissaires de sections, portant qu'ils se constituaient en *assemblée centrale de salut public, correspondant avec les départemens sous la sauve garde du peuple :*

Considérant que les pouvoirs donnés à ses commissaires se bornent à se rendre à ladite assemblée, pour prendre connaissance des moyens qui seraient proposés, discuter cette importante matière, après quoi ils en référeraient à l'assemblée générale, qui leur donnerait, s'il y avait lieu, des instructions et pouvoirs définitifs ;

Considérant en outre que cet arrêté serait une lutte contre les autorités constituées ;

Déclare qu'en approuvant la conduite de ses commissaires, en ce qu'ils se sont restreints dans les bornes de leurs pouvoirs, elle improuvait très-expressément l'arrêté pris aujourd'hui par les commissaires des sections réunis à l'évêché, et qu'elle se soumettra toujours aux seules autorités constituées, et aux lois émanées de la Convention nationale.

Arrête en outre que le présent arrêté sera porté à la Convention, aux sociétés populaires, et communiqué à la Commune, au corps électoral, aux quarante-sept autres sections.

Signé : Tranchelahausse, *président ;* Haram, Letellier, *secrétaires.*

Les juges et jurés du tribunal extraordinaire sont admis à la barre ; ils se plaignent de ce que la commission des Six les laisse dans l'inaction, et prêtent le serment de maintenir de tout leur pouvoir l'unité et l'indivisibilité de la République.

Un des membres des jurés demande que la Convention leur adjoigne de nouveaux membres pour les aider dans leurs fonctions, auxquelles ils ne pourraient seuls suffire.

Garrau. Si la commission des Six n'a pas encore proposé de rendre de décret d'accusation, c'est qu'elle n'a pas reçu les pièces nécessaires pour servir de bases à un acte d'accusation.

Albitte. S'il s'agissait de juger des faux monnayeurs, je consentirais à ce que l'on suivît toutes ces formes ; mais quand il s'agit de juger des conspirateurs, il n'y a plus de formes à suivre. Je demande donc la suppression de la commission des Six, et que toutes ces poursuites se fassent à la requête de l'accusateur public.

Rabaut. Je ne m'oppose pas à la suppression de la commission des Six ; mais je crois devoir repousser les inculpations qui lui sont faites. Votre commission a eu tous les embarras d'un nouvel établissement ; d'ailleurs l'organisation de vos comités est telle que l'on ne peut en obtenir l'expédition des décrets, personne n'est responsable, et rien ne s'y fait. Nous avons écrit et au comité de sûreté générale, et au ministre de la justice, pour avoir les pièces qui doivent servir de bases aux actes d'accusation que la commission doit vous présenter, et nous n'en avons pas reçu de réponse. Il me semble, d'après cela, que les inculpations faites à la commission ne sont pas fondées. Au reste, je le répète, je ne m'oppose pas à la suppression de cette commission.

Osselin. Je demande la suppression de cette commission.

Marat. On répand dans le public que la commission n'a été instituée que pour paralyser le tribunal révolutionnaire, et pour assurer l'impunité à quelques membres de la Convention qui pourraient être inculpés. Je demande donc la suppression de cette commission.

Cette proposition est décrétée.

Une députation de la section du Temple demande que tous les citoyens soient tenus de monter leur garde en personne. Nous sommes, disent-ils, chargés d'un dépôt précieux; nous demandons qu'il soit établi des postes aux barrières pour en garantir la sûreté.

Marat. Si cette pétition est convertie en motion, je demande que les ex-nobles, et tous les individus suspects, ne puissent pas monter leur garde, mais qu'on les fasse payer.

La pétition convertie en motion, et la proposition de Marat, sont renvoyées aux comités de la guerre et de sûreté générale réunis.

Le président. Barrère a la parole sur la pétition de la section du Mail.

Barrère. Citoyens, puisqu'il a manqué à la République une main courageuse qui déchirât le voile qui couvrait le précipice où la République était près d'être engloutie, je rends grâce aux citoyens de la section du Mail de l'occasion qu'ils m'offrent de découvrir à la nation l'abîme où l'on voulait la plonger. Deux moyens sont employés depuis long-temps pour nous perdre. Tantôt on met en avant un système de terreur, c'est celui de Brunswick; tantôt on a recours à un système de calomnies, c'est celui de Marat.

Dubois-Crancé. C'est celui de Brissot.

Barrère. Une nouvelle tyrannie veut s'élever; c'est celle du comité central qui vient de vous être dénoncée. En effet, que veut dire un comité placé à côté de la Convention, et qui correspondra avec tous les départemens? Certes, je ne blâmerai jamais l'inquiétude des bons citoyens dans des momens où la patrie est en danger; mais je blâmerai toujours ceux qui profitent de ce danger pour usurper la souveraineté nationale. Les sections de Paris ont le devoir de s'unir à nous et de marcher à la punition des coupables. Les sections de Paris n'ont pas le droit de former un comité de correspondance avec tous les départemens. Cette correspondance ne peut exister qu'avec la Convention. C'est là le système de ceux qui ont voulu jusqu'à présent dégrader, avilir la représentation nationale, pour usurper ensuite son autorité. Mais croit-on donc que les départemens courberaient la tête sous le joug de ces ambitieux, appuyés par l'Angleterre, l'Autriche et la Prusse? Je proposerais le décret d'accusation contre les commissaires si je me plaisais à trouver partout des coupables; mais comme je pense que l'on peut avoir sans crime de grandes inquiétudes parmi les citoyens, je demande que ces commissaires soient seulement traduits à la barre, qu'on les entende; c'est alors que nous connaîtrons quelles étaient leurs intentions; c'est alors que nous verrons s'ils voulaient usurper le pouvoir national.

Je me plais à rendre ici justice à la société des Jacobins, à qui l'on a pu d'ailleurs reprocher quelques excès. Un homme arrive dans cette société, c'était l'un des commissaires composant ce comité central; il venait faire part à la société de cette institution. A l'instant tous les membres se sont levés pour improuver un pareil établissement, et Marat lui-même a demandé que ce commissaire fût mis en état d'arrestation.

J'ai dans les mains un écrit intitulé : *le Publiciste, par Marat, député à la Convention*. Je n'examinerai pas si un représentant du peuple peut ainsi montrer l'exemple de la désobéissance aux lois en violant lui-même un de vos décrets, et si j'eusse été ici lorsque la loi qui défend aux représentans du peuple de faire un journal a été rendue, je m'y serais fortement opposé. Mais je cite cet écrit pour repousser une calomnie. Jusqu'à présent la plume de Marat m'avait épargné, elle m'avait excepté du nombre de ceux qu'elle s'attache à calomnier; aujourd'hui je trouve mon nom inséré sur la liste de Marat. Mais ma conduite répond à tout. J'ai voté la mort du tyran avec assez d'énergie pour faire croire que je n'aime pas la tyrannie; je me suis opposé à la proposition faite par Pétion de convoquer les assemblées primaires; j'ai combattu Buzot quand il a parlé en faveur de cette proposition. Quant à Dumourier, je le connais pour l'avoir vu une fois chez le citoyen Laplace, doyen des hommes de lettres. Je lui ai écrit depuis en faveur d'un capitaine de la compagnie des Arts.

Quand on a lu au comité la lettre de Dumourier datée du

12 mars, je proposai contre lui le décret d'accusation. Danton seul s'y est opposé, et a empêché qu'il ne fût proposé à la Convention. Il nous dit qu'il croyait Dumourier nécessaire à l'armée. Cela posé, qu'il ne soit plus question de moi. Je demande que la Convention déclare que la section du Mail a bien mérité de la patrie; que le maire de Paris rende compte de ce rassemblement de commissaires à l'évêché, que ces commissaires soient traduits à la barre.

Marat. Si le zèle de Barrère pour le bien public était égal à mon amour pour la justice et la vérité, il m'aurait simplement adressé sa réclamation; il sait que jamais je n'ai refusé de rendre à chacun la justice qui lui appartient.

On demande l'ordre du jour.

Marat. Je ne dois pas rester sous l'inculpation d'avoir violé les décrets de la Convention. Je ne donnerai jamais ce mauvais exemple; mais j'observe qu'il n'a jamais pu être rendu un décret qui défendît à l'écrivain patriote de publier ses idées. On n'a jamais pu me faire un crime d'y avoir mis mon nom; c'est le cachet de l'homme de bien, qui veut répondre de ses écrits.

Boyer-Fonfrède. Je demande le rapport du décret qui a été rendu, et que vous n'empêchiez pas Condorcet de tenir sa plume.

Cette proposition est décrétée.

Les propositions de Barrère sont décrétées en ces termes :

« Art. 1. La Convention nationale décrète que la section du Mail a bien mérité de la patrie.

» 2. Le maire de Paris viendra à la barre pour rendre compte de la connaissance qu'il a du rassemblement des commissaires desections à l'évêché le 31 mars dernier.

» 3. Les commissaires des sections qui ont pris l'arrêté du 31 mars sont mandés à la barre pour rendre compte des motifs de cet arrêté, et l'apport de leur registre.

» 4. La Convention nationale déclare à tous les citoyens de la République que la même fermeté qu'elle a déployée dans le jugement du tyran va diriger ses délibérations dans les mesures qu'elle prendra pour abattre la nouvelle tyrannie qui s'élève et qui menace d'usurper ou d'anéantir la représentation nationale. »

Cambacérès. On vient d'arrêter aux barrières un courrier qui a été conduit à la section de Bondy. Ce courrier a déclaré qu'il était expédié de Saint-Amand par le général Valence, l'un de ceux contre lesquels se trouvent dirigées les mesures de sûreté que le comité a cru devoir prendre. On a ouvert la boîte dont il était porteur, et l'on y a trouvé les lettres aux adresses suivantes : Au général Beurnonville, à madame de Montesson, à madame Égalité, et une à Philippe Égalité. Ces lettres ont été remises au comité, qui vous demande ce qu'il en doit faire.

La Convention décrète que ces lettres seront ouvertes en présence de commissaires et des personnes auxquelles elles sont adressées.]

On fait lecture d'une lettre des commissaires de la Convention près l'armée au général Dumourier, pour l'engager à couvrir la place de Lille contre les attaques de l'ennemi, d'une lettre de Dumourier au ministre de la guerre : il annonce avoir traité avec Mack, chef d'état-major de l'armée autrichienne, pour la reddition de quelques places de la Belgique ; il se plaint de l'arrestation du général d'Harville, et recommande la paix comme le seul moyen d'empêcher cent mille ennemis d'arriver à Paris ; d'une autre lettre du même au même : le général envoie par Morgan la capitulation d'Anvers, par le général Marassé, à la prudence duquel il applaudit ; il charge le ministre de déclarer au comité de sûreté générale qu'à son entrée sur le territoire français il divisera son armée en deux corps, l'un contre l'ennemi extérieur, l'autre pour soutenir la partie saine et opprimée de l'assemblée ; il annonce qu'il s'est refusé à la sommation des commissaires qui le mandaient à Lille, et déclare qu'il regarde sa tête comme trop précieuse pour la livrer à un tribunal arbitraire ; il invite ensuite à faire la paix, et dit que l'armée manque de subsistances. Par une autre lettre, le général Dumourier écrit au ministre Beurnonville que l'armée est dans le plus grand désordre, et que le découragement s'empare des officiers ; il se plaint amèrement des attaques de Cambon et de Robespierre, et de la frénésie d'une partie des membres de l'assemblée, et déclare être résolu à soutenir tout ce qu'il a écrit. Cambon et Delmas démontrent, par divers faits, que Dumourier avait depuis longtemps conçu le plan qu'il exécute.

COMMUNE DE PARIS, SÉANCE DU 2 AVRIL.

Le corps municipal a ordonné la consignation sur ses registres, l'envoi aux quarante-huit sections, et l'exécution de la loi relative aux affiches à mettre par les propriétaires ou principaux locataires sur les principales portes des maisons.

Lecture faite de la loi relative à la surveillance que la municipalité doit exercer sur les barrières, le corps municipal a arrêté que deux de ses membres resteraient à la maison commune, pour examiner les gens suspects ou sans aveu qui seront envoyés par les comités des sections.

Une députation du corps électoral témoigne au conseil-général l'indignation qu'a éprouvée l'assemblée électorale à la vue d'un rassemblement d'individus qui méconnaissent hautement la souveraineté du peuple, et ont l'audace de s'intituler, sans pouvoirs de la majorité des sections, *comité central de salut public correspondant avec les départemens, sous la sauvegarde du peuple.*

Le corps électoral invite le conseil, au nom du salut public, à dénoncer sur-le-champ aux quarante-huit sections l'existence de ce prétendu comité.

Quatre sections, celles de l'Arsenal, du Marais, des Gravilliers et des Arcis, ont retiré les pouvoirs qu'elles avaient donnés à leurs commissaires pour être membres de ce comité central.

En conséquence il n'a plus d'adhésion de la majorité des sections, et ne doit plus exister.

Le conseil a sursis à l'exécution de l'arrêté qu'il avait pris hier au sujet des frais de bureau qu'occasionnerait la réunion de ces commissaires.

Le conseil arrête qu'il y aura toujours un commissaire des guerres de service à la maison commune, et une commission composée de membres du conseil pour agir de concert avec lui;

que le commandant général fera délivrer aux hussards de la liberté une cartouche portant leur signalement, et que provisoirement il leur sera délivré un *laissez-passer*, signé du président, du procureur de la Commune et du secrétaire-greffier.

Le conseil général se transportera demain en corps à la Convention pour lui déclarer que la Commune de Paris est dans l'intention de rallier autour d'elle tous les soldats chassés par Dumourier, et de former un camp près de Paris, pour s'opposer à ses entreprises.

On lit une lettre par laquelle la municipalité de Versailles demande s'il est nécessaire qu'elle prenne des mesures particulières pour surveiller les barrières.

Le conseil arrête que copie du décret relatif à la surveillance des barrières sera envoyée à la municipalité de Versailles ; et attendu que les sentimens de fraternité de la ville de Versailles pour celle de Paris ne se sont jamais démentis depuis la révolution, et que son civisme est précieux sous tous les rapports aux républicains de Paris, le conseil arrête qu'il sera établi une correspondance journalière avec la municipalité de Versailles.

Les commissaires de la Belgique se présentent au conseil ; ils développent les intrigues et les projets criminels de Dumourier, peignent ses fureurs contre-révolutionnaires, les moyens perfides qu'il a employés pour désorganiser son armée, et l'espoir coupable qu'il a conçu de réduire la ville de Paris. Ils communiquent ce qu'ils ont recueilli du plan d'attaque de Dumourier, et offrent de donner leurs vues sur les moyens de défense.

Le conseil accepte l'offre des commissaires, et nomme des membres pour conférer avec eux sur cet objet. Arrête en outre qu'il sera formé un comité de correspondance avec les quarante-quatre mille municipalités, et nomme pour le composer Duroure, Bodson, Cubière, Seguy, et Soullèce.

La section des Droits de l'Homme expose au conseil qu'on l'a calomniée en donnant de fausses interprétations à son arrêté (celui qui a provoqué la réunion du comité central à l'évêché). Elle atteste la pureté de ses intentions, et donne ensuite lecture de son arrêté. Le conseil ordonne la mention civique et l'envoi aux quarante-huit sections.

Presse. Marat, dans son n. CLIX, cherche à établir la connivence des Girondins avec Dumourier. Il tire ses argumens des dernières lettres du général, où celui-ci distingue la partie saine de la partie gangréneuse de la Convention. Il renvoie à un article du *Patriote français* du 1er avril, lequel article « fait un éloge pompeux de Dumourier. » — Voici le passage du journal de Brissot dénoncé par Marat :

« La municipalité de Paris a paru à la barre et a dit que, jusqu'ici, *par respect* pour la Convention, elle avait retenu son indignation contre Dumourier. En effet, est-il possible de contenir son indignation contre le scélérat qui a chassé les Prussiens presque des portes de Paris; contre le traître qui a immortalisé à Jemmapes les armes républicaines; contre le conspirateur qui a conquis toute la Belgique, et qui serait maître de la Hollande, si cette nouvelle conjuration n'eût été déjouée par de grands patriotes, qui ont eu soin de désorganiser l'armée? La municipalité croit que le moment est venu de faire tomber la tête de ce *moderne Brennus*. Il est tout clair que MM. Chaumette, Hébert, Jacques Roux, etc., se chargent de la vengeance de leurs confrères Frédéric-Guillaume et François, et frappent enfin cette tête que le fer prussien et autrichien n'a pu atteindre. » (*Compterendu de la séance de la Convention du 31 mars.*)

CONVENTION. SÉANCE PERMANENTE DU MERCREDI 3 AVRIL.

Bréard occupe le fauteuil. On introduit une députation de la municipalité de Paris.

[*Chaumet, procureur de la Commune.* Citoyens représentans, on avait fait une nouvelle entreprise contre l'autorité souveraine; ce complot a été déjoué. On avait voulu lui donner une tournure légale en faisant envoyer des commissaires par toutes les sections ; j'ai reconnu, moi, que presque toutes avaient envoyé les commissaires qui leur avaient été demandés ; la municipalité, en accordant un local à ces commissaires, avait obéi à la loi.

Nous sommes chargés par le conseil-général de vous demander d'ordonner la formation d'un camp entre Paris et les frontières ; d'ordonner la réorganisation des volontaires qui arrivent par pelotons de l'armée de Dumourier ; de faire transférer les fabrications d'armes dans l'intérieur de la République. Citoyens représentans, on avait calomnié Paris aux yeux de nos frères des départemens ; mais la prévention qu'on leur avait inspirée n'existe plus. Les événemens qui se sont passés dans cette ville leur ont fait connaître notre civisme et notre amour pour la République.

Le président. Magistrats du peuple, ce n'est pas la première fois que vous l'avez servi ; vous avez donné de fréquentes preuves que vous étiez disposés à remplir vos devoirs dans le poste honorable où il vous a placés. La Convention se repose encore sur votre zèle et vous accorde les honneurs de la séance.

On demande l'impression et l'insertion au *Bulletin* de la pétition de la municipalité de Paris.

Buzot. Je m'oppose à ce que cette pétition soit imprimée. Je ne veux inculper personne ; mais il est certain que ce comité a été autorisé à s'établir à l'évêché par un réquisitoire du procureur de la Commune, et que les frais du bureau devaient être payés par la municipalité. Un autre fait encore, c'est que toutes les sections n'avaient pas envoyé des commissaires à l'évêché. Je demande que le procureur de la Commune s'explique sur les faits que je dénonce.

Chaumet rentre dans la barre.

Chaumet. Les députés des sections vinrent nous demander un local pour une assemblée de commissaires ; après que je me fus assuré que cette demande était faite par la majorité des sections, le local fut accordé, ainsi que les frais du bureau de cette assemblée, conformément à la loi. J'interrogeai les commissaires sur les motifs de leur rassemblement ; ils me répondirent qu'ils se proposaient de présenter une adresse à la Convention ; mais dans la première séance les meneurs de cette assemblée se découvrirent, et aussitôt que la municipalité eut connaissance de l'arrêté qu'elle avait pris, elle le cassa.

L'insertion au *Bulletin* de la pétition de la municipalité est décrétée.]

Lacroix, d'Eure-et-Loir, de retour de Lille, déclare que son rappel a exposé les commissaires de la Convention à des malheurs, tandis que, quelques jours plus tard, il aurait amené Dumourier à la barre. Il lit une réquisition que lui et ses collègues avaient adressée à Dumourier pour qu'il vînt à Lille s'expliquer sur les inculpations portées contre lui. Le général répondit que, forcé de diriger lui-même la retraite, il invitait les commissaires à se transporter à l'armée pour l'interroger. Les commissaires allaient partir, et lui, Lacroix, s'était chargé de brûler la cervelle à Dumourier s'il avait méconnu l'autorité nationale, quand les nouveaux commissaires leur apportèrent l'ordre de leur retour. Ils obéirent, et ce fut en route qu'un courrier leur apporta la copie d'une lettre du général Dumourier aux administrateurs du département du Nord, annonçant qu'il avait retenu les quatre commissaires de la Convention pour otages, et qu'il allait marcher sur Paris pour rétablir la constitution de 1791. Lacroix déclare que Dumourier avait dîné à Tournay, la veille de cet événement, avec le général autrichien Clairfaict. Déjà, dit l'orateur, Dumourier avait eu l'intention de le faire arrêter avec Danton, pour les échanger contre la reine et son fils.

Merlin de Douai, Gossuin et Treilhard attestent l'exactitude du rapport de Lacroix. — Lettre du général Custine, annonçant que son armée a été obligée à la retraite, et qu'il se replie sur Landau : il a placé le général Varé dans Mayence, et le général Meunier à Cassel. Renvoi au comité de salut public. — Thuriot affirme que la trahison de Dumourier remonte à l'époque où les Prussiens étaient entrés dans la ci-devant Champagne, et que ce fut Kellermann qui, résistant à un ordre dangereux qu'il avait reçu, sauva l'armée, tandis que Dumourier favorisa la retraite des Prussiens. Thuriot termine par la proposition de mander au sein de la Convention toutes les autorités constituées. Adopté. Le département de Paris paraît : l'orateur demande qu'à l'exemple des Romains tout Français au-dessous de cinquante ans marche à l'ennemi avec trois jours de vivres, et qu'une partie des membres de l'assemblée se mette à la tête de cette nouvelle armée. Duhem observe que la proposition de faire marcher une partie de la Convention à la tête des citoyens peut en entraîner la dissolution.

[*Marat*. Je demande la parole.

Bertrand. Je demande l'ordre du jour, et le rapport sur le partage des biens communaux.

Marat. Je prends acte aujourd'hui contre la Convention des efforts qu'on a faits pour étouffer ma voix.

Génissieux. S'il arrivait un malheur, Marat dirait que c'est parce qu'on n'a pas voulu l'entendre. Je demande qu'on lui accorde la parole.

La Convention décide que Marat sera entendu.

Marat. Il n'y a que des traîtres qui puissent étouffer ma voix ; je vous rappelle au silence et à vos devoirs. S'il est un homme qui ait des droits pour être entendu, c'est moi, qui depuis huit mois vous ai prédit tout ce qui arrive. Quel que soit le sort qui me menace, je vous déclare que la conduite que vous avez tenue depuis la révolution est celle d'échappés des Petites-Maisons. (On murmure.) Ne vous offensez pas de mes expressions, car je ne veux pas vous offenser. Je n'ai que l'amour du salut public. Il triomphera de tout. La première mesure, dans les circonstances difficiles, est de composer vos comités d'hommes qui aient fait leurs preuves en patriotisme ; la seconde, de leur donner des pouvoirs assez étendus pour faire le bien, dussiez-vous leur donner des gardes et leur mettre aux pieds un boulet. Je demande que vous formiez un comité de sûreté générale qui ait le pouvoir de faire arrêter toutes les personnes qu'il croira suspectes dans Paris, et que le comité de défense générale soit composé de membres en qui le peuple ait confiance. Je demande à n'en pas être.

Boyer-Fonfrède. J'avais une proposition fort simple à faire ; mais dès que celle de Marat est appuyée, j'en ferai sentir le danger en peu de mots. Je me plaindrai d'abord du peu de clarté avec laquelle il l'a énoncée : que veut-il dire par la réunion des pouvoirs les plus formidables entre les mains de six membres qui seront gardés à vue ? Je ne veux pas de dictature, moi, fût-elle exercée du fond d'une prison ; si la Convention veut former, renouveler des comités, changer les formes du conseil exécutif, je ne m'y oppose pas ; cette mesure ne compromet point la liberté de ma patrie ; mais je ne veux pas qu'en portant une chaîne ou un boulet au pied, quelques hommes puissent en donner de plus lourdes à mon pays ; d'un autre côté, il importe que toutes les mesures que vous allez prendre le soient à l'unanimité ; or le seraient-elles si votre comité délibérait en secret ? Je suis soupçonneux, et vous devriez l'être tous alors ; cependant vous avez besoin de vous appuyer les uns sur les autres, et de doubler votre force par votre union : si les mesures qui doivent vous être présentées sont concertées dans un comité secret, vous n'aurez ni confiance ni union, et vous êtes perdus sans elles. Je passe à ma proposition : nos ennemis ont des intelligences sûres, promptes et secrètes ; ils seront instruits plus tôt que les bons citoyens de l'indigne trahison de Dumourier ; ils augmenteront les alarmes ; ils décourageront les faibles ; ils ne diront pas avec quel calme, avec quelle fierté républicaine vous avez entendu l'affligeant rapport de Lacroix. Oui, citoyens, vous avez tous cette fermeté d'ame qui est la première vertu des républicains ; vous êtes tous inaccessibles à cette sorte de timidité qui calcule davantage ses dangers que les moyens de sauver la patrie ; vous la sauverez ou vous périrez : voilà votre sort ; il est glorieux ! Dites aux départemens que vous êtes prêts à le remplir, vous allez redoubler leur énergie ; telle ville qui vous a donné trois mille hommes va vous en donner dix mille ; la France entière va marcher, et malheur aux traîtres ! Je demande la question préalable sur la proposition de Marat, la prompte impression du rapport de Lacroix, et son envoi dans les départemens par des courriers extraordinaires.

Ces propositions sont adoptées.]

Le commandant-général Santerre est admis; il invite l'assemblée à présenter une union parfaite; annonce que quatre-vingt-seize mille hommes sont armés à Paris, et que quarante mille pourront partir sous trois jours avec douze cents canons. (Plusieurs journaux disent *douze mille* canons.]) — Garnier, de Saintes, n'a vu que des ministres traîtres; il pense que, dans les circonstances où se trouve la Convention, elle doit s'emparer de tous les pouvoirs et choisir douze de ses membres qui se partageraient les travaux. — Ajourné.

[*Marat*. J'insiste pour ma proposition : l'ame du salut public est le comité de sûreté et celui de défense générale. Je demande que le premier soit composé de dix membres, le second de quinze, pris parmi les membres les plus purs et qui jouissent le plus de la confiance publique; ils prendront leurs délibérations à huis clos, et seront responsables sur leurs têtes de toutes les mesures qu'ils prendront. La Convention les fera garder à vue.

Bentabolle. Je demande l'ajournement jusqu'au rapport du comité de défense générale. — L'ajournement est décrété. — Marat reste à la tribune.

Le président. Marat, vous venez d'entendre la décision de l'assemblée; retirez-vous et allez au comité présenter vos vues.

Marat. Je n'irai pas; ce n'est pas au milieu de ses ennemis qu'un général peut délibérer.

Le président. Je vous rappelle, Marat, que vous n'êtes point un général.

Marat. Je demande le renouvellement du comité.

L'assemblée passe à l'ordre du jour.—Sur la motion de Thuriot, le décret suivant est rendu :

« La Convention nationale ordonne que le conseil exécutif provisoire nommera sur-le-champ un général pour remplacer Dumourier;

» Déclare à la nation française que Dumourier est traître à la patrie; qu'il a juré la perte de la liberté et le rétablissement du despotisme;

» Fait défenses à tout général, à tout commandant de place, à tout soldat de la République, à toutes les autorités constituées en France, de reconnaître Dumourier pour général, d'obéir à aucun ordre de lui et à aucune réquisition;

» Décrète que tout Français qui reconnaîtra Dumourier pour général sera regardé comme traître à la patrie et puni de mort, et que ses biens seront confisqués au profit de la République;

» Décrète que Dumourier est mis hors de la loi, autorise tout citoyen à courir sus, et assure une récompense de 300,000 liv. à ceux qui s'en saisiront et l'amèneront à Paris mort ou vif. Les 300,000 liv. seront reversibles à leurs héritiers, et tenues à la disposition du conseil exécutif provisoire par la trésorerie nationale.

» La Convention nationale met sous la sauvegarde et l'honneur de la loyauté des soldats français qui sont dans l'armée qui était commandée par Dumourier les cinq commissaires et le ministre de la guerre par elle envoyés, que Dumourier tient en état d'arrestation;

» Ordonne que le présent décret sera envoyé par des courriers extraordinaires dans tous les départemens, aux corps administratifs, aux généraux et aux commandans de place, et qu'il sera de suite proclamé dans les villes et à la tête des corps armés. »

Marat. Je demande, afin d'investir la Convention de la confiance publique, que tous ses membres restent à leur poste, et que ceux qui passeraient les barrières soient déclarés infâmes et traîtres à la patrie, et qu'il soit permis de tirer sus. (On rit.)

Plusieurs voix. De même ceux qui se cacheraient dans des caves.

Marat. Je demande qu'il en soit de même des ministres et de leurs agens.

Garan-Coulon. Aucun de nous n'est assez lâche pour abandonner son poste lorsque la patrie est en danger. Je demande que l'assemblée improuve la proposition de Marat.

La municipalité de Paris est admise à la barre.

Le maire. Aussitôt que nous avons eu connaissance du décret de l'assemblée, nous nous sommes empressés de nous y rendre, afin de recevoir ses ordres.

Le président. La Convention nationale a décrété que les autorités constituées de la ville de Paris se rendraient à sa barre pour leur faire part des nouvelles qu'elle a reçues. L'intention de l'assemblée, en vous appelant à sa barre, a été de vous engager à prendre des mesures, de concert avec les autres autorités, pour réprimer les malveillans. L'assemblée est pleine de confiance dans le peuple de Paris ; mais il se glisse dans son sein des agitateurs qu'il faut surveiller. L'assemblée est en permanence ; elle désire que vous le soyez aussi, et elle vous ordonne de lui rendre compte tous les jours de l'état de Paris.

Delmas. Citoyens, votre comité de défense générale, dans les dangers qui menacent la patrie, est convaincu que sans rapport préliminaire la Convention peut sauver la liberté. Cependant il me charge de vous observer qu'en décrétant des mesures partielles le salut public peut être compromis. On rédige dans ce moment un tableau général dans lequel toutes les mesures capables de sauver la République sont comprises. Dans une heure il vous présentera un décret qui déjouera les perfides projets de Dumourier et de tous ceux qui tenteraient de lui ressembler. Votre comité demande que tous les décrets rendus dans cette séance lui soient communiqués, afin de les faire concorder avec son travail.

Cette proposition est décrétée.

La séance est suspendue à cinq heures.]

Du mercredi 3 avril, à sept heures du soir.

Bréard occupe le fauteuil.

Garnier et Sergent entretiennent l'assemblée des désordres occasionnés par les soldats de l'armée de Dumourier, qui affluent vers Paris. — Une députation de Valenciennes annonce que cette ville est en sûreté.

[*Robespierre.* Il est temps que cette comédie finisse. Ce n'est point par des nouvelles tantôt décourageantes, tantôt plus satisfaisantes, qu'on doit endormir la nation; il faut que la Convention prenne des mesures révolutionnaires. Jusqu'ici je n'ai entendu proposer que des palliatifs faits pour nous tromper sur la mesure de nos maux; il faut adopter des mesures dictées par la liberté : mais je dois déclarer que ce ne sera jamais dans le comité de défense générale qu'elles seront proposées; car dans ce comité règnent des principes que la liberté réprouve. (Des murmures s'élèvent dans une partie de l'assemblée, et couvrent la voix de l'orateur.)

Un membre. Faites taire l'opinant; il calomnie un comité de l'assemblée.

Robespierre. Là règne, à mon avis...... (*A la tribune ! montez à la tribune !* s'écrient plusieurs membres.)

Panis. Il est impossible aux amis de la liberté d'aller parler à la tribune, on les injurie.

Le président. Je prends l'engagement de maintenir la liberté des opinions.

Robespierre, à la tribune. Citoyens, dans ce moment-ci je me dois à moi-même, je dois à la patrie une profession de foi. Nommé membre du comité de défense générale, mais convaincu que les principes qui doivent sauver la patrie ne peuvent pas y être adoptés, je déclare que je ne me regarde plus comme faisant partie de ce comité. Je ne suis pas bien convaincu qu'un système où la royauté serait combinée avec une sorte de constitution aristocratique déplairait à certains membres de ce comité; je ne suis pas bien convaincu qu'un pareil système ne conviendrait pas à certaines gens qui quelquefois parlent de patriotisme, mais qui nourrissent et conservent dans leur ame une haine profonde pour l'égalité. Je ne veux pas délibérer avec ceux qui ont parlé le langage de Dumourier, avec ceux qui ont calomnié les hommes à qui maintenant Dumourier déclare une guerre implacable, avec ceux qui, à l'exemple de Dumourier, ont calomnié Paris et la portion de l'assemblée vraiment amante de la liberté.

S'il ne m'est pas donné de sauver la liberté, je ne veux pas du moins être le complice de ceux qui veulent la perdre, je ne veux pas être membre d'un comité qui ressemble plutôt à un conseil de Dumourier, qu'à un comité de la Convention nationale. (Murmures à la droite de la tribune.)

J'invoque à l'appui de ce que je dis le témoignage de Dumourier lui-même; car dans une de ses lettres il a dit que le comité dont je parle était excellent, à l'exception de six membres : or, ces six membres, dont je m'honore de faire partie, ne peuvent obtenir la majorité; enfin, je ne veux pas être d'un comité dont la plupart des membres poursuivent avec acharnement les patriotes, tandis qu'ils gardent le silence sur les crimes de nos généraux.

Je ne puis vous dissimuler ma surprise de voir que ceux qui, depuis le commencement de la dernière révolution, n'ont cessé de calomnier ce côté (désignant le côté gauche) qui fut et qui sera toujours la patrie de la liberté, soient restés muets sur les crimes de Dumourier, et qu'il n'y ait que nous tant calomniés qui ayons élevé la voix sur les perfidies de ce traître.

Brissot. Je demande la parole après Robespierre.

Robespierre. Pour étouffer la voix de la vérité dans les momens critiques pour le salut public, on a coutume d'amollir le courage des patriotes par certaines idées de réunion qu'on a l'adresse de jeter en avant; mais moi je fais profession de croire que l'amour seul de la liberté doit réunir les hommes, et je me défie de ces protestations brusques faites dans des momens critiques, où l'on croit avoir besoin de feindre un rapprochement que l'on est bien loin de désirer; je me défie de ceux qui, dans des momens critiques, m'ont tendu la main, et qui le lendemain m'ont calomnié, et puisque Brissot demande la parole pour me foudroyer, je vais faire sur Brissot l'application de ce que je viens de dire. Je ne veux point sacrifier la patrie à Brissot, et, Brissot eût-il la confiance de cette assemblée, je déclare que si j'avais des faits certains à alléguer contre lui, je ne balancerais pas un moment à le démasquer.

J'applique à Brissot le principe que j'ai avancé.

J'ai dit que je ne voulais point délibérer avec les amis de Dumourier : eh bien ! Brissot a été et est encore l'intime ami de Dumourier, c'est l'histoire de Dumourier à la main que je veux le juger. Brissot est lié à tous les fils de la conspiration de Dumourier. Je déclare qu'il n'y a pas un homme de bonne foi, qui ait suivi la vie politique de Brissot, qui puisse ne pas être convaincu de ce que j'avance.

Je déclare qu'il n'y a pas une seule circonstance où Brissot n'ait pris la défense de Dumourier ; le système de Dumourier a été de nous engager dans une guerre funeste et périlleuse, afin de la faire tourner contre la liberté. Dumourier et Brissot furent les premiers à proposer la guerre contre l'Autriche ; et remarquez que nous leur disions avant de déclarer la guerre à l'Europe : abattez la cour et remplacez vos généraux. Que nous répondait-on ? On excusait la cour, on nous disait que dire du mal de La Fayette et des généraux, c'était troubler la discipline militaire, c'était se déclarer les ennemis de la patrie ; on nous montrait tous les peuples et principalement la Belgique, disposés à venir au-devant des Français, et on nous faisait voir l'étendard de la liberté flottant sur le palais des rois.

Cependant cette guerre commença par des revers, et malgré cela, on protégeait les généraux et on les investissait d'un pouvoir dictatorial sur la motion des chefs de parti, ennemis jurés des patriotes.

Après l'époque du 10 août, nous étions cernés de despotes qui avaient juré la perte de la liberté et qui avaient combiné leurs projets avec les ennemis de l'intérieur ; au mois de septembre nous apprîmes la prise de Verdun et que l'ennemi se portait sur Paris ; personne jusqu'alors n'avait donné avis de son approche. Cependant quels étaient les ministres ? C'étaient ceux qu'avait fait nommer Brissot. Quels étaient les membres qui composaient la commission des Vingt et Un ? Brissot et ses partisans. Et ces ministres nommés par Brissot vinrent proposer à l'assemblée d'abandonner Paris avec le roi et sa famille, qui étaient alors au

Temple; et si un autre ministre qui n'est pas du parti Brissot, n'était venu apprendre au peuple ce que lui cachaient les hommes qui le dirigeaient ; si la France ne s'était pas levée en masse, les ennemis seraient venus à Paris, et la république serait anéantie.

Dumourier fut alors nommé pour commander l'armée qu'avait abandonnée La Fayette ; et ce furent Brissot et ses partisans qui le portèrent à cette place. Je ne sais ce qu'eût fait Dumourier si la France ne s'était levée tout entière ; mais ce que je sais c'est que Dumourier conduisit poliment le roi de Prusse aux frontières ; ce que je sais, c'est que l'armée française était furieuse de voir échapper les ennemis, quand elle eût pu les écraser ; ce que je sais, c'est que Dumourier se montra aussi respectueux envers le monarque prussien, qu'il se montre maintenant insolent envers les représentans du peuple français ; enfin ce que je sais c'est qu'il ravitailla l'armée ennemie lorsqu'elle était prête à périr de misère et de faim.

Dumourier, au lieu d'exterminer les Prussiens qui s'étaient si imprudemment engagés dans le cœur même de la France, vient à Paris, après avoir passé quelques jours avec les détracteurs des amis de la liberté, dans des festins scandaleux, va dans la Belgique, où il débute par des succès éclatans pour ceux qui ne l'avaient pas apprécié.

Dumourier, après avoir établi son empire dans cette partie de la Belgique, part pour la Hollande ; s'il fût parti trois mois plus tôt, le succès de cette expédition était assuré. J'ai cru un moment que la gloire retiendrait pendant quelque temps Dumourier dans les bornes de ses devoirs, et qu'il n'attenterait à la liberté de son pays qu'après avoir abattu les despotes conjurés contre elle ; alors Dumourier dont les projets auraient été à découvert me paraissait facile à renverser.

Dumourier, après s'être emparé de quelques places de la Gueldre, se découvre tout-à-fait ; et tandis que tout était arrangé pour évacuer la Belgique, les généraux allemands, en partie donnés par Brissot, qui commandaient l'armée devant Mastricht, nous trahissent. Si l'on ose nier ces faits, j'en donnerai des preuves plus authentiques.

A son retour de la Gueldre, Dumourier se plaint-il d'avoir été trahi? Non. Il jette au contraire un voile sur tous les faits; il fait l'éloge des généraux; il loue Miranda et Lanoue, généraux très-connus par leur incivisme; il impute tous nos malheurs aux soldats; il veut persuader à la France que ses armées ne sont composées que de lâches et de voleurs. Nos revers se succèdent. Il donne une bataille, il la perd; il en accuse l'aile gauche de son armée qui, dit-il, a plié : mais cette aile gauche était commandée par Miranda, par son ami, et l'on doit se rappeler que Dumourier disait à son armée : ne vous découragez pas; surtout ayez confiance en vos généraux : ils sont mes élèves, ils sont mes amis.

Dumourier avait établi l'aristocratie dans la Belgique, en réintégrant les officiers municipaux destitués par vos commissaires : Dumourier avait fait des emprunts énormes : Dumourier s'était emparé du trésor public, après en avoir fait emprisonner les gardiens : Dumourier avait assuré sa fortune et sa trahison; ensuite il déclare la guerre à la Convention nationale; il distingue deux partis qui la composent : l'un qui est subjugué, et Brissot doit se ranger dans ce parti; et l'autre qui domine.

Dumourier dit qu'il vient protéger ce parti, qu'il dit être opprimé; il dit que Paris donne la loi à la nation, et qu'il faut anéantir Paris : et c'est dans ce moment que nous délibérons; et que l'on me fait un crime de penser que Dumourier a ici des partisans, et que ces partisans sont les hommes qu'il veut protéger. On m'en fait un crime, lorsqu'ils tinrent toujours un langage qui devrait les faire reconnaître; on m'en fait un crime, lorsqu'ils firent tout pour se partager la puissance; on m'en fait un crime, lorsque les Anglais, accusés d'avoir des partisans dans cette enceinte, menacent nos côtes; enfin, l'on m'en fait un crime lorsque Dumourier s'efforce de décourager la nation, en lui disant que les troubles qui nous agitent, nous mettent dans l'impossibilité de résister aux ennemis extérieurs, en même temps que nous réduirons les révoltés de l'intérieur; lorsque Dumourier méprise la nation, au point de dire qu'elle n'a plus d'autre parti à prendre que de transiger avec les ennemis; et il se propose pour médiateur, lorsqu'il propose de diviser son armée et de marcher avec une partie sur Paris.

Voilà une partie de mes doutes ; voilà la source dans laquelle nous devons puiser les moyens de sauver la liberté. Sauver la liberté!..... Mais la liberté peut-elle se sauver, lorsque les amis du roi, lorsque ceux qui ont pleuré la perte du tyran, et qui ont cherché à réveiller le royalisme, paraissent nos protecteurs, paraissent les ennemis de Dumourier, lorsqu'il est évident à mes yeux qu'ils sont ses complices?

Voilà mes faits ; ils ne convaincront que les hommes de bonne foi ; mais je déclare que lorsque Dumourier est d'intelligence avec l'homme que j'ai nommé, et avec tous ceux..... (*Quelques voix* : Nomme-les donc!) Je ne veux point convaincre les conspirateurs ni les ennemis de la France ; je ne veux que dire la vérité, et quand les hommes que j'ai désignés auront assassiné la liberté et ses défenseurs, on dira qu'au moment où ils allaient exécuter leur complot liberticide, je disais la vérité, et que je démasquais les traîtres.

Je déclare que la première mesure de salut à prendre c'est de décréter d'accusation tous ceux qui sont prévenus de complicité avec Dumourier, et notamment Brissot. (Applaudissemens des tribunes.)

Le président. Brissot a la parole ; mais j'annonce à l'assemblée qu'une députation de la Commune de Paris demande à être entendue.

Plusieurs voix. Admise.

Les commissaires de la Commune sont introduits.

L'orateur annonce que les membres du conseil-général qui ne sont pas renommés à la nouvelle municipalité ne se rendent plus à leur poste ; et que le conseil étant obligé de se diviser pour des objets importans, les délibérations qui sont prises par la Commune le sont par un très-petit nombre d'individus. Il demande, au nom de la municipalité, d'être autorisé à requérir les citoyens qui doivent composer le nouveau conseil-général, de se rendre sur-le-champ à leur poste.

Cette autorisation est accordée.

Brissot. Citoyens, si je me suis abstenu jusqu'à présent de prononcer mon opinion sur les crimes de Dumourier, c'était pour ne pas paraître céder à la crainte, sentiment indigne de moi. J'attendais que je fusse provoqué, je le suis, je vais m'expliquer. (Quelques rumeurs dans la partie gauche.)

Le président. Vous avez entendu l'accusateur, entendez l'accusé.

Panis. Nous sommes tous ses accusateurs. (*Oui, oui,* s'écrient en se levant une grande partie des membres du côté gauche. — Ce cri est plusieurs fois répété.)

Poultier. Il est convaincu ; je demande qu'il lise le numéro du 2 avril de son journal (*le Patriote français*), vous en verrez la preuve.

Brissot. Citoyens, je n'avais pas attendu cette provocation pour donner au comité, le jour même des nouvelles de l'attentat de Dumourier, des renseignemens sur plusieurs de ses complices qu'il était instant d'arrêter.

Je ne suivrai point Robespierre dans ses divagations, je répondrai simplement au reproche qu'il m'a fait d'être le complice de Dumourier.

Robespierre a acquis la preuve de cette prétendue complicité dans le rapprochement qu'il a fait de mes opinions avec celles de Dumourier, et il a cité, à l'appui de ce qu'il avançait, l'histoire de Dumourier depuis son entrée au ministère jusqu'à ce moment ; je vais la parcourir aussi cette histoire.

D'abord, je déclare que je n'ai eu aucune part à la nomination de Dumourier au ministère. Qui est-ce qui, dans ce temps-là, disposait de ces places ? C'était la reine ; et, certes, Robespierre ne m'accusera pas de complicité avec cette femme. La nomination de Dumourier au ministère est le résultat d'une intrigue de *Bonnecarrère.*

Robespierre a prétendu que j'étais le complice de Dumourier, parce que j'avais sur la guerre avec l'Autriche la même opinion que lui. Je déclare que je ne connaissais point Dumourier avant son entrée au ministère, et que, quatre mois avant qu'il y entrât, j'avais fait part de mon opinion aux Jacobins, et j'avais prouvé que la guerre était le seul moyen de dévoiler les perfidies de Louis XVI. L'événement a justifié mon opinion. Robespierre croyait parvenir plus sûrement au républicanisme en ôtant à La Fayette son commandement, et au roi son pouvoir. J'avais senti que dans les circonstances cette opinion était impolitique, parce qu'on nous opposait toujours la Constitution, et que la Constitution ne pouvait tomber qu'en ayant la guerre. Voilà le sentiment qui m'a dirigé, et encore une fois mon opinion était à moi. Dumourier, entré au ministère, vit que cette opinion prévalait dans l'assemblée législative; il l'adopta, et la guerre fut décrétée à l'unanimité et sans discussion.

Ainsi, citoyens, quand pour faire peser sur ma tête une effroyable responsabilité, quand pour me faire regarder comme l'auteur des maux qui affligent la France, on me calomnie, on calomnie l'assemblée législative; car ce fut elle seule qui, guidée par un principe de républicanisme, déclara la guerre à l'Autriche.

Je viens à la guerre avec l'Angleterre, et l'on ne m'accusera pas de l'avoir provoquée, ni d'être le complice de Dumourier, car il traite cette guerre d'ouvrage perfide de Brissot. Cependant il devait savoir qu'elle était l'ouvrage du comité et de la nécessité; car, quand votre ambassadeur, chassé de Londres d'une manière honteuse, quand le gouvernement britannique arrêtait les blés qui vous étaient destinés, quand par toutes ces démarches il prouvait qu'il était en état d'hostilités avec vous, je vous le demande, était-il de la dignité française de laisser toutes ces injures impunies?

J'ai un autre moyen à faire valoir, c'est lorsque j'ai prononcé mon opinion sur le ci-devant roi, j'ai prédit que l'Angleterre et la Hollande profiteraient de ce jugement pour vous déclarer la guerre. L'événement a prouvé que j'avais eu raison ; on ne doit donc pas m'accuser d'avoir provoqué la guerre contre l'Angleterre.

Marat. Je demande que les pièces qui ont été trouvées chez Bonnecarrère, et qui accusent Brissot, soient lues.

Brissot. Je le demande aussi.

Citoyens, une troisième opinion sur laquelle on me prête une complicité avec Dumourier, c'est celle qu'il a développée dans ses proclamations. Il calomnie Paris, dit-on, et l'on soutient que j'ai calomnié Paris. (*Un grand nombre de voix :* Oui, oui.) Dumourier a calomnié les habitans de la ville de Paris ; mais dans les opinions que j'ai énoncées, soit dans cette tribune, soit dans mes écrits, j'ai constamment distingué les habitans de cette ville des brigands qui infestent Paris, qui multiplient les soulèvemens et les dissensions, afin de donner plus de prise aux ennemis. Je défie qu'on me cite un seul écrit qui ne soit pas dans ce sens ; et, si je me suis élevé contre les agitateurs, c'est que le seul moyen de propager la révolution française était de faire régner l'ordre, et, s'il eût régné, vous eussiez vu les peuples s'empresser d'adopter votre constitution, tandis que les tableaux qu'on faisait dans l'Angleterre et dans la Belgique de votre anarchie (*Une voix :* C'est toi qui les faisais) sont les véritables causes qui ont empêché les peuples de vous imiter dans votre révolution.

Si vous prenez garde, citoyens, aux pillages qui ont eu lieu dans la Belgique, vous verrez...

Sergent. J'observe à Brissot que les pillages n'ont encore été prouvés que par Dumourier, et que Dumourier est un scélérat et un traître, aux rapports duquel on ne doit ajouter aucune foi.

Brissot. Enfin, citoyens, Dumourier a énoncé une opinion exécrable dans sa proclamation, c'est l'opinion par laquelle il annonce qu'il veut rétablir l'ancienne Constitution, et à cet égard je fais le serment, ou plutôt je le répète, de ne jamais transiger. (Quelques murmures de l'extrémité gauche.) Je le répète, citoyens, peut-on accuser, d'aimer les rois, un homme qui s'est consacré au républicanisme bien long-temps avant son accusateur ; un homme qui, en 1782, fut enfermé à la Bastille pour avoir émis des principes alors reprouvés ; un homme qui, en 1788, quitta son pays pour aller dans les États-Unis respirer l'air de la liberté, et uniquement pour empêcher que ses enfans ne fussent souillés par la présence d'un tyran ; enfin, peut-on accuser, de vouloir ressusciter la royauté, un homme qui n'a cessé de vouloir établir la République dans ce pays ; un homme qui a osé croire que l'ancienne constitution était républicaine aux cinq sixièmes, et qu'il fallait peu de chose pour la rendre telle que le désiraient les amis de la liberté ; un homme qui, en juillet 1791, époque où l'on sévissait avec rigueur contre les patriotes, était le seul, avec un autre républicain, qui osât propager les principes du républicanisme.

Carlier. Était-il au Champ-de-Mars ?

Garan-Coulon. Oui ; car on le poursuivait pour s'y être trouvé ; j'en ai les preuves.

Brissot. Au surplus, citoyens, l'horreur des rois et de la royauté a pris racine dans mon ame, et je déclare que je périrai plutôt que de transiger avec le scélérat Dumourier. (Mêmes rumeurs dans une extrémité de la salle.)

Larivière. Ce fut pour aller combattre les *Volsques* que *Manlius* abandonna ses haines particulières. Je demande l'ordre du jour sur toutes ces misérables accusations.

— La Convention passe à l'ordre du jour. — Carnot écrit de Douai qu'il allait partir pour rejoindre ses collègues envoyés auprès de Dumourier, quand il apprit leur arrestation ; il mande que l'indignation des départemens frontières contre la trahison de Dumourier est à son comble. Il joint plusieurs pièces relatives à cet événement. — André Murville, orateur de la section de Paris, dite du Théâtre-Français, annonce qu'elle est prête à voler à la défense de la patrie.

Commune de Paris. — *Séance du 3 avril.*

Dans la séance du matin, le conseil, après s'être occupé de quelques objets de détails, a arrêté que le corps municipal serait invité à rendre compte le soir des mesures qu'il a dû prendre pour accélérer l'organisation de la municipalité définitive. Il a pris ensuite diverses mesures pour l'exécution des lois relatives aux chevaux de luxe.

Dans celle du soir, le conseil a arrêté qu'il serait présenté sur-le-champ une adresse à la Convention, pour demander que les membres élus pour la municipalité définitive, qui ont déjà passé au scrutin épuratoire des sections, soient adjoints sur-le-champ au conseil général.

Il a été arrêté qu'il serait enjoint à la gendarmerie de vérifier scrupuleusement les passeports de ceux qui vont et viennent aux barrières.

Sur le réquisitoire de Chaumet, le conseil arrête que toutes les municipalités qui se trouvent sur la route d'Essonne seront invitées à protéger et favoriser les convois destinés pour Paris; qu'il sera envoyé, aux frais de la Commune, des courriers dans toutes les municipalités voisines, et notamment celles de Versailles et Saint-Germain-en-Laye, qui ont donné tant de preuves de leur attachement pour Paris, afin de les prévenir que Paris compte sur les sentiments de fraternité de tous les Français, et sur leur secours, en cas de besoin. Arrête en outre qu'il se concertera avec le département, à l'effet de faire apporter d'Essonne toutes les poudres, boulets, et la mitraille qui y sont emmagasinés.

Le conseil arrête qu'il sera enjoint au comité de police de faire mettre dès demain à exécution l'arrêté précédemment pris, sur les inventaires que doivent dresser les armuriers, et le registre qu'ils doivent tenir de tous ceux qui se présentent pour acheter des armes.

Dès ce soir, le conseil du département sera invité à se réunir au conseil-général de la Commune, pour délibérer sur les moyens de salut public.

Plusieurs sections ont fait part des mesures qu'elles ont prises pour sauver la chose publique. La plupart demandent à marcher tout entières au-devant de l'ennemi. Partout on voit le même zèle, le même dévouement à la chose publique.

CLUB DES JACOBINS. — *Séance du 3 avril.*

Desfieux occupe le fauteuil. — Plusieurs citoyens, présentés par des membres de la société, obtiennent l'entrée de la séance.

— Un membre demande que tous les citoyens de Paris qui ne viennent que par curiosité ne puissent obtenir l'entrée, quoique appuyés par des membres, afin de prévenir les abus qui peuvent résulter d'une trop grande facilité. — Cette motion n'a pas de suite.

N.... « La République est décrétée. La tête de Capet est tombée sous le glaive de la loi; cependant l'effigie du tyran subsiste encore dans cette enceinte. Je demande qu'elle soit enlevée et brûlée à l'instant même. » (Applaudi.)

Un des secrétaires fait lecture du procès-verbal.

Un membre observe que le club central, intitulé *comité central du salut public*, était assemblé dans une des salles de l'évêché dans le moment où un membre annonçait qu'il était dissous.

Un membre annonce que presque toutes les sections ont pris des arrêtés improbatifs de ce comité, dont il est inutile de s'occuper, parce qu'il n'a plus qu'un souffle de vie.

N.... « Je demande la Radiation de tous les membres de cette société qui ne se retireront pas de ce club anti-civique. » (Adopté.)

Un soldat blessé à l'affaire de Jemmapes obtient des défenseurs officieux.

Terrasson annonce qu'il a inutilement demandé une jambe de bois pour un citoyen qui ne peut marcher que sur le dos. On a exigé 20 livres pour livrer cette jambe.

La citoyenne Lacombe. « C'est lorsque la patrie est en danger qu'il faut employer les mesures les plus vigoureuses. Je viens vous indiquer celles qui doivent sauver Paris. Elles ne peuvent effrayer les amis de la liberté. Je déclare donc que je regarderai comme ennemis de la chose publique ceux qui m'interrompront; j'ai besoin du plus grand silence.

Il n'est plus question d'aller aux frontières; il faut défendre Paris, parce que Paris est seul menacé; c'est Paris qu'on veut détruire; je vous propose de vous assurer de tous les aristocrates pour les faire marcher au-devant des ennemis que Dumourier amène sur Paris.. Nous leur signifierons que, s'ils nous trahissent, leurs femmes et leurs enfans seront égorgés et leurs propriétés incendiées; que nous rendrons Paris aux ennemis, mais en cendres, mais en feu, et non autrement.

Si vous n'adoptez cette mesure, Paris est perdu; si vous enfermez les aristocrates dans les prisons, on les armera contre vous; ils se joindront à vos ennemis. Nous ne voulons pas piller; nous voulons que les aristocrates servent malgré eux la liberté. Pesez bien cette mesure. Je ne veux pas que les patriotes sortent, je veux qu'ils gardent Paris; et, si nous succombons, le premier qui hésitera à mettre le feu sera poignardé à l'instant. Je veux que les propriétaires qui ont tout accaparé pour exaspérer le peuple tuent les tyrans ou qu'ils périssent. » (Applaudi.)

His. « J'appuie de toutes mes forces la mesure proposée par la citoyenne Lacombe. Le moment est arrivé où il faut que le nouveau Cromwel renonce à sa qualité de protecteur. Dumourier, né avec des talens très-médiocres en comparaison de ceux de Cromwel, a jugé que le moment de se déclarer chef des royalistes était arrivé. Vil émule de Cromwel, tu crois nous intimider et nous amener à une transaction; ta jactance n'a fait que ranimer notre courage, et par cela même ton parti est écrasé.

Je ne connais pas d'autre moyen pour sauver la patrie que celui que je proposai dans des circonstances non moins orageuses; qu'il me soit permis de répéter une phrase que je prononçai alors. »

L'orateur est interrompu par l'annonce d'une députation de citoyens qui viennent proposer des mesures de salut public.

Thirion. « Nous marchons ici entre deux écueils. Assurément la société ne doit pas refuser d'entendre les pétitionnaires qui ont des vues à proposer; mais je dois annoncer à la société qu'il existe dans son sein plusieurs patriotes depuis l'époque de la révolution, qui ont des mesures à proposer, et auxquels il paraît juste d'accorder une attention particulière. Je demande que les citoyens qui ont des mesures à présenter soient invités à les déposer sur le bureau, pour qu'il en soit fait rapport à la société. »

Payre demande qu'on nomme des commissaires pour l'examen des divers plans qu'on présentera, et il ajoute que le citoyen Lacroix, qui est à la tête de la députation, lui a communiqué son plan, qui lui a paru contenir d'excellentes vues.

La société nomme des commissaires pour entendre la députation et en faire rapport à la société.

N.... « J'ai à vous proposer une mesure de salut : envoyez un courrier à tous les chefs-lieux des départemens pour leur apprendre le danger qui nous menace; donnez l'éveil à tous les patriotes; dites-leur que Paris est menacé, que vous êtes décidés à vous ensevelir sous les ruines de Paris, vous, vos femmes et vos enfans, plutôt que d'acquiescer à une infâme transaction; dites-leur que vous irez tous au-devant des ennemis. Que nos frères des départemens viennent former avec nous un nouveau pacte fédératif; pressez-les, au nom du salut public, de mettre les aristocrates en état d'arrestation et hors d'état de nuire; dites-leur de jeter un voile sur la statue des lois. Jacobins, entendez les voix plaintives de nos frères des départemens de la Vendée. »

Ici l'orateur est interrompu.

Un membre annonce que le citoyen Lacroix a déclaré qu'il allait se rendre à la Convention, puisqu'on ne voulait pas l'entendre, et qu'il sauverait la patrie sans les Jacobins.

Un membre propose de faire un appel nominal de tous les citoyens dans leurs sections, et de leur faire prêter serment de mourir pour défendre la République. (Bruit.)

On observe que les sermens sont une vaine formule.

Le citoyen Desfieux fait lecture d'une lettre de Marseille, dont la substance suit :

« Les républicains marseillais ont appris en frémissant de rage l'assassinat de Léonard Bourdon. Cette nouvelle a excité un cri général de vengeance, et nous avons juré par Brutus de venger cet attentat, et les descendans des Phocéens ne jurèrent jamais en vain.

» Le moment de la vengeance nationale est arrivé; il n'y a plus à balancer. Il faut que le peuple se lève dans toute la République. Nous venons d'envoyer une adresse à la Convention pour demander le rappel de tous les députés patriotes qui sont dans les départemens, et qui courent les risques d'être assassinés. Des commissaires partent en poste pour se rendre dans les départemens, afin d'électriser le peuple et de l'engager à se sauver lui-même. Que Paris se lève donc, qu'il imite Marseille, et la République est sauvée. »

Un membre propose d'envoyer une adresse aux départemens pour leur apprendre que Paris se lève et se charge seul de sauver la République.

N.... « La mesure qu'on vient de proposer est dangereuse. Nous avons besoin des départemens; il faut qu'ils nous secondent. Je demande qu'on dise à tous les départemens : Levez-vous tel jour, ou c'en est fait de la République. Alors le tocsin sonnera sur tous les points de la République, et le génie de la liberté renversera tous les trônes.

» Il faut envoyer sur-le-champ des courriers aux départemens qui avoisinent les endroits où Dumourier dirige sa marche. Ce scélérat se fait des partisans en répandant le bruit que Paris est à feu et à sang, que la Convention est dissoute. Il importe donc d'apprendre aux départemens que Dumourier est un traître, qu'il est décrété d'accusation. »

N...... « Il faut que la société écrive à toutes les sociétés populaires, qu'elle lui peigne fidèlement l'état des choses, qu'elle déclare que Paris sera toujours sur pied, toujours disposé à seconder les départemens; mais il faut une réunion de tous les citoyens. Éclairons nos frères des départemens ; présentons-leur avec énergie l'abîme ouvert sous nos pas. Il faut commencer par raisonner, ensuite nous frapperons; alors nos coups seront plus sûrs et mieux dirigés. »

N.... « J'appuie la proposition de l'adresse; mais je veux qu'on déclare que Paris est le quartier général de la République. »

Desfieux. « Nous examinerons dans les comités les différentes mesures qu'on vous propose ; nous arrêterons ensuite la mesure qui nous paraîtra la plus efficace, mais sans la rendre publique ; car alors nos ennemis la rendraient nulle et illusoire. »

N.... « Je demande que tous les citoyens qui seront convaincus d'être traîtres à la patrie soient fusillés à l'instant. Tant que nous n'agirons pas, nous ne serons rien ; il faut des mesures fermes ; la tête des nobles nous est à charge ainsi que celle des calotins. »

Dubuisson. « Le fait est que l'ennemi est à quarante-trois lieues de Paris, le fait est que les commissaires ont été arrêtés par Dumourier. Nous n'avons pas été arrêtés, et cependant nous n'avions pas le même caractère qu'eux.

» Dumourier a l'insolence d'écrire qu'il garde les commissaires en otage, et qu'il marche sur Paris pour y rétablir l'ordre.

» J'ai à vous proposer une mesure infaillible pour ôter l'armée à Dumourier ; Beurnonville ne l'avait pas, et je l'ai, moi : je demande que quatre commissaires m'accompagnent au comité de sûreté générale ; j'indiquerai cette mesure, et, si l'on ne l'adopte pas, je la rendrai publique demain. Ce moyen de détacher l'armée de Dumourier demande toute le temps du pouvoir exécutif. »

Robespierre. « Le préopinant vous a annoncé des faits ; cela suppose que la société n'est pas instruite des dangers qui nous menacent : il faut savoir que Dumourier est le général de tous les contre-révolutionnaires de France, de tous les royalistes, de tous les Feuillans ; il faut savoir qu'il est d'intelligence avec les puissances étrangères ; il faut savoir qu'il veut nous forcer de transiger sur notre liberté, et qu'il s'offre pour médiateur ; il faut savoir qu'on veut rétablir le despotisme. A qui persuadera-t-on que Beurnonville ait été sérieusement arrêté par Dumourier ? Beurnonville est le premier complice de Dumourier.

« Dumourier n'a pas sérieusement blâmé Brissot, et ce passage du rapport où il reproche à Brissot de nous avoir suscité la guerre est un piége qu'il a tendu aux commissaires. Dumourier feint d'être l'ennemi de Brissot, pour faire croire qu'il n'est pas d'intelligence avec la faction Brissot ; mais il y a dans ce rapport plusieurs passages qui sont faits pour détourner l'attention des vrais complices de Dumourier.

» On a proposé d'envoyer des courriers. Qui les enverra? La Convention? Alors ces courriers seront dévoués à nos ennemis. On nous propose d'écrire aux sociétés affiliées; croyez-vous que cette mesure puisse être exécutée? Je vous ai dit que le premier plan de contre-révolution était dans le directoire de la poste; tant que la poste sera dans la main de nos ennemis, il est impossible que nous ayons aucune correspondance.

» Tandis que nous délibérons, nos ennemis correspondent sans cesse; il faut voir si la Convention n'a pas un bandeau sur les yeux, et si les mesures proposées pour arrêter Dumourier ne sont pas un piége de la cabale qui veut endormir le peuple sur le bord de l'abîme. C'est contre les députés patriotes, contre les députés énergiques, contre les Jacobins, contre le peuple de Paris. Quant aux royalistes, aux Feuillans, c'est de concert avec eux que Dumourier vient pour écraser la liberté.

» Je suis fondé à croire que je suis un de ceux contre lesquels marche Dumourier. Que m'importe que Paris ait été calomnié; Paris est le boulevart de la liberté. Comme député de Paris, mon devoir est de l'avertir du complot. Toutes les autorités constituées doivent veiller à la conservation de Paris. Il faut que les sections, que la municipalité, que le département, soient dans la plus active surveillance.

» Il faut lever une armée révolutionnaire; il faut que cette armée soit composée de tous les patriotes, de tous les sans-culottes; il faut que les faubourgs fassent la force et le noyau de cette armée. Je ne dirai pas qu'il faut aiguiser nos sabres pour tuer les calotins; ce sont des ennemis trop méprisables, et les fanatiques ne demanderaient pas mieux pour avoir un prétexte de crier.

» Il faut chasser impitoyablement de nos sections tous ceux qui se sont signalés par un caractère de modérantisme; il faut désarmer, non pas les nobles et les calotins, mais tous les citoyens douteux, tous les intrigans, tous ceux qui ont donné des preuves d'incivisme; on a pris ces mesures à Marseille. Dumourier doit arriver à Paris avant les bataillons de Marseille; voilà pourquoi il précipite ses pas. Paris menacé doit se défendre. Il n'y a personne qui puisse s'opposer à ces mesures sans se déclarer mauvais citoyen.

« Le moment est venu de transiger avec les despotes ou de mourir pour la liberté. J'ai pris mon parti; que tous les citoyens m'imitent. (Applaudi.) Que tout Paris s'arme, que les sections et le peuple veillent, que la Convention se déclare peuple. Je déclare que tant que la poste sera entre les mains des contre-révolutionnaires; que tant que des journaux perfides, qui font l'éloge de Dumourier, corrompront l'opinion publique, il n'y aura aucun espoir de salut. Mais le génie de la liberté triomphera; le patriotisme et le peuple doivent dominer et dominer partout. » (Applaudissemens.) (*Journ. du club des Jacobins*, n. CCCLXXXVIII.)

CONVENTION. — SUITE DE LA SÉANCE PERMANENTE COMMENCÉE LE MERCREDI 3 AVRIL, AU MATIN.

Du jeudi 4 avril, à minuit.

[*Isnard, au nom du comité de défense générale.* Citoyens, votre comité de défense générale s'occupe à déterminer les grandes mesures de salut public que nécessitent les circonstances. Mais il a pensé qu'il devait à l'instant même vous en proposer une qui doit tout précéder, et sans laquelle peut-être toutes les autres seraient vaines.

Votre comité a reconnu que, dans un moment où les revers se succèdent, où un vaste plan de contre-révolution couvre la France, où des trahisons de tous genres se manifestent, il fallait donner aux ressorts du gouvernement plus d'action, plus d'énergie, plus d'unité, une discussion approfondie; les méfiances qui environnent le pouvoir exécutif et vos comités, la publicité des délibérations de ces comités, l'abus qui peut résulter de cette publicité, l'aveu des ministres eux-mêmes, tout a concouru à déterminer le comité à la mesure qui va vous être soumise.

Il a pensé qu'il fallait nommer un comité d'exécution, composé de neuf membres choisis dans le sein de cette assemblée, chargé de remplir les fonctions qui étaient attribuées au conseil exécutif, et de prendre toutes les mesures de défense générale que nécessitent les circonstances. Vous pouvez et vous devez adopter ce que le comité vous propose : vous le pouvez, parce que la nation, en nommant une Convention nationale, lui a délégué l'exercice de la souveraineté et tous les pouvoirs; vous le devez, parce que, dans un moment où tout ce qui n'est pas vous semble vous trahir, il est prudent de ne vous fier qu'à vous-mêmes. C'est à vous que le peuple a remis le dépôt de la liberté; c'est à vous qu'il en demandera compte : c'est donc vous qui devez exclusivement veiller à sa garde. Saisissons enfin d'une main hardie, ferme et pure, les rênes du gouvernement. Il n'est plus question de disputer sur les formes, il s'agit de défendre la patrie. Avant de déterminer le culte que l'on doit à la liberté, il faut assurer son triomphe.

Je ne me livre pas à de plus longs développemens, car il faut dans ce moment des actions, et non pas des discours.

— A la suite de ce rapport, Isnard présente un projet de décret dont les dispositions sont de créer dans le sein de la Convention un comité d'exécution, composé de neuf membres, qui ait le pouvoir de destituer tous les agens du pouvoir exécutif.

Thuriot et Buzot combattent ce projet de décret. — Il est appuyé par Cambon. (Dubois-Crancé occupe le fauteuil.)

Marat. Depuis six mois vous combattez en vain contre les abus; vous n'avez pas encore porté la cognée à la racine; il ne faut que du sens commun pour sauver la patrie. Tant que vous prendrez publiquement des mesures de salut public, vous ne ferez rien. Dumourier est un traître : eh bien! je dois dire qu'une partie de la Convention ne mérite pas notre confiance, puisque Dumourier vient pour en protéger ce qu'il appelle la saine partie contre celle qui doit sauver la République. (Des applaudissemens s'élèvent dans la partie gauche et se mêlent aux acclamations des tribunes.) Il est impossible que la Montagne (désignant l'extrémité gauche) ait la moindre confiance en la plupart des *hommes d'état*. (De nombreux murmures couvrent la voix de Marat.)

Lecointre. Donnez-nous des moyens de salut public.

Laumont. Sommes-nous en séance permanente pour écouter les injures de cet homme? (*Plusieurs membres :* Voilà celui qui veut dissoudre la Convention. — A bas, à bas Marat! — Une vive agitation règne dans l'assemblée. — Le président se couvre. — L'ordre se rétablit.)

Le président. Les circonstances sont telles qu'on ne doit s'occuper que de la chose publique. Marat, vous avez manqué à la représentation nationale; je vous rappelle à l'ordre.

Julien, de la Drôme. Je déclare, au nom de la Montagne, qu'elle désavoue les expressions de Marat en ce qui concerne la généralité de l'autre partie de la Convention; elle reconnaît qu'il y a plusieurs membres sur qui elle n'a jamais conçu de soupçons. (Marat quitte la tribune.)

Vergniaud. Je demande par motion d'ordre que, lorsque nous n'avons pas un moment à perdre pour agir, on déclare complice de Dumourier tout homme qui fera perdre le temps de la Convention. (On applaudit.)

Danton. Je demande aussi la parole pour une motion d'ordre. Quelle qu'ait été la différence des opinions, il n'en est pas moins vrai que la majorité de la Convention veut la République. (*Un grand nombre de voix :* Tous la veulent.) Nous voulons repousser et anéantir la conjuration des rois; nous sentons que telle est la nature des circonstances, telle est la grandeur du péril qui nous menace, qu'il nous faut un développement extraordinaire de forces et de mesures de salut public. Nous cherchons à établir une agence funeste pour les rois; nous sentons que pour créer des armées, trouver de nouveaux chefs, il faut un pouvoir nouveau toujours dans la main de la Convention, et qu'elle puisse anéantir à volonté; mais je pense que ce plan doit être médité, approfondi. Je crois qu'une République, tout en proscrivant les dictateurs et les triumvirs, n'en a pas moins le pouvoir et même le devoir de créer une autorité terrible; telle est la violence de la tempête qui agite le vaisseau de l'état, qu'il est impossible, pour le sauver, d'agir avec les seuls principes de l'art. Écartons toute idée d'usurpation. Eh! qui donc pourrait être usurpateur? Vous voyez que cet homme qui avait remporté quelques victoires va appeler contre lui toutes les forces des Français. Déjà le département où il est né demande sa tête. Rapprochons-nous, rapprochons-nous fraternellement, il y va du salut de tous. Si la conjuration triomphe, elle proscrira tout ce qui aura porté le nom de patriote, quelles qu'aient été les nuances. Je demande le renvoi du projet de décret, et l'ajournement à demain.

L'ajournement est décrété.

Sur la proposition de Lasource, au nom du comité de défense générale, le décret suivant est rendu :

Art. 1. Les pères et mères, les femmes et les enfans des officiers de l'armée qui était commandée par Dumourier, depuis le grade de sous-lieutenant jusqu'à celui de lieutenant-général inclusivement, seront gardés à vue, comme otages, par chaque municipalité du lieu de leur résidence, jusqu'à ce que les commissaires envoyés par la Convention nationale, ainsi que le ministre de la guerre, détenus par la perfidie de Dumourier, soient mis en liberté, et que l'armée de la Belgique soit remise sous les ordres du nouveau général qui sera nommé.

2. Chaque municipalité sera tenue d'envoyer, dans le plus bref délai, au directoire du district, le procès-verbal contenant les noms des citoyens détenus en otages.

3. Le ministre de la guerre remettra, dans vingt-quatre heures, à la Convention nationale, l'état nominatif de tous les officiers, pour être imprimé et envoyé aux directoires des départemens pour l'exécution du présent décret.

Des sections de Paris viennent offrir les bras de leurs citoyens pour la défense commune.

La séance est suspendue le jeudi 4, à quatre heures du matin.]

Du jeudi 4 avril, à sept heures du matin.

Une déclaration du citoyen Dulac porte qu'il a vu Dumourier

faire arrêter les quatre commissaires de la Convention et le ministre de la guerre, et qu'il les a fait traduire à Tournai et remettre au prince de Cobourg. — Bernazé, officier de l'état-major de l'armée du Nord, fournit, comme témoin oculaire, les détails de l'arrestation des commissaires et de Beurnonville, qui a reçu un coup de sabre au moment où il voulait sortir de la voiture. — Lettre du général Leveneur, datée du camp de Maulde : il annonce que Dumourier, qu'il aimait, et auquel il a même des obligations, vient de commettre un grand attentat : il se trouve dans une position critique, puisqu'en suivant Dumourier il agit contre sa conscience, et qu'en manifestant une opinion contraire, il est sûr d'être arrêté et envoyé à l'ennemi comme otage. Il demande à quitter un poste dans lequel il ne peut plus être utile. Renvoi au comité de défense générale.

[*Brival*. Je demande le remplacement d'une partie des membres du comité de défense générale. Personne n'ignore que plusieurs ont eu des relations avec Dumourier, et que par-là ils peuvent être justement soupçonnés de complicité avec lui. Je demande que ceux-là soient remplacés, et qu'on ne conserve que ceux qui sont reconnus pour des patriotes décidés.

Barbaroux. Il y a cinq mois que nous avons dénoncé la faction d'Orléans, et pendant cinq mois nous avons été traités de scélérats; aujourd'hui vous reconnaissez que nous avions raison. En effet, que demande Dumourier? le rétablissement de l'ancienne constitution. Quel est celui que l'ancienne constitution appelle au trône? c'est d'Orléans. (Les murmures interrompent l'orateur.) Je me retire de la tribune; mais je demande acte de ma dénonciation.

Maribou-Montaut demande l'arrestation de la famille du général Valence. — Les commissaires Cochon, Lequinio et Bellegarde annoncent que les bataillons reconnaissent Dumourier pour un traître, et qu'ils le poursuivent. — Châteauneuf-Randon demande l'arrestation de mesdames Montesson et d'Orléans. Levasseur demande que Sillery et d'Orléans père soient gardés à vue. Sillery lui-même appuie cet avis, qui lui paraît juste, et réclame la visite de ses papiers : « Quand il s'agira de punir les traîtres, dit-il, si mon gendre est coupable, je suis ici devant l'image de Brutus. » Égalité père (d'Orléans) demande aussi l'examen de sa conduite : « Si je suis coupable, je dois être puni ; si mon fils l'est, je vois aussi Brutus. » Sillery déclare que ce fut le hasard qui rendit sa femme présente à la conversation de Dumourier avec les commissaires du conseil exécutif, et que c'était la première fois qu'elle le voyait.

Carrier. Les mesures qu'on vient de nous proposer sont nulles; il en faut de plus étendues, de plus générales pour sauver la patrie. Il est étonnant que le comité de défense générale, depuis le temps qu'il connaît les dangers de la patrie, ne vous ait pas présenté le projet de donner le signal à tous les vrais républicains, qui n'attendent que vos ordres pour voler à la défense de la patrie. J'ai proposé plusieurs fois de former un camp aux environs de Paris; cela me paraît d'une nécessité absolue. Votre comité ne l'a-t-il pas senti? — J'en reviens à la proposition de Génissieux ; ce n'est pas ces officiers seuls qu'il faut mettre en état d'arrestation, mais tout l'état-major du scélérat Dumourier; les officiers qui le composent sont aussi traîtres que lui (1).

Boyer-Fonfrède. J'appuie les observations du préopinant; en effet, citoyens, c'est par les armes que nous pouvons sauver la patrie; c'est au tribunal de la guerre que nous devons plaider contre les conspirateurs ; c'est par la force que nous, qui ne voulons céder ni à aucune crainte, ni à aucune espérance, nous pouvons l'emporter ; et cependant nous n'avons organisé encore ni armée, ni camps nouveaux ; et cependant nous n'avons pas fait partir encore les courriers que je demandais pour les départemens ; et lorsque vous devriez leur crier de courir aux armes, vous ne les avez pas même prévenus encore sur les dangers nouveaux que la trahison d'un général vient de faire courir à la liberté. Le comité de défense prépare ses projets ; décrétons-les

(1) Les pièces importantes de la trahison de Dumourier sont placées à la fin d'avril. (*Note des auteurs.*)

aujourd'hui ; que des mesures fortes succèdent à de vagues dénonciations, et ne travaillons plus pour nos passions, mais pour la patrie.

J'en reviens à la proposition de Génissieux ; on a dit avec raison et esprit, qu'il ne fallait pas conserver dans la République de la graine d'émigrés ; je ne veux pas moi non plus de la graine des rois : celle-là germe dans la corruption. Les *Égalité*, dit-on, ont servi la liberté. Je ne veux rien devoir, moi, à ces hommes, dans les veines desquels coule le sang des rois ; et je dois dire ici tous mes soupçons : c'est devant Égalité que Dumourier a fait ses atroces confidences, et il n'est point encore arrêté. Je demande qu'il le soit, et traduit à la barre, ainsi que Valence.

Buzot. Je demande que la lettre d'Égalité fils à son père, qu'on a interceptée, soit lue.

Cette proposition est décrétée. — Voici la lettre :

Tournay, 30 mars.

« Je vous ai écrit de Louvain, cher papa, le 21 ; c'est le premier instant dont j'ai pu disposer après la malheureuse bataille de Nerwinden ; je vous ai encore écrit de Bruxelles et d'Enghien ; ainsi vous voyez qu'il n'y a pas de ma faute. Mais on n'a pas d'idée de la promptitude avec laquelle les administrations de la poste font la retraite ; j'ai été dix jours sans lettres et sans papiers publics, et il y a dans ces bureaux-là, comme dans tout le reste, un désordre admirable.

» *Mon couleur de rose* est à présent bien passé, et il est changé dans le noir le plus profond ; je vois la liberté perdue ; je vois la Convention nationale perdre tout-à-fait la France, par l'oubli de tous les principes ; je vois la guerre civile allumée ; je vois des armées innombrables fondre de tous côtés sur notre malheureuse patrie, et je ne vois pas d'armée à leur opposer ; nos troupes de ligne sont presque détruites ; les bataillons les plus forts sont de quatre cents hommes. Le brave régiment des Deux-Ponts est de cent cinquante hommes, et il ne leur vient pas de recrues ; tout va dans les volontaires ou dans les nouveaux corps ; en outre le décret qui a assimilé les troupes de ligne aux volontaires, les a animés les uns contre les autres. Les volontaires désertent et fuient de toutes parts, on ne peut pas les arrêter; et la Convention croit qu'avec de tels soldats elle peut faire la guerre à toute l'Europe? Je vous assure que, pour peu que ceci dure, elle en sera bientôt détrompée. Dans quel abîme elle a précipité la France !..... Ma sœur ne se rendra pas à Lille, où on pourrait l'inquiéter sur son émigration; je préfère qu'elle aille habiter un village aux environs de Saint-Amand. *Signé* ÉGALITÉ. »

Larevellière-Lépaux lit la rédaction des diverses propositions; elles sont adoptées en ces termes :

« ART. 1. La femme et les enfans du général Valence, la citoyenne Montesson et la citoyenne femme Égalité seront mis sur-le-champ en état d'arrestation, et le scellé mis sur leurs papiers.

» 2. Les citoyens Brullard-Sillery et Égalité, membres de la Convention nationale, seront gardés à vue, avec liberté d'aller où ils jugeront à propos dans Paris seulement. »

Autre décret.

« ART. 1. Le général Miazinski sera traduit sous bonne et sûre garde à Paris, et mis au secret aux prisons de l'Abbaye.

» 2. Le commandant en chef de l'artillerie de Douai sera mis en état d'arrestation et traduit à la barre pour y être interrogé. »

Fabre d'Églantine, au nom du comité de défense générale, propose un décret qui est adopté en ces termes :

« La Convention nationale, après avoir entendu le rapport de son comité de défense générale, décrète :

» ART. 1. Parmi les commissaires de la Convention nationale envoyés dans le département du Nord et de l'Est, il sera pris quatorze membres pour faire mettre sur-le-champ en état de défense les places fortes de cette frontière.

» 2. Les commissaires se partageront en sept divisions de deux membres chacune; chaque division se chargera de faire mettre en état de défense les places qui lui seront assignées dans les instructions qui seront jointes au présent décret.

« Chaque division se fera assister de deux ingénieurs et de deux officiers ou sous-officiers de chaque espèce d'arme, d'un officier de santé, d'un employé dans les vivres, réunissant le plus d'expérience et de zèle dans la partie qui sera confiée à chacun d'eux.

» 4. Il sera procédé par les commissaires à un inventaire de tous les objets de munitions et d'approvisionnement qui se trouveront dans les places ; ils y ajouteront un état détaillé de la situation dans laquelle ils auront mis les places, et en rendront compte à la Convention.

» 5. Les commissaires pourront faire toutes réquisitions aux corps administratifs, suspendre ou destituer tous officiers civils et militaires, et prendre toutes les mesures de sûreté générale et toutes celles nécessaires à la célérité, à l'utilité de leurs opérations et à l'exécution du présent décret. »

Barrère, au nom du comité de défense générale. Le comité de défense générale s'occupe des diverses mesures à prendre ; elles vous seront présentées à mesure qu'elles seront délibérées. La première sur laquelle vous devez prononcer est la nomination d'un ministre ; vous savez que Beurnonville a été blessé, et il est peut-être mort en ce moment ; d'ailleurs il n'avait le portefeuille que provisoirement. La seconde mesure est relative à l'envoi de commissaires aux armées pour y ranimer le courage des soldats et les éclairer. La troisième regarde la formation d'un noyau d'armée à Péronne, avec les recrues et les soldats qui ont abandonné l'armée de Dumourier. La quatrième a pour objet de donner une marque distinctive à vos commissaires. Tous les membres de cette assemblée qui ont été en commission ont dit que dans les armées ils étaient méconnus ; qu'on les regardait plutôt comme des commis que comme des représentans du peuple. Je vous propose de leur donner une écharpe en ceinture, avec une frange jaune ; ils pourront porter cette décoration à cheval comme à pied. La cinquième est relative à la levée d'une armée de quarante mille hommes, qui sera placée dans les environs de Paris, pour maintenir la paix dans cette ville et la garantir des attaques qui pourraient venir du dehors. Enfin, la sixième mesure vous paraîtra peut-être extraordinaire ; mais elle est nécessaire. Il faut investir le général qui remplacera Dumourier de la plus grande confiance. Le conseil exécutif a donné le commandement de cette armée au général Dampierre ; cet officier a réuni les suffrages de tous les patriotes. Le comité vous propose d'approuver la nomination du conseil exécutif.

David. La marque distinctive que propose le comité ne me paraît pas assez frappante. J'en propose une qui tiendra du civil et du militaire : c'est une écharpe, une épée et un plumet aux trois couleurs au chapeau.

Gossuin. Le mot commissaire est trop commun ; il y a commissaires des guerres, commissaire ordonnateur : ce nom n'en impose pas assez. Je propose de substituer cette dénomination : *Délégué du peuple.*

Thuriot. Moi, je demande qu'ils ne portent d'autre nom que celui que leur donne leur qualité, c'est-à-dire qu'ils soient appelés représentans du peuple.

Le projet de Barrère est adopté avec ces divers amendemens, en ces termes :

« Art. 1. Il sera procédé dans le jour, par appel nominal, à l'élection d'un nouveau ministre de la guerre.

» 2. Il y aura près les armées du Nord et des Ardennes six commissaires pris dans le sein de la Convention nationale, qui s'occuperont d'abord d'établir les communications les plus promptes entre les diverses parties de ces armées, d'y faire publier la proclamation de la Convention nationale, et d'y maintenir les principes qui les ont toujours animés pour la défense de la République.

» 3. Les commissaires sont Carnot, Gasparin, Bries, Duhem, Roux-Fazillac, Duquesnoy, Dubois-Dubois et Delbret.

» 4. Deux... se rendront à Valenciennes, d'où ils se porteront sur tous les points où ils jugeront leur présence nécessaire.

» 5. Trois... se rendront à Lille, où ils se joindront à Carnot, et d'où ils se transporteront partout où besoin sera. Deux d'entre eux s'arrêteront à Douai pendant le temps nécessaire pour y prendre toutes les mesures qu'exige la défense de cette place.

» 6. Deux autres commissaires... se rendront à Péronne pour y former un noyau d'armée, tant de recrues que des soldats qui se sont séparés des armées par la perfidie de Dumourier. Les commissaires sont... Le conseil exécutif provisoire enverra à cet effet à Péronne, sur-le-champ, deux commissaires des guerres, et deux officiers de l'état-major.

« 7. Les commissaires seront investis des mêmes pouvoirs que ceux qui ont été précédemment envoyés ; ils sont autorisés à se diviser, délibérer et agir au nombre de deux.

« 8. En attendant qu'un costume soit décrété, les commissaires porteront un sabre nu, demi-espadron pendu à un baudrier de cuir noir, placé en baudrier par-dessus l'habit; une écharpe en ceinture ; sur la tête un chapeau rond, surmonté de trois plumes aux trois couleurs.

« 9. Les commissaires seront également chargés de la distribution des bulletins et autres écrits et adresses dont la Convention aura décrété l'envoi aux armées, sous le couvert et par l'entremise des commissaires. Les commissaires porteront désormais le nom de représentans de la nation députés par la Convention nationale à....

« 10. La Convention approuve la nomination faite par le conseil exécutif provisoire du général Dampierre pour commander en chef les armées du Nord et des Ardennes.

« 11. Il sera formé sans délai une armée de quarante mille hommes, qui sera divisée sur les points qui devront couvrir toutes les rivières navigables avec Paris.

« Le comité de défense générale, réuni au comité militaire, présentera demain le mode d'exécution qui indiquera les points où seront campés les quarante mille hommes qui seront spécialement destinés à couvrir Paris. »]

— Le général Custine écrit une lettre très-détaillée sur les événemens qui le contraignent à se retirer : un des principaux est l'ordre envoyé à son insu, par le ministre de la guerre Beurnonville, au général Estourmel, pour évacuer un poste très-important, ce qui exposait beaucoup l'armée. Ce général déclare que Beurnonville peut avoir des talens militaires, mais qu'il ne lui croit ni les vertus ni les opinions d'un républicain; il ajoute qu'il est convaincu que l'on n'a pas voulu le succès de l'armée française en Allemagne, et termine en donnant sa démission. — Sur la proposition de Boyer-Fonfrède, appuyée par Ruhl, un décret déclare que le général Custine a la confiance de la Convention nationale, et lui ordonne de conserver le commandement de son armée. Albitte fait décréter d'arrestation les généraux Estourmel et Ligniville, dont il est question dans la lettre. — Lettre du général Biron portant que les ennemis, ayant attaqué l'armée d'Italie, ont été repoussés avec perte. — Bouchotte, commandant à Cambrai, est nommé, à l'unanimité, ministre de la guerre. La séance est suspendue à cinq heures.

Jeudi 4 avril, 7 heures du soir.

Le général Dampierre envoie à la Convention un aide-de-camp pour l'informer qu'à la première nouvelle de la trahison de Dumourier il s'est retiré au Quesnoi, et qu'il est résolu d'y périr et de s'ensevelir sous ses ruines plutôt que de livrer cette place aux rebelles. — L'aide-de-camp ajoute que le choix qu'on a fait de Dampierre, pour l'élever au commandement de l'armée du Nord et des Ardennes, sera applaudi de toute l'armée.

Le conseil exécutif provisoire envoie un arrêté par lequel il confère au général Custine le commandement en chef des armées du Rhin et de la Moselle.

Gonchon, orateur d'une députation du faubourg Saint-Antoine, demande qu'il soit organisé une compagnie de *scévolas*, dont le chef serait pris dans la Convention.

Delmas est nommé président; Romme, Mélinet et Cambon sont nommés secrétaires (1).

(1) Cette séance est entièrement omise par le *Moniteur*. Nous en avons pris l'analyse dans le *Républicain français*, n. CXLII. (*Note des auteurs.*)

AVRIL (1793).

COMMUNE. — SÉANCE DU 4 AVRIL.

La municipalité de Versailles écrit une lettre contenant des remercîmens à celle de Paris sur les mesures qu'elle a prises, pour établir entre elles deux une correspondance journalière.

Six membres du département de Paris viennent, en vertu de l'invitation qui en a été faite, siéger avec le conseil général. Le conseil ordonne la consignation de leurs pouvoirs sur ses registres.

Le conseil a arrêté qu'il ne serait point accordé de passeports aux ci-devant nobles et prêtres, non plus qu'à des femmes, qui n'ont aucun besoin de voyager. Il n'en sera accordé qu'à des négocians, sauf les cas urgens et imprévus, et alors il en sera fait rapport au conseil général.

Une députation du corps électoral expose les plaintes réitérées qui ont été faites contre l'administration des postes, et en demande la réorganisation. Le conseil nomme une commission pour surveiller cette administration, et invite le corps électoral à en nommer une également.

La section des Quatre-Nations demande la répartition des armes dans les sections. Le conseil arrête que le maire se concertera dès demain avec le conseil exécutif à l'effet de faire ordonner qu'aucune des armes saisies dans Paris n'en pourront sortir pour quelque destination que ce puisse être, mais qu'elles seront distribuées dans les sections à raison de leur population. Le corps municipal rendra compte des mesures qu'il doit avoir prises pour la distribution des canons dans les sections.

État de l'artillerie de Paris. — Il y a à l'arsenal deux cent cinquante canons, tant de vingt-quatre que de seize, de douze et de huit, sans comprendre les cent vingt-trois canons qui sont déjà dans les sections, à poste fixe; cent dix mille quatre cents boulets de différens calibres, deux mille quatre cents bombes et sept cents obus, douze mille quatre cent soixante-douze gargousses à boulets et mitrailles, dix-neuf caissons munis complétement, soixante mille cartouches; tant ici qu'à Essonne et à

Meaux, dont partie est en route, soixante-trois milliers de poudre, cinq cent cinquante-deux mille huit cent dix-huit livres pesant de balles de plomb faites; environ quatre-vingt-dix mille piques et cent douze mille chausses-trappes; balles à mitraille de quoi faire deux mille gargousses.

Les canons partis de Paris pour la Vendée sont arrêtés à Versailles, par ordre de l'adjoint Saint-Fief, afin de les faire revenir si les nouvelles de la Vendée le permettent.

Presse. — En parlant du décret par lequel, sur la motion de Boyer-Fonfrède, la Convention conservait sa confiance à Custine, et de l'arrêté du conseil exécutif qui étendait le commandement de ce général, le *Patriote français*, n° MCCCXXXII, dit : « Il faut espérer que Custine justifiera par sa conduite ultérieure ces mesures honorables pour lui, et qu'il a si bien méritées. »

Marat, qui avait déjà dénoncé Custine à la tribune de la Convention, donne dans son journal la pièce suivante, à l'appui de la dénonciation :

« *Copie d'un billet tout entier de la main de Custine, à la ci-devant duchesse de Liancourt.*

» J'espère que vous n'avez pas ajouté foi aux bruits ridicules répandus sur mon compte. Vous n'avez pas cru sans doute que j'ai mérité le ridicule que Curtius m'a donné dans les sociétés populaires, en me faisant passer pour...... patriote. » Marat ajoute que cette lettre est déposée au comité de sûreté générale.

CONVENTION. — SUITE DE LA SÉANCE PERMANENTE DU 5 AVRIL. — *Du vendredi 5 avril, à 7 heures du matin.* — *Présidence de Delmas.*

Lasource présente et fait adopter un projet de proclamation à l'armée de Belgique.

Charlier demande le rapport du décret par lequel la Convention a ordonné que tous les individus qui seraient traduits au tribunal révolutionnaire seraient auparavant décrétés d'accusation. Cette proposition est combattue par Barbaroux et appuyée par Danton.

Boyer-Fonfrède demande une exception en faveur des ministres, des généraux, de la trésorerie. Cambon veut qu'elle s'étende aux commissaires de la trésorerie nationale.

[*Marat*. Je propose aussi un amendement qui va vous faire sentir combien celui de Cambon est illusoire : je demande une exception pour les ouvriers employés à la fonte des canons, à la fabrication des armes, des habits et souliers des volontaires ; en faveur des citoyens qui fournissent leurs bras à la défense de la patrie, en faveur de femmes qui lui font des enfans. (On murmure.) Voilà comme vous êtes irréfléchis, inconsidérés. (Nouveaux murmures.) Je vous rappelle au sens commun. (Une vive agitation s'élève dans l'assemblée. — On demande que Marat soit censuré. — *Quelques voix* : A l'Abbaye Marat !)

Le président le rappelle à l'ordre avec censure au procès-verbal.

La rédaction suivante est adoptée :

« La Convention nationale rapporte l'article de son décret qui ordonnait que le tribunal extraordinaire ne pourrait juger les crimes de conspiration et délits nationaux que sur le décret d'accusation porté par la Convention.

» 2. L'accusateur public près dudit tribunal est autorisé à faire arrêter, poursuivre et juger tous prévenus desdits crimes sur la dénonciation des autorités constituées ou des citoyens.

» 3. Ne pourra cependant ledit accusateur décerner aucun mandat d'arrêt ni d'amener contre les membres de la Convention nationale sans un décret d'accusation ; ni contre les ministres et généraux des armées de la République sans en avoir obtenu l'autorisation de la Convention.

» 4. Quant aux autres exceptions, la Convention renvoie à son comité de législation pour lui en faire son rapport dans le plus court délai. »

Isnard. Je demande la parole sur l'ordre du jour. Je fais observer à l'assemblée qu'avant-hier un projet de décret fut présenté tendant à établir un comité d'exécution. Cette proposition fut combattue, et, après une discussion, elle fut renvoyée au comité de sûreté générale pour en faire son rapport. Le comité n'a point remis à la discussion ce projet. Je demande, non pas qu'il soit adopté tel qu'il a été présenté, mais qu'on mette à la discussion dans ce moment un projet quelconque relatif à l'organisation du pouvoir exécutif, qui dans ce moment n'existe pas; car il ne veut rien prendre sur lui; il vient au comité, et refuse de prendre aucune décision sans qu'elle ait été approuvée par lui.

Bréard. Je viens appuyer la proposition d'Isnard; je viens vous dire, avec le sentiment d'un honnête homme que, si vous voulez sauver la chose publique, il est temps que vous y songiez. Il est impossible que les mesures soient prises par votre comité lorsqu'il a pour témoins de ses opérations trois cents individus; et je vais vous citer un fait à l'appui de ce que j'avance. Hier, le ministre a annoncé au comité le choix qu'il avait fait de Dampierre pour remplacer Dumourier. Eh bien, en sortant de cette salle, on m'annonça cette nomination. Cependant il eût été à désirer qu'elle ne fût pas sue de l'armée de Dumourier, parce que cette publicité dérange les projets des ministres.

Barrère. J'ai voué une haine implacable à toute espèce de tyrannie, et ce n'est pas moi qui viendrai à cette tribune défendre des mesures qui pourraient même n'avoir que de la tendance à une dictature quelconque; mais il suffit de nous entendre de bonne foi et de ne pas nous donner des terreurs imaginaires pour convenir de l'organisation d'un bon comité de salut public.

Celui que vous avez organisé en dernier lieu ne peut pas travailler efficacement au salut de la patrie; il est composé de vingt-cinq membres; il s'arrête, s'embarrasse et se paralyse par la manie délibérative et par le nombre des délibérans. Ce comité est public, et le secret est l'ame des affaires de gouvernement; c'est un grand moyen pour nos ennemis que cette publicité de nos mesures; car nos conspirateurs savent nos projets et nos moyens de défense avant qu'ils soient décrétés. Ce comité a toujours dans le lieu de ses séances près de deux cents membres de la Convention; la délibération s'y perpétue souvent sans ordre, et nous faisons comme les Athéniens quand Philippe était à leurs portes, nous délibérons beaucoup et nous agissons peu; c'est un club ou une assemblée nationale. Ce n'est plus là l'objet de votre institution ; ce n'est plus un comité actif et prenant promptement des mesures de défense générale. Ce comité, tel qu'il est, a été une sorte de transaction entre les partis fortement prononcés; vous avez formé le congrès des passions, il fallait faire celui des lumières. Ce comité, par son organisation vicieuse, par sa composition incompatible, par sa publicité dangereuse, par sa délibération trop lente, ne peut qu'entraver et laisser périr la République. On dirait, à entendre les objections éternelles de ces politiques timides et ombrageux qui s'opposent à ce comité, qu'il s'agit d'un corps à constituer, ou d'une autorité spéciale, ou d'un conseil national ; cependant il ne s'agit que d'un comité de la Convention ; il ne s'agit que de confirmer et d'améliorer ce qui existe déjà, et de rendre utile un instrument de défense publique.

Dans tous les pays on a senti la nécessité d'avoir momentanément, dans des temps de révolutions et de conjurations contre la patrie, des autorités dictatoriales et des pouvoirs consulaires, pour que la liberté publique ne souffrît pas de dommage. Ce n'est pas que je veuille vous proposer de telles autorités : elles ne conviennent pas à des peuples libres, et encore moins dans un temps où des ambitieux et des scélérats peuvent abuser de tout et égarer le peuple. J'observerai seulement qu'à Rome le peuple disputait au sénat toutes les branches de la puissance législative, parce qu'il était jaloux de sa liberté; mais il ne lui disputa jamais les branches de la puissance exécutive, parce qu'il étiat jaloux de sa gloire et de sa sûreté.

Or, ici il ne s'agit ni de transporter ni de déléguer au comité de salut public aucune branche de la puissance législative. Qu'avez-vous à craindre d'un comité toujours responsable à la

Convention nationale, toujours surveillé par tous ses membres, ne faisant aucune espèce de lois, ne faisant que surveiller le conseil exécutif, ne faisant que presser l'action de l'administration exécutive, ne faisant que suspendre les arrêtés pris par les ministres en les dénonçant à la Convention nationale? Qu'avez-vous à craindre d'un comité de salut public, de qui la trésorerie nationale est entièrement indépendante, et qui ne peut agir sur la liberté civile, mais seulement sur les agens publics qui pourraient être suspects ou impliqués dans quelque conspiration? Qu'avez-vous à craindre d'un comité établi pour un mois et réglé dans toute sa marche par le registre et la signature de ses délibérations? Qu'avez-vous à redouter d'un comité sur lequel tous les regards sont portés, toutes les espérances réunies, et toutes les défiances agglomérées?

Citoyens, nous environnerons-nous toujours de terreurs et de chimères? La peur de la tyrannie amène à sa suite la tyrannie même. Voyons nos ennemis tels qu'ils sont, et combattons-les. Nos plus grands ennemis sont les calomniateurs et les dénonciateurs sans preuves; nos plus grands ennemis sont nos excessives défiances. Sans doute, dans les trahisons qui nous cernent, dans les crimes anti-nationaux qui nous affligent, la défiance est excusable; mais, portée à l'excès, elle devient une arme en faveur des ennemis publics.

Si vous voulez avoir un bon comité de salut public, choisissez de bonne foi ceux à qui vous croyez de la probité et des moyens; et, après leur élection, environnez-les de votre confiance, appuyez-les de votre opinion, défendez-les contre les calomniateurs habituels, qui sont les plus cruels ennemis de la Convention, et les véritables conspirateurs qui servent Dumourier. L'opinion a fait la révolution de la liberté, l'opinion seule peut la maintenir, l'opinion seule peut donner de l'activité et du nerf au conseil exécutif et au comité de salut public. Bornez ce comité à la surveillance des ministres, à la délibération des mesures de salut public et à la reddition du compte de l'état de la République à certaines époques. Environnez aussi d'opinion les ministres trop découragés qui sont accablés de la crainte de la responsabilité et d'un fardeau bien lourd dans les circonstances révolutionnaires, qui se renouvellent encore devant nous au moment où nous croyions voir le port; mais exercez aussi une surveillance active et impartiale sur tous les fonctionnaires publics, dépositaires du salut de tous.

On parle sans cesse de *dictature !* je n'en connais qu'une qui soit légitime, qui soit nécessaire, et que la nation ait voulue : c'est la Convention nationale; c'est par vous que la nation exerce la dictature sur elle-même; et je crois fermement que c'est la seule dictature que des hommes libres et éclairés puissent supporter.

Vous vous effrayez de la dictature, tandis que vous avez confié au comité de surveillance, à cause des trahisons et des conspirateurs, le droit terrible de lancer des mandats d'arrêt et d'amener contre les citoyens.

Les grands enfans de la révolution crient sans cesse à la dictature, tandis qu'ils ont concouru à la nomination de ces commissaires envoyés dans les départemens avec l'effrayante autorité de déporter les ennemis de la liberté et de l'égalité.

Vous parlez de dictature ! parlez donc de cette dictature, de toutes la plus effrayante par ses effets sur la révolution comme par ses progrès rapides, la *dictature de la calomnie*. C'est celle-là qui, courant tous les rangs de la société et tous les bancs de la Convention nationale, verse partout ses poisons, et devient ainsi la plus dangereuse auxiliaire des puissances coalisées contre nous. Voilà la dictature que je vous dénonce, et qui écrasera tout si vous n'y prenez garde.

Après ces réflexions générales, je résume ainsi mon opinion.

Un comité sans pouvoir sur la liberté civile, délibérant sans publicité, sans action sur les finances, sans pouvoir indépendant de l'assemblée nationale, exerçant une simple surveillance, délibérant dans les cas urgens les mesures de salut public, et en rendant compte à la Convention; pressant l'action du conseil exécutif, dénonçant à l'assemblée les agens publics suspects ou infidèles, et suspendant provisoirement les arrêtés du conseil exécutif quand ils paraîtront contraires au bien public, à la charge d'en rendre compte dans le jour à la Convention. Mais, en finissant, je dois déclarer que je regarde ceux qui se consacreront aux travaux de ce comité, dans les terribles circonstances où nous sommes, comme de nouveaux Curtius, se dévouant pour leur pays : car avec les passions qui nous agitent, avec les défiances hideuses qui nous assiégent, avec le génie malveillant qui nous poursuit depuis quelque temps, il est impossible de s'occuper de la chose publique sans refaire tous les jours son courage et sans faire le sacrifice de son existence. Je conclus à ce que Isnard, Cambacérès, Condorcet et Thuriot se réunissent pour présenter demain un projet de décret analogue aux bases qui ont été développées dans cette séance.

La proposition de Barrère est décrétée.

Les commissaires chargés de rédiger un projet de décret sont : Isnard, Barrère, Thuriot, Mathieu et Danton.]

Le conseil exécutif se plaint de ce que le général Custine, que l'assemblée a décrété hier avoir son estime, est dénoncé dans des feuilles publiques comme un traître. Il demande que, si la Convention croit ce général irréprochable, ainsi qu'il le pense, elle veuille le déclarer formellement. Haussmann, qui a été commissaire près l'armée de Custine, rend hommage à toute sa conduite. Marat et Ruamps rapportent une lettre dans laquelle il disait à madame Liancourt qu'il espérait qu'elle ne croirait pas au bruit répandu dans Paris par Curtius ; or, ajoute Ruamps, Curtius répandait alors que Custine était très-patriote. Serres s'étonne que Marat soit encore membre de l'assemblée, et demande contre lui le décret d'accusation. L'assemblée passe sur le tout à l'ordre du jour.

Du 5 avril, à cinq heures du soir.

Lecture du décret pour la formation d'un camp de quarante mille hommes sous Paris. Sur la motion de Lacroix, d'Eure-et-Loir, il ne sera admis dans cette armée aucun ex-noble, soit comme officier, soit comme soldat. — Danton propose et l'assemblée décrète qu'il sera créé une garde du peuple, et que le prix du pain sera dans une juste proportion du salaire des ouvriers, sauf à faire supporter l'excédant de ce prix par la classe riche. — Un aide-de-camp de Dampierre communique les bonnes dispositions de ce général. — Renvoi au comité de législation d'une pétition présentée par Lacroix, orateur d'une députation de la section des Quatre-Nations de Paris, qui, entre autres choses, demandait l'arrestation de tous les membres de l'assemblée constituante et de la législative qui avaient voté l'inviolabilité du roi et l'impunité de La Fayette. — La section des Lombards propose à l'assemblée de faire disparaître les distinctions de côté gauche, côté droit, et de Montagne. Applaudi. — Les commissaires à Valenciennes mandent que Dumourier est en fuite; que le troisième bataillon de l'Yonne l'a manqué, et qu'il ne s'est sauvé qu'à la nage; à chaque instant les bataillons viennent se ranger sous les drapeaux de la République: ils ont fait arrêter le secrétaire intime de Dumourier, qu'ils envoient à Paris; le général Égalité (d'Orléans) a refusé de publier les proclamations des commissaires. — Gossuin observe que le nombre des habitans des départemens du Nord et du Pas-de-Calais accourus à la défense de la patrie est si prodigieux, que les terres sont restées incultes. Sur sa proposition, il est décrété que ces départemens ont bien mérité de la patrie. Même décret pour le troisième bataillon de l'Yonne.

COMMUNE. — SÉANCE DU 5 AVRIL.

Le conseil a admis à la prestation du serment plusieurs citoyens qui, étant déjà élus pour la municipalité définitive, sont venus, en vertu du décret de la Convention, s'adjoindre au conseil-général provisoire.

Le conseil-général a arrêté que les citoyens seraient prévenus, par le moyen de l'ordre général, qu'on ne pourra sortir de Paris par aucune barrière sans être muni d'un passe-port. Des commissaires ont été nommés pour soumettre sur-le-champ cet arrêté à la Convention nationale.

« Le conseil-général considérant que dans ces circonstances difficiles, la patrie en danger appelle à son secours tous ses vrais amis; que cependant on voit dans Paris une foule de jeunes gens, la plupart revêtus d'uniformes, qui paraissent indifférens sur le sort de la République, tandis que des pères de famille ont abandonné leurs enfans, leur état, pour voler aux frontières, a arrêté que tout individu revenu des frontières ou des armées depuis le mois d'octobre dernier sera tenu, dans le délai de quarante-huit heures, de porter au comité de surveillance de sa section son nom, sa demeure, le nom du bataillon et de la compagnie où il servait, sous peine d'être traité comme suspect. Tous les propriétaires, principaux locataires, logeurs et aubergistes, seront tenus de porter auxdits comités la déclaration de ceux de ces jeunes gens qui logeraient chez eux, sous peine d'être regardés eux-mêmes comme suspects, et poursuivis comme tels. Il sera tenu dans les comités registre exact de ces déclarations; copie de ces registres sera envoyée à la maison commune, pour le double en être remis au ministre de la guerre. Cet arrêté sera imprimé, affiché et envoyé aux quarante-huit sections. »

Le conseil a ordonné la consignation sur ses registres de la loi qui ordonne que la garde du Temple sera doublée. Des mesures ont été prises pour la prompte exécution de cette loi.

CLUB DES JACOBINS. — *Séance du 5 avril.*

Présidence de Marat.

Dubuisson, vice-président, occupe le fauteuil.

Blanchet. « La majorité des départemens demande le rappel des députés qui ont voté pour l'appel au peuple; ces scélérats ne demandent pas mieux: ils ont les poches pleines; ils iront jouir tranquillement du fruit de leur déprédation. Je demande donc

qu'avant de les renvoyer on les oblige de vider leurs poches. »
(Applaudi.)

Desfieux. « Un homme digne de foi a assuré ce matin que les députés qui se sentent coupables se sont munis de passeports. Marat a demandé en vain qu'aucun législateur ne pût quitter son poste ; il faut insister sur cette mesure. Je demanderais qu'il fût décrété qu'aucun membre de la Convention ne pût quitter son poste sans une permission expresse, et que, dans le cas où il s'éloignerait de Paris sans avoir obtenu cette permission, il fût déclaré hors de la loi. »

C.... « Tous ceux qui ont voté pour l'appel au peuple n'ont pas reçu de l'argent ; il n'y a que les intrigans, que les chefs de faction, qui ont été payés ; et ils ont fasciné, séduit les députés ineptes qu'on peut comparer à un troupeau stupide qui suit ses meneurs. L'assemblée constituante a été égarée par une vingtaine de scélérats ; la Convention a eu le même sort. C'est donc aux chefs de parti que doit s'attacher l'œil sévère du patriotisme. Il est certain que la plupart de ceux qui ont voté pour le tyran n'ont pas reçu de l'argent ; on n'a salarié que ceux qui ont ourdi cette trame, et c'est contre eux qu'il faut sévir. » (Applaudi.)

Robespierre jeune. « Nous ne parviendrons jamais à déjouer les trames de nos ennemis, tant que nous n'agirons pas. Roland n'est point arrêté, il a même reçu des honneurs à sa section. La Convention n'est pas capable de gouverner. Il faut attaquer les meneurs de la Convention. Citoyens, ne venez point offrir vos bras et votre vie, mais demandez que le sang des scélérats coule.

» Il faut que tous les bons citoyens se réunissent dans leurs sections ; qu'ils y dirigent l'opinion publique d'une manière plus utile qu'ils n'ont fait jusqu'à présent, et qu'ils viennent à la barre de la Convention nous forcer de mettre en état d'arrestation les députés infidèles. C'est par de telles pétitions, et non par des hommages, et non par des offres de verser votre sang, que vous sauverez la République.

» Actuellement la Montagne est presque déserte, les patriotes sont dans les départemens. C'est une grande question de savoir si un député, hors de la Convention, est encore député. N'eût-il pas été plus avantageux à la République d'envoyer dans les départemens des citoyens connus par leur civisme? Les généraux qui commandent à Mayence me paraissent très-suspects. Je n'aime point les démissionnaires. Quand un homme donne sa démission, il faut l'accepter sur-le-champ, et procéder à son remplacement. Les hommes ne doivent pas manquer dans une République. Dumourier offrait aussi sa démission dans le moment où il savait qu'on ne l'accepterait pas, dans un moment où il nous trahissait. Il faut demander :

» 1° La destitution de tous les officiers nommés par Beurnonville,

» 2° Le décret d'accusation contre les meneurs de la Convention,

» 3° La suppression du directoire des postes,

» 4° Le rappel des commissaires pour rendre la vigueur à la Convention,

» 5° Enfin l'expulsion de tous les généraux étrangers auxquels nous avons imprudemment confié le commandement de nos armées. »

C..... « Je demande qu'on invite les citoyens de Paris à faire une pétition pour demander le rappel à leur poste des députés patriotes disséminés dans les départemens, et pour les faire remplacer par des citoyens connus par leur civisme. »

Cette proposition n'a pas de suite. Desfieux fait lecture de la correspondance. Un grand nombre de villes protestent de leur attachement à la société mère, et de leur dévouement à la révolution. — « Toutes ces adresses, dit Hébert, annoncent le retour heureux de l'esprit public, empoisonné par Roland. » On vote l'impression de la correspondance et l'envoi aux sociétés affiliées. (*Journal du club*, n° CCCLXXXIX.)

Presse. — « 5 *avril* 1793. Paris est tranquille; les autorités sont sages; le commandant-général est surveillant. On peut espérer que Dumourier, dont les vues seraient parfaitement secondées par un mouvement, sera trompé dans son attente. — Il finira comme La Fayette, comme tous les traîtres. » (*Patriote français*, n° MCCCXXXII.)

CONVENTION. — SÉANCE PERMANENTE DU 5 AVRIL.

Du samedi 6, à sept heures du matin.

Au commencement de cette séance, le corps électoral du département de Paris demanda à être admis à la barre. Génissieux fit passer à l'ordre du jour, par cette considération que les corps électoraux ayant terminé leurs fonctions, et n'étant plus en activité, n'avaient point d'existence légale. La pétition que les électeurs de Paris venaient présenter avait pour but d'obtenir le renouvellement du personnel dans l'administration des postes. Cette pétition avait été lue la veille aux Jacobins, et y avait été vivement applaudie. Nous avons jugé inutile de la conserver dans notre compte-rendu de la séance de ce club, nous réservant de la mentionner ici. — L'ordre du jour était le nouveau mode de comité de salut public.

[Isnard relit le projet de décret relatif à l'organisation d'un comité de salut public.

Buzot. Le projet qui vous est présenté est non-seulement dangereux, mais insuffisant pour remplir le but que vous vous proposez. Il est dangereux, car il donne à un comité le droit que vous devez seuls exercer, celui de faire des lois, puisque ce comité pourra prendre des mesures provisoires, qui sont toujours des lois définitives en matière de salut public.

Cette mesure vous a déjà été présentée dans la fameuse journée du 10 mars; Laréveillère l'a combattue avec vigueur, et la Convention l'a rejetée. Ce sont les mêmes idées que vous avez adoptées alors que je reproduis aujourd'hui, et que les mêmes raisons doivent vous faire adopter encore. Je sais que les circonstances nécessitent des mesures extraordinaires ; mais pour cela il ne faut pas tuer la liberté. Chez les Romains, on confiait à un seul homme le soin de sauver la patrie en péril, on nommait un dictateur ; mais à Rome un dictateur était un homme vertueux : et voudriez-vous vous comparer avec ce peuple qui, pendant cinq cents ans de révolution, n'avait pas encore versé une goutte de sang avant Tibérius ? Je demande, moi, que vous établissiez un comité de surveillance, et rien de plus ; que vous nommiez d'autres ministres si ceux-ci ne vous conviennent pas ; que ce comité soit composé de neuf membres, choisis par appel nominal parmi les membres de la Convention ; qu'il puisse délibérer en sûreté, et qu'il soit chargé de surveiller les opérations du conseil exécutif.

Thuriot. Citoyens, lorsque je me suis élevé contre la première proposition qui vous fut faite d'un comité de salut public, c'est que j'y ai vu le renversement de la liberté de notre pays ; mais voyons si les mêmes principes se retrouvent encore ici, comme l'a avancé Buzot. Je crois qu'il ne sera pas difficile de vous prouver que ce comité sera retenu dans la ligne de ses devoirs.

Dans le premier projet le ministre n'agissait point ; la responsabilité était supprimée : aujourd'hui le comité délibère, le ministre agit, la responsabilité est conservée tout entière. On vous a parlé de la corruption dont pourrait se servir ce comité par le moyen de l'argent mis à sa disposition. On a voulu jeter du ridicule, des soupçons même sur ce comité, en disant qu'on avait spéculé pour ceux qui en seraient membres. Eh bien ! la disposition porte que, dans des cas imprévus, les dépenses pourraient être ordonnées par le comité. Et dans ce moment, où le feu est dans tout l'empire, fallait-il s'arrêter à des combinaisons froidement calculées dans ce comité ? Et s'il pouvait en résulter quelque dilapidation, faut-il compter l'or quand il s'agit de sauver le corps politique ? Épuisons le trésor national et sauvons la liberté.

Mais voyons quel est le résultat simple de cette opération. La

Convention ne peut administrer, le conseil exécutif n'a pas assez d'activité : il faut un corps intermédiaire; et pour qu'il puisse faire le bien, il faut que ce soit une émanation de la Convention, car elle a le droit incontestable de déléguer à quelques-uns de ses membres la surveillance qu'elle est chargée d'exercer. On craint les arrêtés que pourra prendre ce comité. Voyons le cercle qui lui est tracé. Ce n'est pas dans tous les temps que ces arrêtés peuvent être pris, c'est dans des circonstances difficiles et extraordinaires, quand la Convention n'est pas assemblée; il faut alors un corps qui représente la Convention. (On murmure.) Il est difficile de concevoir qu'on puisse s'échauffer sur des idées qu'on a déjà adoptées. On a créé un comité de sûreté générale qui agit pour la Convention contre les particuliers, et sans lui en rendre compte. Ici le comité de salut public est tenu de vous rendre compte de toutes ses opérations : on craint son influence sur le tribunal criminel ; mais on a démontré que, ne pouvant accuser personne, le tribunal ne peut être son instrument. Ne craignez donc pas qu'il fasse du mal; dites qu'il y a des hommes assez lâches pour craindre qu'il fasse du bien.

Je crois donc, pour me résumer en deux mots, qu'il n'y a point ici une réunion de pouvoirs dans les mains de l'assemblée, que c'est une délégation qu'elle a faite à quelques-uns de ses membres du droit de surveillance qui lui appartient. Je crois que les dépenses ordonnées par le comité, n'étant faites que par le pouvoir exécutif, offrent toujours la même responsabilité. Je crois qu'il n'y a point de dictature, puisque ce comité n'a qu'une existence intermédiaire et toujours soumise à l'inspection de la Convention. Quant à moi, je déclare que, si l'on ne prend pas cette mesure de sûreté générale, ou si on n'y supplée pas par quelque autre moyen efficace, on ne pourra sauver la patrie.

On demande que la discussion soit fermée.

Barrère. Je m'oppose à cette proposition. Il s'agit de prendre une grande mesure de salut public, et non d'organiser la tyrannie. Il est nécessaire d'éclairer les doutes de quelques membres;

c'est de la franchise des opinions que naîtra la confiance. Je demande que la discussion soit continuée.

Marat. Citoyens, la torpeur du conseil exécutif, sa négligence à rassembler les forces nationales contre les ennemis du dehors, son refus d'approvisionner nos armées et nos places de guerre, son silence sur les machinations des généraux, sa connivence apparente, vous ont forcés d'instituer un comité de défense générale; mais il n'a point rempli vos vues : une triste expérience a fait croire au peuple qu'il était lui-même d'accord, et l'a fait dérisoirement nommer le comité de Dumourier, au lieu d'être celui du salut public.

Les événemens désastreux qui sont la suite des trahisons des généraux, les forces considérables que les ennemis coalisés rassemblent sur nos frontières, la nécessité de sauver la patrie, vous forcent aujourd'hui d'organiser un nouveau comité.

Je n'examinerai point cette institution sous le rapport des principes politiques et constitutionnels, ce n'est point une autorité constituée, c'est une autorité provisoire destinée à organiser la garde nationale et à la précipiter sur les ennemis. On vous a fait peur de ce comité en vous disant que c'était la dictature; mais la dictature est la pleine puissance confiée à un seul homme, devant qui toutes les lois se taisent; au contraire, ce comité vous est subordonné, et vous conserverez le droit de le dissoudre. Mais quels hommes font cette objection? Ce sont les mêmes hommes qui ont voulu mettre la dictature entre les mains de Roland, et qui ont fait mettre des millions entre les mains d'un ministre prévaricateur.

Peut-être cependant ce comité, avec les moyens que vous lui donnez, ne sera-t-il pas encore assez fort pour sauver la liberté; c'est par la violence qu'on doit établir la liberté, et le moment est venu d'organiser momentanément le despotisme de la liberté pour écraser le despotisme des rois. Je conclus pour le projet du comité. (Les tribunes retentissent d'applaudissemens; quelques-uns se font entendre dans l'assemblée.)

Biroteau. Quand on ose dire à cette tribune que c'est par la violence qu'il faut établir la liberté, certes on peut élever quelques soupçons sur le projet de ce comité. Si, derrière le rideau, il est un ambitieux, que ne fera-t-il pas quand il aura à sa disposition le comité révolutionnaire et l'armée que vous avez hier décrétée? Pourrez-vous le réprimer quand ses arrêtés auront été suivis d'une immédiate exécution? Et si Dumourier menace aujourd'hui la liberté, n'est-il pas permis à un ami de la liberté de craindre qu'il ne s'élève dans ce comité un ambitieux qui, sous le masque du patriotisme, usurpe le pouvoir suprême? (Des murmures interrompent. On réclame de nouveau la clôture de la discussion.)

Après quelques débats, le décret présenté par Isnard est adopté en ces termes :

« Art. 1. Il sera formé, par appel nominal, un comité de salut public, composé de neuf membres de la Convention nationale.

» 2. Ce comité délibérera en secret; il sera chargé de surveiller et d'accélérer l'action de l'administration confiée au conseil exécutif provisoire, dont il pourra même suspendre les arrêtés lorsqu'il les croira contraires à l'intérêt national, à la charge d'en informer sans délai la Convention.

» 3. Il est autorisé à prendre, dans les circonstances urgentes des mesures de défense générale extérieure et intérieure; et ses arrêtés, signés de la majorité de ses membres délibérans, qui ne pourront être au-dessous des deux tiers, seront exécutés sans délai par le conseil exécutif provisoire. Il ne pourra en aucun cas décerner des mandats d'amener ou d'arrêt, si ce n'est contre ses agens d'exécution, à la charge d'en rendre compte sans délai à la Convention.

(L'article 4 est renvoyé au comité pour le représenter.)

» 5. Il fera chaque semaine un rapport général et par écrit de ses opérations et de la situation de la République.

» 6. Il sera tenu un registre de toutes ses délibérations.

» 7. Le comité n'est établi que pour un mois.

» 8. La trésorerie nationale demeurera indépendante du comité d'exécution, et soumise à la surveillance immédiate de la Convention, suivant le mode fixé par le décret. »

Du samedi 8 avril, à huit heures du soir.

— Cinq lettres des commissaires Lequinio, Bellegarde et Cochon annoncent successivement l'abandon de Dumourier par les troupes; l'une porte que ce général, avec les généraux Valence, Égalité (d'Orléans fils aîné), les deux Thouvenot, le commissaire ordonnateur Soliva, quelques officiers, et la plupart des hussards de Berchigny, sont passés à l'ennemi; les commissaires se louent des adjudans-généraux Songis et Chérin. Carrier propose l'arrestation de Sillery et Égalité (d'Orléans père). Marat demande que cent mille parens et amis des émigrés soient pris en otages pour la sûreté des commissaires livrés à l'ennemi; que Sillery et Égalité se constituent pour prouver leur justification, à laquelle il croit, et enfin que les généraux émigrés soient jugés par contumace. Delahaye dit avoir des soupçons sur Égalité, qu'on lui a marqué avoir été à Séez, déguisé, et avoir sondé l'opinion pour savoir si on le verrait avec plaisir nommé roi. On observe à Delahaye qu'Égalité n'a pas quitté l'assemblée. Génissieux demande qu'il montre sa correspondance avec son fils, s'il n'est pas un conspirateur. Boyer-Fonfrède exhale son indignation contre les Bourbons; il propose qu'ils soient gardés comme otages des commissaires, et répondent de leur sûreté.—Applaudi et adopté unanimement.—Lacroix, d'Eure-et-Loir, fait étendre cette mesure aux femmes et aux enfans de cette famille. Sillery atteste la pureté de son ame et de sa conduite. Charlier désirerait qu'il ne fût pas décrété d'arrestation; mais l'assemblée maintient son décret à ce sujet.—Sur la proposition de Robespierre jeune, Bonnecarrère, Laclos-Choderlos et Victor de Broglie sont décrétés d'arrestation.

COMMUNE. — *Séance du 6 avril.*

Les administrateurs au département des travaux publics ont été chargés de faire au plus tôt leur rapport sur la translation projetée de la municipalité au ci-devant Palais-de-Justice.

Plusieurs citoyens élus pour la municipalité définitive sont admis au conseil-général provisoire. Ils prêtent serment, et il leur en est donné acte.

Les élections pour la municipalité définitive se prolongent toujours, malgré les instances réitérées du corps municipal auprès des sections. Les procès-verbaux d'admission ou de rejet des citoyens élus, ceux qui ont été rejetés d'abord de la liste des cent quarante-quatre notables, ne sont pas encore parvenus au secrétariat de la Commune. La confection de la liste des cent quarante-quatre notables, parmi lesquels on doit choisir les quarante-huit officiers municipaux, est sans cesse retardée.

La loi relative aux élections pour la municipalité de Paris ne détermine pas quelle est la conduite que doit tenir le corps municipal dans le cas où une ou plusieurs sections retarderaient soit la nomination de leurs représentans à la Commune, soit le remplacement de ceux qui auraient été rejetés par la majorité des sections.

Le corps municipal a arrêté qu'il serait présenté une adresse à la Convention nationale pour la prier de décréter que les sections qui n'ont pas encore remplacé les citoyens rejetés seront tenues de le faire dans le délai de deux jours par chaque citoyen à remplacer; que faute par une section de se conformer au délai fixé, le département élira des citoyens choisis dans l'arrondissement de cette section, pour suppléer au choix qu'elle aurait dû faire; que les procès-verbaux d'élection ou de rejet seront envoyés au secrétariat de la Commune le lendemain du jour qu'aura fixé le corps municipal pour la convocation des sections; que, faute par une section d'envoyer son procès-verbal dans le délai fixé, ce retard ne pourra empêcher le dépouillement des scrutins.

Cet arrêté sera soumis à l'approbation du conseil général, qui sera invité à nommer des commissaires pour aller à la Convention nationale solliciter le décret ci-dessus indiqué.

On néglige l'exécution de la loi relative aux affiches à mettre sur les portes des maisons. Le conseil, en adressant à ce sujet une instruction aux quarante-huit sections, a arrêté que les commissaires de police seront tenus, sous leur responsabilité, de faire mettre cette loi à exécution.

TRIBUNAL RÉVOLUTIONNAIRE.

Ce tribunal, demandé sous le nom de *tribunal révolutionnaire* par la municipalité de Paris, fut décrété le 10 mars, sous celui de *tribunal criminel extraordinaire*. Mais le premier titre fut le seul admis dans la presse et dans l'opinion publique; même il prévalut dans les usages parlementaires et dans les actes législatifs.

La première audience de ce tribunal eut lieu le 6 avril. Elle fut consacrée à l'affaire de Louis Guyot Dumollans, gentilhomme poitevin, prévenu d'émigration et d'être rentré en France, au mois de décembre 1792, au mépris de la loi du 23 octobre précédent, et encore d'avoir servi dans l'armée des émigrés, qui étaient campés, au mois de septembre de la même année, à une lieue de Verdun. Déclaré coupable par le jury, Dumollans dit : « Si j'avais connu les lois je ne m'y serais pas exposé. » — Il fut condamné à mort et exécuté cinq heures après le jugement, c'est-à-dire vers les huit heures et demie du soir.

Nous empruntons ces détails au premier numéro d'un journal intitulé : *Bulletin du tribunal criminel révolutionnaire, établi au Palais, à Paris, par la loi du 10 mars, pour juger sans appel les conspirateurs*. Il porte la même épigraphe que le *Bulletin du tribunal criminel du 17 août 1792*, dont il est la continuation. Nous avons donné une notice sur ce dernier dans le tome XXI, page 52, de l'histoire parlementaire. Le nouveau bulletin conserve l'intitulé que nous avons transcrit, jusqu'à l'audience du 4 frimaire de l'an II (24 novembre 1793), où il ne l'appelle plus que *Bulletin du tribunal révolutionnaire*. La première page de chaque numéro porte la griffe de *Clément*, propriétaire et imprimeur du journal. Nous insérons ici la préface de cette feuille, et la liste des membres du tribunal.

Préface. « Les complots les plus odieux contre la liberté avaient lassé la patience d'un peuple généreux ; il avait créé, le 17 août 1792, un tribunal extraordinaire. Il s'était flatté que le châtiment prompt et rigoureux de quelques coupables effraierait, intimiderait ou ramènerait les enfans sourds ou rebelles à la voix de la patrie. Cette institution ne subsista que quelques mois, et déjà la gangrène aristocratique l'avait partiellement attaquée, lors de sa suppression.

» A peine le peuple avait suspendu le glaive révolutionnaire, que l'infâme trahison s'est agitée dans tous les sens et sous toutes les formes. Il a fallu de nouveau mettre en activité la hache vengeresse ; les circonstances ont commandé les lois et prescrit le mode de leur application ; il est devenu indispensable de détruire la bête féroce que rien ne pouvait apprivoiser : un nouveau tribunal a été créé.

» Ce sont les décisions de ce tribunal que je crois devoir transmettre à mes concitoyens ; elles doivent servir à l'histoire de notre révolution ; elles doivent venger et la nation et les agens de ce tribunal redoutable du reproche odieux qui ne leur est fait que par les êtres vils qui ne regrettent l'ancien régime qu'en considération de leur intérêt personnel.

« Lecteur, parcours la liste des condamnés ; vois quels ils sont ; pèse leur crime, et n'oublie pas que les jugemens que je recueille, sont rendus par un peuple qui veut la liberté ou la mort ; qu'ils sont prononcés dans un temps où tous les tyrans coalisés ont jeté des millions d'esclaves entre le despotisme et la liberté, dans un temps enfin où l'Anglais lui-même s'est déshonoré par la plus infâme violation du droit des gens, par la mort du représentant d'une nation dont l'unique crime, vis-à-vis ses adversaires, était de vouloir vivre à sa guise et sous le seul empire des lois qu'elle jugerait lui convenir. Lis, et prononce dans ta conscience ! »

Liste des membres composant le tribunal révolutionnaire.

Président. — Herman (Aman-Martial-Joseph).

Vice-président. — Dumas (Réné-François).

Juges. — Scellier (Gabriel-Toussaint); Dobsen (Claude-Emmanuel); Coffinhal (Pierre-André); Foucault (Étienne); Bravet (Charles); Deliège (Gabriel); Subleyras (Pierre-Noël); Douzé-Verteuil (Joseph-François-Ignace); Lanne (Marie-Emmanuel-Joseph); Ragmey (Pierre-Louis); Masson (Étienne); Denizot (François-Joseph); Harny (Charles); David-Delille (Alexandre-Edme); Maire (Antoine-Marie).

Accusateur public. — Fouquier (Antoine-Quentin).

Substituts. — Fleuriot-Lescot (Jean-Baptiste-Edmond); Grébauval (Michel-Nicolas); Royer (Claude); Naulin (Marc-Claude); Liendon (Gilbert).

Greffier. — Fabricius (Nicolas-Joseph).

Greffiers-commis. — Wolff; Ducray; Tavernier; Ardouin; Goujon; Derbez; Filleul.

Huissiers. — Tavernier; Boucher; Tirart; Degaigné; Auvray; Monet; Nappier; Hervé.

Concierge. — Laviefville.

Jurés. — Baron (Pierre-François), chapelier; Nicolas (Charles-Léopold), imprimeur; Fovel (Edmond-Félix); Brochet (Jean-Étienne); Thoumin (François); Chrétien (Pierre-Nicolas), limonadier; Ganney (Georges), perruquier; Jourdeuil (Didier), adjoint du ministre de la guerre; Leroy (Antoine-Nicolas-Louis); Girard (Pierre-François), orfèvre; Klispiss (François), joaillier; Auvrest (Stanislas-Jean-Baptiste), employé aux messageries; Besnard (Claude); Renaudin (Léopold), luthier; Duplay (Maurice), menuisier; Devèze (Jean), charpentier; Lohier (Jean-Baptiste), marchand épicier; Pigeot (Nicolas), artiste; Aubry (Pierre); Huat-Desboisseaux (Charles); Didier (Jean-Baptiste), serrurier; Vilate (Sempronius-Cracchus); Campagne (Joseph), orfèvre; Mercier (François); Martin (Claude-Michel), chirurgien; Payan (Claude-François); Gémond (François);

AVRIL (1793). 307

Tell-Clémence (Jean-Baptiste-Henri); Garnier (Maurice), cordonnier; Servière (Laurent), cordonnier; Antonelle (Pierre-Antoine); Souberbielle (Joseph), chirurgien; Lumière (Jacques-Nicolas); Picard (Marie-Jacques-Pierre), mercier; Prieur (François-Louis), peintre d'histoire; Camus (Jean-Baptiste-Isaac), peintre; Billon (Mathieu), mécanicien; Sambat (Jean-Baptiste), peintre; Petit-Tressein (Léonard), négociant; Preslin (Jean), tailleur; Fauvety (Jean); Gauthier (Jacques-François), charpentier; Dufour (Pierre), épicier; Maupin (Charles-Théodore); Châtelet (Claude-Louis), artiste; Fénaux (Joseph); Meyère (Jean-Baptiste-Joseph); Laporte (Jean-Louis); Bécu (François-Joseph), médecin; Aigoin (François-Victor); Trinchard (François), menuisier; Fievez (Jean-Louis); Trey (Benoît); Lebrun (Jean-Baptiste-Topino), peintre; Gravier (Claude).

CONVENTION. — SÉANCE PERMANENTE DU 3.

Du dimanche 7, à 10 heures du matin.

L'ex-ministre Roland demande la levée des scellés mis sur ses papiers, en présence des commissaires de la section, et l'examen prompt de ses comptes. Ces demandes sont décrétées. — Le ministre de la marine Monge annonce que les îles de la Martinique, de la Guadeloupe, de Sainte-Lucie et Tabago sont rentrées sous les lois de la République. — Lettre du général Custine contenant de nouveaux griefs contre le ministre Beurnonville, qu'il accuse d'avoir compromis le salut de la République en ordonnant l'évacuation du défilé des Vosges. Custine insiste sur sa démission. Les membres nommés pour composer le nouveau comité de salut public sont : Barrère, Delmas, Bréard, Cambon, Jean Debry, Danton, Guyton-Morveau, Treilhard et Delacroix; les suppléans sont : Réveillère-Lepaux, Lasource, Isnard, Lindet, Thuriot, Dubois-Crancé, Fonfrède, Merlin, Cambacerès. — Le ministre de la justice Gohier mande qu'Égalité père (d'Orléans) regarde le décret d'arrestation contre les Bourbons comme lui étant étranger, attendu sa qualité de représentant du peuple. Sur la proposition de Serres, la Convention passe à l'ordre du jour motivé sur ce qu'elle a entendu comprendre dans cette mesure Égalité, l'un de ses membres. — Sur la motion de Bréard, il est décrété que les adjoints du ministère de la guerre et de la marine seront gardés à vue. Albitte fait étendre cette mesure à l'ex-législateur Dumas, directeur du dépôt des plans de campagne. — Lettre du général Dubouquet annonçant l'entrée de l'armée des Pyrénées sur le territoire espagnol, et ses succès; le général Sahuguet a dirigé les premières colonnes. — Robert Lindet est choisi en remplacement de Jean Debry, qui a donné sa démission de membre du nouveau comité de salut public.

Du 7, à sept heures du soir.

Carnot et Lesage-Sénault adressent une malle remplie de papiers relatifs au complot de Dumourier. — Sur la dénonciation faite par le département de la Meuse, et appuyée par Pons, de Verdun, et Marat, la conduite du général Chazot sera examinée. — L'assemblée passe à l'ordre du jour sur une lettre de Bonne-Carrère, qui demande à se justifier.

COMMUNE. — *Séance du 7 avril.*

Le conseil a approuvé l'arrêté pris hier par le corps municipal relativement aux moyens d'organiser promptement la municipalité définitive.

Des commissaires ont été nommés pour rédiger et présenter à la Convention nationale la pétition mentionnée dans cet arrêté.

Le substitut du procureur de la Commune a rendu compte de l'ouverture du Lycée des arts, qui a eu lieu ce matin.

Le conseil a ordonné l'impression d'un discours prononcé par le citoyen Fourcroy, président de cette assemblée, et a arrêté que les membres du conseil assisteront tour à tour, au nombre de quatre, aux séances du Lycée des arts, pour rendre compte au conseil de ce qui s'y sera passé.

Jusqu'à ce qu'il en ait été autrement ordonné par la Convention nationale, les citoyens de Paris s'adresseront aux comités civils des sections pour obtenir les *laissez-passer* nécessaires pour aller dans l'intérieur du département. Il sera fait mention sur ces *laissez-passer* du lieu du département où l'on veut se transporter, du motif de la sortie des barrières et du temps que l'on pense s'absenter. Il ne pourra être délivré des *laissez-passer* aux personnes désignées par la loi du 5 avril, relative aux officiers et autres, revenus de l'armée du ci-devant général Dumourier, non plus qu'à aucun individu de la famille des Bourbons.

La section de l'Arsenal demande que les quarante-huit sections soient invitées à se dénoncer réciproquement les noms, demeures et signalemens des lâches qui, en quittant leurs drapeaux, abusent de la confiance de leurs sections et volent la République.

Le conseil applaudit au civisme de la section de l'Arsenal, et renvoie sa demande au corps municipal, en l'invitant à y faire droit dans le plus court délai possible.

Santerre annonce qu'il a reçu deux lettres du ci-devant *Monsieur*, frère de défunt Louis Capet; elles sont adressées : *A monsieur le commandant-général de la force armée de Paris*. Par ces lettres, le ci-devant Monsieur lui notifie qu'il est régent de France, et qu'on doit reconnaître Louis XVII depuis le 21 janvier, jour auquel on a porté, dit-il, une hache criminelle sur la tête de Louis XVI. Santerre a renvoyé ces deux lettres à la Convention nationale.

CONVENTION. — SÉANCE PERMANENTE DU 5.

Du lundi 8 avril, à sept heures du matin.

Les commissaires écrivent de Douai que le reste des troupes égarées par Dumourier rentre dans le devoir. — Lettre des commissaires de l'Ouest, annonçant que les brigands se portent aux cruautés les plus atroces, et que Sauvan, président du district de la Roche-Bernard, département du Morbihan, et le curé constitutionnel de Savenay, sont morts plutôt que de prononcer le nom de *roi*. — Après quelques débats, un décret ordonne que les Bourbons qui doivent être gardés en otages, à l'exception de ceux détenus au Temple, seront transférés à Marseille. — L'on passe à l'ordre du jour sur la destitution du général Biron, demandée par Boyer-Fonfrède et Marat. — Le général Chazot est mandé à la barre par un décret.

Du 8 avril, à huit heures du soir.

Garan-Coulon occupe le fauteuil.

Le ministre de la marine instruit la Convention qu'il fait mettre en état d'arrestation Haillaud, commissaire civil à Saint-Domingue, parce qu'il avait quitté cette colonie dans le moment où il y avait des troubles, et sans en avoir reçu l'ordre.

Cette lettre est renvoyée au comité colonial.

[On admet à la barre une députation de la section de Paris dite de Bonne-Nouvelle. Elle annonce que les hommes qu'elle devait fournir sont tous arrivés à l'armée.

Une députation de la section de Bonconseil est introduite.

L'orateur. La section de Bonconseil nous a envoyés vers vous pour vous demander que vous fassiez l'examen le plus sévère de la trahison de l'infâme Dumourier, que vous suiviez tous les fils de cette trame horrible. Ce n'est pas seulement dans ses légions que ce traître avait des complices; le peuple n'est-il pas fondé à croire qu'il en avait jusque dans votre sein? (Les membres de la partie gauche et les tribunes applaudissent.) La voix publique vous indique les Brissot, les Guadet, les Gensonné.... (On applaudit à plusieurs reprises dans l'extrémité gauche et dans les tribunes. — Les membres de la partie droite sont dans une violente agitation; plusieurs s'avancent dans le milieu de la salle et adressent aux pétitionnaires des gestes menaçans; ils demandent à grands cris que les pétitionnaires soient chassés de la barre.)

Mallarmé. Puisqu'on a fait la proposition de ne pas permettre aux pétitionnaires de continuer de parler, et puisque cette proposition a été appuyée, il faut la combattre. Je ne fais que rappeler les principes. Vous avez reconnu que le droit de pétition était un droit sacré : par conséquent les pétitionnaires doivent être entendus ; d'ailleurs vous avez décrété que les membres de cette assemblée pourraient être dénoncés et renvoyés devant le tribunal extraordinaire. Je crois bien que les accusés sont innocens ; mais lorsque des citoyens ont le courage de venir vous dire la vérité, il faut les entendre. (On applaudit dans une grande partie de l'assemblée et dans les tribunes.) Je disais que lorsque des pétitionnaires viennent à votre barre dénoncer des complices, il faut les entendre ; mais aussi il ne faut pas qu'ils dénoncent impunément. (Applaudissemens dans la partie droite.) Ainsi, voici mes conclusions : je demande que les pétitionnaires soient entendus jusqu'au bout ; qu'ils signent ensuite leur dénonciation, et qu'elle soit renvoyée au comité pour vous en faire un rapport demain. (On applaudit.)

Les propositions de Mallarmé sont unanimement adoptées.

L'orateur. Depuis assez long-temps la voix publique vous désigne les Vergniaud, les Guadet, les Gensonné, les Brissot, les Barbaroux, les Louvet, les Buzot, etc. : qu'attendez-vous pour les frapper du décret d'accusation ? Vous mettez Dumourier hors de la loi, et vous laissez assis parmi vous ses complices ! Vous manque-t-il des preuves ? les calomnies qu'ils ont vomies contre Paris déposent contre eux. Ne sont-ils pas assez confondus lorsque dans ce moment d'alarmes ils viennent ici en sûreté ? Représentans du peuple, patriotes de la Montagne (Les citoyens des tribunes applaudissent.), c'est sur vous que se repose la patrie du soin de désigner les traîtres ; il est temps de les dépouiller de l'inviolabilité liberticide ; sortez de ce sommeil qui tue la liberté : levez-vous, livrez aux tribunaux les hommes que l'opinion publique accuse ; déclarez la guerre à tous les modérés, les Feuillans, à tous ces agens de la ci-devant cour des Tuileries. Paraissez à cette tribune, ardens patriotes ; appelez le glaive de la loi sur la tête de ces inviolables conspirateurs, et alors la postérité bénira le temps où vous aurez existé. (On applaudit à gauche. — Des murmures s'élèvent dans la partie opposée.)

Le président. Sous le règne de la liberté et de l'égalité, tous les citoyens sont soumis à la loi. La Convention a prouvé qu'elle reconnaît ce principe; mais elle reconnaît aussi que c'est à tous qu'il appartient d'énoncer la volonté générale. La Convention se fera rendre compte de votre pétition; elle vous invite aux honneurs de la séance. (Non! non! *s'écrient quelques voix,* qu'ils soient chassés de la barre!) — Plusieurs instans se passent dans le tumulte et l'agitation de débats particuliers.

Les pétitionnaires signent leur dénonciation.

Marat. C'est la violation d'un principe sacré qui occasionne cette scène scandaleuse. Pourquoi contester aux pétitionnaires la faculté de dénoncer les mauvais citoyens? Avez-vous refusé d'entendre ceux qui venaient me dénoncer? (Les tribunes applaudissent.) Avez-vous refusé les honneurs de la séance aux agens de la cabale qui venaient me calomnier, et parmi lesquels se trouvait un voleur reconnu? (On applaudit.) La Convention ne saurait, sans se couvrir d'opprobre, refuser les honneurs de la séance aux pétitionnaires. Je demande qu'ils soient admis.

Salles paraît à la tribune. (Des murmures l'interrompent.)

L'assemblée ferme la discussion et admet les pétitionnaires aux honneurs de la séance.

Deperrés. Je demande la parole pour un fait; je ne serai pas long. Il y a long-temps que j'entends dénoncer, et dans la Convention, et dans toutes les parties de la République, les Guadet, les Vergniaud, et toute la faction rolandine. Je me flatte d'être un des membres les plus purs de cette assemblée. (On entend quelques murmures dans la partie gauche.) Si je pèche par quelque chose, mes chers concitoyens, c'est par trop de zèle, par un amour trop ardent pour ma patrie. Si Guadet, Vergniaud et les autres sont coupables, leurs têtes doivent tomber, et mes yeux seront dessillés. C'est le patriotisme qui vous parle; écoutez-moi. Dans l'assemblée législative, j'étais un des plus ardens montagnards. (*Plusieurs voix de l'extrémité gauche* : Oui, c'est vrai.) M'a-t-on égaré? suis-je trompé? qu'on me tire de mon erreur, mais d'une manière digne de la Convention : ainsi je demande que tous ceux qui auront des faits à apporter contre ces citoyens accusés déposent leurs dénonciations au comité de salut public, et que ceux-ci soient traduits devant le tribunal révolutionnaire. (On applaudit.) Mais s'ils sont innocens, et nous devons le croire pour l'honneur de nos collègues (Murmures à gauche.); je le répète, nous devons nous croire tous de bons patriotes avant qu'on ait prouvé que nous sommes coupables ; si l'on ne fait que jeter des dénonciations, c'est fournir des armes à nos ennemis, c'est vouloir dissoudre la Convention. Éclaircissons cette grande affaire ; la patrie sera sauvée si nous cessons d'être divisés. La patrie sera perdue si d'un côté on accuse Brissot, et si nous de l'autre nous accusons les Égalité, les Marat, etc. (Applaudissemens universels.) Je me résume, et je demande que sous huit jours ceux qui auront des faits contre les Girondins (*Plusieurs voix* : Contre tous.), et contre toutes les factions qui peuvent exister ici et ailleurs, nous les dénoncent, et que les accusés soient traduits au tribunal révolutionnaire; car il faut que les premières têtes de la République soient saines. (On applaudit.)

Les propositions de Deperrès sont adoptées à l'unanimité.

Delacroix. Nous devons nous garder de porter atteinte au droit sacré de pétition. Les pétitionnaires en ont usé avec courage et énergie ; mais il y a du danger à permettre des accusations vagues. Il y a un mot dans la pétition qu'il est nécessaire de préciser, parce que dans une dénonciation il ne doit y avoir rien de vague. On nous a dit : Nous vous dénonçons Guadet, Vergniaud, etc. Je demande que les pétitionnaires soient tenus de dire à l'instant quels sont ceux qu'ils entendent comprendre dans l'*etc.*

Cette proposition est décrétée.

N.... Comme les ennemis du bien public pourraient abuser du décret qui vient d'être rendu, je demande que tous ceux qui ne pourront pas prouver leurs dénonciations soient punis de mort. (On murmure.)

Romme. Je demande l'ordre du jour sur cette proposition, motivé sur l'existence de la loi contre les calomniateurs. — Adopté.

Les pétitionnaires rentrent dans la barre.

Le président. Vous venez d'entendre le décret que la Convention vient de rendre; répondez.

L'orateur. Législateurs, tous les noms des traîtres ne nous sont pas connus; nous connaissons bien leurs crimes, mais non pas leurs noms. Il y en a qui ont écrit dans les départemens pour faire arrêter vos commissaires; d'autres ont corrompu l'esprit public dans les départemens. Nous connaissons les crimes, et non les auteurs. Voilà ce que nous avons entendu désigner.

La Convention passe à l'ordre du jour.]

L'assemblée passe à l'ordre du jour sur une lettre du ci-devant prince de Conti, qui expose que sa santé ne lui permet pas d'être transféré à Marseille, et demande une ville moins éloignée pour sa détention; il observe avoir toujours prêté les sermens exigés par la loi et rempli les devoirs d'un bon citoyen. — Lettre du conseil exécutif sur la situation des départemens de l'Ouest.

COMMUNE. — *Séance du 8 avril.*

Il sera procédé demain aux élections nécessaires pour compléter le corps municipal provisoire, dont quelques membres ont donné leur démission.

La section des Sans-Culottes a pris un arrêté par lequel elle invite la Convention nationale à décréter que les juges et suppléans élus par l'assemblée électorale seront soumis au scrutin épuratoire des sections.

La section de Montreuil et celle des Quatre-Nations demandent qu'il leur soit fourni des armes. Renvoyé à l'administration de la garde nationale, avec invitation d'en faire son rapport dans le plus bref délai.

Sur le réquisitoire de Chaumet, le conseil arrête qu'il sera fait une adresse à la Convention pour lui demander qu'elle prenne les mesures nécessaires pour procurer des armes aux sections de Paris. Cette adresse aura aussi pour but de demander que les manufactures d'armes qui se trouvent dans les villes frontières soient transférées dans l'intérieur, pour éviter les entreprises de l'ennemi. Chaumet est chargé de la rédaction de cette adresse.

Dès demain l'on s'occupera de la répartition dans les sections des armes qui se trouvent à Paris.

On donne lecture d'une lettre par laquelle le citoyen Sarrot, de la section de Beaurepaire, demande si l'on peut nommer pour membres des comités sectionnaires de surveillance les signataires de la pétition des Huit Mille et Vingt Mille, qui auraient d'ailleurs tous les caractères de bons citoyens, et auxquels on ne pourrait reprocher qu'un moment d'erreur.

Le conseil regarde cette question comme un piége, et passe à l'ordre du jour.

CONVENTION. — SÉANCE PERMANENTE DU 3.

Du 9 avril, à dix heures du matin.

Adresses des départemens annonçant que des bataillons marchent de tous côtés à la défense de la patrie. — Le général Miranda demande à être entendu à la barre, et observe que s'il l'eût été plus tôt, il aurait prévenu l'arrestation des commissaires de la Convention et du ministre de la guerre. Renvoi au comité.
— Rebecqui écrit que Robespierre a demandé un régulateur, ce qui aurait dû le faire punir de mort; que l'on a, aux Jacobins, formé le projet d'assassiner des représentans, et que ces crimes sont impunis; ne voulant plus siéger dans une assemblée qui ne fait pas punir les coupables, il donne sa démission. Elle est acceptée.

[Bréard, au nom du comité de salut public, propose un projet de décret que la Convention adopte en ces termes :

« La Convention nationale, après avoir entendu son comité de salut public, décrète :

» Art. 1. Il y aura constamment trois représentans du peuple députés près de chacune des armées de la République ; tous les mois l'un des trois sera renouvelé.

» 2. Ils exerceront la surveillance la plus active sur les opérations des agens du conseil exécutif, sur la conduite des généraux, officiers et soldats de l'armée ; ils se feront journellement rendre compte de l'état des magasins de toutes les espèces de fournitures, vivres et munitions ; ils porteront l'examen le plus sévère sur les opérations et la conduite de tous les fournisseurs et entrepreneurs des armées de la République.

» 3. Ils prendront toutes les mesures qu'ils jugeront convenables pour accélérer la réorganisation des armées, l'incorporation des volontaires et recrues dans les cadres existans ; ils agiront, pour cet effet, de concert avec les généraux et commandans de divisions et autres agens du conseil exécutif.

» 4. Les représentans députés près les armées, sont investis de pouvoirs illimités pour l'exercice des fonctions qui leur sont déléguées par le présent décret; ils pourront employer tel nombre d'agens qu'ils croiront convenable ; les dépenses extraordinaires qu'ils auront autorisées seront acquittées par le trésor public, sur des états visés par eux ; leurs arrêtés seront exécutés provisoirement, à la charge de les adresser dans les vingt-quatre heures à la Convention nationale, et, pour ce qui devra être secret, au comité du salut public.

» 5. Il est enjoint à tous les agens civils et militaires d'obéir aux réquisitions des commissaires de la Convention nationale, sauf à eux à faire auprès de la Convention toutes les réclamations qu'ils croiront fondées.

» 6. Les représentans du peuple, députés près les armées, prendront sans délai toutes les mesures nécessaires pour découvrir, faire arrêter et traduire au tribunal révolutionnaire tout militaire, tout agent civil et autres citoyens, qui ont aidé, conseillé ou favorisé d'une manière quelconque la trahison de Dumourier ou tout autre complot contre la sûreté de la nation, ou qui ont machiné la désorganisation des armées et tenté la ruine de la République. »]

Du 9, à sept heures du soir.

Le général Dampierre et le citoyen Bouchotte acceptent les fonctions auxquelles la confiance de l'assemblée les appelle. — Lequinio, Bellegarde et Cochon écrivent qu'ils ont fait arrêter Lécuyer, un des agens de Dumourier, avec les preuves de sa complicité. — Un décret ordonne la traduction au tribunal révolutionnaire de Lécuyer, et de Quentin, secrétaire de Dumourier.

COMMUNE. — *Séance du 9 avril.*

D'après un arrêté du corps municipal, les comités de surveillance des sections seront chargés de la délivrance des cartes de sûreté.

Le conseil a approuvé la rédaction de trois adresses à la Convention nationale. Elles sont relatives, la première, à la prompte organisation de la municipalité définitive ; la deuxième, à la demande d'un secours provisoire formée par les aveugles, et la troisième, aux travaux dont on demande l'établissement, et notamment à l'ouverture d'un canal de Dieppe à Paris.

Des commissaires ont été nommés pour présenter ces adresses à la Convention.

Le conseil a pris une mesure qu'exigeaient les approvisionnemens de Paris. Les bouchers et les boulangers seront admis avant les autres citoyens au bureau de la délivrance des passeports.

Sur la demande d'un des membres de l'ancienne administration de police, le conseil a nommé des commissaires pour, conjointement avec le procureur de la Commune, procéder demain, à onze heures du matin, à l'installation des nouveaux administrateurs, qui sont chargés de commencer leur travail par dresser le tableau de tous les employés à l'administration de police, afin qu'ils soient soumis à la conduite du conseil-général.

Le conseil a fixé le pavillon isolé du ci-devant palais Bourbon, pour l'un des dépôts de poudres et munitions de guerre. Des mesures ont été prises pour garantir la sûreté de ce dépôt.

La section de la Maison-Commune se plaint de ce que la légion Rosental fait le service au Temple. Un membre du département prend de là occasion de demander que la légion Rosental ne porte plus le nom de son chef.

Le conseil, en généralisant cette proposition, arrête qu'aucun corps armé ne sera reconnu à Paris sous le nom de son chef; que les membres du conseil, en parlant des armées de la République, les désigneront par le nom que leur aura donné la Convention, et non pas par celui de leur chef.

TRIBUNAL RÉVOLUTIONNAIRE. — *Audience du 7 avril.*

« *Affaire des nommés Briançon, Espéron et Gallet, accusés d'avoir arraché des cocardes de rubans sur la terrasse des Feuillans.*

» Les nommés Augustin Briançon, chirurgien-major, natif de Viviers, département des Hautes-Alpes; Étienne Espéron, volontaire du bataillon des fédérés, et Charles Gallet, maître d'armes, natif de Tarascon, département des Bouches-du-Rhône, sont accusés d'avoir, le 3 avril présent mois, arraché des cocardes de rubans à plusieurs citoyens sur la terrasse des Feuillans; conduits à la section de la Butte-des-Moulins, ils ont déclaré que leurs intentions étaient pures; qu'ils avaient entendu dire que c'était le signe de ralliement des mauvais citoyens; mais qu'ils n'avaient fait qu'inviter ceux qui en étaient porteurs à s'en défaire, et ne les avaient nullement forcés à les quitter.

» Dans l'interrogatoire qu'ils ont subi par-devant le tribunal, ils ont répété les mêmes paroles.

» Le tribunal, d'après la déclaration des jurés, portant qu'il n'est pas constant que, le 3 avril présent mois, il ait été arraché des cocardes sur la terrasse des Feuillans, a acquitté les accusés de l'accusation intentée contre eux, à la requête de l'accusateur public; ordonne qu'ils seront mis en liberté sur-le-champ, et que le présent jugement sera imprimé et affiché partout où besoin sera. » (*Bulletin du tribunal criminel révolutionnaire*, n. II.)

CONVENTION. — SÉANCE PERMANENTE DU 3.

Du 10 avril à huit heures du matin.

Thuriot, vice-président, occupe le fauteuil.

[*Lacroix.* Il y a quelque temps qu'une députation se présenta, au nom d'une section, à la barre de la Convention pour obtenir un décret tendant à défendre aux citoyens de sortir de Paris sans passeport. La Convention passa à l'ordre du jour. Cependant la Commune a éludé cette disposition en prenant un arrêté qui exige d'un citoyen qui voudrait sortir des barrières un *laissez-passer* de leur section. Le véritable *laissez-passer* est la carte civique. Si la commune fait de Paris une prison, personne n'y viendra. Je demande la suppression de ces *laissez-passer*.

Cette proposition est décrétée.

Pétion. Je demande la parole pour une motion d'ordre. Depuis long-temps l'orage grossit et gronde sur nos têtes. Il est temps de le conjurer. Quelque redoutables que soient nos ennemis extérieurs, les ennemis intérieurs le sont davantage. Il est temps de leur arracher le masque d'une fausse popularité. Il est évident que chaque jour la représentation nationale est outragée. Voici un projet d'adresse rédigé dans une section de Paris (celle de la Halle-aux-Blés), qui le fait circuler en ce moment dans les autres sections.

« *Projet d'adresse à la Convention nationale.*

» Législateurs, nous venons vous dire la vérité, et nous espérons que vous ne nous forcerez plus de vous la dire.

» Jusqu'à présent nos pétitions ont été ensevelies dans la poudre de vos comités, de ces comités où siégent des coupables qui viennent ensuite vous tromper par des rapports insidieux ; et quand l'honnête homme, quand le républicain veut réclamer, les ennemis du bien public s'empressent d'étouffer sa voix.

» Nous venons vous présenter le vœu des sections de Paris, et nous pouvons vous affirmer que c'est celui de toute la France.

» Entendez-nous, et entendez-nous pour la dernière fois.

» La nation est lasse d'être continuellement en butte à des trahisons. Elle est lasse de voir parmi vous d'infidèles mandataires qui abusent de sa confiance. Ont-ils oublié que le peuple est leur souverain ? Il faut donc le leur rappeler ; il faut leur dire qu'il veut que tous les traîtres tombent sous le glaive des lois.

» C'est votre indulgence qui est cause d'une partie de nos désastres ; si vous aviez puni Dumourier lorsqu'il laissa échapper les brigands prussiens ; si vous n'aviez pas protégé la cabale infernale qui méditait avec lui la ruine de la République, les Liégeois et les Belges n'accuseraient pas aujourd'hui la France de ne les avoir secourus que pour les livrer enchaînés à leurs tyrans. C'est le reproche que vous fait l'Europe entière, et que vous fera la postérité.

» Qui méritait plus l'échafaud que ce *Roland*, qui a violé le dépôt sacré de la nation, et qui, dès cet instant, s'est rendu coupable de haute trahison ? cependant il respire, et médite de nouveaux crimes.

» Sous son administration, tous les bureaux du ministère ont été remplis de contre-révolutionnaires ; et quand nous vous les dénonçons, à peine daignez-vous nous écouter. Un *Rouillac* a refusé de prêter son serment civique, et *Normandie*, son chef, cité devant vous, s'excuse par un mensonge impudent ; vous l'entendez, et vous passez à l'ordre du jour. Peut-on marquer plus de mépris pour les lois et pour ce peuple, que vous devez respecter ?

» Partout où nous portons nos regards, nous ne voyons que des conspirateurs. Les officiers de nos armées ont été nommés par Beurnonville, et les employés sont ses créatures. Les tribunaux ne jugent point ou font échapper les criminels, et l'administration de la poste semble redoubler d'activité quand il faut servir nos ennemis.

» Toutes les sections de Paris et la plupart des départemens vous demandent depuis long-temps une loi contre les accapareurs et les marchands d'argent ; vingt fois vous avez promis de satisfaire à des réclamations aussi justes ; et cependant le mal augmente chaque jour, et vous le voyez tranquillement. Y a-t-il donc parmi vous des hommes intéressés à favoriser le monopole ? ou d'autres espèrent-ils que le peuple, lassé de ne pouvoir atteindre au prix exorbitant des objets de première nécessité, viendra demander humblement des secours et des fers ? Ils se trompent ceux qui le pensent. Le peuple périra dans la misère, mais il ne périra qu'après avoir vu la chute des intrigans qui triomphent de ses malheurs.

» C'est dans le temps où nous avons tout à craindre, où nos maux sont à leur comble, que vous diminuez le nombre de nos défenseurs, et que vous envoyez les députés patriotes dans les départemens ! N'eût-il pas été plus sage de conserver vos frères ? Est-ce donc une majorité corrompue qui doit prononcer sur le sort de la République ? Oui, législateurs, c'est parmi vous qu'existe cette ligue qui veut nous vendre à nos tyrans, et qui embrasse toute la France. Nous sommes dans la Convention nationale, dans cette Convention nommée par le peuple, et nous y voyons ses plus grands ennemis ; ils ont l'audace d'y siéger. Malheureuse patrie ! a qui as-tu confié tes intérêts ? Tu cherchais des défenseurs, et tu as trouvé des hommes qui ne respirent que pour hâter l'instant de ta destruction.

» Législateurs, il faut frapper le mal dans sa source ; il faut effrayer par le supplice des coupables les mandataires qui oseraient un jour renouveler les crimes dont nous sommes les témoins et les victimes.

» Nous demandons : 1° que Roland soit décrété d'accusation ; 2° que tous les employés dans les bureaux du ministère et dans les armées soient soumis à la censure la plus sévère, et que ceux qui seront suspects soient destitués ; 3° que *Normandie* soit chassé ; 4° que l'administration des postes soit renouvelée, et que tous les chefs des bureaux soient nommés par le peuple ; 5° que tous les officiers suspects ne puissent plus servir dans nos armées ; 6° qu'il soit fait une loi contre les accapareurs, et que la vente du numéraire soit défendue ; 7° que tous les députés soient rappelés, excepté ceux qui sont dans nos armées, et que l'on envoie dans les départemens des citoyens patriotes, avec des pouvoirs nécessaires ; 8° que les députés coupables soient décrétés d'accusation ; 9° et enfin que ceux qui n'ont pas eu le courage de défendre la République soient destitués et remplacés par leurs suppléans.

» Montagne de la Convention, c'est à vous que nous nous adressons : sauvez la République ; ou, si vous ne vous sentez pas assez forts pour le faire, osez nous le dire avec franchise : nous nous chargerons de la sauver. La crise que nous éprouvons doit être la dernière ; il faut que la France soit anéantie, ou que la République triomphe.

» Arrêté dans la section de la Halle-aux-Blés que cette adresse sera envoyée aux 47 autres sections, pour recevoir, soit leur approbation, soit les modifications qui paraîtront convenables. »

Des applaudissemens s'élèvent dans l'extrémité gauche, et se mêlent aux acclamations des tribunes.

Pétion. Je ne suis pas surpris que cette pétition ait reçu des applaudissemens.....

Danton. Je demande qu'on entende le rapport de Cambon, au nom du comité de salut public ; ensuite on discutera la mention honorable que je propose de l'adresse qui a été lue. (Les membres de l'extrémité gauche applaudissent.)

Le président. La parole est à Pétion.

Pétion. Je ne suis pas surpris qu'une pétition qui tend à dissoudre la représentation nationale ait reçu des applaudissemens..... (*Plusieurs voix de la même extrémité.* Le rapport du comité de salut public !)

Fabre d'Eglantine. L'ennemi est au camp de Maulde; occupons nous de sauver la patrie. (Danton s'élance à la tribune. — *Plusieurs membres de l'assemblée y montent avec lui.* — *Plusieurs voix* : Restez là, Pétion. — Une agitation tumultueuse s'élève dans toutes les parties de la salle.—Le président se couvre. —Le milieu de l'assemblée rentre dans le calme. — La tribune est toujours environnée.—(*Plusieurs voix* : Nous saurons mourir, mais nous ne mourrons pas seuls.)

Duperret. Nous avons des enfans qui vengeront notre mort.

Danton. Vous êtes des scélérats ! (Les tribunes et l'extrémité gauche applaudissent. — *Plusieurs membres* : A bas le dictateur !)

Biroteau. Ce sera ton dernier crime; je mourrai républicain, et tu mourras tyran. (Après quelques minutes d'agitation, les membres s'asseyent, et le calme se rétablit.)

Le président, découvert. Ce n'est qu'en faisant régner le calme dans nos délibérations que nous pourrons sauver la République. Si Danton a à répondre à Pétion, il aura la parole après lui. (*Danton.* Je la demande pour une motion d'ordre.) Ces tableaux forceraient les citoyens qui nous entendent à désespérer du salut de l'état; nous leur en devons d'autres. Je rappelle les représentans du peuple à leur serment, à leur dignité; j'invite les citoyens des tribunes au respect et au silence. Pétion, tu as la parole.

Pétion. Je ne faisais pas aux citoyens de la section de la Halle-aux-Blés l'injure de croire qu'ils eussent pu faire une pétition aussi incendiaire, aussi évidemment contraire à la représentation nationale. On sait assez comment on obtient dans les sections ces pétitions avec lesquelles on amène des pillages, et la dissolution de la République. Il est bien étrange qu'au sein de l'assemblée on aille autoriser des excès aussi coupables. Quoi! citoyens, l'avez-vous bien entendu? Ils vous disent qu'il vous énoncent le vœu de la France entière; ils vous disent qu'il y a ici des conspirateurs, des monopoleurs; ils vous disent que la majorité de la Convention est corrompue. Avons-nous été envoyés ici pour être abreuvés d'outrages? Ne serions-nous pas coupables si nous ne sévissions pas contre des scélérats... (Il s'élève de nouveaux murmures.)

Plusieurs voix. Oui, oui.

David, s'avançant dans le milieu de la salle. Je donne ma vie et ma conduite à examiner.

Le président. Tu n'as pas la parole, elle est à Pétion.

Pétion. Contre des hommes qui ont l'audace de s'adresser après ces paroles à une minorité, de lui demander si elle peut sauver la patrie; et de dire ensuite: Nous nous chargeons, nous, de la sauver. Quoi! représentans, on viendra vous dire, et vous écouterez de sang-froid ces paroles: « Votre majorité est corrompue, nous sauverons la patrie! » Et comment la sauveront-ils la patrie? Est-ce par des brigandages, par des assassinats? (*Plusieurs voix d'une des extrémités.* Voilà le langage de Dumourier.) Eh bien, citoyens, voilà comme on égare le peuple, comment on le fait égorger. (Nouveaux murmures.)

Président, j'entends renouveler ce système infâme de calomnie que l'on suit avec une constance bien propre à corrompre l'opinion publique; mais on ne doit pas croire que ce système puisse durer. (On murmure.) Depuis long-temps qu'entendons-nous sans cesse? des calomnies, des outrages, des dénonciations. Certes, il n'en coûte rien pour dire: Vous êtes un complice de Dumourier, de d'Orléans, mais sans présenter le plus léger indice; et toujours lorsqu'on a l'envie de commettre des délits ou qu'on vient d'en commettre, on a toujours le soin de les attribuer aux autres. (On murmure.) C'est une tactique constante. Si l'on pouvait discuter avec calme, on parviendrait à prouver quels sont les calomniateurs et les complices des contre-révolutionnaires; mais on embarrasse sans cesse la délibération par des imputations personnelles, et voilà comme on se masque soi-même, comme on a l'art de couvrir ses délits pour empêcher de les reconnaître. On espère que le public prendra des vociférations pour des preuves. Quel est l'homme qui, par exemple, pourrait dans cette assemblée me soupçonner ? (*Plusieurs voix de la même extrémité.* Moi, moi. — La plus grande partie de l'assemblée manifeste son improbation par des murmures.) N'est-il pas évident que les démarches qui sont faites depuis quelque temps auprès de l'assemblée, et qui tendent à l'avilir, à la jeter dans des mesures inconsidérées, partent des comités secrets et particuliers? Tout se trouve coïncider avec les circonstances pour parvenir à cet avilissement de la Convention, ou à lui arracher des délibérations par surprise ou par des moyens qu'on sait employer sous prétexte de mesures révolutionnaires. (*Plusieurs voix* : Citez, citez.)

Par exemple, ne cherche-t-on pas sans cesse à diviser la Convention en deux partis : (*Les mêmes voix* : C'est vous.) le parti patriote, et le parti qui n'est pas patriote? ne cherche-t-on pas à diviser la nation ? Depuis quelques jours, on voulait, sans explication, et cependant il fallait des explications, on voulait faire une armée de sans-culottes, si on entendait par ce mot les braves citoyens du tiers-état. (Il s'élève de nombreux murmures.) Il faut bien se servir d'un terme qui soit intelligible, car, en parlant des sans-culottes, on n'entend point tous les citoyens, les nobles et les aristocrates exceptés, mais on entend les hommes qui n'ont pas, pour les distinguer de ceux qui ont. Voilà le moyen qu'on emploie sans cesse pour jeter la division dans l'assemblée et dans la nation ; et voilà ceux qui se trouvent dans l'adresse que j'ai dénoncée. Je maintiens que cette adresse ne peut être faite que par des hommes en délire ou des royalistes contre-révolutionnaires. Qui peut désirer dans la République la dissolution de la Convention nationale, si ce ne sont ceux qui regrettent l'ancien régime, et les aristocrates déguisés et les royalistes? Eh bien ! cette adresse a ce but; elle l'a de la manière la plus prononcée, et je dis qu'il vous est impossible de tolérer les outrages qui vous y sont faits. Je dis que nous ne serions pas dignes de la confiance publique si nous souffrions que l'on vînt nous dire que la majorité de la Convention est corrompue. Depuis trop long-temps une indulgence coupable enhardit par l'impunité les scélérats à de nouveaux délits. Vous aviez ordonné la poursuite des pillages de février et des conspirations du 9 au 10 mars : ces poursuites sont-elles faites ? Vous avez dans votre sein un homme qui vous a prêché le despotisme sous toutes les formes, qui vous a demandé des têtes, qui vous a conseillé le pillage ; eh bien ! il siége parmi vous ; il obtient la parole plus facilement qu'un homme connu par sa probité et par ses mœurs. (On murmure.) Rappelez-vous ce qui se passait au commencement de nos séances, à peine un membre voulait-il s'asseoir à côté de lui. Aujourd'hui il obtient sans cesse la parole ; c'est lui qui dénonce tous les jours les meilleurs citoyens.(*Quelques voix :* Et Dumourier.) J'entends dire : Il a dénoncé Dumourier ; sans doute, mais moi, je lui supposais d'autres motifs. Il dénonçait Dumourier, mais il ne dénonçait pas *Égalité* ; mais il le défendait ; mais il allait chez lui ; et d'ailleurs, comment voulez-vous qu'un homme qui n'est nourri que de fiel, qui dénonce tout le monde, ne rencontre pas des conspirateurs ? (Applaudissemens.)

Si tous les citoyens allaient dans leurs sections, je me serais bien donné de garde de dénoncer l'adresse qu'on y fait circuler, car elle y eût été vue avec une profonde indignation ; mais comme tous les citoyens n'y vont pas ; comme il y a des hommes qui ont intérêt à y aller, il fallait prévenir les mauvais effets que cette adresse peut produire. On voudrait bien avoir une insurrection, mais on ne l'obtiendra pas, car la masse du peuple de Paris est excellente. Je suis sûr qu'il n'y a pas plus de quatre ou cinq cents misérables qui sont cause de tous ces mouvemens. (Une grande partie de l'assemblée et quelques citoyens des tribunes applaudissent.) Il est temps que les bons citoyens soient avertis de se rendre dans leurs sections ; et s'ils y allaient, je jure que cette adresse y serait brûlée. Eh bien, je demanderais un appel nominal sur cet objet dans les sections de Paris, et je suis persuadé que l'immense majorité des citoyens serait pour la Convention, et vouerait à l'exécration les imbéciles ou les scélérats qui ont rédigé le projet que j'ai dénoncé. Je ne sais comment on a l'audace d'applaudir à son propre déshonneur. Que dira-t-on dans les départemens? Quoi! l'assemblée entière ne s'est pas levée d'indignation quand on lui a dit que sa majorité est corrompue, lorsque des hommes ont poussé le délire et l'insolence jusqu'à vous dire qu'ils sauveront seuls la patrie! Et vous, pourquoi donc êtes-vous là? Est-ce pour être témoins de la perte de la République? Je ne demanderai pas que tous les signataires soient mandés à la barre; mais je demande que le président et les secrétaires de la section y soient mandés. Si ce sont eux qui ont signé le projet d'adresse, je ne doute pas que la Convention ne les envoie au tribunal révolutionnaire. (On applaudit.)

Danton monte à la tribune. (Une partie de l'assemblée et les spectateurs applaudissent.)

Danton. C'est une vérité incontestable que vous n'avez pas le droit d'exiger du peuple ou d'une portion du peuple plus de sagesse que vous n'en avez vous-mêmes. Le peuple n'a-t-il pas le droit de sentir des bouillonnemens qui le conduisent à un délire patriotique, lorsque cette tribune semble continuellement être une arène de gladiateurs? N'ai-je pas été moi-même, tout à l'heure, assiégé à cette tribune? Ne m'a-t-on pas dit que je voulais être dictateur?.... Je vais examiner froidement le projet de décret présenté par Pétion; je n'y mettrai aucune passion, moi; je conserverai mon immobilité, quels que soient les flots d'indignation qui me pressent en tous sens. Je sais quel sera le dénoûment de ce grand drame: le peuple restera libre; je veux la République; je prouverai que je marche constamment à ce but. (On applaudit.) Pétion a disséqué le projet d'adresse; je ne suis arrivé qu'à la fin de la lecture, et voilà pourquoi je demandais qu'on discutât la mention honorable, car j'avais trouvé dans cette adresse des articles vraiment bons. La proposition de Pétion est insignifiante. On sait que dans plusieurs départemens on a demandé tour à tour la tête des membres qui siégeaient dans l'un ou l'autre des côtés de la salle. N'a-t-on pas aussi demandé la mienne? Et qui? des administrateurs, notamment ceux du département du Finistère. Eh! citoyens, remarquez bien quelle serait la conséquence générale de la proposition de Pétion. Tous les jours il arrive des pétitions plus ou moins exagérées, mais il faut les juger par le fond. J'en appelle à Pétion lui-même. Ce n'est pas d'aujourd'hui qu'il se trouve dans les orages populaires. Il sait bien, que lorsqu'un peuple brise la monarchie pour arriver à la république, il dépasse son but par la force de projection qu'il s'est donnée. Que doit faire la représentation nationale? profiter de ces excès mêmes. Dans la première assemblée constituante, Marat n'était ni moins terrible aux aristocrates, ni moins odieux aux modérés. Eh bien! Marat y trouva des défenseurs. Il disait aussi que la majorité était mauvaise: et elle l'était.

Ce n'est pas que je croie qu'il en soit de même de cette assemblée. Mais que devez-vous répondre au peuple, quand il vous dit des vérités sévères? Vous devez lui répondre en sauvant la République. Eh! depuis quand vous doit-on des éloges? Êtes-vous à la fin de votre mission? On parle des calomniateurs; la calomnie, dans un état vraiment libre, n'est rien pour l'homme qui a la conscience intime de son devoir. Encore une fois, tout ce qui a rapport à la calomnie ne peut être la base d'une délibération dans la Convention. Il existe des lois, des tribunaux; que ceux qui croient devoir poursuivre cette adresse l'y poursuivent. Mais si vous délibérez sur cet objet, pourquoi ne délibéreriez-vous pas sur l'adresse de Marseille? Voyez sur quelle mer vous vous embarqueriez. Oui, je le déclare, vous seriez indignes de votre mission si vous n'aviez pas constamment devant les yeux ces grands objets : vaincre les ennemis, rétablir l'ordre dans l'intérieur, et faire une bonne constitution ; nous la voulons tous, la France la veut; elle sera d'autant plus belle qu'elle sera née au milieu des orages de la liberté : ainsi un peuple de l'antiquité construisait ses murs en tenant d'une main la truelle, et de l'autre l'épée pour repousser les ennemis. N'allons pas nous faire la guerre, animer les sections, les mettre en délibération sur des calomnies, tandis que nous devons concentrer leur énergie pour la diriger contre les Autrichiens. Je dis qu'il est impolitique de convoquer les sections pour délibérer sur cette adresse; je dis que, si un décret portait une pareille disposition, elle devrait s'étendre à toutes les adresses, quelques principes qu'elles manifestassent. Que l'on ne vienne donc plus nous apporter des dénonciations exagérées, comme si l'on craignait la mort. (On murmure. —*Lépaux*. Je ne crains pas la mort pour moi, mais je crains celle de la République.)

Danton. Et voilà l'exemple que vous donnez ! Vous voulez sévir contre le peuple, et vous êtes plus virulens que lui. (Quelques rumeurs.) On me dit de venir au fait : eh ! n'y suis-je pas venu, au fait ? n'ai-je pas parlé de vaincre les ennemis, de rétablir l'ordre, de faire une constitution ? J'y suis, au fait.

Tout à l'heure quelques-uns d'entre vous ont eu la lâcheté de dire que je voulais être dictateur : il vous sied bien de vouloir vous élever contre le peuple lorsqu'il vous dit des vérités énergiques. Je dis que la discussion est insignifiante. Je ramène l'assemblée au rapport que le comité de salut public va vous faire.

Notre marine peut se présenter encore d'une manière fort imposante. Le comité va vous dire que le ministre de la marine, d'après sa propre déclaration, ne peut suffire au fardeau qui lui est imposé. Il faut, dès l'instant même, nommer un ministre. L'influence de l'équinoxe est passée; les Anglais, enhardis par les premiers succès de nos ennemis, vont infester toutes les mers. Quand l'Europe est liguée contre nous, ne devons-nous pas former une phalange pour la vaincre ou pour mourir ensemble?

Je demande la question préalable sur la motion de Pétion. Si Paris montre une espèce d'indignation, il a bien le droit de reporter la guerre à ceux qui l'ont calomnié après les services qu'il a rendus. (On murmure. *Une voix* : Ce n'est pas le peuple de Paris.)

Je demande la question préalable et le rapport du comité de salut public.

On demande que la discussion sur la proposition de Pétion soit ajournée jusqu'après le rapport du comité de salut public.

Cette proposition est adoptée.

Cambon, au nom du comité de salut public. Citoyens, la surveillance que vous avez confiée à votre comité de salut public sur tous les agens du pouvoir exécutif lui a imposé l'obligation de se faire rendre par tous les ministres un compte exact de la situation actuelle de la République et des mesures qu'ils croyaient devoir prendre dans les grandes circonstances où nous nous trouvons. Ce compte ne nous ayant pas satisfaits, le comité vous a proposé d'autoriser vos commissaires dans les départemens de correspondre directement avec lui, et de lui rendre un compte détaillé des opérations du pouvoir exécutif. Par ce moyen, vous pouvez être assurés que vos armées ne manqueront d'aucun des objets nécessaires à leur approvisionnement.

Le ministre de la marine nous a donné des éclaircissemens sur l'état de notre marine; le tableau qu'il nous a présenté sera incessamment mis sous vos yeux; mais en même temps il nous a dit que le fardeau dont il était chargé était au-dessus de ses forces; qu'accoutumé à un travail de cabinet, l'activité nécessaire à un temps de guerre lui manquait absolument. J'offre à la République tous mes services, nous a-t-il dit; je serai premier commis dans l'un de mes bureaux si elle veut; mais je ne puis plus continuer le ministère : je demande un successeur. Votre comité, en rendant justice au zèle et au patriotisme du citoyen Monge, vous propose, pour le remplacer, le citoyen Dalbarède, adjoint au département de la marine.

La proposition du comité est adoptée à l'unanimité.

On reprend la discussion sur la proposition de Pétion.

Plusieurs voix : L'improbation de l'adresse, et l'ordre du jour.

Boyer-Fonfrède. Lorsqu'on prépare, dit-on, une adresse insolente adressée à la minorité de cette assemblée, j'ai le droit de m'adresser à la majorité et de venger la nation des outrages qu'on a osé faire ici à ses représentans. Je ne ferai pas au peuple, comme le préopinant, l'injure de croire, ou de dire au moins, que cette adresse soit son ouvrage; elle est souscrite par quatre individus, et je n'ai pas encore pris l'habitude de prendre quelques hommes pour le peuple ; cette marche est commode ; elle n'en imposera ni à vous, qu'on veut avilir, ni au peuple, dont on veut usurper les droits. J'abhorre et l'esprit de parti et l'esprit de faction ; leur rage doit se fondre sans doute en énergie contre l'ennemi qui nous menace et nous presse ; mais enfin il est permis d'attaquer cette faction des ennemis de la patrie qui accuse de corruption la majorité de cette assemblée ; je la révère, moi, et je l'accuse aussi, mais c'est de faiblesse. On accuse la majorité de cette assemblée de corruption : et qui l'accuse ? c'est Dumourier, qui veut la dissoudre ! Qui l'accuse ? c'est Égalité, lorsqu'il passe à l'ennemi ! Qui l'accuse ? ce sont les rois, qui veulent détruire la République ! Qui l'accuse ? les royalistes, qui vous redemandent le tyran dont vous avez abattu la tête ! Qui l'accuse enfin ? tous les nobles, tous les prêtres, tous les rois, tous ces tyrans obscurs qui versent le sang pour avoir de l'or, et qui sont même trop vils pour aspirer au pouvoir si le pouvoir ne menait pas à la fortune ! Voilà quels sont ceux qui vous accusent de corruption ; ils vous accusent de corruption parce qu'ils n'osent pas vous accuser d'avoir fondé la République, d'avoir déclaré la guerre à la royauté, d'avoir enfin banni ces Bourbons, qu'ils ont long-temps défendus, et dont le chef méprisable vous fait ainsi ses adieux ! Voilà quels sont ceux qui vous accusent, voilà les motifs qui les guident ; reconnaissez-les aux traits fidèles que j'ai dépeints. (On applaudit dans une grande partie de la salle.) Eh, sans doute, il faut marcher droit au but ; il faut d'une main repousser l'ennemi, et de l'autre élever une constitution ; mais quelle est donc cette nouvelle perfidie ? Vous voulez que la nation marche pour défendre sa liberté et ses représentans, et vous accusez la majorité d'entre eux de corruption ; vous ne voulez donc pas que les ennemis soient repoussés ? Vous voulez que nous donnions une constitution à la France, et vous accusez de corruption la majorité qui doit la créer ; vous ne voulez donc pas de constitution ? vous êtes donc, vous, insolens pétitionnaires, les agens de nos ennemis, car vous parlez et vous agissez comme eux ? Citoyens, c'est ici, c'est dans cette enceinte que doit résider le génie de la nation dans toute sa vigueur ; ne la laissez donc pas avilir ; si vous perdez le sentiment de votre dignité, le peuple perdra le sentiment de sa force : les sentimens généreux se communiquent, et c'est dans l'assemblée de ses représentans que le peuple doit prendre l'exemple du courage. Cette adresse, dictée par les ennemis de la liberté, colportée par quelques royalistes, adoptée peut-être par quelques citoyens égarés, doit être improuvée par vous, comme vous avez improuvé celle de Marseille; elles sont dictées peut-être par les mêmes hommes, mais à coup sûr par le même esprit. Je demande l'improbation.

Plusieurs voix : Appuyé, appuyé.

On demande que la discussion soit fermée.

Lahaye. Je demande la parole pour des faits.

Citoyens, je vous ai lu dernièrement une lettre dans laquelle on m'assurait qu'Égalité était sorti de Paris pour aller sonder les départemens, afin de savoir s'ils le voudraient accepter pour roi. Je vous ai dit en même temps que j'attendais une lettre qui ne laisserait plus aucun doute sur la vérité de ces faits. Citoyens cette réponse m'est parvenue ; la voici :

Extrait d'une lettre datée de Séez, département de l'Orne, le 5 avril 1793.

« Si je ne vous ai pas fait un détail circonstancié relativement à Égalité, c'est que je ne vous instruisais de son passage que parce que je le crois homme dont il est prudent de se méfier, même de ces actions qui paraissent indifférentes; d'ailleurs je n'avais de certitude sur son voyage en Bretagne que par le bruit public qui, dans ce pays, ne paraît pas lui être favorable, puisqu'on le soupçonnait déjà d'être fomentateur des événemens fâcheux qui s'y sont passés. Ces faits n'ont assurément pas lieu pour avoir été occasionnés par son passage à Séez le 22 mars dernier, puisque je me suis assuré par une des domestiques du citoyen Broquet, aubergiste à l'hôtel d'Angleterre, à Séez, où il logea, qu'il avait dit qu'il allait à Alençon voir le département ; il se donna le nom du citoyen Fécamps, intendant d'Égalité. Par le détail qu'on m'a fait de sa taille, de sa figure rouge et bourgeonnée, que j'ai vue souvent à Eu, il n'y a pas de doute que c'est Égalité père lui-même. Il invita son aubergiste d'aller à Alençon avec lui, dans sa voiture, parce que vraisemblablement c'était pour l'annoncer auprès de son beau-frère Hommez, ci-devant procureur à Séez, *homme fait pour lui être utile*, vu qu'il est membre du département à Alençon; mais ce particulier ne put l'y accompagner, à cause qu'il se trouva forcé de partir avec le détachement de volontaires destiné pour la Bretagne; alors j'ignore ce qu'a pu faire notre homme en question.

» Il logea à l'hôtel du Maure, chez Bussy, à Alençon, autre beau-frère de notre membre du département; mais ce que je puis vous assurer, c'est qu'à son retour par Séez, le lundi 25, il logea au même hôtel qu'à son départ; et, passant sur la place, il fut arrêté par la garde; alors il montra un passeport sur lequel il était dénommé *Philippe, premier Égalité.* Quant à la conversation qu'il eut en passant par Séez avec l'aubergiste qu'il fit monter à sa chambre, et avec lequel il but du vin, il l'interrogea pour savoir ce que l'on disait de lui; s'il était aimé dans ce pays, et si le peuple serait fâché ou bien aise de l'avoir pour roi. A quoi il lui fut répliqué qu'il n'avait pas assez de connaissance pour lui répondre rien d'affirmatif.

» Sans doute qu'Égalité n'aura pas manqué d'interroger les aubergistes par où il a passé; il n'avait avec lui qu'un jeune homme de quatorze à quinze ans. Il voyageait en poste.

» *Signé,* Anquelin. »

Lahaye. J'appuie la proposition de Pétion; et quant à la lettre dont je viens de vous donner lecture, je demande que l'assemblée nomme des commissaires afin d'aller dans le département de l'Orne saisir les fils de la conspiration.

Guadet. Je demande que l'assemblée statue sur-le-champ sur la proposition de Lahaye.

A l'égard de la traduction immédiate au tribunal révolutionnaire, d'Égalité et de ses complices, je m'y oppose, parce qu'il est évident pour moi que ce tribunal ne veut pas poursuivre les fauteurs de cette conspiration, qui tient essentiellement à celle du 10 mars.

Robespierre. Je demande la parole après Guadet pour dénoncer les véritables coupables.

Guadet. Un décret avait ordonné la poursuite des chefs de cette conspiration; et certes je suis très-étonné que Robespierre, qui dit connaître les vrais coupables, ne les ait pas encore dénoncés à l'accusateur public du tribunal criminel extraordinaire.

Je veux les dénoncer à la Convention, dit Robespierre.

Mais cette conspiration est, dit-on, liée à celle de Dumourier : je n'en fais aucun doute; mais c'est précisément parce qu'elle y est liée intimement, que les auteurs sont les mêmes, que j'en sollicite la poursuite prompte et rigoureuse. Ce n'est qu'à la lueur d'une procédure que l'on pourra suivre les fils de cette conspiration, et que le peuple, que l'on parle sans cesse de venger, connaîtra alors les vrais conspirateurs. On cherche à vous environner d'une opinion factice pour vous dérober la connaissance de la véritable. Cette opinion factice est comme le croassement de quelques crapauds.

Marat. Vil oiseau, tais-toi.

Guadet. Cette opinion factice dont on vous environne est comme le croassement des crapauds, que, au rapport de je ne sais quel voyageur, certains sauvages appellent l'expression de la volonté de leur dieu. Moi, je ne connais d'opinion véritablement imposante que celle que forme la masse du peuple français. Or celle-là, il faut l'éclairer, non par des procédures précipitées qui tendraient à faire absoudre les coupables, mais par la recherche des preuves qui mettront les tribunaux à même de suivre le fil des conspirations.

Je demande donc, au lieu du renvoi au tribunal révolutionnaire, la nomination de quatre commissaires pour vérifier les faits.

Je demande que ces commissaires aient le pouvoir d'envoyer les coupables au tribunal révolutionnaire.

Je demande aussi que l'accusateur public vienne ici vous rendre compte de sa conduite, et vous apprenne pourquoi il n'a pas mis le tribunal en état de juger les auteurs et les chefs de la conspiration du 10, au mépris du décret en vertu duquel la poursuite des auteurs de cette conjuration devait occuper les premiers momens de ce tribunal.

N'en doutez pas, citoyens, la République est perdue si vous continuez l'indulgence avec laquelle vous avez jusqu'ici traité ceux qui, sourdement, qui, dis-je, publiquement provoquent la dissolution de la Convention nationale. Et ne sentez-vous pas que les despotes s'avancent au milieu du désordre et de l'anarchie ? ne sentez-vous pas que ceux-là rendent un roi nécessaire au peuple, qui provoquent sans cesse l'anarchie ? Les hommes ne sont rien ; la liberté est tout : c'est elle qu'il faut préserver ; c'est elle que la patrie à genoux vous conjure de sauver. Oh ! vous ne la sauverez pas tant que vous souffrirez que des scélérats, que l'on investit cependant du nom sacré de peuple, viennent vous dire que la majorité d'entre vous est corrompue ; qu'il n'y a dans cette assemblée que quelques hommes qui puissent sauver la République, et qui, doutant encore qu'ils le puissent faire, sont là, disent-ils, pour la sauver eux-mêmes.

On vous a proposé des mesures partielles comme celle adoptée relativement à l'adresse de Marseille ; mais dans cette dernière adresse on ne prétendait pas que la majorité de l'assemblée était corrompue ; elle se contentait de nommer mauvais citoyens ceux qui n'étaient pas à la hauteur de son patriotisme ardent, et cette différence doit être sentie par tout homme impartial.

Je demande que mes propositions soient mises aux voix.

Robespierre. Citoyens, celui qui dit que la majorité de la Convention est corrompue est insensé ; mais celui qui nierait que la Convention nationale peut être quelquefois égarée par une coalition composée de quelques hommes profondément corrompus serait un imposteur. On vous a parlé souvent de conspiration, et tout en parlant on feint de ne pas en connaître les auteurs ; elles éclatent cependant sous vos yeux ; les conspirations nous environnent, tout le monde en aperçoit la nature et l'étendue ; c'est une chaîne qui circule dans tous les cabinets de l'Europe, et dont l'anneau aboutit dans cette enceinte sacrée. Non, la majorité de la Convention n'est pas corrompue, sans cela la patrie serait perdue ; sans cela comment aurions-nous résisté aux traîtres, aux ennemis de tous les genres? mais celui qui cherche les conspirations dans des événemens, dans des individus isolés, veut dissimuler les véritables; celle-ci est tramée par les ennemis intérieurs et extérieurs. Ses chefs sont à la fois Dumourier, les invidus qui pourraient prétendre au trône par le droit antique de leur naissance, et tous les amis de Dumourier. (On applaudit.) Quand on veut connaître la conspiration, il faut embrasser l'ensemble des événemens, l'objet et les moyens des conspirateurs. Il y a quelque temps que je m'occupe de cet objet, et que, sans faire des lieux communs sur la liberté, je cherche avec douleur les causes qui la compromettent. (*Plusieurs voix*. Parlez.) Si vous voulez, je vais lever une partie du voile.... (*Plusieurs voix*. Tout entier.)

N..... Je demande que si Robespierre ne combat pas les propositions qui ont été faites par Pétion, elles soient mises sur-le-champ à la délibération.

Robespierre. Je parle sur l'ensemble des mesures à prendre.

Vergniaud. Il importe de ne pas distraire l'attention de l'assemblée par de nouvelles dénonciations ; je demande que Robespierre ne parle qu'après que vous aurez pris les mesures urgentes qui vous ont été proposées, et qu'il soit décrété que ceux que va accuser Robespierre, soient entendus après pour le confondre.

Robespierre. Les propositions soumises à votre délibération ne peuvent être séparées de l'objet que j'ai à traiter. (*Plusieurs voix*. Déclarez si vous voulez les combattre.)

Vergniaud. Je demande qu'il parle ; quoique nous n'ayons pas de discours artificieusement préparés, nous saurons répondre et confondre les scélérats.

Lakanal. Je demande le renvoi de la dénonciation au comité; ces dénonciations perdent la République.

Robespierre. Si votre attention est fatiguée, je demande à parler dans un autre moment. (*Un grand nombre de voix :* Non, non.) Eh bien! si l'assemblée veut décréter auparavant les propositions qui lui sont faites par Pétion et Guadet, comme je déclare que ce que je veux dire doit influer sur ces propositions...

Lecointre, de Versailles. On prend nos villes, et nous nous dénonçons.

Lasource. Il faut que tout s'éclaircisse, je demande que Robespierre soit entendu, et qu'ensuite toutes les propositions soient décrétées séance tenante.

La proposition de Lasource est adoptée.]

Robespierre. Une faction puissante conspire avec les tyrans de l'Europe pour nous donner un roi, avec une espèce de constitution aristocratique. Elle espère nous amener à cette transaction honteuse par la force des armées étrangères, et par les troubles du dedans. Ce système convient au gouvernement anglais, il convient à Pitt, l'ame de toute cette ligue, il convient à tous les ambitieux; il plaît à tous les aristocrates bourgeois, qui ont horreur de l'égalité, à qui l'on a fait peur, même pour leurs propriétés; il plaît même aux nobles, trop heureux de retrouver dans la représentation aristocratique et dans la cour d'un nouveau roi, les distinctions orgueilleuse qui leur échappaient. La République ne convient qu'au peuple, aux hommes de toutes les conditions, qui ont une ame pure et élevée, aux philosophes amis de l'humanité, aux *sans-culottes* qui se sont en France parés avec fierté de ce titre dont La Fayette et l'ancienne cour voulaient les flétrir, comme les républicains de Hollande s'emparèrent de celui de *gueux,* que le duc d'Albe leur avait donné.

Le système aristocratique dont je parle, était celui de La Fayette et de tous ses pareils, connus sous le nom de *Fueillans* et de *modérés;* il a été continué par ceux qui ont succédé à sa puissance. Quelques personnages ont changé; mais le but est semblable; les moyens sont les mêmes, avec cette différence, que les continuateurs ont augmenté leurs ressources et accru le nombre de leurs partisans.

Tous les ambitieux qui ont paru jusqu'ici sur le théâtre de la révolution, ont eu cela de commun, qu'ils ont défendu les droits du peuple aussi long-temps qu'ils ont cru en avoir besoin. Tous l'ont regardé comme un stupide troupeau, destiné à être conduit par le plus habile ou par le plus fort. Tous ont regardé les assemblées représentatives comme des corps composés d'hommes ou cupides, ou crédules, qu'il faut corrompre ou tromper pour les faire servir à leurs projets criminels. Tous se sont servis des sociétés populaires contre la cour, et dès le moment où ils eurent fait leur pacte avec elle, ou qu'ils l'eurent remplacée, ils ont travaillé à les détruire. Tous ont successivement combattu pour ou contre les Jacobins, selon le temps et les circonstances.

Comme leurs devanciers, les dominateurs actuels ont caché leur ambition sous le masque de la modération et de l'amour de l'ordre; comme leurs devanciers, ils ont cherché à décréditer les principes de liberté.

Pour mieux y réussir, ils ont même cherché à en faire quelquefois de ridicules applications. Ils ont appelé tous les amis de la patrie des agitateurs, des anarchistes; quelquefois même ils en ont suscité de véritables, pour mieux réaliser cette calomnie. Ils se sont montrés habiles dans l'art de couvrir leurs forfaits, en les imputant au peuple. Ils ont de bonne heure épouvanté les citoyens du fantôme d'une loi agraire; ils ont séparé les intérêts des riches de ceux des pauvres; ils se sont présentés aux premiers comme leurs protecteurs, contre les sans-culottes; ils ont attiré à leur parti tous les ennemis de l'égalité. Maîtres du gouvernement et de toutes les places, dominant dans les tribunaux et dans les corps administratifs, dépositaires du trésor public, ils ont employé toute leur puissance à arrêter les progrès de l'esprit public, à réveiller le royalisme et à ressusciter l'aristocratie; ils ont opprimé les patriotes énergiques, protégé les modérés hypocrites; ils ont corrompu successivement les défenseurs du peuple; et persécuté ceux qu'ils n'ont pu séduire. Comment la

République pourrait-elle subsister, quand toute la puissance publique s'épuisait pour décourager la vertu, et pour récompenser l'incivisme et la perfidie?

La faction dominante aujourd'hui était formée long-temps avant la Convention nationale. A la fin de juillet dernier, il existait avec la cour, un traité pour obtenir le rappel des ministres qu'ils avaient fait nommer au mois de janvier précédent. Une autre condition du traité était la nomination d'un gouverneur du prince royal ; il n'est pas nécessaire de dire que le choix devait tomber sur l'un d'entre eux. A la même époque, ils s'opposaient de tout leur pouvoir à la déchéance de Louis, demandée par le peuple et par les fédérés, ils firent décréter un message et des représentations au roi. Ils n'ont rien négligé pour empêcher la révolution du 10 août; dès le lendemain, ils travaillaient efficacement à en arrêter le cours. Le jour même du 10, ils firent tout ce qui était en eux pour empêcher que le ci-devant roi ne fût renfermé au Temple. Ils tâchèrent de nous rattacher à la royauté, en faisant décréter par l'assemblée législative qu'il serait nommé un gouverneur au prince royal. A ces faits, consignés dans les actes publics et dans l'histoire de notre révolution, vous connaissez déjà les Brissot, les Guadet, les Vergniaud, les Gensonné, et d'autres agens hypocrites de la même coalition.

En même temps ils n'oublièrent rien pour déshonorer la révolution qui venait d'enfanter la République. Dès le lendemain du 10 août, ils calomniaient le conseil de la commune, qui dans la nuit précédente venait de se dévouer pour la liberté, en même temps qu'ils entravaient toutes ses opérations par leurs intrigues et par les décrets qu'ils dictaient à l'assemblée législative.

Eux seuls recueillirent les fruits de la victoire du peuple ; ils s'en attribuèrent même tout l'honneur. Leur premier soin, après l'acte conservatoire du prince royal et de la royauté, fut de rappeler au ministère leurs créatures Servan, Clavière et Roland. Ils s'appliquèrent surtout à s'emparer de l'opinion publique. Ils avaient eu soin de faire remettre entre les mains de Roland des sommes énormes pour la façonner à leur gré; auteurs ou payeurs des journaux les plus répandus, ils ne cessèrent de tromper la France et l'Europe sur la révolution qui venait de renverser le trône. Ils dénoncèrent chaque jour le peuple de Paris, et tous les citoyens généreux qui y avaient le plus puissamment concouru.

Il fallait détruire ce vaste foyer du républicanisme et des lumières publiques; ils s'accordèrent tous à peindre cette immortelle cité comme le séjour du crime et le théâtre du carnage, et à travestir en assassins ou en brigands les citoyens et les représentans dont ils redoutaient l'énergie. Ils cherchèrent à armer contre Paris la défiance et la jalousie des autres parties de la République. Cependant les Prussiens se préparaient à envahir notre territoire. (C'était l'époque du mois de septembre 1792.) Les dominateurs étaient membres du comité diplomatique, du comité de défense générale, ils dirigeaient le ministère; ils avaient eu d'étroites relations avec la cour, et ils laissaient ignorer à la France entière, au corps législatif même, les dangers qui nous menaçaient. Les ennemis s'étaient rendus maîtres de Longwi, de Verdun; ils s'avançaient vers Paris, et les dominateurs avaient gardé le silence; ils ne s'occupaient que d'afficher, que d'écrire contre Paris. Notre armée était faible, divisée, mal armée, mal approvisionnée, et si Paris ne s'était levé tout à coup; si, à son exemple, la France ne s'était ébranlée, Brunswich pénétrait sans résistance, jusqu'au cœur de l'état. Mais ce n'est pas tout, la faction voulait livrer Paris et la France; elle voulait fuir avec l'assemblée législative, avec le trésor public, avec le conseil exécutif, avec le roi prisonnier et sa famille. Les ministres qu'ils avaient nommés, Roland, Servan, Clavière, Lebrun, parlaient de ce projet aux députés; il fut proposé dans le conseil, et il était adopté, si le ministre de la justice n'en avait empêché l'exécution en menaçant ses collègues de les dénoncer au peuple, et si Paris ne l'eût fait avorter, en se levant pour écraser les ennemis de la France. Ce projet de fuite est connu des membres de l'assemblée législative et de plusieurs citoyens; il a été dénoncé à la Convention nationale, et Roland lui-même a été forcé de l'avouer dans une de ses lettres à la Convention nationale.

La Convention nationale était convoquée ; la majorité était pure ; mais un grand nombre de représentans, trompés d'avance par les papiers imposteurs dont la faction disposait, apportèrent à Paris des préventions sinistres qui devaient causer bien des maux ; et d'ailleurs ce fut toujours le sort des hommes qui ont des lumières sans probité, ou de la probité sans lumières, d'être les complices ou les jouets de l'intrigue.

Le décret qui déclare la royauté abolie, proposé à la fin de la première séance par un des députés de Paris calomniés, fut rendu avec enthousiasme. Si le lendemain on eût agité l'affaire du tyran, il eût été condamné, et si la Convention, libre de leur dangereuse influence, s'était ensuite occupée du bonheur public, la liberté et la paix seraient maintenant affermies ; mais les intrigans, qui n'avaient osé s'opposer à la proclamation de la République, s'appliquèrent à l'étouffer dans sa naissance. En possession des comités les plus importans de l'assemblée législative, qu'ils firent conserver provisoirement, ils composèrent bientôt les nouveaux à leur gré ; ils s'emparèrent du bureau, du fauteuil, et même de la tribune. Ils tenaient toujours dans leurs mains le ministère et le sort de la nation. Ils occupèrent sans cesse la Convention nationale de dénonciations contre la municipalité de Paris, contre le peuple de Paris, contre la majorité des députés de Paris. Ils inventèrent, ils répétèrent cette ridicule fable de la dictature, qu'ils imputaient à un citoyen sans pouvoir comme sans ambition, pour faire oublier et l'affreuse anarchie qu'ils exerçaient eux-mêmes, et le projet de la tyrannie nouvelle qu'ils voulaient ressusciter. Par là, ils cherchaient encore à dégoûter le peuple français de la République naissante, à arrêter les progrès de notre révolution dans les contrées voisines, en leur présentant la chute du trône comme l'ouvrage d'une ambition criminelle, et le changement de gouvernement comme le changement de maître.

De là ces éternelles déclamations contre la justice révolutionnaire qui immola les Montmorin, les Lessart et d'autres conspirateurs au moment où le peuple et les fédérés s'ébranlaient pour repousser les Prussiens. Dès ce moment, ils ne cessèrent de remplir les ames des députés de défiance, de jalousie, de haine et de terreurs, et de faire entendre, dans le sanctuaire de la liberté, les clameurs des plus vils préjugés, et les rugissemens des plus furieuses passions. Dès-lors ils ne cessèrent de souffler le feu de la guerre civile, et dans la Convention même, et dans les départemens, soit par leurs journaux, soit par leurs harangues à la tribune, soit par leur correspondance.

Ils étaient venus à bout de reculer par là, pendant quatre mois, le procès du tyran. Quelles chicanes! quelles entraves! quelles manœuvres employées durant la discussion de cette affaire! Qui peut calculer sans frémir les moyens employés par Roland, les sommes prodiguées par le ministère, pour dépraver l'esprit public, pour apitoyer le peuple sur le sort du dernier roi? Avec quelle lâche cruauté les avocats du tyran appelaient des corps armés contre Paris et contre les députés patriotes, dénoncés par eux comme des assassins et comme des traîtres! Avec quel insolent mépris des lois, des corps administratifs, dignes de ces députés, les levaient de leur autorité privée, aux dépens du trésor public! Avec quelle perfide audace cette même faction protégeait de toutes parts la rentrée des émigrés, et le rassemblement de tous les assassins et de tous les scélérats de l'Europe à Paris! Avec quel odieux machiavelisme on employait tous les moyens de troubler la tranquillité de cette ville, et de commencer la guerre civile, sans même dédaigner celui de faire ordonner par un décret la représentation d'une pièce aristocratique (*l'Ami des lois*), qui avait déjà fait couler le sang, et que la sagesse des magistrats du peuple avait interdite!

A quoi a tenu le salut de la patrie et la punition du tyran? au courage invincible des patriotes, à l'énergie calme du peuple, éclairé sur ses véritables intérêts, et surtout à la réunion imprévue des fédérés. S'ils avaient conservé les fatales préventions que leur avaient inspirées ceux qui les avaient appelés; si le bandeau était resté deux jours de plus sur leurs yeux, c'en était fait de la liberté; le tyran était absous, les patriotes égorgés; le fer même des défenseurs de la patrie, égarés, se serait combiné avec celui des assassins royaux. Paris était en proie à toutes les horreurs, et la Convention nationale escortée des satellites qu'ils avaient rassemblés, fuyait au milieu de la confusion et de la consternation universelle.

Mais, ô force toute puissante de la vérité et de la vertu! ces généreux citoyens ont abjuré leurs erreurs; ils ont reconnu avec une sainte indignation, les trames perfides de ceux qui les avaient trompés; ils les ont voués au mépris public; ils ont serré dans leurs bras les Parisiens calomniés; réunis tous aux Jacobins, ils ont juré avec le peuple, une haine éternelle aux tyrans, et un dévouement sans bornes à la liberté. Ils ont cimenté cette sainte alliance sur la place du Carrousel, par des fêtes civiques, où assistèrent tous les magistrats de cette grande cité, avec un peuple généreux que l'enthousiasme du patriotisme élevait au-dessus de lui-même. Quel spectacle! comme il console des noirceurs de la perfidie et des crimes de l'ambition! Ce grand événement fit pencher la balance, dans la Convention nationale, en faveur des défenseurs de la liberté; il déconcerta les intrigans et enchaîna les factieux. Lepelletier seul fut la victime de son courage à défendre la cause de la liberté, quoique plusieurs patriotes aient été poursuivis par des assassins : Heureux martyr de la liberté, tu ne verras plus les maux que nos ennemis communs ont préparés à la patrie!

Au reste, quelques efforts qu'ils aient faits pour sauver Louis XVI, je ne crois pas que ce soit lui qu'ils voulussent placer sur le trône; mais il fallait lui conserver la vie pour sauver l'honneur de la royauté qu'on voulait rétablir, pour remplir un des articles du traité fait avec Londres, et la promesse donnée à Pitt, comme le prouvent les discours de ce ministre au parlement d'Angleterre. Il fallait surtout allumer la guerre civile par l'appel au peuple, afin que les ennemis qui devaient bientôt nous attaquer, nous trouvassent occupés à nous battre pour la querelle du roi détrôné.

La punition éclatante de ce tyran, la seule victoire que les Républicains aient remportée à la Convention nationale, n'a fait que reculer le moment où la conspiration devait éclater ; les députés patriotes, désunis, isolés, sans politique et sans plan, se sont rendormis dans une fausse sécurité, et les ennemis de la patrie ont continué de veiller pour la perdre.

Déjà ils recueillent les fruits des semences de guerre civile qu'ils ont jetées depuis si long-temps ; et la ligue des traîtres de l'intérieur avec les tyrans du dehors, se déclare.

On se rappelle ici que ce sont les chefs de cette faction qui, en 1791, ont porté à la cour le secours de leur fausse popularité, pour engager la nation dans cette guerre provoquée par la perfidie, éclairée par l'intrigue, et conduite par la trahison. Je leur disais alors aux Jacobins, où ils venaient prêcher leur funeste croisade, où Dumourier lui même, coiffé d'un bonnet rouge, venait étaler tout le charlatanisme dont il est doué : « Avant de déclarer la guerre aux étrangers, détruisez les ennemis du dedans ; punissez les attentats d'une cour parjure qui cherche elle même à armer l'Europe contre vous ; changez les états-majors qu'elle a composés de ses complices et de ses satellites ; destituez les généraux perfides qu'elle a nommés, et surtout ce La Fayette déjà souillé tant de fois du sang du peuple. Forcez le gouvernement à armer les défenseurs de la patrie qui demandent en vain des armes depuis deux ans ; fortifiez et approvisionnez nos places frontières, qui sont dans un dénûment absolu. Faites triompher la liberté au dedans, et nul ennemi étranger n'osera vous attaquer ; c'est par les progrès de la philosophie, et par le spectacle du bonheur de la France, que vous étendrez l'empire de notre révolution, et non par la force des armes, et par les calamités de la guerre. En vous portant aggresseurs, vous irritez les peuples étrangers contre vous ; vous favorisez les vues des despotes et celles de la cour, qui a besoin de faire déclarer la guerre par les représentans de la nation, pour échapper à la défiance et à la colère du peuple. »

Les chefs de la faction répondaient par des lieux-communs faits pour allumer l'enthousiasme des ignorans ; ils nous montraient l'Europe entière volant au-devant de la constitution française ; les armées de despotes se débandant partout, pour accourir sous nos drapeaux, et l'étendard tricolore flottant sur les palais des électeurs, des rois, des papes et des empereurs. Ils excusaient la cour ; ils louaient les ministres, et surtout Narbonne ; ils prétendaient que quiconque cherchait à inspirer la défiance contre les ministres, contre La Fayette et contre les généraux, était un désorganisateur, un factieux, qui compromettait la sûreté de l'état.

En dépit de toutes leurs intrigues, les Jacobins résistèrent constamment à la proposition qu'ils leur firent de prononcer leur opinion en faveur de la guerre ; mais tel était le prix qu'ils attachaient à consacrer les projets de la cour, par la sanction des sociétés populaires, que le comité de correspondance de cette société osa envoyer, à son insu, une lettre circulaire à toutes les sociétés affiliées, pour leur annoncer que le vœu des Jacobins était pour la guerre ; ils portèrent même l'impudence jusqu'à dire que ceux qui avaient embrassé l'opinion contraire, l'avaient solennellement abjurée. Ce fut par ces manœuvres que l'on détermina la nation et les patriotes même de l'assemblée législative à voter comme le côté droit et comme la cour.

Nos prédictions ne tardèrent pas à s'accomplir. La première campagne fut marquée par des trahisons et par des revers, qui ne furent pour la cour et pour La Fayette que de nouveaux prétextes de demander des lois de sang contre les plus zélés défenseurs de la patrie, et un pouvoir absolu qui leur fut accordé sur la motion des chefs de la faction, et particulièrement des Guadet, des Gensonné. Dès ce temps-là, tous ceux qui osaient soupçonner les généraux et la cour furent dénoncés comme des agitateurs et des factieux ; on se rappellera avec quel zèle les mêmes hommes défendirent, divinisèrent le ministre Narbonne ; avec quelle insolence ils outrageaient l'armée et les patriotes.

Bientôt nos généraux nous trahirent à l'envi ; une invasion dans la Belgique ne produisit d'autre effet que de livrer ensuite nos alliés à la vengeance de leur tyran, et d'irriter les étrangers contre nous par l'infâme attentat du traître Jarry, qui n'a pas même été puni. Nos places fortes ont été dégarnies ; notre armée, divisée par les intrigues des états-majors, ait été presque nulle, tous les chefs s'efforçaient à l'envi de la royaliser ; la ligue des tyrans étrangers se fortifiait ; l'époque du mois d'août ou de septembre était destinée pour leur invasion combinée avec la conspiration de la cour des Tuileries, contre Paris et contre la liberté. C'en était fait de l'un et de l'autre sans la victoire remportée par le peuple et par les fédérés, le 10 août 1792 ; et lorsqu'au commencement du mois de septembre suivant, Brunswick, encouragé sans doute par la faction, osa envahir le territoire français, vous avez déjà vu qu'ils ne songeaient qu'à abandonner et qu'à perdre Paris.

Mais en dépit de tous les factieux hypocrites qui s'opposaient à cette insurrection nécessaire, Paris se sauva lui-même. Dumourier était à la tête de l'armée. Brissot avait écrit de lui, peu de temps auparavant, qu'après Bonnecarrère Dumourier était le plus vil des hommes. Dumourier avait répondu par écrit que Brissot était le plus grand des fripons sans aucune espèce de réserve. Il avait affiché que la cause du courroux que la faction affectait contre lui, était le refus qu'il avait fait de partager avec elle les six millions qu'elle lui avait fait accorder pour dépenses secrètes, dans le temps de son ministère et de leur amitié. Ils annoncèrent des dénonciations réciproques qui n'eurent point lieu. C'est encore un problème à quel point cette brouillerie était sérieuse ; mais ce qui est certain, c'est qu'au moment où il prit le commandement de l'armée de Châlons, il était très-bien avec la faction et avec Brissot, qui le pria d'employer Miranda dans une commission importante, s'il en faut croire ce que Brissot a dit lui-même au comité de défense générale. J'ignore ce qu'aurait fait Dumourier, si Paris et les autres départemens ne s'étaient levés au mois de septembre pour écraser les ennemis intérieurs et extérieurs : mais ce qui est certain, c'est que ce mouvement général de la nation n'était pas favorable au roi de Prusse pour pénétrer au cœur de la France. Dumourier les conduisit avec beaucoup de politesse pendant une longue retraite assez paisible, en dépit de nos soldats, dont on enchaînait constamment l'impétuosité, et qui mordaient leur sabre en frémissant de voir que leur proie leur échappait. L'armée prussienne, ravagée par la maladie et par la disette, a été sauvée ; elle a été ravitaillée, traitée avec une générosité qui contraste avec les cruautés dont nos braves défenseurs ont été les victimes. Dumourier a parlementé et traité avec le roi de Prusse dans le moment où la France et l'armée s'attendaient à voir la puissance et l'armée de ce despote ensevelies à la fois dans les plaines de la Champagne ou de la Lorraine ; dans le temps où Dumourier lui-même avait annoncé dans ses lettres à l'assemblée nationale, que les ennemis ne pouvaient lui échapper, il se montra aussi complaisant, aussi respectueux pour le roi de Prusse qu'il fut depuis insolent avec la Convention nationale. Il est au moins douteux s'il a rendu plus de services à la République qu'aux Prussiens et aux émigrés. Au lieu de terminer la guerre et d'affermir la Révolution, en exterminant cette armée dont nos ennemis n'auraient jamais pu réparer la perte, au lieu de se joindre aux autres généraux pour pousser nos conquêtes jusqu'au Rhin, il revint à Paris ; et, après avoir vécu quelque temps dans une étroite intimité avec les chefs de la faction, il part pour la Belgique.

Il débute par un succès brillant, nécessaire pour lui donner la confiance que sa conduite avec les Prussiens était loin de lui avoir assurée ; et quiconque rapprochera de ce qui se passe aujourd'hui la brusque témérité qui acheta la victoire de Jemmappes, par le sacrifice de tant de Français républicains, concevra facilement que ce succès même était moins fatal au despotisme qu'à la liberté. Dumourier était maître de la Belgique ; si, dès ce moment, il avait envahi la Hollande, la conquête de ce pays était certaine ; nous étions maîtres de la flotte hollandaise ; les richesses de ce pays se confondaient avec les nôtres, et sa puissance était ajoutée à celle de la France ; le gouvernement anglais était perdu, et la révolution de l'Europe était assurée. On a dit, et je l'ai cru moi-même un instant sur ces ouï-dire, que tel était le projet de Dumourier ; qu'il avait été arrêté par le conseil exécutif ; mais il est démontré que ce bruit n'était qu'une nouvelle imposture répandue par la faction. En effet, si, comme on l'a dit, Dumourier avait conçu ce grand dessein ; s'il y attachait sa gloire et sa fortune, pourquoi n'a-t-il pas réclamé l'appui de l'opinion publique contre les oppositions perfides du conseil exécutif ? pourquoi n'a-t-il pas invoqué la nation elle-même, contre des oppositions qui compromettaient son salut ? Il est bien plus naturel de penser que ce bruit n'avait été répandu par les amis de Dumourier, que pour lui concilier la confiance. On sait assez que les chefs de cette faction ont l'art de paraître quelquefois divisés, pour cacher leur criminelle intelligence. Au surplus, que Dumourier ait eu part ou non à ce retard funeste qu'à éprouvé l'expédition de la Hollande, il doit au moins être imputé à la malveillance de la majorité du conseil exécutif et des coryphées de la faction qui dominaient dans les comités diplomatique et de défense générale. Les députés bataves se sont plaints eux-mêmes hautement, dans un mémoire qu'ils ont rendu public et qui est entre nos mains, de l'opiniâtreté avec laquelle leurs offres et leurs instances ont été repoussées depuis trois mois par le ministre des affaires étrangères. On ne peut nier au moins que Dumourier et les chefs de la faction ne fussent parfaitement d'accord sur le projet de ravir la Belgique à la France. — On connaît les efforts de Dumourier pour empêcher l'exécution des décrets des 15 et 21 décembre. On connaît toutes ses perfidies. D'un autre côté, on sait comment le comité diplomatique a repoussé tous les peuples qui voulaient s'incorporer à nous. Roland disait des députés de la Savoie : On doit m'envoyer des Savoisiens pour solliciter la réunion de ce pays, je les recevrai à cheval. Comment est-il possible que vous vouliez vous réunir à notre anarchie, disait-on aux Belges et aux Liégeois : tel était le langage des Guadet, des Gensonné. Ils sont venus à bout de retarder toutes ces réunions, jusqu'au moment où le parti ennemi de la révolution eut tout disposé pour les troubler, et que les despotes eurent rassemblé des forces suffisantes contre nous.

Dumourier et ses partisans portèrent un coup mortel à la fortune publique, en empêchant la circulation des assignats dans la Belgique. Après avoir fatigué cette contrée par ses intrigues, après avoir levé, de son autorité privée, des sommes énormes qu'il chargeait la nation de rembourser, il part enfin pour la Hollande, et s'empare de quelques places dans la Gueldre. Mais tandis qu'on ne nous parlait que de succès et de prodiges, tout était disposé pour nous enlever en un moment la Belgique. Stengel et Miranda, le premier, aristocrate allemand, l'autre, aventurier espagnol, chassé du Pérou, ensuite employé par Pitt, et donné par l'Angleterre à la France par l'entremise de Brissot et de Pétion, enfin adopté particulièrement par Dumourier, nous trahissaient en même temps à Aix-la-Chapelle et à Maëstricht. Une partie de l'armée exposée dans un poste désavantageux, appelée improprement l'avant-garde, puisqu'elle n'avait rien derrière elle, disséminée sur un si grand espace de terrain, qu'en cas d'attaque les corps qui la composaient ne pouvaient se rallier, ni se soutenir, est livrée à une armée ennemie dont le général avait l'air de ne pas soupçonner l'existence ; il avait repoussé tous les avis qu'on lui avait donnés de son approche ; les corps les plus distingués par leur patriotisme sont spécialement trahis et égorgés par les ennemis ; le reste est obligé de fuir. En même temps le siége de Maëstricht entrepris sans aucuns moyens, avec des boulets qui n'étaient pas de calibre, dirigé par une perfidie profonde, pour se défaire de nos plus braves défenseurs, en les exposant sans défense à l'artillerie supérieure de nos ennemis ; le siége de Maëstricht est levé avec précipitation ; nos conquêtes sont abandonnées ; les braves Liégeois, nos fidèles alliés, devenus nos frères, sont remis sous la hache des tyrans, pour expier encore une fois leur généreux attachement à la cause de la France et de la liberté.

Dumourier laisse son armée à Berg-op-Zoom et se rend dans la Belgique, pour se mettre à la tête de celle qui a été trahie. Va-t-il se plaindre d'avoir été lui-même trahi par les généraux ? Va-t-il les dénoncer à la Convention ? Non ! il jette un voile sur la trahison, parle seulement de quelque imprudence de la part du général de l'avant-garde, montre la plus grande confiance en l'armée et promet de la conduire à la victoire. Il donne une bataille; elle est perdue. Cependant le centre et l'aile droite, suivant lui, ont eu l'avantage; l'aile gauche a plié. Or, l'aile gauche était commandée précisément par ce même Miranda qui avait trahi à Maëstricht. La suite de ce nouvel échec est la perte de la Belgique. Alors Dumourier se découvre tout entier. Il se déclare ouvertement pour les généraux perfides; il se plaint du décret qui mande à la barre Stengel et Lanoue; il fait le plus pompeux éloge de ce dernier, convaincu d'avoir conspiré en faveur du tyran, avant la révolution du mois d'août; il veut que la Convention imite le sénat romain, et qu'elle remercie les traîtres de n'avoir pas désespéré de la patrie; il menace de l'abandonner si on contrarie aucune de ses vues; il loue le civisme et le courage de Miranda, et de tous les autres généraux et officiers sans distinction. Il impute tous nos revers aux soldats; il oublie que lui-même les avait attribués à celui qui commandait à Aix-la-Chapelle; il oublie qu'il avait vanté lui-même le courage et la conduite de l'armée, et surtout la patience héroïque avec laquelle elle avait supporté la disette et des fatigues au-dessus des forces humaines, dans tous les temps, et récemment encore au siége de Maëstricht. Il prétend que l'armée n'est qu'un ramas de lâches et de pillards; ce sont ses propres expressions. Il fait plus, il déclame avec la même insolence contre les nouveaux défenseurs qui volent dans la Belgique de toutes les parties de la République, pour réparer les revers; il les appelle des *brigands*.

Tandis qu'il écrivait tout cela, il abandonnait la Belgique aux Prussiens, il leur abandonnait nos immenses provisions qu'il y avait ramassées : il avait ordonné aux commissaires de compter quatre millions aux belges; mais, auparavant, il avait eu soin d'y éteindre, autant qu'il était en lui, toute espèce d'affection pour les principes de notre révolution, et d'y allumer la haine du nom français; il avait été jusqu'à publier hautement, dans une lettre adressée à la Convention, que la Providence punissait le peuple français de ses injustices, il avait peint Paris comme un théâtre de sang et de carnage; la France, comme le séjour du crime et de l'anarchie; les députés patriotes de la Convention, comme des fous, ou comme des scélérats. Il avait foulé aux pieds l'autorité du gouvernement français; il avait fait des proclamations qui, sous le prétexte de réprimer certains actes impolitiques, tendaient à réveiller tous les préjugés du fanatisme et de l'aristocratie. Il avait rétabli dans leurs fonctions les administrateurs destitués pour cause d'incivisme, par les commissaires de la Convention nationale; il avait détruit les sociétés populaires attachées à notre cause. Il a voulu excuser tous ces forfaits, en disant que l'on avait irrité les Belges par quelques actes de cupidité et d'irréligion. Sans doute, c'était le comble de l'étourderie et peut-être de la perfidie, de faire la guerre à des saints d'argent; mais qui pouvait mieux prévenir ces désordres, si ce n'était un général tout puissant? Quant aux commissaires du conseil exécutif contre lesquels il a paru sévir, qui les avait nommés, si ne n'est son propre parti? N'étaient-ils pas l'ouvrage de Roland et des ministres coalisés avec le généralissime Dumourier?

Ni les déclamations, ni les ordres sévères de ce général intrigant contre un Cheppi, et contre d'autres créatures également méprisables de la même faction, ne prouveront jamais qu'il n'était point d'intelligence avec eux. Pour exécuter le projet d'empêcher la réunion de la Belgique à la France, il fallait que la faction employât à la fois des agens qui s'appliquassent à mécontenter les Belges, et un général qui profitât de ce mécontentement pour les éloigner à jamais de notre révolution. On parle des désorganisateurs commis pour semer le trouble dans l'armée; mais quoi de plus facile aux généraux que de les réprimer, que de maintenir une discipline sévère, si tous les généraux perfides n'avaient besoin de ces moyens pour exécuter et pour pallier leurs trahisons! La Fayette aussi entretenait, autant qu'il était en lui, des désordres dans son armée pour la calomnier, pour la dissoudre et pour perdre la liberté! Il n'avait oublié qu'une chose, c'était de débuter, comme Dumourier, par un succès,

Enfin, Dumourier a levé l'étendard de la révolte; il menace de marcher vers Paris pour ensevelir la liberté sous ses ruines; il déclare qu'il veut protéger les ennemis de la liberté que la Convention renferme dans son sein contre les députés attachés à la cause du peuple, qu'il appelle aussi des anarchistes et des agitateurs. Il ne dissimule pas le projet de rétablir la royauté. Après avoir fait égorger une partie de l'armée, il trompe l'autre et s'efforce de la débaucher après l'avoir calomniée à son insu. Fier du succès de ses trahisons, gorgé des trésors qu'il a puisés dans la Hollande, dans la Belgique et dans les caisses nationales dont il s'est emparé, fort de son alliance avec des ennemis à qui il a livré nos magasins; fort de l'appui des Belges qu'il a armés contre nous, il cherche à semer le découragement dans la nation; il s'efforce de déshonorer le peuple français et nos braves défenseurs aux yeux des peuples étrangers; il nous annonce hautement qu'il ne nous reste aucunes ressources. Dans ses lettres officielles à Beurnonville, il parle avec une joie insolente des troubles qui allaient éclater au milieu de nous; il en présage de nouveaux; il nous montre déjà les départemens du Nord, du Pas-de-Calais, de la Somme, en état de contre-révolution; il déclare en propres termes que nous ne pourrons tenir tête à nos ennemis étrangers, parce que nous serons obligés d'employer nos forces à réprimer ceux du dedans. Il nous montre en même temps toutes nos places sans défense, et il ose nous déclarer que nous n'avons d'autre parti à prendre que de demander la paix et de transiger avec les despotes : que dis-je? il ose se montrer lui-même comme médiateur.

Tel était le coupable secret de la conspiration tramée depuis long-temps contre notre liberté. Le chef de la faction l'a dévoilée au moment où il croyait pouvoir l'exécuter avec succès. En effet, tout semblait disposé pour la favoriser. Un ministre de la guerre, malicieux et hypocrite, avait été nommé tout exprès par la faction pour les grands événemens qui devaient arriver. En peu de temps il avait purgé les bureaux de la guerre, les garnisons et l'armée, de tous les agens et de tous les chefs patriotes; il les avait remplacés par des hommes plus que suspects ; il avait laissé nos places fortes sans garnisons et sans munitions. On se rappelle avec quelle hardiesse il trompait la Convention nationale sur l'état de nos affaires dans la Belgique au moment où les trahisons des généraux les avaient déjà perdues, et comment les fausses nouvelles qu'il débitait furent démenties par les commissaires de l'assemblée. Les autres généraux étaient entrés dans ce vaste plan de conspiration ; et, pour mieux en assurer le succès, le ministre avait mis le comble à ses attentats en faisant suspendre la fabrication des armes dans toutes nos manufactures. Dans le même temps on excitait des troubles dans une grande partie de la France, et surtout dans nos départemens maritimes. Les aristocrates révoltés avaient levé de grandes armées bien approvisionnées ; ils avaient saccagé des villes, égorgé une multitude de patriotes ; et personne n'avait songé à réprimer cette conspiration tramée depuis quatre mois ; et ni le ministre, ni le comité de défense générale, composé en grande partie de la faction que je dénonce, n'en avaient donné avis à l'assemblée ni à la nation ; enfin le ministre de la guerre nomme un général pour commander les patriotes, et ce général (Marcé) est un traître qui livre notre artillerie aux révoltés, et qui mène les défenseurs de la liberté à la boucherie. Partout il nomme des officiers également perfides ; des Wittenkof, des d'Hermigni, des Ligonier ; il montre surtout dans ses choix une prédilection singulière pour les étrangers, pour les sujets des despotes nos ennemis, et quelquefois même pour les parens de nos tyrans. Graces à ces criminelles machinations, les troubles se prolongent, et la victoire coûte beaucoup de sang aux républicains : on vient nous dire que *le calme pourra être rétabli dans six semaines ou deux mois.* Deux mois de guerre civile et de massacre des plus zélés patriotes, quand l'infâme Dumourier conspirait contre nous dans la Belgique, avec tous les despotes et tous les ennemis de l'intérieur ! Dumourier, qui nous annonçait avec une insolente satisfaction que, dès le moment où l'équinoxe serait passé, nos départemens maritimes seraient envahis par les Anglais. Encouragés par tant d'attentats, les royalistes levaient partout une tête audacieuse et osaient menacer les amis de la liberté.

Eh! pourquoi non? Ne pouvaient-ils pas compter sur l'ascendant que la faction exerçait au sein de la Convention nationale? N'était-ce pas elle qui depuis long-temps dépravait l'esprit public dans les départemens révoltés? Et les massacres de la Bretagne, et le fanatisme royal et religieux qui égarait les habitans des campagnes, n'étaient-ils par les dignes fruits des écrits empoisonnés qu'elle avait semés sur la surface de cette importante contrée, de la correspondance perfide des députés qui suivaient sa bannière, enfin des persécutions suscitées à tous les vrais républicains? N'était-ce pas elle qui, chaque jour, cherchait à dégoûter le peuple de la révolution, en aggravant sa misère; qui repoussait toutes les mesures nécessaires pour réprimer la fureur de l'agiotage, pour assurer la subsistance publique, pour mettre un frein à l'excès des accaparemens? N'était-ce pas elle qui faisait, défaisait les ministres, protégeait tous leurs crimes, et multipliait les conspirateurs par l'impunité? N'était-ce pas elle qui, à la place des lois bienfaisantes que sollicitaient les besoins pressans de la patrie, ne nous donnait que des déclamations, des libelles et des crimes?

Mais son audace redoublait surtout au moment où la conspiration était près d'éclater. Avec quelle perfidie ils désorganisaient tout en criant aux désorganisateurs! Avec quelle lâche cruauté ils cherchaient à exciter dans Paris quelques petits mouvemens aristocratiques pour préparer au traître Dumourier le prétexte de marcher contre cette cité, et à les imputer ensuite aux patriotes, dont le zèle les avait constamment écartés! Voyez quel affreux parti ils ont voulu tirer d'un attroupement excité par eux, qui s'était porté chez quelques épiciers! Voyez comme l'exécrable Dumourier, dans sa lettre du 12 mars à la Convention, travestit la vente illégale et forcée des marchandises de quelques marchands et de quelques accapareurs en scènes de sang et de carnage, et comme il en conclut qu'il doit faire la guerre à Paris et aux patriotes!

Ils avaient dénoncé les députés patriotes qui avaient pressé la condamnation du tyran comme des agitateurs, et il déclare qu'il veut employer la moitié de son armée à les subjuguer! Ils avaient déclamé contre les tribunes, c'est-à-dire contre la portion du peuple qui pouvait assister aux séances de l'assemblée représentative; ils avaient protesté solennellement qu'ils n'étaient pas libres lorsque le tyran avait été condamné; et il menace les tribunes, et il promet d'aller bientôt affranchir de leur influence la faction qui avait voulu sauver le tyran, qu'il appelle *la saine partie de la Convention nationale!* Il proclame leurs principes; il consacre leurs calomnies; il déclare la guerre à leurs adversaires; il rédige en forme de manifeste contre la République les journaux des chroniqueurs, des Brissot, des Gorsas, des Rabaut, des Gensonné, des Vergniaud, des Guadet, etc.; comme eux il veut être, dit-il, le restaurateur de l'ordre public, le fléau de l'anarchie, le libérateur de son pays; enfin il déclare hautement qu'il veut redonner un roi à la France! Quel était le roi qu'il voulait nous donner? Peu importe sans doute aux républicains, qui les détestent tous également; mais c'était apparemment quelque rejeton de la famille de nos tyrans. Or, parmi les généraux de la Belgique, je vois Valence, l'ami de Dumourier; Valence, le gendre de Sillery, le confident intime du ci-devant duc d'Orléans; Sillery, ci-devant comte de Genlis : ce seul nom dit tout; je vois le ci-devant duc de Chartres promu au commandement des armées dans un âge où les citoyens sont à peine dignes d'être soldats; je vois dans le camp de Dumourier la sœur de ce jeune général avec la ci-devant comtesse de Genlis, la plus intrigante des femmes de l'ancienne cour, malgré ses livres sur l'éducation; je vois le victorieux Dumourier aux pieds de la sœur, et dans une attitude respectueuse en présence du frère!

Je vois ensuite le fils de d'Orléans écrire comme Dumourier; je le vois fuir précipitamment avec Dumourier, avec Valence; et je n'ai pas besoin d'en savoir davantage pour connaître la faction tout entière; je devine la perfidie profonde des conspirateurs, qui, pour couvrir leurs complots d'un voile impénétrable, avaient feint de vouloir expulser tous les individus de la ci-devant famille royale dans un temps où la France entière ne voyait aucun motif à cette proposition imprévue, dans un temps où les patriotes de bonne foi croyaient défendre, en les repoussant, les principes et l'intégrité de la représentation nationale. Je conçois pourquoi ils demandaient l'expulsion des Bourbons en général, pour éloigner la condamnation de la royauté dans la personne de Louis XVI, et pourquoi, depuis la punition du tyran, ils ont oublié et même rejeté cette mesure dans le moment où l'aristocratie levait l'étendard de la révolte pour rétablir la royauté.

Robespierre s'arrête quelques instans.

Le président. Je vous prierai de vous arrêter quand on vous interrompra.

Robespierre. Eh bien ! puisque je suis écouté avec tant de défaveur.... (On murmure.) On a le droit de réclamer quelque indulgence quand on remplit un ministère aussi pénible que celui que je remplis : car on ne doit pas être écouté favorablement quand on parle de ces hommes qui ont une influence accablante, et je ne dois pas être écouté favorablement quand je parle de ce comité de défense générale, où j'ai vu les membres attachés à Dumourier excuser sa lettre insolente du 12 mars, en opposant les dénonciations, prétendues insensées, faites contre lui précédemment ; oui, j'ai entendu, comme beaucoup de membres de cette assemblée ont pu le faire, Vergniaud prétendre que l'opinion politique de Dumourier était indifférente.

Vergniaud. Je vous donne un démenti.

Une voix. Et Danton ?

Robespierre. Il n'y a rien d'étonnant à ce qu'un commissaire à l'armée ait pu être trompé un moment sur les desseins de Dumourier, qu'il ne voyait que dans ses fonctions, au milieu de son armée ; mais ce qui doit étonner, c'est que des membres de cette assemblée qui ont eu avec lui les correspondances les plus suivies aient dit et fait ce que j'ai dit et ce que je vais dire.

Les amis et les complices de Dumourier membres du comité de défense générale connaissaient sans doute ses secrets mieux que personne; mais ils comptaient sur le succès de sa criminelle entreprise. Aussi nous les avons vus d'abord excuser sa lettre insolente du 12 mars à la Convention, sous le prétexte que ce général devait être irrité par les dénonciations faites contre lui dans les sociétés populaires. Nous les avons vus cherchant à écarter les accusations qu'ils redoutaient, en se hâtant de répéter leurs déclamations ordinaires contre les députés patriotes, contre les Jacobins, etc. Là nous avons entendu Vergniaud prétendre que les opinions politiques de Dumourier étaient indifférentes, et qu'il était intéressé à la cause de la révolution. Là nous avons vu Gensonné s'indigner de ce qu'on donnait à Dumourier les qualifications qu'il méritait, et vanter impunément son civisme, ses services et son génie. Il est prouvé que Gensonné entretenait une correspondance habituelle avec Dumourier, courrier par courrier; et Gensonné voulait se charger vis-à-vis des membres de la Convention présens au comité du rôle de médiateur auprès de son correspondant et de son ami Dumourier. Là nous avons vu Pétion embrasser avec chaleur la défense de Miranda; et après que j'eus dénoncé ce général, et Stengel, et Lanoue, se lever en courroux, en s'écriant que l'on dénonçait toujours sans preuves; et le siége de Maestricht était levé! et l'armée trahie à Aix-la-Chapelle! et la Belgique livrée à nos ennemis! et c'était le moment où l'on délibérait sur la révolte déclarée de Dumourier!

Là, nous avons vu le même jour Brissot, pour toute mesure de salut public, déclarer que la Convention nationale avait perdu la confiance publique; que son unique devoir était de faire bien vite la constitution et de partir. Je l'ai entendu proposer de s'arranger dans le comité de défense générale sur les divers articles de la constitution qui pouvaient partager les avis, et de la faire ensuite adopter d'emblée par la Convention, pour éviter, disait-il, des débats scandaleux. Là, nous avons vu les chefs de la faction refuser ensuite de discuter la conduite de Dumourier pour proposer un rapprochement entre ses amis et ses adversaires, et, sous le prétexte de s'expliquer, renouveler toutes les calomnies dont ils avaient tant de fois souillé la tribune et les papiers publics.

Nous avons entendu les ministres apporter à ce comité des nouvelles et des projets illusoires concertés d'avance avec eux. Nous avons vu le ministre de la guerre déclamer contre l'insubordination des soldats sans vouloir convenir de la perfidie des généraux, provoquer des mesures rigoureuses contre ceux qui médisaient des généraux, citer pour preuve de leur républicanisme la fameuse blessure de Valence ; nous l'avons entendu faire l'éloge du système défensif, nous garantir la neutralité de la Savoie et du comté de Nice, comme si ces deux départemens français étaient pour nous des contrées étrangères. Nous l'avons entendu préparer une trahison ultérieure et nous annoncer d'avance la retraite de Custine. Nous l'avons entendu répéter tous les lieux communs de Dumourier sur l'éloignement des Belges pour la révolution française, et le comité approuver toutes ces vues. Nous avons vu surtout Brissot à ce propos-là même déclarer que nous étions trop heureux que l'esprit public des Belges ne fût pas plus français, par la raison qu'en renonçant à la Belgique nous pourrions obtenir la paix plus facilement des puissances ennemies. Brissot fut toujours le plus hardi de tous les conspirateurs à jeter en avant les idées de transaction ouvertement proposées par Dumourier. Dans la discussion de l'affaire de Louis XVI, il osa demander qu'il fût sursis à l'exécution du décret qui le condamnait jusqu'à ce que l'opinion des puissances étrangères sur ce jugement nous fût manifestée ; c'est lui qui nous avait menacés de la colère des rois de l'Europe si nous osions prononcer la peine de mort contre le tyran. Brissot ! combien de faits n'aurais-je pas à rappeler sur lui et sur la faction dont il est le chef !

Enfin, nous avons vu le comité de sûreté générale s'appliquer constamment à retarder toute mesure nécessaire au salut public pour donner le temps à Dumourier d'exécuter sans obstacle ses détestables projets. Ensuite on le recomposa de vingt-cinq membres qui lui appartenaient tous, excepté cinq à six patriotes qu'on y avait introduits par une sorte de transaction, pour endormir les amis de la liberté, et faire servir des noms qui inspiraient la confiance à couvrir leurs perfidies. Aussi Dumourier écrivait-il que ce comité était bien composé, à *l'exception de sept à huit membres.* Indigné de tant de perfidies, et connaissant le motif qui avait engagé les intrigans à me choisir, je déclarai hautement à la Convention nationale que ce comité n'était que le conseil de Dumourier, et que, ne pouvant lutter contre la majorité, je donnais publiquement ma démission. Nous avons vu avec douleur qu'égarée par la même influence, la Convention avait envoyé à Dumourier cinq commissaires dont l'arrestation était concertée d'avance, et surtout ce Beurnonville, qui fut arrêté par son complice. Que dirons-nous de la comédie grossière de cet aide-de-camp qui vint deux jours après raconter à la barre de l'assemblée nationale qu'il avait reçu un coup de sabre d'un satellite de Dumourier, et de cette pasquinade plus grossière encore de Dumourier qui se plaignait de ce que son collègue et son confident Beurnonville était venu pour l'assassiner au milieu de son armée, et qui ensuite disait hautement qu'il répondait de lui, parce qu'il était son ami?

Plusieurs circonstances ont dérangé ici le cours de mes idées, et si j'en ai présenté une partie en ce moment sans mettre en ordre la suite et en résumer les conséquences, c'est que l'audace des conspirateurs m'a paru être à son comble; que cette audace, avec laquelle les conspirateurs cherchaient à détourner l'opinion publique de leurs complots par une ces farces auxquelles ils sont accoutumés, méritait d'être réprimée; c'est que j'ai cru qu'il était important de jeter en avant ces idées. Je pose cette accusation, et je la soutiendrai devant la Convention nationale, si elle veut s'en occuper d'une manière calme, approfondie et imparpartiale, surtout si elle veut m'entendre après que les accusés se seront défendus à cette tribune.

Mais je soutiens dès ce moment; il est prouvé aux yeux de tout homme de bonne foi que, si Dumourier a des complices, ce sont ceux que j'ai désignés; que, s'il existe une faction, c'est celle que j'ai indiquée. S'il eût été en mon pouvoir de prendre les mesures qui seules peuvent donner aux incrédules l'unique genre de preuves qui peut les subjuguer, des preuves écrites, émanées des coupables mêmes ; si j'avais composé à mon gré les comités diplomatiques et de défense générale; si j'avais disposé du ministère, je vous les aurais apportées ces preuves écrites, auxquelles on n'a pas osé toucher ; j'aurais montré tout entier à vos regards ce dépôt caché dans l'antre des Tuileries, et je n'eusse pas donné le temps aux coupables de s'échapper et de mettre à l'abri les papiers qui pouvaient les compromettre.

Mais lorsqu'il est question d'une conspiration politique qui tient aux événemens, n'est-il pas d'autres preuves qui peuvent être suffisantes ? Les faits publics, par exemple, ce sont ces preuves-là que j'apporte, et si elles ne suffisent pas à tel ou tel individu, elles suffiront au moins à l'opinion publique, à la nation, qui, comme l'histoire, jugeront sans partialité.

Je demande que les individus de la famille d'Orléans, dite Égalité, soient traduits devant le tribunal révolutionnaire, ainsi que Sillery, sa femme, Valence et tous les hommes spécialement attachés à cette maison ; que le tribunal soit également chargé d'instruire le procès de tous les autres complices de Dumourier; oserais-je nommer ici des patriotes aussi distingués que MM. Vergniaud, Guadet et autres? je n'ose pas dire qu'un homme qui correspondait jour par jour avec Dumourier doit être au moins soupçonné de complicité, car à coup sûr cet homme est un modèle de patriotisme, et ce serait une espèce de sacrilége que de demander le décret d'accusation contre M. Gensonné. Aussi bien, je suis convaincu de l'impuissance de mes efforts à cet égard, et je m'en rapporte, pour tout ce qui concerne ces illustres membres, à la sagesse de la Convention.

Je renouvelle en ce moment la même proposition que j'ai déjà faite à l'égard de Marie-Antoinette d'Autriche. Je demande que la Convention nationale s'occupe ensuite sans relâche des moyens tant de fois annoncés de sauver la patrie et de soulager la misère du peuple.

[Robespierre descend de la tribune au milieu des applaudissemens d'une grande partie de l'assemblée et des tribunes.

Vergniaud monte à la tribune, et demande à répondre.

Le président. Je vais faire lire à la Convention plusieurs lettres dont il est important que l'assemblée prenne connaissance, plutôt que de s'occuper plus long-temps de ces dénonciations. (*Quelques murmures.*)

Plusieurs voix. Il faut entendre Vergniaud.

Le président fait lire les lettres.

Ce sont des comptes que rendent les commissaires à l'armée du Nord de plusieurs de leurs opérations, et notamment des mesures qu'ils ont prises pour soustraire à la fureur populaire le général Lécuyer, complice de Dumourier, chargé par lui de l'arrestation des commissaires.

Vergniaud. Je rends grace aux membres de cette assemblée qui, en applaudissant la dénonciation de Robespierre, ont si évidemment manifesté leur impartialité entre l'homme qui s'érige en accusateur et les hommes qu'on voudrait faire regarder comme accusés. Je les supplie, pour leur honneur et pour le mien, de m'en continuer les témoignages. J'oserai répondre à M. Robespierre. (Des murmures s'élèvent dans une partie de l'assemblée.—Ils sont suivis de ceux des tribunes.) J'oserai répondre.... (Les rumeurs continuent.)

Mazuyer. Président, rappelez donc les tribunes à un sentiment de justice.

Vergniaud. Je demande acte à la Convention de ce que les hommes qui ont accueilli avec une si avide complaisance la calomnie s'opposent à ce que je confonde l'imposteur qui en a distillé le poison. (*Plusieurs voix à la droite.* Tous, nous demandons acte de ces interruptions. Nous sommons le président de faire son devoir.—Des murmures continuent dans les tribunes.).

Le président. Je suis loin de croire que le peuple se persuade lui-même qu'il a le droit de manquer à la Convention. (*Quelques voix :* Dites donc une portion du peuple.)

Le président. Je suis loin de croire aussi que les membres de la Convention veuillent manquer à son président ; je suis l'homme de tous les citoyens ; je ne me dévoue au parti d'aucun ; je suis l'homme de la République, et non des factions ; je n'en connais aucune. S'il est un membre qui veut m'inculper, je le prie.......

Vergniaud. Mais, président, c'est moi qui ai la parole.

Le président. Je dois être dégagé de cette lutte.

Vergniaud. Personne ne vous accuse.

Le président. Je ne sais pas ce que c'est que trahir mes devoirs ni la délicatesse.....

N..... Tout ce qu'on vous demande, c'est du silence pour Vergniaud.

Le président. On vient de me rappeler à mon devoir, comme si je ne faisais pas tous mes efforts.....

Vergniaud. Je vous demande de me maintenir la parole.

Le président. C'est mon devoir de vous la maintenir ; mais ce l'est aussi de ne pas présider si je suis inculpé.

Plusieurs voix : Vous ne l'êtes pas.

Le président. Par les membres de ce côté là (désignant la partie droite. — Des murmures et des cris *non, non,* s'élèvent dans cette partie.)

Vergniaud. J'oserai répondre.....

Le président. Si vous étiez au fauteuil comme moi, vous sentiriez combien est pénible.....

Vergniaud. Mais maintenez-moi la parole.

Le président. Combien est pénible la fonction de maintenir l'ordre au milieu d'interruptions sans cesse renaissantes.

Vergniaud. Laissez-moi enfin parler.

J'oserai répondre à M. Robespierre qui, par un roman perfide, artificieusement écrit dans le silence du cabinet, et par de froides ironies, vient provoquer de nouvelles discordes dans le sein de la Convention. J'oserai lui répondre sans méditation ; je n'ai pas comme lui besoin d'art : il suffit de mon ame.

Je parlerai non pour moi ; c'est le cœur navré de la plus profonde douleur que, lorsque la patrie réclame tous les instans de notre existence politique, je vois la Convention réduite, par des dénonciations où l'absurdité seule peut égaler la scélératesse, à la nécessité de s'occuper de misérables intérêts individuels. Je parlerai pour la patrie, au sort de laquelle, sur les bords de l'abîme où on l'a conduite, les destinées d'un de ses représentans qui peut et qui veut la servir ne sont pas tout-à-fait étrangères ; je parlerai non pour moi, je sais que, dans les révolutions, la lie des nations s'agite, et, s'élevant sur la surface politique, paraît quelques momens dominer les hommes de bien. Dans mon intérêt personnel, j'aurais attendu patiemment que ce règne passager s'évanouît : mais puisqu'on brise le ressort qui comprimait mon ame indignée, je parlerai pour éclairer la France, qu'on égare. Ma voix, qui, de cette tribune, a porté plus d'une fois la terreur dans ce palais, d'où elle a concouru à précipiter le tyran, la portera aussi dans l'ame des scélérats qui voudraient substituer leur tyrannie à celle de la royauté.

Je vais d'abord réfuter les ridicules accusations de M. Robespierre. Je parlerai ensuite de la pétition qui vous a été dénoncée par Pétion, et que M. Robespierre a su si bien vous faire perdre de vue ; et, à mon tour, je ferai connaître à la France les véritables complices de Dumourier. Je déclare au reste que, dans les accusations tout étant personnel, je n'entends point ravir à mes collègues dénoncés l'avantage de se défendre eux-mêmes, et que je réponds pour moi seul.

Je déclare enfin que je parlerai avec toute l'énergie qui convient à un homme libre ; mais que je veillerai sur moi pour me préserver des passions qui pourraient amortir le feu de celle qui doit nous animer tous, de l'amour de la République. En vain on cherche à m'aigrir. Je ne seconderai pas les projets infâmes de ceux qui, pour faciliter le triomphe des puissances liguées contre nous, travaillent à distraire notre attention des mesures nécessaires à notre défense, et s'efforcent de nous faire entr'égorger comme des soldats de *Cadmus*, pour livrer notre place vacante au despote qu'ils ont l'audace de vouloir nous donner.

Première inculpation. Robespierre nous accuse de nous être opposés, dans le mois de juillet, à la déchéance de Louis Capet.

Je réponds que, dans un discours que j'ai prononcé le 3 juillet, moi le premier, à cette tribune, j'ai parlé de déchéance ; et si, sous le poids de la grande accusation de M. Robespierre, il m'était permis de dire quelque bien de moi, j'ajouterais que peut-être l'énergie de mon discours ne contribua pas peu à préparer les mouvemens révolutionnaires. A la vérité, des patriotes ardens, dont le zèle était inconciliable avec aucune espèce de réflexion, sans avoir étudié l'opinion publique, sans avoir pris les moyens qui pouvaient la former et la mûrir, sans s'être assurés que dans les départemens on ne regarderait pas la seule mesure qui pût les sauver comme un parjure de la part de l'assemblée législative, sans avoir combiné aucune des précautions qui devaient assurer le succès de cette mesure extraordinaire, crièrent avec emportement *à la déchéance!* Je crus devoir modérer l'impétuosité d'un mouvement qui, bien dirigé, faisait triompher la liberté; qui, désordonné, comme celui du 20 juin, la perdait à jamais. Où d'ailleurs nous aurait menés la déchéance, si, comme ils le demandaient, on l'eût prononcée en vertu de la constitution? A tous les désordres qui auraient pu naître de la minorité d'un nouveau roi, et du despotisme d'un régent; au maintien de la constitution et de la royauté. Eh bien! dans la commission des Vingt-Un, dont j'étais membre, nous ne voulions ni d'un nouveau roi, ni d'un nouveau régent; nous voulions la *République*. Ce motif nous détermina, après de grandes discussions, à préférer la mesure de la simple suspension et de la convocation d'une Convention qui, chargée de donner un gouvernement à la France, la délivrât enfin du fléau de la royauté sous lequel elle gémissait depuis tant de siècles : et cette mesure, ce fut moi qui, après avoir présidé toute la nuit du 9 au 10 août, au bruit du tocsin, vint, pendant que Guadet présidait le matin, au bruit du canon, la proposer à l'assemblée législative.

Je le demande, citoyens, est-celà avoir composé avec la cour? est-ce à nous qu'elle doit de la reconnaissance, ou bien à ceux qui, par les persécutions qu'ils nous font éprouver, la vengent avec tant d'éclat du mal que nous lui avons fait? (On applaudit.)

Seconde inculpation. Robespierre nous accuse d'avoir inséré dans le décret de suspension, un article portant qu'il serait nommé un gouverneur au prince royal. Il prétend que c'était là une pierre d'attente que nous avions posée pour la royauté.

Le 17 août, je quittai le fauteuil du président sur les neuf heures du matin. Je me rendis à la commission des Vingt-Un, où je rédigeai en dix minutes le projet de décret que je présentai ensuite à l'assemblee. Je suppose que les motifs sur lesquels je me fondai pour y insérer l'article qu'on me reproche, aient été de ma part une opinion erronée, peut-être dans les circonstances graves où nous étions, peut-être au milieu des inquiétudes qui devaient m'agiter pendant le combat que les amis de la liberté livraient au despotisme, peut-être serais-je excusable de n'avoir pas été infaillible. Au moins ne conviendrait-il pas à M. Robespierre, qui alors s'était prudemment enseveli dans une cave, de me témoigner tant de rigueur pour un moment de faiblesse. Mais voici mes motifs; que l'assemblée les juge.

Lorsque je rédigeai à la hâte le projet de décret, la victoire flottait incertaine entre le peuple et le château. Si le château eût triomphé, Louis eût sans doute réclamé contre la suspension, qu'il eût soutenu être contraire à la constitution ; mais il n'eût pas pu réclamer contre la nomination d'un gouverneur à son fils qui était textuellement prescrite par la Constitution. Cette nomination isolait sur-le-champ et constitutionnellement le fils du père, et livrait ainsi entre les mains du peuple un otage, contre les vengeances d'un tyran vainqueur et irrité; et remarquez que les destinées du peuple l'ayant emporté, que la victoire ayant couronné son courage après un très-court combat, il ne fut plus question de nommer un gouverneur au fils de Louis, et que le lendemain ou le surlendemain, la commission des Vingt-Un demanda elle-même le rapport de l'article du décret qui ordonnait cette nomination. Ce n'était donc pas pour rétablir la royauté que je l'avais proposé.

Cette conduite ne vous semble-t-elle pas franche et courageuse? (Applaudissemens dans une partie de la salle.)

5° *Nous avons loué La Fayette et Narbonne.* Je déclare que je n'ai parlé de Narbonne qu'une seule fois ; ce fut lorsqu'on demanda l'insertion au procès-verbal d'un discours qu'il avait prononcé ; mais ce fut pour m'opposer à cette proposition, en disant que si Narbonne avait parlé patriotiquement, il n'avait fait que son devoir, et qu'il ne fallait pas faire du patriotisme une chose si étrangère aux ministres, qu'on regardât comme digne d'une mention particulière un discours écrit dans les principes de la liberté. *Et nous avons loué La Fayette!* Eh! qui donc a parlé contre lui, si ce n'est les membres qu'on accuse? C'est Guadet et moi qui, malgré les murmures et les huées d'une grande partie de l'assemblée législative, l'avons attaqué, lorsque dans ses lettres ou à cette barre, il a tenté de faire le petit César. Je n'ai pas parlé dans la grande discussion qui s'éleva pour savoir s'il serait mis en état d'arrestation. Plus de vingt orateurs étaient déjà inscrits lorsque je me présentai pour demander la parole ; mais on ne contestera pas sans doute que j'aie voté pour le décret d'accusation ; or, je prie M. Robespierre de développer tout son talent pour prouver que c'est là un panégyrique.

4° Robespierre nous accuse d'avoir fait déclarer la guerre à l'Autriche.

La Convention n'exigera pas sans doute que pour me justifier, je lui développe les motifs d'après lesquels l'assemblée législative vota à l'unanimité pour la déclaration de guerre. Je ne ferai qu'une seule observation. De toutes parts, nous étions cernés par les troupes prussiennes et autrichiennes, et par les émigrés à qui l'Autriche et la Prusse avaient permis de se former en corps d'armée. La question n'était pas de savoir si nous aurions la guerre ; elle nous était déjà déclarée par le fait : il s'agissait de savoir si nous attendrions paisiblement qu'ils eussent consommé les préparatifs qu'ils faisaient à nos portes pour nous écraser ; si nous leur laisserions transporter le théâtre de la guerre sur notre territoire, ou si nous tâcherions de le transporter sur le leur. L'assemblée législative se décida pour l'attaque, et si quelques revers ont signalé le commencement de la campagne, les victoires qui l'ont terminée justifient assez la résolution courageuse de l'assemblée législative.

Nous étions trompés, il est vrai, par les rapports des ministres, mais nous avions lieu de croire que nos armées seraient bientôt en mesure; et j'ose le dire, le courage avec lequel ont combattu les Français, auraient rendu cette guerre encore heureuse, si de nouvelles trahisons ne nous avaient empêchés d'en recueillir les fruits.

5° On a parlé de l'histoire des six millions accordés à Dumourier pour dépenses secrètes. Je vais, à cet égard, donner à la Convention une explication sur ce qui peut m'être personnel.

Dumourier ayant présenté un mémoire à l'assemblée législative pour obtenir les 6 millions, ce mémoire fut renvoyé à l'examen du comité diplomatique et du comité des finances réunis. J'étais membre du comité diplomatique; on convint dans l'assemblée des deux comités que les dépenses secrètes étaient une source de grands abus et de grandes dilapidations; mais qu'une distribution patriotique des 6 millions demandés, d'après notre position avec la Belgique et les puissances ennemies, pouvait au commencement de la campagne produire de grands avantages; et après avoir calculé les diverses chances, il fut décidé de proposer à l'assemblée législative d'accorder les 6 millions. Alors il fut question de nommer un rapporteur. Personne ne voulut l'être. Un instinct secret avertissait tous les membres présens qu'un jour on tenterait, pour se populariser, de flétrir l'honneur de celui qui aurait fait le rapport. Ils s'adressèrent tous à moi; ils me dirent : Vous seul ici avez assez de popularité pour présenter le projet de décret; vous seul n'avez pas le droit de refuser de vous en charger. Je résistai d'abord; on me pressa : ce fut aux risques d'une popularité qui m'était aussi chère qu'elle peut l'être à mes accusateurs, que, consultant plus l'intérêt public que mon intérêt personnel, je viens proposer ce décret à l'assemblée législative.

J'en pris sur moi les dangers; je déclarai seulement que je ne ferais le rapport qu'autant qu'il y aurait unanimité dans les opinions des deux comités, et que si le projet de décret était attaqué, tous les membres des deux comités se leveraient pour le défendre et pour soutenir le rapporteur qui n'était que leur organe. On me le promit; je fis le rapport; les 6 millions furent accordés; et comme, pendant son ministère, je n'ai vu Dumourier qu'au comité; comme, dans l'assemblée législative, j'ai été étranger à la partie des finances, aux redditions de comptes, j'ai toujours ignoré de quelle manière les 6 millions furent remis à la disposition de Dumourier, et quel usage il en a fait.

6° Robespierre nous accuse, comme membres de la Commission des Vingt-Un de l'assemblée législative, d'avoir laissé pendant les mois d'août et de septembre les armées de la République dans le plus grand dénûment; et ici il n'est pas inutile de rappeler que, sans doute pour donner plus d'activité à notre surveillance, Robespierre, entouré d'assassins, nous dénonçait le 2 septembre, comme les agens de Brunswick; qu'il n'est pas de moyens, de calomnies, de menaces que lui ou ses amis n'aient employés pour dissoudre cette commission qui, j'ose le dire, servait bien la patrie. C'est cette commission, aujourd'hui accusée d'avoir négligé l'organisation ou l'approvisionnement de nos armées, qui, s'occupant jour et nuit, prépara tous les travaux de l'assemblée législative et les moyens de réparer autant qu'il était possible, les désordres que les trahisons de Louis et de ses perfides ministres avaient introduits dans nos armées; et ces travaux insuffisans peut-être, si on les compare aux circonstances, furent cependant immenses, et ont concouru avec l'énergie du peuple à préparer nos succès; et ces succès, dont la convention nationale est venu recueillir le fruit, ont été assez éclatans pour être une réfutation suffisante des reproches de M. Robespierre.

7° Après le 10 août, nous avons calomnié le conseil général de la commune révolutionnaire de Paris qui a sauvé la République. Ma réponse sera simple. Pendant l'administration de ce conseil général, des dilapidations énormes ont été commises sur les biens nationaux, sur le mobilier des émigrés, sur celui trouvé dans les maisons ci-devant royales, sur les effets déposée à la commune. Pour mettre un terme à ces dilapidations, je demandai que le conseil général fût tenu de rendre ses comptes. Cette demande était juste; je la fis sans aucune espèce de déclamation. Un décret ordonna que les comptes seraient rendus. Était-ce calomnier le conseil-général de la commune? N'était-ce pas plutôt lui fournir une occasion de prouver avec quel zèle il avait administré la fortune publique. Cependant c'est à cette époque principalement que l'on a commencé à me ravir ma popularité. Tous les hommes qui craignirent de voir leurs brigandages découverts, se répandirent en calomnies contre moi, et je fus bientôt un mauvais citoyen, pour n'avoir pas voulu être le complice des fripons.

8° Robespierre nous accuse d'*avoir calomnié Paris*. Lui seul et ses amis ont calomnié cette ville célèbre. Ma pensée s'est toujours arrêtée avec effroi sur les scènes déplorables qui y ont souillé la révolution; mais j'ai constamment soutenu qu'elles étaient l'ouvrage, non du peuple, mais de quelques scélérats accourus de toutes les parties de la République, pour vivre de pillage et de meurtre dans une ville dont l'immensité et les agitations continuelles ouvraient la plus grande carrière à leurs criminelles espérances : et pour la gloire même du peuple, j'ai demandé qu'ils fussent livrés au glaive des lois.

D'autres, au contraire, pour assurer l'impunité des brigands et leur ménager sans doute de nouveaux massacres et de nouveaux pillages, ont fait l'apologie de leurs crimes et les ont tous attribués au peuple. Or, qui calomnie le peuple, ou de l'homme qui le soutient innocent des crimes de quelques brigands étrangers, ou de celui qui s'obstine à imputer au peuple entier l'odieux de ces scènes de sang? (Applaudissements. — *Marat* : Ce sont des vengeances nationales.)

9° Nous avons voulu faire fuir de Paris l'assemblée législative. Je suis étonné que cette imputation se trouve dans la bouche de Robespierre, lui qui avait voulu fuir à Marseille. Nous avons voulu fuir de Paris! c'est une calomnie infâme. Je ne sais si quelques membres de la commission ont eu ce projet, car il y avait alors des Feuillans; il y avait des ames agitées par une terreur excusable peut-être, lorsque les Prussiens étaient en Champagne;

je ne sais si quelques membres du conseil exécutif se livrèrent, comme l'a dit Robespierre, aux mêmes frayeurs et aux mêmes rêves; mais je sais que cette idée ayant été jetée dans le comité d'une manière vague, je la repoussai avec la plus grande énergie; je déclarai que c'était à Paris qu'il fallait assurer le triomphe de la liberté ou périr avec elle; je déclarai que, si l'assemblée législative sortait de Paris, ce ne pourrait être que comme Thémistocle sortit d'Athènes, c'est-à-dire avec tous les citoyens, en ne laissant à nos ennemis pour conquêtes que des cendres et des décombres, en ne fuyant un instant devant eux que pour mieux creuser leur tombeau. La proposition fut, en effet, repoussée par la commission d'une voix unanime. (Quelques rumeurs s'élèvent dans une extrémité de la salle.) Je défie ceux qui murmurent de prouver le fausseté de cette assertion, dont deux cents membres de l'assemblée législative furent témoins.

Panis. Moi, je la nie.

Vergniaud. Vous n'étiez pas alors dans la commission.

10° Robespierre nous accuse d'avoir corrompu, par notre correspondance, l'esprit des départemens. J'adjure celui auquel je me fais gloire d'appartenir, et qui, je l'espère, ne maudira pas ma mémoire, le département de la Gironde; j'adjure ce département qui, dans les commencemens de la révolution, a le premier donné l'exemple à la France de la formation d'une armée marchant à ses propres frais pour secourir à cinquante lieues de ses foyers les patriotes opprimés à Montauban sous le joug de l'aristocratie; qui, malgré les pertes immenses qu'il a faites dans les colonies, n'a cessé de multiplier des sacrifices pour la grande querelle des peuples contre les rois; qui a fourni dix bataillons à nos armées; qui, à la première nouvelle des troubles de la Vendée, a fourni quatre mille hommes; qui, dans le dernier recrutement, au lieu de deux mille huit cents hommes que la loi lui demandait, en a donné cinq mille; qui, dans un court espace de temps, a fait une collecte en dons patriotiques de plus de 600,000 fr.; qui fournit à notre marine six mille matelots, et harcèle le commerce de nos ennemis par ses corsaires;

je l'adjure ce département qu'on voudrait bien appeler feuillantin, parce qu'il a su se préserver des horreurs de l'anarchie, mais contre l'énergie duquel toutes les calomnies viennent ignominieusement échouer ; je l'adjure de déclarer si j'ai tenté en quelque manière, d'égarer ses opinions. Ce n'est pas que je veuille faire entendre que j'ai influé par ma correspondance sur le bon esprit qui s'y est maintenu, sans qu'il soit besoin d'impulsion étrangère. Les hommes de la Gironde trouvent dans leur cœur l'amour de la liberté et la haine des brigands. Quant à ma correspondance, en voici en deux mots tout le secret : *Je n'écris jamais de lettres.* (On applaudit.)

11° Nous avons sans cesse dénoncé et suscité des divisions dans le sein de la Convention.

Je ne sais si c'est à moi que s'adresse ce reproche ; j'avoue que j'en serai fort surpris, car peut-être ne m'a-t-on appelé modéré que parce que je n'ai jamais fait une seule dénonciation.

12° Nous avons détourné les députés belges de la réunion à la France.

Je ne sais ce que mes collègues ont pu faire ; je n'ai vu qu'une fois deux députés belges. Ils vinrent me demander l'admission à la barre, et je les fis sur-le-champ introduire. Si c'est là les éloigner de la réunion, j'avoue que je suis grandement coupable.

13° Robespierre nous accuse d'avoir voté pour l'appel au peuple.

Lui devais-je le sacrifice d'une opinion que je croyais bonne ? J'ai voté pour l'appel au peuple, parce que je pensais qu'il pourrait nous éviter une nouvelle guerre dont je redoutais les calamités, parce qu'il déjouait infailliblement les projets d'une faction dont je soupçonnais l'existence ; parce qu'en votant pour la mort de Louis, je ne voulais pas voter pour le couronnement d'un nouveau tyran. La guerre que je craignais est déclarée. Resterait-il encore des doutes sur l'existence de la faction d'Orléans ? L'appel au peuple pouvait, sous quelques rapports, être une faute politique ; mais à qui faut-il l'imputer ? A ceux qui, en refusant de prononcer le bannissement des Bourbons avant d'envoyer Louis au supplice, me donnèrent ainsi le droit de soupçonner leurs intentions.

14° Robespierre nous accuse d'avoir de grandes relations avec Dumourier, et il m'accuse nominativement de l'avoir soutenu dans le comité de défense générale.

L'histoire de mes relations est connue. A son retour de la Champagne, j'ai été d'un souper auquel il était invité et où il y avait au moins cent personnes. A son retour de la Belgique, le hasard me l'a fait rencontrer dans une maison où j'ai dîné avec lui. Je déclare que depuis qu'il commande nos armées nous n'avons pas eu ensemble d'autres relations. Jamais il n'a reçu de lettre de moi; jamais je n'en ai reçu de lui. Que si c'est un crime de l'avoir rencontré, même avec plaisir, lorsqu'il revenait triomphant de la Champagne ou de la Belgique, et qu'il faisait croire à son patriotisme autant par ses services que par ses discours, je demande le décret d'accusation contre la Convention nationale qui l'a reçu dans son sein avec les témoignages de la plus grande bienveillance, contre tous ceux que le hasard a fait trouver avec lui dans une maison tierce, contre toute la France qui lui votait des remercîmens.

F. Boileau. Robespierre a embrassé Dumourier aux Jacobins.

Vergniaud. J'ajoute, pour ceux à qui mes moyens de justification ne paraissent pas péremptoires, que Dumourier a été couronné et embrassé par Robespierre aux Jacobins.

David. Ce n'est pas par Robespierre, c'est par Collot-d'Herbois.

Vergniaud. Vous en avez donc été dupe comme moi?

Levasseur. C'est Dumourier qui alla embrasser Collot-d'Herbois.

Vergniaud. Et, ce qui sans doute est bien plus fort, je demande le décret d'accusation contre les Jacobins qui l'ont couronné et embrassé dans une de leurs séances. (Applaudissemens.)

Pourquoi d'ailleurs nous reproche-t-on avec une méchanceté niaise des soupers faits avec Dumourier, dans un temps où la France le proclamait l'un de ses plus utiles défenseurs, et se taiton sur les dîners que nos calomniateurs ont faits habituellement avec d'Orléans ? Il n'est pas indifférent que je dise que, dans les premiers jours de la Convention, je fus invité à dîner chez un député de Paris, et que j'y trouvai d'Orléans. (*Une voix* : Nommez le député.) C'est Robert.

Maintenant, je nie formellement que j'aie soutenu Dumourier dans le comité de défense générale. J'ai pu ne pas croire d'abord qu'il fût d'intelligence avec les Autrichiens; et ni Danton, ni Camus, ne paraissaient le croire. J'invoque, à cet égard, le compte qu'ils ont rendu eux-mêmes à la Convention; mais sur les faits, comme je ne pouvais pas les connaître, je déclarai m'en référer entièrement à ce que diraient les commissaires. Je déclarai que leur rapport seul pouvait déterminer la conduite de l'assemblée. J'interpellerais Camus, s'il était présent, sur la vérité de ce que je dis, et je ne crains pas d'interpeller Danton.

15° Robespierre nous accuse, comme membres du comité de défense générale, de n'avoir pris aucune des mesures convenables aux circonstances.

Rappelez-vous, citoyens, que vous aviez composé ce comité des hommes que vous supposiez les plus divisés par leurs haines. Vous aviez espéré que sacrifiant leurs passions à la chose publique, ils consentiraient à s'entendre mutuellement; que s'ils s'entendaient, la raison et le danger commun les auraient bientôt mis d'accord; et que de là, il résulterait plus de calme dans les discussions de l'assemblée, et de promptitude dans ses délibérations. Empressés de seconder vos vues, nous nous sommes rendus franchement et loyalement à ce comité. Robespierre et ses amis n'y ont presque jamais paru; mais s'ils ne remplissaient pas la tâche que vous leur aviez imposée, ils en remplissaient une bien chère à leurs cœurs, ils nous calomniaient. Ils ne venaient pas au comité, dit Robespierre, à cause de l'influence que nous y exercions ! Ils sont donc bien lâches, puisqu'ils n'osaient entreprendre de la combattre ? Je dois dire comment on a paralysé ce comité, comment on l'a contraint à se dissoudre. Lorsqu'il se réunissait, il se rendait habituellement au lieu de ses séances cinquante, cent, quelquefois deux cents membres de la Convention. Ce n'était plus un comité, c'était un club où il était impossible de travailler, parce que tout le monde y parlait à la fois, et que les membres du comité étaient ceux qui souvent éprouvaient le plus de difficultés pour obtenir la parole.

Qu'arrivait-il, si, après avoir surmonté ce premier obstacle, le comité parvenait à mettre enfin quelque objet important en discussion? Alors un des assistans venait vite à la Convention proposer en son nom le projet de décret qui se discutait au Comité; de sorte que quand le comité avait fait son travail, il apprenait que la Convention l'avait devancé, et on se donnait le plaisir d'accuser le comité de ne rien faire.

A ce misérable manége, si indigne de la représentation nationale, j'ajouterai un fait qui mettra dans tout son jour le caractère de mon délateur. Le comité avait arrêté de faire, pour l'armée, une adresse qui serait signée individuellement par les membres de la Convention. Condorcet et moi nous fûmes nommés commissaires pour la rédaction. Je crus convenable, dans les circonstances, de nous faire adjoindre un membre de ceux sur qui repose la popularité, et dont la coopération aurait prévenu tout débat dans l'assemblée. Robespierre était présent. Je priai le comité de l'engager à se réunir à nous. Robespierre répondit qu'il n'avait pas le temps. Je le demande à la France entière, est-ce à l'homme qui, quand on le presse de faire quelque chose pour la patrie, répond qu'il n'a pas le temps; est-ce à un être ou aussi morose, ou aussi apathique, que peut appartenir le droit, je ne dis pas de calomnier; ce droit infâme n'appartient à personne, mais même de censurer les hommes qui consacrent à la chose publique toute leur existence, et n'ont de temps que pour elle? (Applaudissemens dans une partie de la salle.—Panis interrompt.) Je demande si les membres qui, par leur négligence, nous laissaient tout le travail du comité, peuvent nous accuser de nous être rendus les meneurs.

Panis, s'avançant au milieu de la salle. On ne voulait pas aller dans un comité où il y avait des conspirateurs.

Vergniaud. Je ne dirai qu'un mot à Panis, c'est qu'avant d'avoir le droit de m'interrompre, il faut qu'il rende ses comptes. (Panis profère quelques paroles au milieu du tumulte, et retourne à sa place.)

Après avoir suivi Robespierre dans les détails de son accusation, je vais le suivre dans ses généralités. A son avis, nous sommes des meneurs, des intrigans, des modérés.

16° Nous sommes des meneurs!

Robespierre a-t-il voulu dire que nous dirigeons les travaux de la Convention nationale, que nous influençons ses décisions, que nous ne désemparons pas la tribune, que nous faisons rendre les décrets? Mais c'est là une imposture dont toute la Convention peut rendre témoignage? Donne-t-il un autre sens à ce mot *meneur*? Qu'il s'explique, ou qu'il me dispense de lui répondre.

17° Nous sommes des intrigans?

Et où avons-nous intrigué? dans les sections? Nous y a-t-on vus exciter les passions du peuple par des discours bien féroces et des motions bien incendiaires, le flatter pour usurper sa faveur et le précipiter dans un abîme de misères en le poussant à des excès destructeurs du commerce, des arts et de l'industrie? Non, nous n'avons pas été jaloux de cette gloire; nous l'avons laissée à nos adversaires. Est-ce dans le sein de la Convention pour faire passer tel ou tel décret, nommer tel ou tel président, tel ou tel secrétaire? Eh bien! s'il est un membre dans cette assemblée dont il me soit arrivé dans une seule occasion de solliciter le suffrage, soit pour une opinion, soit pour une personne, qu'il ose se lever et m'accuser.

Pourquoi avons-nous intrigué? pour satisfaire notre ambition personnelle; mais le 10 août, nous a-t-on vus proposer de prendre les ministres dans le sein de l'assemblée législative? Nous jouissions cependant d'une grande popularité. L'occasion était belle; nous pouvions croire, sans présomption, que le choix tomberait sur quelqu'un d'entre nous; nous ne l'avons pas fait. Où donc sont les preuves de cette passion de fortune ou de pouvoir dont on nous accuse? Aurions-nous au moins intrigué pour faire donner des places à nos parens, à nos amis ? Danton s'est glorifié d'avoir sollicité et obtenu des places pour des hommes qu'il croyait bons citoyens. Si, ce que j'ignore, quelqu'un de nous a suivi la même règle de conduite, comment pourrait-on lui faire un crime de ce qui n'a pas paru blâmable en Danton ? Quant à moi, à l'exception de cinq ou six attestations de civisme que j'ai signées, et auxquelles il est possible que les ministres aient eu quelque égard, je n'ai sollicité individuellement ni auprès d'eux, ni auprès de leurs agens, ni dans les comités de l'assemblée législative, ni dans ceux de la Convention nationale, et je n'ai pas fait donner même une place de garçon de bureau. (Applaudissemens.) Ceux qui m'accusent d'intrigue ou d'ambition pourraient-ils faire la même déclaration ?

18° Enfin Robespierre nous accuse d'être devenus tout à coup des modérés, des Feuillans.

Nous modérés ! Je ne l'étais pas le 10 août, Robespierre, quand tu étais caché dans ta cave. Des modérés ! Non, je ne le suis pas dans ce sens que je veuille éteindre l'énergie nationale. Je sais que la liberté est toujours active comme la flamme, qu'elle est inconciliable avec ce calme parfait qui ne convient qu'à des esclaves. Si on n'eût voulu que nourrir ce feu sacré qui brûle dans mon cœur aussi ardemment que dans celui des hommes qui parlent sans cesse de l'impétuosité de leur caractère, de si grands dissentimens n'auraient pas éclaté dans cette assemblée. Je sais aussi que dans des temps révolutionnaires il y aurait autant de folie à prétendre calmer à volonté l'effervescence du peuple qu'à commander aux flots de la mer d'être tranquilles quand ils sont battus par les vents. Mais c'est au législateur à prévenir, autant qu'il peut, les désastres de la tempête par de sages conseils ; et si, sous prétexte de révolution, il faut pour être patriote se déclarer le protecteur du meurtre et du brigandage, je suis modéré.

Depuis l'abolition de la royauté, j'ai beaucoup entendu parler de révolution. Je me suis dit : il n'y en a plus que deux possibles ; celle des propriétés ou la loi agraire, et celle qui nous ramènerait au despotisme. J'ai pris la ferme résolution de combattre l'une et l'autre, et tous les moyens indirects qui pourraient nous y conduire. Si c'est là être modéré, nous le sommes tous, car tous nous avons voté la peine de mort contre tout citoyen qui proposerait l'une ou l'autre.

J'ai aussi beaucoup entendu parler d'insurrection, de faire lever le peuple, et, je l'avoue, j'en ai gémi. Ou l'insurrection a un objet, ou elle n'en a pas; au dernier cas, c'est une convulsion pour le corps politique, qui, ne pouvant lui produire aucun bien, doit nécessairement lui faire beaucoup de mal. La volonté de la faire naître ne peut entrer que dans le cœur d'un mauvais citoyen. Si l'insurrection a un objet déterminé, quel peut-il être? de transporter l'exercice de la souveraineté dans la République. L'exercice de la souveraineté est confié à la représentation nationale. Donc ceux qui parlent d'insurrection veulent détruire la représentation nationale; donc ils veulent remettre l'exercice de la souveraineté à un petit nombre d'hommes, ou le transporter sur la tête d'un seul citoyen; donc ils veulent fonder un gouvernement aristocratique ou rétablir la royauté. Dans les deux cas, ils conspirent contre la République et la liberté; et, s'il faut ou les approuver pour être patriote, ou être modéré en les combattant, je suis modéré. (On applaudit.) Lorsque la statue de la liberté est sur le trône, l'insurrection ne peut être provoquée que par les amis de la royauté. A force de crier au peuple qu'il fallait qu'il se levât; à force de lui parler non pas le langage des lois, mais celui des passions, on a fourni des armes à l'aristocratie; prenant la livrée et le langage du sans-culottisme, elle a crié dans le département du Finistère : Vous êtes malheureux, les assignats perdent; il faut vous lever en masse! Voilà comme ces exagérations ont nui à la République.

Nous sommes des *modérés!* mais au profit de qui avons-nous montré cette grande modération? Au profit des émigrés? nous avons adopté contre eux toutes les mesures de rigueur que commandaient également et la justice et l'intérêt national. Au profit des conspirateurs du dedans? nous n'avons cessé d'appeler sur leurs têtes le glaive de la loi; mais j'ai repoussé la loi qui menaçait de proscrire l'innocent comme le coupable. On parlait sans cesse de mesures terribles, de mesures révolutionnaires. Je les voulais aussi ces mesures terribles ; mais contre les seuls ennemis de la patrie. Je ne voulais pas qu'elles compromissent la sûreté des bons citoyens, parce que quelques scélérats auraient intérêt à les perdre ; je voulais des punitions et non des proscriptions. Quelques hommes ont paru faire consister leur patriotisme à tourmenter, à faire verser des larmes. J'aurais voulu qu'il ne fît que des heureux. La Convention est le centre autour duquel doivent se rallier tous les citoyens. Peut-être que leurs regards ne se fixent pas toujours sur elle sans inquiétude et sans effroi. J'aurais voulu qu'elle fût le centre de toutes les affections et de toutes les espérances. On cherche à consommer la révolution par la terreur, j'aurais voulu la consommer par l'amour. Enfin, je n'ai pas pensé que, semblables aux prêtres et aux farouches ministres de l'inquisition, qui ne parlent de leur Dieu de miséricorde qu'au milieu des bûchers, nous dussions parler de liberté au milieu des poignards et des bourreaux. (On applaudit.)

Nous, des *modérés* ! ah ! qu'on nous rende grace de cette modération dont on nous fait un crime. Si, lorsque dans cette tribune on est venu secouer les torches de la discorde et outrager avec la plus insolente audace la majorité des représentans du peuple ; si, lorsqu'on s'est écrié avec autant de fureur que d'imprudence : *Plus de trève, plus de paix entre nous !* nous eussions cédé aux mouvemens de la plus juste indignation, si nous avions accepté le cartel contre-révolutionnaire que l'on nous présentait : je le déclare à mes accusateurs, de quelques soupçons dont on nous environne, de quelques calomnies dont on veuille nous flétrir, nos noms sont encore plus estimés que les leurs ; on aurait vu accourir de tous les départemens pour combattre les hommes du 2 septembre, des hommes également redoutables à l'anarchie et aux tyrans. Nos accusateurs et nous, nous serions peut-être déjà consumés par le feu de la guerre civile. Notre modération a sauvé la République de ce fléau terrible, et par notre silence nous avons bien mérité de la patrie. (On applaudit.)

Je n'ai laissé sans réponse aucune des calomnies, aucune des divagations de Robespierre. J'examine maintenant la pétition dénoncée par Pétion ; mais comme cette pétition tient à un complot général, permettez que je prenne les faits d'un peu plus haut.

Le 10 mars, une conjuration éclata contre la Convention nationale, je vous la dénonçai ; je nommai quelques-uns des chefs. Je vous lus des arrêtés pris au nom de deux sections, par quelques intrigans qui s'étaient glissés dans leur sein. On feignit de révoquer les faits en doute ; on regarda comme incertaine l'existence des arrêtés. Cependant les faits étaient attestés même par la municipalité de Paris. L'existence des arrêtés fut confirmée par les sections qui vinrent les désavouer et vous en dénoncer les auteurs.

Vous ordonnâtes par un décret, que les coupables seraient poursuivis devant le tribunal révolutionnaire ; le crime est avéré. Quelles têtes sont tombées ? Aucune. Quel complice a été seulement arrêté ? Aucun. Vous-mêmes avez concouru à rendre votre décret illusoire. Vous aviez mandé Fournier à votre barre. Fournier convint qu'il s'était trouvé dans le premier rassemblement formé aux Jacobins, que de là il avait été aux Cordeliers, lieu du rendez-vous général ; que dans ce rendez-vous il avait été question de sonner le tocsin, de fermer les barrières et d'égorger une partie de la Convention. Mais, parce qu'il ajouta que dans ces scènes où il avait été acteur, il n'avait apporté aucune mauvaise intention ; et comme si celle d'égorger une partie de la Convention n'eût pas dû être réputée mauvaise, vous lui rendîtes la liberté en ordonnant qu'il serait entendu comme témoin, s'il y avait lieu, devant le tribunal révolutionnaire. C'est à peu près comme si à Rome, le sénat eût décrété que Lentulus pourrait servir de témoin dans la conjuration de Catilina.

Cette incroyable faiblesse rendit impuissant le glaive des lois, et apprit à vos ennemis que vous n'étiez pas redoutables pour eux. Aussitôt il se forma un nouveau complot qui s'est manifesté par la formation de ce comité central qui devait correspondre avec tous les départemens. Ce complot a été déjoué par le patriotisme de la section du Mail qui vous l'a dénoncé ; vous avez mandé à votre barre les membres de ce comité central : ont-ils obéi à votre décret ? sont-ils venus ? Non. Qui êtes-vous donc ? Avez vous cessé d'être les représentans du peuple ? Où sont les hommes nouveaux qu'il a investis de sa toute puissance ? Ainsi on insulte à vos décrets ; ainsi vous êtes honteusement ballottés de complots en complots. Pétion vous en a dévoilé un nouveau. Dans la pétition de la Halle-aux-Blés, on prépare la dissolution de la représentation nationale en accusant sa majorité de corruption : on y verse sur elle l'opprobre à pleine coupe ; on y annonce la volonté bien formelle de changer la forme du gouvernement, puisqu'on y manifeste celle de concentrer l'exercice de l'autorité souveraine dans le petit nombre d'hommes que l'on y représente comme seuls dignes de la confiance publique.

Ce n'est pas une pétition que l'on vient soumettre à votre sagesse, ce sont des ordres suprêmes qu'on ose vous dicter. On vous prévient que c'est pour la dernière fois que l'on vous dit la vérité ; on vous prévient que vous n'avez plus à choisir qu'entre votre expulsion, ou subir la loi qu'on vous impose. Et, sur ces insolentes menaces, sur ces outrages sanglans, on vous propose tranquillement l'ordre du jour ou une simple improbation ! Eh ! comment voulez-vous que les bons citoyens vous soutiennent si vous ne savez vous soutenir vous-mêmes. Citoyens, si vous n'étiez que de simples individus, je vous dirais : Êtes-vous des lâches ? Eh bien ! abandonnez-vous au hasard des événemens : attendez avec stupidité que l'on vous égorge ou que l'on vous chasse. Mais il ne s'agit pas ici de votre salut personnel, vous êtes les représentans du peuple ; il y va du salut de la République : vous êtes les dépositaires de sa liberté et de sa gloire. Si vous êtes dissous, l'anarchie vous succède, et le despotisme succède à l'anarchie. Tout homme qui conspire contre vous est l'allié de l'Autriche. Vous en êtes convaincus puisque vous avez décrété qu'il serait puni de mort. Voulez-vous être conséquens, faites exécuter votre décret ou rapportez-le, ou ordonnez que les barrières de la France seront ouvertes aux Autrichiens, et que vous serez les esclaves du premier brigand qui voudra vous enchaîner. (Applaudissemens.)

Vous cherchez les complices de Dumourier ; les voilà, les voilà. Ce sont ceux qui ont conjuré le 10 mars ; et les hommes qui leur ont accordé protection et assuré l'impunité. Rappelez-vous la coïncidence de cette première conjuration avec les premiers désastres de la Belgique. Pensez-vous qu'elle soit un simple effet du hasard ?

Ce sont ceux qui ont formé le comité central dénoncé par la section du Mail, et les faux patriotes qui les ont protégés.

Ce sont les provocateurs de la criminelle adresse adoptée par quelques scélérats intrigans, au nom de la Section de la Halle-aux-Blés, qui, j'en suis sûr, ne la connaît pas. Tous ces hommes veulent, comme Dumourier, l'anéantissement de la Convention ; tous ces hommes, comme Dumourier, veulent un roi.

Là, je reprends le reproche que l'on a eu l'impudence de nous adresser de complicité avec Dumourier. Pour qui travaille Dumourier ? ce n'est pas pour lui ; il n'a pas la folie de vouloir être roi ; ce ne peut être que pour le fils aîné de d'Orléans, qui sert dans son armée, et dont plusieurs fois il nous a fait l'éloge, et qui s'est déclaré pour être de moitié dans l'exécution de ses complots. Quoi, nous les complices de Dumourier ! et c'est un Bourbon qu'il veut mettre sur le trône ! on a donc oublié que nous avons demandé l'expulsion de tous les Bourbons ? Nous les complices de Dumourier ! on a donc oublié quels sont ceux qui ont combattu notre demande ? Nous les complices de Dumourier ! on a donc oublié que nous avons sans cesse dénoncé la faction d'Orléans ! Nous les complices de Dumourier ! on a donc oublié les persécutions que nous ont attirées ces dénonciations courageuses ! Nous les complices de Dumourier ! On a donc oublié qu'au milieu des orages d'une séance de plus de huit heures, nous fîmes rendre le décret qui bannissait tous les Bourbons de la République ! Nous les complices de Dumourier ! on a donc oublié quels furent ceux qui firent rapporter ce décret ! Quoi ! Dumourier conspire pour un Bourbon ; nous avons lutté sans cesse pour obtenir le bannissement des Bourbons ; et c'est nous qu'on accuse !

Quoi ! Dumourier conspire pour un Bourbon ; nous avons voulu qu'on expulsât tous les Bourbons de la République ; et ceux-là qui les ont ouvertement protégés, accueillent avec des applaudissemens scandaleux l'accusation dirigée contre nous ! Non, cet excès d'audace, de méchanceté et de délire n'égarera pas l'opinion sur les vrais coupables. (Applaudissemens.)

J'ai répondu à tout ; j'ai confondu Robespierre dans chacune de ses allégations ; j'attendrai tranquillement que la nation prononce entre moi et mes ennemis.

Citoyens, je termine cette discussion, aussi douloureuse pour mon ame que fatale pour la chose publique, à qui elle a ravi un temps précieux. Je pensais que la trahison de Dumourier produirait une crise heureuse, en ce qu'elle nous rallierait tous par le sentiment d'un danger commun. Je pensais qu'au lieu de songer à nous perdre les uns les autres, nous ne nous occuperions que de sauver la patrie. Par quelle fatalité prépare-t-on au dehors des pétitions qui viennent dans notre sein fomenter la haine et les divisions ? Par quelle fatalité des représentans du peuple ne cessent-ils de faire de cette enceinte le foyer de leurs calomnies et de leurs passions ? Vous savez si j'ai dévoré en silence les amertumes dont on m'abreuve depuis six mois ; si j'ai su sacrifier à ma patrie les plus justes ressentimens. Vous savez si, sous peine de lâcheté, sous peine de m'avouer coupable, sous peine de compromettre le peu de bien qu'il m'est encore permis d'espérer de faire, j'ai pu me dispenser de mettre dans tout leur jour les impostures et la méchanceté de Robespierre. Puisse cette journée être la dernière que nous perdions en débats scandaleux !

Je me propose de demander que les signataires de la pétition de la section de la Halle-au-Blé soient traduits devant le tribunal révolutionnaire. Mais comme je n'aime pas à accuser sans preuves, je fais motion qu'ils soient mandés à la barre pour reconnaître leurs signatures, et que les registres de la section soient apportés sur le bureau de la Convention.

(Vergniaud descend de la tribune au milieu des applaudissemens d'une grande partie de l'assemblée.)

Guadet demande la parole.

Quelques voix. C'est inutile.

D'autres. La suspension de la séance.

La séance est suspendue à huit heures du soir.]

COMMUNE. — *Séance du 10 avril.*

Le secrétaire-greffier annonce que la loi relative aux affiches à mettre sur les portes des maisons, a été consignée sur les registres du corps municipal.

La discussion s'engage sur les articles à ajouter à l'instruction que le conseil adressera aux quarante-huit sections, pour l'exécution de cette loi. Après quelques débats, le conseil a arrêté, comme article additionnel, que les propriétaires ou principaux locataires, seront tenus d'afficher l'état de leurs sous-locataires, à cinq pieds de hauteur au plus.

L'adresse présentée à la Convention pour en obtenir un décret qui fixe le terme fatal des élections, ayant été renvoyée au comité de législation; le conseil a arrêté que la Convention serait invitée à fixer l'époque précise du remplacement des citoyens qui ont été rejetés par la majorité des sections; et que faute de se conformer à ce décret, les sections seront convoquées pour procéder à ce remplacement dans les sections des Gardes-Françaises, de Popincourt, du Panthéon-Français et de l'Observatoire, qui seules n'ont pas voulu remplacer les citoyens nommés par elles, et rejetés par la majorité.

Les commissaires précédemment nommés, ont été chargés de porter sur-le-champ cet arrêté au comité de législation de la Convention.

Le conseil a rapporté son précédent arrêté, portant qu'il sera établi une garde aux barrières. Le maire a été chargé d'écrire au président de la Convention pour demander copie du décret rendu aujourd'hui à ce sujet.

Sur la demande d'une députation de Liégeois réfugiés qui ont emporté leurs archives, il est arrêté que :

La salle, dite de l'Égalité, dans la maison commune, sera accordée aux Liégeois pour y placer leurs archives. Le 10 avril sera désormais appelé, dans le calendrier des hommes libres, *le jour de l'hospitalité.*

Il sera ouvert un registre sur lequel s'inscriront les Liégeois qui, à la suite des malheureux événemens du 5 mars, sont venus à Paris et y sont maintenant.

Copie de ce registre sera envoyée aux sections, avec invitation de leur donner l'hospitalité fraternelle.

Dimanche prochain l'on célébrera la fête de la translation des archives de la ville de Liége dans la maison commune de Paris. Les administrateurs au département des travaux publics, et le commandant-général, feront les préparatifs nécessaires pour que cette fête soit célébrée avec toute la pompe possible, et présenteront demain leur plan au conseil-général.

La Convention nationale, le département de Paris et toutes les municipalités de son arrondissement, l'assemblée électorale, les tribunaux, et notamment le tribunal extraordinaire, les ministres, le conseil du 10 août, les sections de Paris, et toutes les sociétés populaires, seront invités à concourir à cette fête.

Le procès-verbal de cette intéressante séance sera imprimé et envoyé aux armées de la République.

Le conseil arrête que la garde du Temple ne pourra être composée que de citoyens domiciliés dans Paris; que cette garde sera diminuée, et que les citoyens de service pourront recevoir une indemnité de trois livres. — Deux commissaires ont été nommés pour rédiger un projet de règlement pour obvier à toutes les dilapidations qui se commettent au Temple, et parvenir à en diminuer les dépenses.

Le citoyen maire est chargé de faire, auprès du pouvoir exécutif et du ministre de la guerre, les démarches nécessaires pour que la légion dite de Rosental soit envoyée aux frontières dans le plus court délai.

TRIBUNAL RÉVOLUTIONNAIRE. — *Audience du 10 avril.*

Nous lisons dans le *Patriote français*, n. MCCCXXXVIII : « Le tribunal extraordinaire qui, en dépit de la loi, prend dans ses jugemens le titre de *tribunal révolutionnaire*, vient de prononcer un arrêt qu'il est inutile de caractériser ; nos lecteurs l'apprécieront sur le simple énoncé des faits, que nous rapportons d'après le journal du tribunal. » Ici le journaliste analyse l'affaire de Luthier, et termine par cette réflexion : « Luthier a été exécuté..... »

A cause de cette improbation, nous citerons le texte même du bulletin allégué, mais non pas transcrit par le *Patriote français*. Nos lecteurs jugeront eux-mêmes, et ce sera pour nous une occasion naturelle de placer sous leurs yeux un exemple de la manière de procéder de ce tribunal. Nous ferons seulement remarquer que le journaliste plus haut cité avait dû lire fort légèrement, car il écrit le nom de l'accusé par deux *tt*, tandis que le bulletin écrit ce même nom par *th*.

« *Procès de Nicolas Luthier.*

» L'accusé interrogé de ses noms, âge, qualités, lieu de naissance et demeure,

» A dit s'appeler Nicolas Luthier, canonnier de la sixième division, caserné à la ci-devant Sorbonne, âgé de quarante-deux ans, natif de Saint-Dizier, en la ci-devant province de Champagne.

» Il résulte de la lecture de l'acte d'accusation que Luthier est prévenu d'avoir le jour de Pâques, 31 mars dernier, entre onze heures et midi, abordé sur l'extrémité du Petit-Pont, près la rue de la Huchette, un groupe d'ouvriers occupés à s'entretenir ensemble, de leur avoir demandé s'ils étaient républicains et s'ils avaient une ame, et, d'après leurs réponses affirmatives, d'avoir ajouté ces mots : » Et moi aussi j'en ai une, mais elle est pour » mon roi, qui m'a toujours bien payé; il est mort, mais nous en » aurons bientôt un autre; il paraîtra quand il en sera temps; » ajoutant que la France, trop grande pour être République, était » perdue si elle n'avait pas un roi; » d'avoir soutenu les mêmes propos au comité de la section, et de les avoir ensuite niés lors de son interrogatoire par lui subi au tribunal.

» On procède à l'audition des témoins.

» Jean-Pierre Pillias, miroitier, dépose que, le 31 mars dernier, étant de service au poste du Petit-Pont, il fut requis de conduire l'accusé au comité de la section, et de là à l'Abbaye, où il l'entendit chanter, en entrant, la chanson : *Vive Henri IV*; qu'il croit qu'il était ivre, attendu qu'il a dormi pendant environ deux heures au comité.

» Le citoyen Pasquier, cordonnier, dépose que le 31 mars dernier, vers onze heures du matin, passant sur le Petit-Pont, il vit un groupe assez considérable d'ouvriers maçons occupés à s'entretenir des affaires du temps; que, s'en étant approché, il entendit l'accusé dire ces mots : *Il existe et existera toujours;* qu'en ayant demandé aux autres citoyens l'explication, il apprit que c'était d'un roi dont il était question; qu'alors il saisit, à l'aide de différentes personnes, l'accusé, et l'ayant désarmé, ils le firent entrer au corps-de-garde, et de là au comité; qu'il lui a entendu dire qu'il avait des protecteurs et qu'il les ferait connaître en temps et lieu.

» Jean Soyer, maçon, dépose que le 31 mars, étant avec d'autres ouvriers au coin de la rue de la Huchette, l'accusé ici présent les aborda en leur demandant s'ils étaient patriotes; à quoi lui ayant répondu qu'ils le seraient jusqu'à la mort, alors il leur demanda s'ils avaient de l'ame; et, sur leurs réponses affirmatives, il ajouta : Et moi aussi j'en ai une, mais c'est pour mon roi, qui m'a toujours bien payé; il est mort, mais il y en a un autre, et il en faut un, etc.

» Plusieurs autres témoins déposent dans le même sens des mêmes faits.

» L'accusé, interpellé de déclarer ce qu'il a à répondre aux dépositions des témoins, a dit qu'il ne se rappelle pas avoir tenu aucun des propos pour lesquels il est arrêté; qu'il ne se rappelle pas avoir abordé aucun groupe, ni d'avoir été conduit à aucun comité; que ce ne fut que plus de cinq heures après son arrivée à l'Abbaye que, s'étant réveillé et croyant être dans la chambre de sa caserne, il apprit qu'il était en prison.

» A lui observé qu'il est en contradiction avec lui-même, attendu qu'il a précédemment interpellé un des témoins (le citoyen Pillias) de déclarer si lorsqu'il l'avait conduit au comité il n'était pas ivre.

» L'accusé déclare ne pas se rappeler d'avoir dit cela.

» A lui demandé dans quel régiment il a anciennement servi et combien de temps.

» A répondu qu'il a servi vingt-trois ans dans le régiment du roi; qu'il s'est ensuite enrôlé à Paris dans le 102e; qu'il a été fait prisonnier de guerre à Saverne, près de Trèves, le 19 décembre 1792, et relâché huit jours après, ayant refusé de s'enrôler chez les ennemis.

» A lui demandé dans quelle armée il a servi.

» A répondu : dans celle de Beurnonville.

» A lui demandé s'il n'a pas eu et n'a point encore des liaisons avec les anciens officiers du régiment ci-devant du roi, et s'il n'a point été relâché par les ennemis à condition que, rentré en France, il prêcherait le rétablissement de la royauté.

» L'accusé répond qu'ils ont été renvoyés au nombre de soixante-six, après qu'on leur eut fait promettre de ne point porter les armes pendant un an et un jour; mais qu'on ne leur a pas dit d'exciter des troubles ni de prêcher le rétablissement de la royauté.

» Sur l'interpellation faite à l'accusé de déclarer positivement quelles sont les raisons qui ont engagé les ennemis à les renvoyer sans cartels d'échange, il a répondu que c'était parce qu'ils n'avaient pas de quoi leur donner à manger.

» A lui observé qu'il est de nouveau en contradiction avec lui-même, en disant que les ennemis n'avaient pas de quoi les nourrir, tandis qu'il vient de déclarer que l'on voulait les enrôler.

» L'accusé répond que les Autrichiens avaient des vivres pour ceux qui servaient, mais qu'ils n'en avaient point pour les prisonniers.

» A lui demandé ce que sont devenus les soixante-cinq autres soldats qui ont été renvoyés avec lui de Trèves.

» A répondu qu'il y en a beaucoup à Paris.

» A lui demandé ce qu'ils font et quels sont leurs moyens de subsistance.

» A répondu que, conformément au décret qui autorise les soldats de 1789 à entrer dans la gendarmerie, plusieurs d'eux y sont; que d'autres, dont il était du nombre, se sont mis dans les canonniers.

» A lui demandé quels sont les noms de ces individus et leurs casernes.

» A répondu qu'il en connaît beaucoup de vue, mais qu'il ignore leur noms; les seuls qu'il peut indiquer sont les nommés Genest, Larose et François, canonniers à la Sorbonne, les deux frères Lambert dans la gendarmerie, ainsi que Levasseur, Falconet et Delquier, sergent de la caserne près Saint-Paul.

» A lui demandé s'il ne faisait point partie du régiment 102e lors de l'affaire du 20 juin dernier aux Tuileries.

» A répondu : oui.

» S'il ne lui fut pas fait, ainsi qu'à ses camarades, la proposition de prendre le parti du ci-devant roi.

» A répondu : non.

» Si dans les jours qui ont précédé ou suivi le 20 juin, on ne les a pas fait rassembler dans le château des Tuileries, qui était devenu une seconde bastille, pour prêter un serment de fidélité au roi, ainsi qu'aux 103e et 104e régimens qui y étaient avec eux.

» L'accusé répond qu'il a prêté un serment dans la caserne de la rue de l'Oursine.

» A lui demandé quel était ce serment.

» A répondu : c'était d'obéir à Dieu, à la loi et au roi.

» A lui observé que ce serment, prêté ainsi dans une caserne, était contraire aux lois, qui portent expressément que les corps militaires doivent le prêter en place publique, en présence du peuple et des autorités constituées, et que sans doute le serment que l'on leur a fait prêter, en contravention à la loi, devait être de ne reconnaître que le roi et de n'obéir qu'à ses ordres.

» L'accusé répond qu'il n'était question que de la patrie.

» A lui demandé si le régiment 102e était au siége de Thionville.

» A répondu : non, c'était le 103e.

» A lui demandé quel était le nom du colonel du 102e, et s'il ne se nommait point Charton.

» A répondu que c'était M. de Château-Thierry qui lui avait succédé.

» Sur l'interpellation faite au citoyen Pillias de déclarer quelles étaient les personnes qui se trouvaient avec lui lorsque l'accusé a chanté la chanson *Vive Henri IV*, d'après l'indication qu'il en fait, le tribunal ordonne qu'ils seront mandés, pour donner à la justice les renseignemens qui peuvent être à leur connaissance. Le concierge des prisons de l'Abbaye est aussi mandé, ainsi que les canonniers et gendarmes indiqués par l'accusé, comme faisant partie de ceux qui ont été faits avec lui prisonniers de guerre.

» Le tribunal suspend sa séance jusqu'au moment de l'arrivée de ces citoyens.

» Au bout d'environ trois quarts d'heure, l'huissier chargé de l'exécution des mandats pour la caserne de Sorbonne annonce que, nonobstant les démarches qu'il a faites, il n'a pu découvrir aucun des individus dont les noms ont été indiqués par l'accusé, attendu qu'ils ne sont point connus ; à l'égard des gendarmes, on les croit de la caserne de Saint-Victor, et non de celle de Saint-Paul.

» L'accusé, interpellé de déclarer pourquoi il a donné des renseignemens faux, répond qu'il était si faible lorsqu'il les a donnés, qu'il peut s'être trompé ; que les deux Lambert sont effectivement de Saint-Victor.

» A lui demandé s'il n'a pas été plusieurs fois détenu prisonnier à l'Abbaye avant le 31 mars, et quelles en étaient les raisons.

» A répondu : J'y ai été renfermé trois jours pour m'être rendu trop tard à l'appel.

» Le citoyen Pierre Varlet, canonnier, se trouvant dans l'audience, est reconnu par l'accusé, qui annonce que c'est son caporal. Le tribunal ordonne à ce citoyen de se présenter pour donner les renseignemens qui sont à sa connaissance.

» Varlet donne les détails sur l'affaire du 19 août au camp de Montois, où le 102e s'est trouvé en sortant de Paris. Il connaît l'accusé pour s'être trouvé à ladite affaire, sait qu'il a été fait prisonnier depuis, mais il ne connaît pas Larose, Genest, ni François, pour être de la caserne de Sorbonne.

» On procède à l'audition des déclarations des deux citoyens qui ont accompagné à l'Abbaye l'accusé, et la force armée ; il assure n'avoir point entendu chanter Luthier, mais avoir entendu dire à des personnes de l'intérieur de la prison qu'il chantait *Vive Henri IV*.

» Le commis guichetier de l'Abbaye reconnaît l'accusé pour l'avoir vu amener à ladite prison environ trois semaines avant le 31 mars, mais ne l'a point entendu chanter.

» L'accusateur résume les charges et débats.

» Les défenseurs officieux sont entendus dans leurs plaidoieries.

» Le président pose les questions, sur chacune desquelles les jurés ont fait les déclarations suivantes :

» *Questions.* — 1° Nicolas Luthier, ancien grenadier au régiment du ci-devant roi, engagé depuis dans le régiment numéro

102, fait prisonnier de guerre à Trèves le 19 décembre 1792, renvoyé sans carte d'échange huit jours après par l'ennemi, au dire de ce dernier, est-il convaincu d'avoir abordé le 31 mars dernier, entre onze heures et midi, au coin de la rue de la Huchette, un groupe d'ouvriers qu'il ne connaissait pas ?

» La déclaration unanime des jurés est qu'il est convaincu.

» 2° Nicolas Luthier est-il convaincu d'avoir demandé à ces ouvriers s'ils étaient patriotes et républicains, et s'ils avaient une ame, et, sur leurs réponses affirmatives, de leur avoir dit que son ame était pour son roi, qui l'avait bien payé, que si le roi était mort, il existait encore, et paraîtrait sous peu ?

» La déclaration unanime des jurés est qu'il est convaincu.

» 3° Est-il constant que Nicolas Luthier a déclaré qu'il fallait un roi ?

» La déclaration des jurés est que le fait est constant.

» D'après les déclarations ci-dessus,

» Le tribunal, faisant droit sur les conclusions de l'accusateur-public, condamne Nicolas Luthier à la peine de mort, conformément à la loi du 4 décembre 1792, dont il a été donné lecture ; ordonne que ses biens, si aucun il a, demeureront acquis et confisqués au profit de la République, et que le présent jugement, qui sera exécuté sur la place de la Maison-Commune, sera imprimé et affiché dans les quatre-vingt-six départemens.

» Avant l'application de la loi, le président ayant interpellé Luthier de déclarer s'il n'avait rien à dire, il a dit : « Qu'il attes-
» tait les dieux qu'il ne pardonnerait jamais sa mort à ceux qui
» le condamnaient, attendu qu'il était ivre et ne savait ce qu'il
» disait. » (*Bulletin du tribunal criminel révolutionnaire*, n. II et III.)

CONVENTION. — SÉANCE PERMANENTE DU 3.

Du 11 avril, à neuf heures du matin.

Le conseil exécutif fait connaître l'état des départemens de l'Ouest. Il cite de nouveaux traits de barbarie de la part des brigands. — Blutel fait rendre un décret concernant les vaisseaux capturés. — Le ministre Lebrun transmet un manifeste du prince Cobourg aux Français, dans lequel il annonce qu'il joindra les forces qu'il commande à l'armée du général Dumourier pour, de concert avec lui, rétablir un roi constitutionnel.

Du 11, à huit heures du soir.

Gossuin fait suspendre l'exécution du décret portant qu'une maison serait construite aux frais de la nation pour les filles Fernig, aides-de-camp de Dumourier, qui s'étaient distinguées par leur bravoure, mais qui l'ont suivi dans sa fuite.

[*Buzot.* Je demande l'exécution du décret qui accorde à Guadet et aux autres accusés la faculté de répondre à leur dénonciateur. Cependant, comme la séance est avancée, je n'insisterai pas pour que la parole leur soit accordée ce soir ; mais je fais la motion qu'ils soient entendus demain à midi. Je demande que vous nommiez ce soir les quatre commissaires qui doivent aller dans le département de l'Orne suivre les traces de la conspiration d'Orléans. Retarder la nomination de ces commissaires, ce serait rendre leur mission inutile.

On demande à aller aux voix.

Marat. Je ne sais par quel prestige une faction criminelle (On murmure.) se flatte d'en imposer à la nation en égarant l'opinion publique. Elle veut détourner les yeux de dessus ses complots en attirant l'attention sur une conspiration imaginaire. Je vous répète ce que je vous ai dit souvent : la majorité de cette faction n'est qu'égarée. C'est aux meneurs que j'en veux ; c'est sur leurs têtes que j'appelle le glaive de la loi.

Au reste, leur complicité n'est plus un problème : Dumourier l'a découverte en se déclarant pour eux contre la Montagne. (On rit dans une partie de la salle. — Applaudissemens dans l'extrémité gauche.)

Je ne déciderai pas si Égalité père, que j'ai poursuivi dans mes écrits (On murmure.), que j'ai dit être sans mœurs et sans vertus, est criminel de lèse-nation ; je le livre à vos recherches ;

mais le fils est un traître. Je vais vous faire une proposition qui vous mettra au pied du mur, qui vous forcera dans vos derniers retranchemens.

Je demande que la tête d'Égalité fils soit mise à prix comme celle de Dumourier. Je fais la même proposition à l'égard des Capets fugitifs, et nous verrons si vous voulez proscrire la famille que vous semblez poursuivre.

Quant à la justification de Guadet, Vergniaud, etc., qui ont tenu une correspondance criminelle avec Dumourier, qu'ils se lavent, s'ils le peuvent, de l'opprobre dont les couvre l'opinion publique. (Les citoyens des tribunes applaudissent.)

On demande que la discussion soit fermée.

Delahaye. Je m'oppose à ce que la proposition de Marat soit adoptée, et je pense qu'on ne m'accusera pas d'être suspect, moi qui ai fait plusieurs fois inutilement la proposition de bannir les Bourbons. Si vous mettez les têtes des chefs de la conspiration à prix, vous perdez le fil de la conspiration.

Je demande la question préalable.

Marat. Je demande à répondre.

Un grand nombre de voix. Fermez la discussion.

Marat insiste pour avoir la parole. — Le président persiste à la lui refuser.

Barbaroux. Buzot a été l'homme d'affaires du duc d'Orléans, et Marat en a reçu 15,000 liv. (On applaudit à la droite.)

Lecointe-Puyraveau. La proposition de Marat est conforme aux intérêts de la République sous un point de vue ; mais sous un autre, il serait dangereux de l'adopter. (On murmure à gauche.) Vous exposeriez vos commissaires. (Mêmes murmures.) On me dit : Qu'est-ce que c'est que des membres de la Convention ? Voudrait-on faire croire qu'il n'y a plus de représentation nationale ? La France en reconnaît encore, et quel que soit le nom des conspirateurs... (Les murmures couvrent la voix de l'orateur.) Je dis que vous ne devez pas admettre la proposition du citoyen Marat ; car il existe chez toutes les nations un droit de représailles. (Mêmes murmures.)

Plusieurs voix. Celle de Dumourier est bien à prix.

Lecointre. De quelle douleur l'ame ne doit-elle pas être navrée lorsque l'on considère que Marat a été entendu paisiblement dénonçant de bons citoyens, vomissant des calomnies... (De nombreux murmures partant de l'extrémité gauche couvrent la voix de l'orateur.)

Lecointre descend de la tribune.

Un grand nombre de membres du côté droit s'avancent avec précipitation vers le côté opposé avec des gestes et des cris animés.—L'assemblée entière est dans une vive agitation.—Le président se couvre.—Le tumulte continue encore pendant quelques instans. — Enfin, chaque membre reprenant sa place, l'ordre se rétablit.

Le président. La question qui est agitée est de la plus haute importance; chacun doit être entendu avec calme. Je rappelle à l'ordre les membres de ce côté (désignant le côté gauche) qui ont interrompu; j'y rappelle aussi tous ceux qui ont troublé la délibération...

Bentabolle. Rappelez à l'ordre le scélérat qui nous a menacé de nous... (On murmure.)

Le président. Il m'est physiquement impossible de continuer de présider si on ne veut pas faire du silence, si chacun se permet d'interrompre l'opinant. Lecointre, vous avez la parole. (Violentes rumeurs dans l'extrémité gauche.)

Phélippeaux. Le trouble vient de ce qu'un membre de ce côté (indiquant le côté droit) a tiré l'épée contre nous.

Plusieurs voix. C'est faux.

Lecointre. J'avais prévenu l'assemblée...

Audouin. Président, faites votre devoir; rappelez à l'ordre l'assassin.

Panis. Président, je vous rappelle à l'ordre, moi.

N... Je fais une motion d'ordre.

Férau. J'en fais une, moi : c'est qu'il n'y ait plus de séance au soir. (On applaudit dans plusieurs parties de la salle.)

Calon. Il est de la justice, il est de la dignité de l'assemblée de punir l'insolent qui a tiré son épée.

Calon continue de parler dans le tumulte. — Le président le rappelle à l'ordre; il persiste à vouloir parler, et s'avance dans le milieu de la salle au milieu des rumeurs et de l'agitation. — Le président se couvre encore; le calme renaît.

Le président. J'invite Lecointre à simplifier ses idées... (*David, Panis, Marat, Bentabolle* : Il ne s'agit pas de cela; envoyez à l'Abbaye le scélérat qui a tiré son épée.)

Le tumulte et l'agitation recommencent et se prolongent.

Duperrès. Je demande la parole. (*A l'Abbaye!* s'écrie-t-on dans l'extrémité gauche.)

Marat. Je demande la parole contre vous, président. (Les citoyens des tribunes applaudissent.) La représentation nationale est perdue d'aujourd'hui. Je demande vengeance... (Des cris s'élèvent de tous les côtés : A l'ordre! vous n'avez pas la parole.)

Marat. Président, de la justice et de l'impartialité.

Le président. Marat, vous n'avez pas la parole.

Marat. Je vous la demande.

Le président. Je ne veux pas vous l'accorder.

Marat. Vous me la donnerez; je la prendrai.

Le président. Marat, je vous rappelle pour la vingtième fois à l'ordre.

Marat quitte la tribune.

Massieu. Je demande à faire une motion d'ordre; consultez l'assemblée pour savoir si je serai entendu.

L'assemblée refuse la parole à Massieu.

Plusieurs voix dans l'extrémité gauche. A l'Abbaye celui qui a voulu nous assassiner!

Garan-Coulon. Et moi aussi, je demande que de pareils excès ne restent point impunis.

Le président. On insiste sur l'explication des faits qui se sont passés dans l'assemblée. Le membre inculpé demande à parler, je lui accorde la parole.

Duperrès. La grace que je demande à la Convention nationale et aux tribunes elles-mêmes... (Il s'élève de violentes rumeurs dans plusieurs parties de la salle.)

Duperrès. Je répète ce que j'ai dit ; je demande à la Convention et aux tribunes... (On entend les mêmes rumeurs.)

Plusieurs voix. Vous avilissez la représentation nationale.

Duperrès. Si je suis coupable, je ne veux pas me soustraire à la peine, je suis soumis à la loi ; mais je demande qu'on m'entende : et je demande cette grace aux tribunes, parce que depuis long-temps un membre ne peut parler ici s'il n'en a obtenu la permission des tribunes. (Murmures dans une grande partie de la salle. — Des applaudissemens s'élèvent à la droite.) Si je suis coupable, punissez-moi ; mais accordez-moi ce qui n'est pas refusé au dernier des criminels, d'être entendu avant d'être condamné. Citoyens, il y a dix-neuf mois que, dans l'assemblée législative, j'ai commencé à lutter contre la cour, contre les Feuillans et contre toutes les espèces d'aristocraties. Depuis la Convention, je lutte contre une horde des scélérats qui travaillent à perdre la chose publique. Je voyais que depuis deux jours on s'opposait à ce que les véritables coupables fussent recherchés ; je voyais que depuis deux heures un membre faisait de vains efforts pour obtenir du silence. Je vous l'avoue, citoyens, cela m'indignait. Une partie de l'assemblée, partageant cette indignation, a fait un mouvement vers le côté d'où venaient les interruptions : j'ai suivi ce mouvement. Lorsque j'ai été au milieu de la salle, j'ai vu qu'un membre avait un pistolet à la main. (Murmures à gauche.) Écoutez-moi jusqu'au bout, je vous en prie. Beaucoup de membres peuvent croire que c'est une défaite ; mais... (Mêmes rumeurs.) On ne demande dans cette partie que des coupables, autrement on écouterait. J'avoue que dans un moment où je me voyais menacé, dans ce moment de délire de celui qui se permettait contre moi... (Violens murmures dans les tribunes.)

Louvet, Grangeneuve, Barbaroux et plusieurs autres membres s'avancent vers le président, et demandent avec chaleur vengeance de l'insulte des tribunes. — Quelques membres désignent un citoyen pour avoir fait des gestes menaçans. — Le président donne ordre de l'arrêter. — Le calme se rétablit.

Le président. C'est violer tous les principes que de ne pas vouloir entendre un accusé. Je vous déclare qu'il n'y a que des mauvais citoyens qui puissent se permettre d'interrompre. Duperrès, je vous maintiendrai la parole.

Duperrés. Je dis, citoyens, que, provoqué par ce mouvement menaçant, j'ai tiré l'épée; mais dans ce moment je n'étais pas à moi, j'étais animé d'une sainte fureur, si l'on peut s'exprimer ainsi; et je vous jure que si je m'étais permis, dans mon excès de fureur, de porter la main sur un représentant du peuple, il me restait une arme, je me serais brûlé la cervelle. Voilà ce que j'avais à dire.

On demande l'ordre du jour.

Plusieurs voix de l'extrémité gauche. Non, non.

L'assemblée consultée décide de passer à l'ordre du jour.

Les mêmes voix. C'est un déni de justice... A l'Abbaye Duperrès!...

Le président. Lecointre a la parole.

Robert. Duperrès a dit qu'un membre l'avait menacé avec un pistolet. Je le somme de nommer ce membre.

Robespierre jeune et Fabre d'Églantine font la même sommation.

Le président. Je déclare que je ne puis pas tenir contre une pareille tyrannie. Je quitte le fauteuil.

Thuriot descend du fauteuil, Delmas va l'occuper.

N... J'insiste pour que Duperrès désigne le membre qui a tiré le pistolet contre lui.

On réclame l'ordre du jour.

Le président. Le moyen de nous tirer de là, c'est de consulter l'assemblée. Je vais mettre aux voix l'ordre du jour.

L'assemblée passe à l'ordre du jour.

Plusieurs voix de l'extrémité. Duperrès est un assassin et un calomniateur.

Duperrès paraît à la tribune.

Le président. Vous n'avez pas la parole.

On commence l'appel nominal pour la nomination des quatre commissaires qui doivent aller dans le département de l'Orne vérifier les faits relatifs à Égalité.

Marat. Mettez aux voix les propositions que j'ai faites.

On demande la priorité pour l'appel nominal. Elle est accordée.

Marat. On reconnaît maintenant les complices des Capets.

La séance est suspendue à minuit.]

COMMUNE. — *Séance du 11 avril.*

En vertu d'un arrêté du corps municipal, les passeports seront délivrés, comme par le passé, aux négocians qui justifieront de leur besoin de voyager, et qui exhiberont d'ailleurs toutes les pièces exigées par la loi.

Le conseil a approuvé cet arrêté, et en a arrêté l'envoi à sa commission des passeports, chargée de le mettre à exécution.

Santerre présente au conseil quelques observations sur divers arrêtés précédemment pris; il pense qu'il vaudrait mieux nourrir la garde du Temple que de payer une indemnité de 3 livres aux citoyens de garde qui voudraient l'accepter. Cet objet est ajourné.

Il demande que le conseil nomme des commissaires chargés de s'entendre avec lui, à l'effet d'indiquer pour dépôt des poudres un local moins dangereux que le pavillon isolé du ci-devant Palais-Bourbon, et d'autres commissaires pour examiner les inconvéniens et les avantages qui pourraient résulter du départ de la légion dite Rosental, et faire leur rapport au conseil. Ces deux propositions sont adoptées.

Sur les observations d'un de ses membres, le conseil a rapporté la dernière disposition de son arrêté du 31 mars dernier, portant que les citoyens requérant certificats de civisme seront tenus d'être présens au conseil, pour y passer à la censure lorsque la commission fera son rapport à leur sujet.

Le conseil a ordonné la consignation sur ses registres du décret du 10 de ce mois, qui, en maintenant les précédens décrets sur les passeports, supprime l'usage des *laissez-passer* établis par un de ses arrêtés.

Le conseil a ajourné à demain la discussion sur le rapport fait par le corps municipal relativement à la distribution dans les sections de tous les canons qui sont dans les parcs d'artillerie.

Dans l'ordre de ce jour, le commandant général rend justice à la bonté des principes des canonniers casernés à la Sorbonne.

Ils ont pris un arrêté par lequel ils témoignent qu'ils sont satisfaits qu'un mauvais citoyen (Nicolas Luthier, qui a été exécuté le 11 au matin, pour avoir demandé un roi), qui s'est trouvé parmi eux, ait été puni. S'il s'en trouvait encore, ajoutent-ils, ils les livreraient eux-mêmes à la justice. Ils jurent de vivre républicains, ou de mourir en défendant la République.

CONVENTION. — SÉANCE PERMANENTE DU 3 AVRIL.

Du 12 avril, à 10 heures du matin.

Thuriot occupe le fauteuil.

Le conseil exécutif instruit l'assemblée de la translation des Bourbons à Marseille. — Une députation de militaires redemande Westermann, qui est détenu. « S'il est innocent, dit le président, il vous sera rendu ; s'il est coupable, sa tête tombera. » — Lettre du général Custine, annonçant qu'un de ses aides-de-camp perdit la tête, croyant que, d'accord avec Dumourier, il voulait livrer l'armée, et qu'il se brûla la cervelle. — Le même général écrit que l'armée qu'il commande a failli être victime de l'ordre donné par Beurnonville pour l'évacuation du poste des Vosges ; il reproche à l'assemblée d'avoir applaudi le général Kellermann, qui, dit-il, avait trahi les intérêts de la patrie ; il se plaint des délibérations scandaleuses des représentans du peuple ; il ne voit qu'un moyen de sauver la République, et il en fait passer le développement aux comités ; il insiste sur sa démission.

A cette lettre est jointe la sommation du général Wurmser au général Gillot, commandant à Landau, et la réponse énergique faite par lui, Custine.

[*Robespierre*. Je ne sais par quelle fatalité les mesures dictées par l'humanité et la justice éprouvent toujours de si longs retards dans leur exécution. Il y a un mois que vous avez détruit l'usage inhumain de la contrainte par corps, et ordonné l'élargissement de tous les prisonniers détenus pour dettes ; et ces lois salutaires, ces lois de bienfaisance ne sont pas encore exécutées. Je demande qu'enfin les pères de famille soient rendus à leurs femmes, à leurs enfans ; je demande que les représentans du peuple et tous les agens de la République s'intéressent plus vivement à l'infortune du pauvre, et qu'il n'y ait pas un si long intervalle entre la création d'une loi et son exécution. Je demande enfin que le ministre de la justice soit tenu de rendre compte de l'exécution de ces décrets dans toute la République, et qu'après-demain il nous présente la liste de ceux qui auront été élargis des prisons de la ville de Paris.

Cette proposition est adoptée sans discussion.

Poultier. Avant de vous lire, au nom du comité de la guerre, l'interrogatoire des généraux Lanoue et Stengel, je vous dois l'aveu que cette forme de procéder ne vous fera jamais connaître la vérité.

Éloigné de la scène où la trahison s'est consommée, séparé des témoins qui peuvent lui fournir des données pour les demandes à faire et les objections à opposer, peu instruit des localités, n'ayant aucune copie des livres d'ordres, votre comité s'est trouvé comme dans une contrée inconnue ; et les accusés au contraire, profitant de notre position, se sont rendus maîtres du champ de bataille ; quelque coupables qu'ils eussent été dans notre conscience, ils sont sortis innocens de nos mains ; et nous serions presque tentés, d'après leurs réponses, de leur voter des remerciemens.

Pour moi, je pense que vous ne devez ni ne pouvez prendre aucune détermination, d'après la lecture que je vais vous faire des interrogatoires de Lanoue et de Stengel. Ce sont les soldats que vous devez interroger sur la conduite des généraux; ce sont ceux qui ont souffert, ou de leur lâcheté, ou de leur intelligence avec nos ennemis; ce sont ceux qui en ont été les témoins, qui en ont vu les développemens et les suites; ce sont ceux-là qui peuvent vous éclairer dans ce dédale d'horreurs et de trahisons. Les généraux inculpés, et leurs complices, vous tromperont toujours; mais les soldats, qui sont le vrai peuple des armées, ne vous tromperont jamais; ils vous diront la vérité dans toute son austérité redoutable; ils sont les précurseurs de la postérité, et jamais l'histoire n'a appelé de leurs jugemens; au contraire, elle a recueilli leur témoignage ingénu pour peindre et les Turenne et les Catinat.

Je demande donc que vos commissaires auprès de l'armée du Nord fassent une enquête sévère sur la conduite des généraux accusés, qu'ils recueillent toutes les pièces, qu'ils se transportent dans les chambrées, qu'ils écoutent tous les témoins, et que ces lumières réunies soient envoyées au tribunal révolutionnaire, qui fera une justice prompte des auteurs de nos calamités. Le comité de la guerre a épuisé tous les moyens de connaître la vérité; mais ces moyens sont nuls; et d'ailleurs, vous le savez comme moi, on trouve dans les comités un penchant funeste à l'indulgence, qui fait qu'on a mis la République à deux doigts de sa perte. Le temps de l'indignation est arrivé; il faut se raidir contre les traîtres, les poursuivre avec acharnement, ou renoncer à la liberté.

Pétion. Je demande la censure du membre qui s'est permis de lire son opinion individuelle, sous le nom d'un comité.

Robespierre. Et moi, je demande la censure de ceux qui protégent les traîtres.

Pétion s'élance à la tribune. (Quelques rumeurs s'élèvent dans les galeries.)

Pétion. Je demanderai en effet que les traîtres et les conspirateurs soient punis.

Robespierre. Et leurs complices.

Pétion. Oui, leurs complices, et vous-même. Il est temps enfin que toutes ces infamies finissent; il est temps que les traîtres et les calomniateurs portent leurs têtes sur l'échafaud : et je prends ici l'engagement de les poursuivre jusqu'à la mort.

Robespierre. Réponds aux faits. (On applaudit dans une partie de la salle.)

Pétion. C'est toi que je poursuivrai. (Murmures d'un grand nombre de membres.)

Le président. Je n'ai pris le fauteuil que parce que le calme régnait dans l'assemblée. Hier j'ai présidé pendant huit heures, pendant toute la nuit; et si le calme ne se rétablit pas, je prie la Convention de me faire remplacer.

Pétion. Demandez à la Convention de se tenir dans le calme et la tranquillité qu'exigent les circonstances, et vous ne serez pas épuisé de fatigues comme vous l'êtes.

Il est impossible... (Les murmures de l'extrémité continuent.) J'ai la parole; il ne s'agit point ici de tactique, je parlerai. Président, il est impossible de tolérer plus long-temps toutes ces infamies; il est impossible à l'honnête homme de contenir son indignation lorsqu'il se voit insulté avec audace par des êtres flétris du sceau de la réprobation. Oui, je fais le serment de poursuivre les traîtres; oui, il faudra que Robespierre enfin soit marqué comme autrefois les calomniateurs. (Nouveaux murmures.) Que signifient donc ces dénonciations perpétuelles contre des hommes qui ont toujours respiré pour la liberté? Oui, le peuple connaîtra bientôt ceux qui, sous le masque d'un faux patriotisme, le trompent, l'égarent, le poussent dans l'abîme; et je ne serai content que lorsque j'aurai vu ces hommes qui veulent perdre et qui perdraient enfin la liberté, la République, laisser leur tête sur l'échafaud. (Quelques applaudissemens.) Je prouverai jusqu'à l'évidence quels sont ceux qui trahissent la République, quels sont ceux qui, à force de calomnies et de crimes, la font détester avant qu'elle soit établie; ils crient sans cesse au peuple : Levez-vous. Eh! quand il sera debout, que pourrez-vous lui dire? Qu'a-t-il à renverser? Qu'a-t-il à égorger, si ce n'est la Convantion nationale? (*Robespierre.* C'est nous qu'on veut faire égorger... — Il s'élève de violens murmures dans une partie de la salle. — *Une voix.* Taisez-vous, dictateur du 10 août.) Président, il est permis à la fin de perdre patience. On sait avec quel calme, avec quelle modération j'ai toujours parlé; jamais je ne me suis permis d'insulter, d'injurier, d'inculper personne. Je voulais entretenir dans l'assemblée l'ordre et la dignité; mais je vois la chose publique trahie, traînée à sa perte; je vois une foule de bons citoyens aveuglés méconnaître l'abîme où l'on cherche à les précipiter. On ne cesse de calomnier la Convention. Le système d'avilissement contre elle existait avant qu'elle fût assemblée. Qu'eussent fait de plus nos ennemis? Oui, voilà les ennemis les plus cruels de la République; et aujourd'hui qu'ils voient leurs complots sur le point d'être dévoilés... (De nouveaux murmures partent de l'extrémité ci-devant gauche.) Ne vous y trompez pas, la nation ne sera pas séduite, et la patrie saura juger les intrigans et les vrais amis de la liberté. A quoi s'arrête-t-on depuis long-temps? à des horreurs. On dit sans cesse : Vous êtes le complice de Dumourier, le complice de d'Orléans... Infâmes que vous êtes! et qui donc périrait le premier si leurs conspirations réussissaient? Jamais, je le déclare, non, jamais je ne transigerai avec la tyrannie; et, si l'ennemi était à nos portes, on verrait alors quels seraient les vrais braves. (Marat interrompt.) Un vil scélérat qui a prêché le despotisme... (*Marat.* C'est vous qui êtes un scélérat.) Voilà l'homme qui vous a demandé sans cesse le despotisme, tantôt sous le nom de dictature, tantôt sous celui de triumvirat. Lorsqu'il a été question de moi personnellement, j'ai gardé le silence. Je me suis honoré de ses calomnies; il n'avilit que ceux qu'il loue. (Marat renouvelle ses interruptions. — *Plusieurs membres.* Taisez-vous, scélérat.)

Président, je ne suis pas inquiet de l'opinion que la nation peut avoir de nous en cet instant; je ne suis pas inquiet de celle qu'elle pourra avoir par la suite. Je ne suis pas inquiet surtout du jugement que la postérité portera sur nous. Mais dans ce moment nous devons nous montrer ici sans ménagement, sans faiblesse; nous devons sévir contre les hommes audacieux qui avilissent par un système constamment suivi la représentation nationale. Nous ne devons pas souffrir qu'on nous menace sans cesse du poignard des assassins. (*Marat.* C'est vous... Une grande partie de l'assemblée manifeste son indignation par des cris.)

David, s'avançant au milieu de la salle. Je demande que vous m'assassiniez... Je suis un homme vertueux aussi... La liberté triomphera... (Une assez vive agitation succède pendant quelques minutes à ces apostrophes.)

Pétion. Qu'est-ce que prouve l'action de David? le dévouement d'un honnête homme en délire et trompé. (*David.* Non.) Vous vous en apercevrez.

Laignelot. Tu n'as pas toujours tenu cet langage. (On murmure.)

Pétion. Je ne demande qu'une chose, et je la demande en grace; c'est qu'au lieu de ces dénonciations déclamatoires, on avance des faits par écrit et qu'on les signe... (Nouvelles interruptions. *Quelques voix de la même extrémité.* Occupons-nous de sauver la patrie.) Le premier et le plus grand des moyens pour sauver la patrie est d'empêcher l'avilissement, la dissolution de la Convention. J'entends sans cesse dire à ceux qui accusent : *A quoi bon s'occuper des personnes; passons à l'ordre du jour.* Certes, c'est une étrange tactique que d'accuser et de ne pas entendre ceux qu'on inculpe; certes, la nation doit être bien étonnée de voir quels hommes jouent ici le rôle d'accusateurs quand il est prouvé qu'ils ont constamment conspiré contre la patrie. N'a-t-on pas osé dire à une certaine société, que moi, par exemple, j'étais le complice de d'Orléans. Eh! ne sait-on pas ce qui s'est passé? Ne sait-on pas que, lorsqu'il était question d'expulser les Bourbons, je lui ai donné un conseil qui peut-être eût sauvé la patrie? Il n'a pas suivi mon conseil.

David. Pétion, étiez-vous en correspondance avec Égalité fils?

Pétion. Oui, oui, oui, cent fois oui; et il eût été à désirer qu'il n'en eût pas eu avec d'autres, il ne serait pas un traître aujourd'hui, et il serait loin de la France. Qui, moi? conspirer contre la République! moi, conspirer pour d'Orléans! moi qui voulais le faire sortir de son sein. On prodigue des calomnies infâmes; y répondez-vous, on ne vous écoute point; on réitère, on suit le même plan, on répète les calomnies, on espère qu'à la fin on y croira. (*Robespierre.* Il sera permis de répondre.) Oui, oui... Je voudrais qu'il s'engageât ici une lutte qui n'a jamais eu lieu. Je voudrais que l'on commençât par écrire les inculpations, que l'on entendît par écrit les réponses, que chacun se soumît à mettre là sa tête pour que celle du coupable tombât. (*David.* Je propose la mienne.) Je ne prétends pas faire sans cesse lutte de poumons, de déclamations; cela ne produit rien. Ce n'est pas ainsi que luttent les hommes libres. Je ne veux ni approbation, ni improbation; mais je veux le calme, je veux la liberté. Déjà nous avons lutté par écrit; cet homme qui sait que je le connais, Robespierre, je l'avoue, s'est bien conduit dans l'assemblée constituante; mais, je l'avoue aussi, je n'ai jamais conçu ses motifs. (On murmure.)

Levasseur. Le rapporteur du comité du salut public est là, et nous perdons le temps à nous occuper des personnes.

N... Je demande la parole pour une motion d'ordre.

Plusieurs voix. Non, non, la parole est à Pétion.

Pétion. Que ces explications amènent à connaître les vrais amis de la République. Personne ne désire plus que moi qu'elles nous donnent les moyens de sauver la patrie. Il n'est personne qui, ayant assisté à la séance d'hier au soir, ne dise : Il n'y a donc plus de Convention nationale. Si nous tolérons plus long-temps ces désordres, je maintiens que nous ne remplirons pas le vœu de nos commettans; je maintiens que nous ne sauverons pas la chose publique. Comment voulez-vous que les hommes les plus patiens ne sortent pas de leur caractère et ne soient pas suffoqués d'indignation? Lorsque, dans les momens où nous sommes, on dit sans cesse, voilà les traîtres, n'est-ce pas dire, voilà ceux qu'il faut égorger? Et croit-on que le peuple ait besoin de victimes, parce qu'il éprouve des revers? Ne vaudrait-il pas mieux lui élever l'ame, l'agrandir, lui montrer le chemin qui peut le sauver. Si l'on parvient à dissoudre la Convention, que restera-t-il? l'anarchie. Oui, la chose publique sera perdue. Ne soyons pas sans cesse à nous déchirer; et surtout quand nous sommes hors d'ici, qu'on n'aille pas m'accuser ailleurs.

M'a-t-on jamais vu dire la moindre injure à mes collègues? Dans l'assemblée constituante, certes, je ne manquai pas d'énergie. Le lendemain de l'affaire du Champ-de-Mars, j'étais sous les poignards, mais on reconnut que j'étais un homme de bien, et j'obtins un amendement sans lequel la loi n'aurait point passé. C'est qu'alors il y avait de l'humanité, de la justice; alors on savait respecter la représentation nationale... (*Quelques voix :* Résumez-vous.) Eh bien! je vais me résumer. Je demande que, si on a quelque inculpation à faire contre un collègue, au lieu d'apporter des présomptions, des déclamations, on écrive et on signe la dénonciation. Je demande que les calomniateurs soient punis; et dans l'affaire actuelle je demande que le rapporteur soit censuré pour s'être permis de présenter un préambule qui n'était pas adopté par le comité, et que défendaient vos décrets. (*Poultier.* J'ai fait ce rapport en mon nom.) Il vous fait un rapport sur ce qu'il ne connaît pas. J'avoue que je ne pourrais faire un rapport sur un objet militaire. On voit sans cesse des ci-devant prêtres, des ci-devant ecclésiastiques. (*Poultier.* Dites des moines. Je l'ai été; mais depuis dix-huit mois je suis à la frontière.) Ce sont ceux-là qui ont le vrai patriotisme, le patriotisme au juste degré de chaleur. (*Poultier.* Il est permanent.) Tout le monde se dit patriote; plût au Ciel que cela fût vrai! on divise les patriotes en deux classes, dont l'une a le nom d'amis des lois, de modérés, etc. Mais dans quelle classe sont donc les ci-devant nobles, ci-devant aristocrates, royalistes, prêtres? Dans quelle classe! ils ont le patriotisme par excellence. Ceux qui n'ont pas cessé d'être républicains, ceux qui, avant 1789, avaient attaqué la royauté, ceux-là donc que peuvent-ils attendre? Quel serait leur sort si l'ennemi pouvait jamais entrer en France! Il faudrait qu'ils mourussent en combattant contre lui; et vous verriez alors quels seraient ceux qui demanderaient à former le bataillon sacré, et ceux qui espéreraient de capituler avec les tyrans. Oui, j'en prends l'engagement solennel, je jure à l'assemblée, je jure à mes commettans que, quelque chose qui arrive, je ne vivrai jamais sous le despotisme... (On applaudit.) Je demande que le rapporteur soit rappelé à l'ordre pour avoir présenté un rapport qui lui était interdit par les décrets.

Marat. J'ai demandé la parole pour une motion d'ordre.

Plusieurs voix. Non, non.

Poultier. Le comité de la guerre ne m'a chargé de faire aucun rapport. Seulement, celui qui a écrit l'interrogatoire de Lanoue et de Stengel ne se trouvant pas au comité, on m'a chargé de le lire à la tribune. Je l'ai parcouru auparavant, j'ai vu qu'il était insignifiant. J'ai fait des réflexions que je vous ai communiquées en mon nom individuel; j'avoue que j'ai eu tort.

L'assemblée passe à l'ordre du jour, motivé sur l'explication de Poultier.

Bréard, au nom du comité de salut public, présente la liste des commissaires qui doivent se tenir, au nombre de trois, auprès de chacune de nos armées.

Boileau. Je demande qu'aucun prêtre ne soit envoyé en mission, car je me défie de cette secte, soit constitutionnelle ou non.

Chassei. Nous ne voulons pas rétablir de castes privilégiées; nous ne connaissons que des citoyens. Personne n'a démérité et ne peut démériter que par des actions personnelles. Examinez les individus, à la bonne heure, avant de les honorer de votre choix. Je demande la question préalable sur l'amendement de Boileau.

La question préalable est adoptée, et la liste décrétée.

Marat. Président, j'ai demandé la parole pour une motion d'ordre.

L'assemblée passe à l'ordre du jour.

Le président. La parole est au rapporteur pour lire l'interrogatoire de Lanoue et de Stengel. Ensuite Guadet l'aura d'après le décret rendu hier.

Poultier commence la lecture de l'interrogatoire. — Il est interrompu. Les généraux Stengel et Lanoue sont envoyés au tribunal révolutionnaire. — On demande que Miranda, Miaczinscki et Lécuyer y soient aussi renvoyés. — Cette proposition est adoptée. — Delmas, président, prend le fauteuil.]

Guadet. Citoyens, si en dénonçant devant le sénat de Rome celui qui avait conspiré contre la liberté de son pays, si en dénonçant Catilina, Cicéron avait fondé son accusation sur des preuves de la nature de celles que Robespierre a produites contre moi, Cicéron n'eût inspiré dans l'ame de ceux qui l'eussent entendu que de l'indignation et du mépris; mais si, après avoir annoncé qu'il venait remplir un ministère douloureux et pénible, qu'il y était forcé par l'amour de sa patrie, Cicéron eût terminé son discours par une ironie ou une plaisanterie, Cicéron eût été honteusement chassé du sénat; car chez ce peuple on détestait la calomnie, et l'on savait punir les calomniateurs. Mais Cicéron était un homme de bien; il n'accusait pas sans preuves : Cicéron n'eût pas spéculé sur l'ignorance du peuple; Cicéron n'aurait pas accaparé une réputation populaire pour accaparer la république... Je m'arrête; aussi bien que peut-il y avoir de commun entre Cicéron et Robespierre, entre Catilina et moi?

Je divise en trois époques la calomnieuse histoire que Robespierre vous a débitée : ce que j'ai fait à l'assemblée législative depuis sa formation jusqu'au renversement du trône; ce que j'ai fait à l'assemblée législative depuis le renversement du trône jusqu'à l'époque du rassemblement de la Convention nationale, ce que j'ai fait depuis que la Convention nationale est formée.

Sur la première époque je suis forcé de diviser encore, car il faut bien essayer de suivre cette accusation dans le dédale où on l'a jetée : influence sur la nomination des ministres; influence sur leur administration; influence dans les comités; influence dans l'assemblée; influence sur la déclaration de guerre à l'Autriche; intelligences avec les traîtres, notamment avec La Fayette; enfin, intelligences avec la cour.

Je passerai rapidement sur la plupart de ces faits, dont Vergniaud a déjà démontré avec beaucoup d'esprit l'absurdité, et je ne prétends pas convaincre ceux que Vergniaud n'a pas convaincus.

J'ai fait nommer les ministres!... Mais de quels ministres veut-on parler? C'est sans doute de ceux que la voix publique a désignés comme bons patriotes ; et je ne vois pas quel crime on pourrait faire à un citoyen qui, au milieu des divisions et des trahisons, eût rendu à sa patrie le service de porter au ministère des hommes fidèlement attachés à la liberté : mais ce service je n'ai pas eu le bonheur de le rendre à ma patrie.

Le ministère désigné sous le nom de ministère patriote a été d'abord composé de quatre hommes ; j'entends parler de Dumourier, Servan, Clavières et Roland. Quant à Dumourier, je n'avais jamais entendu parler de lui avant l'époque où il a été fait ministre, si ce n'est par Gensonné, que l'assemblée constituante avait chargé d'aller porter la paix dans le département de la Vendée, et qui dans son rapport avait rendu justice aux talens militaires, à la prudence et au zèle de ce général ; du reste je ne connaissais, je le répète, en aucune manière Dumourier. Il arriva au ministère, et je crois que dans le recueil des pièces appartenant à la liste civile et qui ont été imprimées, il est facile de reconnaître qu'il était parvenu par l'influence de Sainte-Foix, que je ne crois pas avoir jamais vu (1). Dumourier parvint au ministère, et passait pour un zélé patriote ; il est naturel que dans un moment de danger les bons citoyens se serrent, et peut-être ne serions-nous pas dans l'état où nous sommes si nous nous étions serrés nous-mêmes.

Cependant, je dois en convenir, je n'ai jamais formé avec Dumourier de liaison : je n'ai pas tardé à m'apercevoir que cet homme n'avait pas de principes de morale, et les hommes qui n'ont pas de morale ne m'appartiendront jamais. Je fis plus ; au moment où je fus convaincu de cette vérité, je déposai mes soup-

(1) Le fait avancé par Guadet est exact. Nous avons lu ces pièces dans la collection tirée de l'armoire de fer. (*Note des auteurs.*)

çons dans le sein de quelques amis particuliers, membres de l'assemblée législative, et entre autres dans le cœur de celui qui vous préside en ce moment, de Delmas. Au moment où je fus convaincu des petits manéges de Dumourier, c'est moi qui, de cette tribune, il était à la barre, lui reprochai ses trahisons envers la chose publique, et demandai contre lui le décret d'accusation. Ceux ou la plupart de ceux qui m'accusent aujourd'hui d'avoir eu des liaisons avec Dumourier, et de les avoir conservées jusqu'au moment de sa conspiration, ne me secondèrent pas tous dans mes efforts, qui, j'ose le dire, s'ils l'eussent été, eussent peut-être sauvé la République. Quoi qu'il en soit, Dumourier quitta le ministère, Dumourier devint général. C'est en parlant de cette seconde époque, à laquelle je passerai tout à l'heure, que je répondrai aux accusations de liaison avec lui.

Au reste, citoyens, ce que je dis ici je n'ai pas attendu pour le dire que la conjuration de Dumourier fût dévoilée, car tous les journaux d'alors déposent de la vérité des faits que j'articule. Je dois dire que le comité de défense générale, ou plutôt la réunion d'un grand nombre de membres de cette assemblée dans le local du comité de défense générale, ont pu m'entendre quand on ne connaissait encore que la lettre du 12 mars ; je prononçai mon opinion à son égard comme je la prononcerais aujourd'hui ; et il est un fait que je ne dois pas passer sous silence. Dumourier, pendant son ministère, obtint du comité diplomatique et de la commission extraordinaire l'abandon de six millions pour dépenses secrètes de son ministère des affaires étrangères : on a prétendu, car il est facile d'accuser, surtout lorsqu'on s'embarrasse peu de mettre les preuves à côté de l'accusation, on a prétendu que mon éloignement de Dumourier ne venait que de ce qu'il avait refusé de partager cette somme avec moi.

Citoyens, il est impossible de pousser plus loin la scélératesse, l'atrocité ! D'abord, si l'on avait voulu prendre la peine d'examiner, on aurait su que sur cette somme de six millions, Dumourier n'avait dépensé pendant son ministère que 700,000 liv. ; son compte est au comité des finances ; on aurait su surtout que si

Dumourier a rendu ce compte, dont aux termes du décret il était dispensé, c'est sur ma motion; car je connaissais aussi le placard infâme qu'on est venu tirer de dessus quelque pilier de la Halle ou de quelque carrefour pour venir nous l'opposer.

Je savais que dans ce placard on prétendait que ce refus de Dumourier avait été la cause de notre éloignement. Je n'étais pas embarrassé de savoir aussi dans quel arsenal avait été fabriqué ce libelle infâme et dégoûtant, et peut-être Robespierre ne serait-il pas content, si je lui rappelais ce que les Durosoy et les Gautier de ce temps ont pu dire sur sa conduite; et peut-être aurais-je le droit de dire que celui-là est l'auteur du placard qui a la bassesse de me le reprocher aujourd'hui! Quoi qu'il en soit, c'est sur ma motion que Dumourier fut obligé, par décret de l'assemblée législative, de rendre compte.

Voilà pour Dumourier. Je passe à Servan. Je dois dire encore sur lui que je ne connaissais son nom que par l'excellent ouvrage intitulé *le Soldat citoyen*, qu'il avait composé avant son ministère; ouvrage qui m'avait quelquefois fait espérer que la liberté se planterait en France. Servan entra au ministère sans que je l'eusse jamais vu, et pendant son ministère je n'ai jamais eu avec lui que les liaisons que deux honnêtes gens peuvent avoir ensemble. Quant à Clavières, mes liaisons avec Brissot, liaisons dont je m'honore... (Quelques murmures.) Brissot combattait pour la liberté; il souffrait pour elle, il écrivait pour elle, alors que Robespierre disait qu'il ne savait pas ce que c'était qu'une république!

Ces liaisons dont je m'honore, d'autant plus que c'est en lui que j'ai trouvé cette véritable philosophie, non pas cette philosophie de paroles, mais de pratique, qui n'allie point le vice avec la prédication de la vertu, qui fait qu'on se contente de la médiocrité dans laquelle on est né, qui fait qu'on n'avance jamais sa fortune par des moyens illégitimes; liaisons dont je m'honore d'autant plus que j'ai trouvé en lui un ami fidèle, un ami constant, un ami éclairé; mes liaisons avec Brissot m'ont mis à même de connaître Clavières, dont la réputation dans la science des finances était faite avant que je l'eusse connu. J'atteste sur ce qu'il y a de plus sacré dans la liberté que je n'ai eu aucune influence sur cet homme ; j'atteste que je n'ai jamais eu besoin de lui ; j'atteste que je ne me suis jamais servi de l'amitié qu'il m'a témoignée. Quant à Roland, le lendemain de son élévation au ministère je l'ai vu chez Pétion ; je l'ai constamment estimé depuis : j'ai admiré son inflexibilité, la sévérité de son caractère au milieu d'une cour corrompue ; j'admirai le courage avec lequel il a su lutter contre les trahisons de cette cour ; j'admirai le courage bien plus grand encore avec lequel il a su lutter contre une faction plus puissante, armée de calomnies, de diffamations, d'insultes, d'outrages et de poignards ; je l'ai admiré surtout pour la constance qu'il a eue d'être toujours grand au milieu de ses persécuteurs, modeste avec des talens ; mais mes relations avec lui se sont bornées, comme avec les autres ministres, à des relations de pure estime et d'amitié.

Je puis même citer à cet égard un fait remarquable. La ville de Bordeaux a un hôpital qui était ruiné ; il renfermait près de quatre cents malades. Deux ou trois capitalistes de Bordeaux, négocians patriotes, qui avaient prêté des fonds, demandèrent à en être remboursés ; de son côté l'hôpital demandait des fonds ; l'assemblée nationale en avait mis entre les mains du ministre de l'intérieur pour les dépenses de cette nature. Bordeaux avait ici deux députés ; Fonfrède en était un ; ils restèrent ici trois mois ou à peu près pour obtenir du ministre de l'intérieur une somme de 500,000 livres pour l'hôpital de Bordeaux. Je les accompagnai une fois chez lui ; et quoique la ville de Bordeaux eût évidemment des droits légitimes à l'obtention de cette somme, le ministre de l'intérieur n'accorda que 60,000 livres. Voilà la grande influence que j'avais sur le ministre de l'intérieur, qui, je le répète, a toujours été pour moi un objet d'estime et de respect.

Je passe à l'influence qu'on suppose que j'ai eue dans les comités de l'assemblée nationale législative. Certes, il me serait difficile de répondre à une accusation de cette nature ; je n'ai appartenu dans l'assemblée législative, du moins jusqu'à l'époque dont je parle, qu'au comité de législation : j'y avais préparé quelques travaux que la séparation de l'assemblée législative a rendus inutiles, du moins pour elle. Le comité diplomatique de l'assemblée législative est celui qu'on a particulièrement dénoncé et décrié ; je n'y suis point entré pendant tout le cours de l'assemblée nationale législative ; je n'en étais pas membre ; et je ne suis devenu membre du comité de défense générale et de la commission de Vingt-Un que dans les momens de crises qui se préparaient, lorsque l'assemblée législative crut devoir les former ; et certes j'ai connu beaucoup d'hommes qui auraient été bien aises de m'éloigner de ce comité ; et ces hommes n'étaient pas des patriotes très-ardens : si j'y fus porté, ce fut par les patriotes. Comment se fait-il donc que Robespierre, se transportant dans les Feuillans d'alors, trouva mauvais avec eux que je fusse membre de ce comité ? Mais enfin qu'y ai-je fait ? Je peux répondre ici d'une manière générale. Vous accusez toute ma carrière politique dans l'assemblée législative, vous soupçonnez toute ma conduite... Hé bien ! j'ai attaché mon nom à quelques décrets de cette assemblée ; prenez-les ; voyez s'il y en a un seul que l'on puisse appeler liberticide ; alors accusez-moi. Mais on ne peut jamais accuser un membre de l'assemblée nationale pour des opinions erronées ; mais s'il est vrai que ces décrets puissent être avoués par le patriotisme le plus pur, comment se fait-il que vous fassiez à mon égard ce que les journaux aristocratiques faisaient alors, que vous vous attachiez à mon nom pour le diffamer ? Citoyens, je vous laisse à tirer la conséquence.

Dans la commission des Vingt-Un il a été question de la déchéance du roi. Je suis obligé de répéter ici ce que j'ai dit ; mais, comme le disait encore Pétion ce matin dans cette tribune, la calomnie déjà repoussée se répète toujours ; on espère que bientôt la blessure sera si profonde qu'il faudra bien que la cicatrice paraisse... Il a été question de la déchéance du roi ; je me suis opposé à cette mesure parce que je croyais que la déchéance du roi ne pourrait conduire qu'à de grands maux : j'ai vu dans la déchéance du roi son fils montant sur le trône, et d'Orléans régent. J'ai pensé, et cette opinion a été partagée par un grand nombre de mes collègues, que ce n'était point à la mesure de la déchéance qu'il fallait s'attacher, mais à la suspension, et à la convocation d'une Convention nationale. Par là toutes les passions devaient à la fois se taire, car il fallait bien qu'elles courbassent toutes la tête devant la volonté générale : nous étions alors dans un temps plus heureux ; nous n'y sommes plus ! La déchéance du roi ne fut donc pas accueillie par la commission des Vingt-Un ; et si quelque chose m'étonne, d'après la mesure adoptée par ce comité, c'est qu'on ait pu la transformer en crime.

On nous a reproché, et c'est un fait qui probablement est échappé à Vergniaud dans l'embarras où l'avait jeté le roman incohérent et absurde de notre accusateur; on nous a reproché d'avoir voulu à cette époque *transiger avec la cour*... Calomniateur impudent ! transiger avec la cour ! Où sont tes preuves ? Tu parles, tu entends parler du mémoire qu'à l'époque du mois de juillet nous avons remis à un patriote estimable qui devait le faire passer sous les yeux de Louis XVI. Mais l'as-tu lu ce mémoire ? Eh bien ! qu'y as-tu vu ? Tu y as vu trois bons citoyens tremblant pour la liberté de leur pays, évidemment compromise, disant à un roi, qu'ils avaient le courage d'appeler perfide : « La
» guerre que nous éprouvons c'est pour vous qu'on nous la fait ;
» c'est en votre nom que les émigrés sont armés ; c'est pour vous
» que les cabinets de Berlin et de Vienne sont réunis. Eh bien !
» faites cesser cette coalition ; faites déposer les armes aux émi-
» grés : alors on pourra croire que vous voulez sincèrement la
» constitution. Un général perfide est à la tête de nos armées ; il
» nous trahit évidemment : ôtez-lui le commandement ; par la
» constitution ce droit appartient à vous seul. »

Et dans quelles circonstances ce discours était-il tenu ? Vous ne pouvez pas l'oublier, vous, Robespierre, qui dans un journal public vous étiez proclamé le *défenseur de la constitution :* vous qui, jusqu'à l'époque du 10 août, vous en déclarâtes le champion, vous ne pouvez l'ignorer. Les efforts des patriotes avaient échoué, le 20 juin, devant la coalition de la cour ; un nouvel échec semblable pouvait à jamais renverser la liberté : voilà ce que des hommes, qui n'ont peut-être pas vu si étroitement que vous, ont aperçu ; voilà ce que tous les bons citoyens ont dû apercevoir alors. Il était de leur devoir de prendre la seule mesure capable de nous sauver, en supposant que les efforts renouvelés du patriotisme et de la liberté succombassent encore. Mais en même temps que nous employions ce moyen, moyen qui n'en était pas un, car ce n'était pas une transaction avec la cour, c'était un mémoire remis en mains tierces, des conseils à un ami ; oui, en même temps que nous employions ces moyens, avons-nous négligé ceux par lesquels les efforts des patriotes devaient être secondés, en supposant qu'ils se réitérassent ? Si vous ne nous croyez pas, demandez-le, ou plutôt souvenez-vous de ce que vous ont dit des membres de l'assemblée législative composant la commission extraordinaire ; ils vous diront que les mesures par lesquelles le trône a été renversé le 10 août, c'est nous, nous vos accusés, qui les avons proposées : ils vous diront que c'est l'opinion fortement prononcée de Gensonné dans ce comité, qui a fait pencher celle de la commission extraordinaire des Vingt-Un ; ils vous diront, ou plutôt ils vous répéteront que le décret de suspension c'est Vergniaud qui l'a proposé, rédigé, et lu à cette tribune ; ils vous diront que le décret de la convocation des assemblées primaires, le décret d'abolition du droit de citoyen actif, le décret de convocation de l'assemblée conventionnelle, c'est moi qui les ai conçus, rédigés, et lus à cette tribune.

Mais plutôt, si tout le monde vous est suspect, interrogez les témoins qui ne mentent pas, ce sont les journaux d'alors. Ah ! certes, si le prince de Cobourg arrivait dans Paris, c'est alors que je m'attendrais à voir faire mon procès, précisément sur les mêmes faits que vous avez l'impudence d'articuler contre moi. Il me dirait : « C'est toi qui as constamment lutté dans l'assemblée législative contre les trahisons de la cour ; c'est toi qui le 9 août disais à cette tribune : Oui, nous sauverons la patrie ; nous la sauverons malgré les efforts de l'aristocratie et de la trahison réunies; il me dirait : c'est toi qui as proposé la formation des assemblées primaires, et la convocation d'une Convention nationale, par laquelle la royauté devait être abolie et le trône anéanti. Tu aurais bien mieux servi nos intérêts, si du moins tu avais adopté cette mesure de déchéance qui, prononcée en vertu de la constitution, aurait fait disparaître un homme, et qui nous aurait laissé un roi : voilà sur quels faits, sur quelles preuves je m'attendrais à voir faire mon procès, à perdre la tête. Ainsi donc lorsque Robespierre articule contre moi les mêmes faits, j'ai le droit de dire : Le complice de Cobourg, c'est toi. (Applaudissemens d'une partie de l'assemblée.)

Je passe, citoyens, à la troisième époque, c'est-à-dire à mes travaux dans la Convention nationale; et c'est ici où je suis forcé de m'avouer coupable : oui, je le suis; mais de quoi? d'avoir cru qu'il fallait ménager des scélérats et des traîtres pour ne pas perdre la chose publique; d'avoir cru que lorsque d'infâmes libelles, que lorsqu'une faction scélérate, m'avaient signalé comme le chef d'un parti quelconque, je devais laisser passer la tempête, m'écarter en quelque sorte moi-même.

Voilà de quoi je m'accuse, voilà de quoi mes commettans auront peut-être le droit de m'accuser; mais j'aurai de quoi me justifier par l'intention qui m'a dirigé et qui m'a fait croire que le bien s'opérerait plus facilement par mon silence qu'au son de ma voix. Voilà mes crimes, ce sont les seuls, et je défie l'accusateur le plus audacieux d'articuler ici un seul fait prouvé qui soit à ma charge. Citoyens, je pourrais peut-être vous en laisser juges vous-mêmes; mais au milieu de ces conjectures, de ces soupçons, à la faveur desquels on a fasciné les yeux de quelques citoyens, il faut bien que je me condamne à me traîner encore dans cette fange où on a eu l'intention de m'ensevelir.

Je prends à la troisième époque mes prétendues liaisons avec Dumourier, et je répète que je n'en ai eu aucunes, d'aucune espèce. Un de mes collègues m'a prié d'écrire à Dumourier pour un de ses fils dont la santé est faible, et qui était dans l'armée de

Dumourier. Je lui répondis que je n'avais pas de liaisons avec Dumourier, que cependant je hasarderais une lettre. Je l'écrivis, mais je me bornai dans cette lettre à la recommandation qui m'était demandée pour ce jeune homme. Dumourier ne me répondit point ; je reçus sa réponse par un officier de son armée, qui venait à Paris, et qui me remit en même temps un mémoire écrit tout entier de la main de Dumourier, par lequel ce général demandait au ministre de la guerre un de mes frères attachés à l'armée de Custine, et dont il avait entendu parler avec distinction. Ce mémoire, je l'ai gardé, et je ne l'ai point remis au ministre de la guerre. J'ai cru que dans un gouvernement républicain, nul ne devait s'élever à la place d'un autre que par ses talens. Le mémoire doit encore être chez moi.

Dumourier est venu à Paris ; il était précédé de la réputation de grand général ; il était environné de tout l'éclat de ses victoires. Je ne l'ai point recherché ; je l'ai vu quelquefois au comité dont j'étais membre ; je l'ai vu une autre fois dans une maison tierce où on lui donnait une fête à laquelle je fus invité, et à laquelle j'allai par amitié pour celui qui la donnait, Talma. J'y restai une demi-heure seulement ; et je n'y étais plus lorsque Marat et ses suppôts vinrent lui faire subir l'interrogatoire dont on a tant parlé. Il est resté plusieurs jours à Paris. Je n'ai pas su où il logeait. Je ne l'ai pas vu davantage ; je parle de son premier voyage : mais ceux qu'on a vus assidûment à côté de Dumourier, je le tiens de la voix publique, ce n'est pas moi, ce ne sont pas ceux qu'on accuse, ce sont précisément les hommes qui accusent Dumourier, et cette démarche ne m'a pas donné une opinion meilleure de son civisme. Dans tous les spectacles de Paris, qui était sans cesse à ses côtés ? Votre Danton.

Danton. « Ah ! tu m'accuses, moi !... Tu ne connais pas ma force !.....

Guadet. Si toutefois on peut appeler *vôtre* celui qui, dans le nombre de ses agens, vous place au troisième rang.

Danton. Je te répondrai, je prouverai tes crimes... A l'Opéra, j'étais dans une loge à côté de lui, et non dans la sienne... Tu y étais aussi.

Guadet. J'aurais pu vous citer des témoins oculaires. L'homme dont j'ai parlé, Fabre-d'Églantines, le général Santerre, formaient la cour du général Dumourier, et je n'en étais pas étonné; il en a été de même dans tous les spectacles, et remarquez que je n'en veux pas faire de crime à personne. Je n'ai jamais prétendu tirer de l'association d'un homme avec un autre devenu coupable la conséquence qu'il l'est aussi; je veux prouver seulement que ceux-là sont bien insensés de supposer des crimes à ceux qu'ils voient liés en apparence avec tel ou tel personnage, lorsque je les surprends liés eux-mêmes avec lui. Si j'avais voulu suivre ta doctrine, Robespierre, je t'aurais dit : Tu accuses Pétion de trahir la chose publique. Je pense différemment, car je e regarde comme digne de l'estime de tout homme de bien, et son amitié me console souvent des amertumes que toi et les tiens répandez sur ma vie; mais enfin, tu le dis, c'est un traître. Eh bien! puisque tu as eu des liaisons avec lui, voudrais-tu qu'on en conclût que tu es un traître aussi? Pourquoi donc commences-tu d'abord par me supposer des liaisons avec Dumourier, quand le fait est faux? Ensuite, pourquoi me supposes-tu traître, parce que cet homme l'est devenu? Certes, cette doctrine-là ne fut jamais celle du peuple même le plus barbare; elle est tout entière à toi, Robespierre. (Applaudissemens d'une partie de l'assemblée.)

En deux mots, je n'ai jamais eu de liaisons avec Dumourier; ce ne sont pas là des imaginations, ce sont des faits. Je l'ai accusé; je me suis expliqué sur son compte, dans un temps où sa conspiration n'éclatait pas encore, comme je le fais aujourd'hui; mais j'en aurais eu, qu'il ne s'ensuivrait pas que j'aurais partagé ses intrigues criminelles. Conquérant, victorieux, je l'admirai; conspirateur, je saurai le condamner. Et crois-tu que Brutus n'aimait pas ses enfants? Brutus avait des liaisons naturelles avec eux; cependant Brutus les condamna, et personne ne le supposa complice des crimes de son fils. Ainsi de même, si Gensonné a eu des liaisons avec Dumourier, s'il l'a admiré, estimé pendant qu'il a cru qu'il rendait de grands services à sa patrie, pendant que vous-mêmes vous l'admiriez, pendant que vous-mêmes vous le proclamiez le sauveur de la République, pendant que vous-mêmes vous condamniez ceux qui venaient ici demander un décret d'accusation contre lui, pendant que vous appeliez un crime d'oser même le soupçonner : eh bien! Gensonné saura aussi vous répondre; et, comme moi, il saura condamner Dumourier, comme il a pu l'admirer. Je le répète, quant à moi, aucune liaison d'aucun genre ne m'a attaché à cet homme. Sur tout le reste, il me serait facile de répondre d'une manière encore plus générale; et de dire à Robespierre, qui m'impute d'avoir formé une faction dans la Convention nationale, où sont tes preuves?

Si j'entends bien les termes, une faction est un concert d'hommes qui travaillent à renverser l'autorité légitime, à usurper la puissance. Eh bien! Robespierre, qui de toi ou de moi a travaillé ainsi? Réponds-moi. Depuis long-temps, et vous devez vous en être aperçus, citoyens, leur tactique est d'imputer aux autres ce qu'ils ont fait eux-mêmes. Ont-ils ordonné des pillages dans Paris? C'est vous, c'est moi qui les avons provoqués; ont-ils porté le peuple à des excès plus criminels encore? C'est encore moi. Quelques brigands répandus dans les sections de Paris prennent-ils des arrêtés subversifs des autorités nationales? C'est encore une manœuvre des factieux de la Gironde. Je n'ai pas besoin de les nommer, ceux qui se permettent cette tactique infâme. Vous le devinez, citoyens, et c'est là ma plus forte preuve contre eux. Nous composons une faction! Si ce n'était là le comble de l'atrocité, ce serait le comble de la dérision. Quoi! nous, vos victimes! nous, contre lesquels vous avez ouvertement, publiquement, conjuré dans la nuit du 9 au 10 mars, nous sommes une faction! Mais dans quelle tribune nous voit-on donc tâcher de propager nos principes factieux et liberticides? Abordons-nous les tribunes de nos sociétés populaires, devenues l'arsenal de la calomnie, du pillage, du meurtre, de l'assassinat? Oui, vos sociétés; prenez garde que je parle des vôtres, devenues, dis-je, l'arsenal de prédications d'attentats contre la représentation nationale. Nous voit-on dans les sections de Paris augmenter le nombre de ceux que vous-mêmes, lorsqu'ils vous ont rendu quelques services indiscrets, vous appelez des contre-révolutionnaires? Non, on ne nous voit nulle part; nous vivons seuls avec nos amis. Voudriez-vous aussi nous interdire de pareilles liaisons? voudriez-vous jeter dans une députation liée ou à peu près par les mêmes sentimens, par les mêmes principes, la division que vous jetez tous les jours dans la Convention nationale? Non, vous n'y parviendrez pas; la liberté nous réunit, nous sommes inséparables. Je termine par une accusation qui devait naturellement se détacher de toutes les autres; celle sur la guerre et sur les maux qu'elle peut avoir entraînés.

Citoyens, permettez-moi de vous faire une réflexion, elle s'échappe de mon ame : lorsque nous avons voulu la guerre, la France tout entière la voulait avec nous, Robespierre seul et son orgueil ne la voulait pas, parce qu'il ne veut jamais ce que les autres veulent. Il n'était même pas question de savoir si on la voudrait, si on ne la voudrait pas; car il était question de se défendre. Les armées ennemies s'étaient déjà réunies, elles marchaient sur le territoire français, un traité de coalition entre deux puissances qui n'avaient d'autre objet que d'anéantir la liberté française, était formé; les émigrés étaient aussi réunis; alors, fallait-il se laisser subjuguer? Ah! les Delessart de ce temps-là vous le disaient, les Durosoy vous le disaient aussi. Delessart disait qu'il fallait temporiser encore, parce que les ennemis n'étaient pas prêts. Ainsi c'est encore un nouveau trait de ressemblance que je trouve entre Robespierre et nos ennemis communs. On voulait donc la guerre, il fallait la vouloir, elle était forcée pour nous, à peine d'être subjugués; on la voulait, la nation la voulait, comme elle a voulu la République. Comment arrive-t-il donc à présent que pour des revers qu'eux-mêmes peut-être ils ont préparés, on calomnie une mesure à laquelle je déclare au surplus n'avoir pris d'autre part dans cette déclaration de guerre, que celle de mon opinion dans l'assemblée législative; opinion que j'avais écrite, et que je n'ai même pu prononcer; car l'assemblée adopta cette mesure d'enthousiasme et sans discussion. Comment arrive-t-il donc qu'on nous reproche cette mesure ? Citoyens, ils nous la reprochent après qu'ils ont attiré les revers sur nous, à peu près comme si, suivant leurs espérances, qui ne se réaliseront jamais, je l'espère, la République venait à périr, ils nous signaleraient aux espions de la police comme ayant voulu cette République. La guerre ! La Fayette la désirait pour être général : nous avons eu des intelligences avec lui. Nous, citoyens, permettez-nous de vous dévoiler ici un fait que Robespierre connaît parfaitement bien ; car il lui est attesté par des hommes que Robespierre ne soupçonnera certainement pas, si toutefois il est quelqu'un que Robespierre ne puisse pas soupçonner.

La source de la plus grande partie des calomnies répandues contre nous sont nos prétendues intelligences avec La Fayette. On a bâti dans le temps je ne sais quelle histoire d'un dîner fait avec La Fayette, et là-dessus, de conséquence en conséquence, on est allé jusqu'à la trahison. Eh bien ! citoyens, voici ce que c'est : un de nos collègues dans l'assemblée législative, qui souffre maintenant pour la liberté, je ne dirai rien qui soit à sa charge ; mais comme je suis loin de le soupçonner en aucune manière, et que je ne pense pas qu'il puisse l'être à moins d'une malveillance diabolique, je dirai le fait tout simplement ; un de nos collègues dans l'assemblée législative, c'est Lamarque, nous invita un jour, Ducoz, Grangeneuve et moi, à dîner chez lui ; nous y allâmes ; plusieurs autres députés s'y trouvèrent. Après le dîner, on nous fit passer dans l'appartement d'un ami de notre hôte, qui demeurait sur le même palier que lui. A peine fûmes-nous chez ce voisin qu'on nous annonça La Fayette ; comme par instinct, sans nous être rien communiqué, car La Fayette était jugé pour nous depuis long-temps, Grangeneuve, Ducoz et moi, sans saluer personne, nous prenons nos cannes et nos chapeaux, et nous sortons.....

Ducoz. J'atteste que ce fait est vrai.

Lacaze, de la Gironde. Tais-toi, Ducoz, tu es suspect, tu es Girondin.

Guadet. Cette entrevue fortuite où j'avais vu La Fayette, fut transformée, aux Jacobins, en une véritable intelligence avec lui; et comme nous dédaignâmes de répondre à ce bruit, il prit bientôt beaucoup de consistance. J'abandonne ici beaucoup de circonstances, et je passe à des preuves.

Tu nous accuses d'avoir eu des intelligences avec La Fayette : mais où t'es-tu donc caché le jour où on le vit dans tout l'éclat de sa puissance, porté du château des Tuileries jusqu'à cette barre, au milieu des acclamations qui se faisaient entendre sur cette terrasse comme pour en imposer aux représentans du peuple? Moi, moi tout seul, je me présentai à la tribune, et je l'accusai, non pas ténébreusement comme tu le fis, Robespierre, mais publiquement. Il était là... (Guadet désigne le banc des pétitionnaires placé à l'une des extrémités droites de la salle.) Je l'accusai; la motion que je fis fut soumise à un appel nominal, dans lequel les patriotes n'eurent pas la victoire. Voilà des faits : et cependant, éternel calomniateur, que m'as-tu opposé, si ce n'est tes rêveries habituelles et tes conjectures insultantes? Citoyens, c'est assez sans doute; j'ai mis devant vous toute ma carrière politique: ce n'est point dans les ténèbres, ce n'est point dans les caves que l'on m'a vu travailler pour la liberté. Il était donc bien simple de m'accuser par des preuves, si l'on avait pu en avoir; et de l'impuissance où on a été d'en trouver, on doit conclure, après avoir long-temps médité sur cette grande trahison, qu'il n'en a pas existé. Cependant, avec quelle audace ne vous a-t-on pas dit: c'est une chaîne dont le premier anneau est à Londres et le dernier est à Paris; et cet anneau est d'or! Ainsi donc, vous nous accusez d'être corrompus, d'être vendus à l'Angleterre, d'avoir reçu l'or de Pitt pour trahir notre patrie. Eh bien! où sont-ils donc ces trésors? Venez, vous qui m'accusez, venez dans ma maison; venez-y voir ma femme et mes enfans, se nourrissant du pain des pauvres; venez-y voir l'honorable médiocrité au milieu de laquelle nous vivons; allez dans mon département, voyez-y si mes minces domaines sont accrus; voyez-moi arriver à l'assemblée, y suis-je traîné par des coursiers superbes?

Infâme calomniateur, je suis corrompu ! Où sont donc mes trésors ? Informez-vous auprès de ceux qui m'ont connu ; demandez-leur si je fus jamais accessible à la corruption ; demandez quel est le faible que j'ai opprimé, quel est l'homme puissant que je n'ai pas attaqué, quel est l'ami que j'ai trahi. Ah ! citoyens, pourquoi chacun de nous ne peut-il pas dérouler, si je puis m'exprimer ainsi, sa vie entière ! C'est alors que nous connaîtrions quels sont ceux qu'il faut estimer, quels sont ceux qu'il faut exécrer ; car celui qui fut toujours bon père, bon époux, bon ami, sera toujours, à coup sûr, bon citoyen. Les vertus publiques se composent des vertus privées ; et je sens combien il faut se défier de ceux qui parlent de sans-culotterie au peuple, en même temps qu'ils affectent un faste insolent ; je sens qu'il faut se défier de ces hommes qui se disent patriotes par excellence, et qui ne pourraient pas souffrir qu'on les interrogeât sur aucunes.... aucunes de leurs actions privées.

C'est peut-être assez long-temps jouer un rôle auquel ma conscience ne m'a point accoutumé ; il est temps de passer à celui que mon devoir m'oblige de prendre.

Une chaîne, dites-vous, s'étend de Londres à Paris. Ah ! je le crois bien : c'est la chaîne de la corruption, je le crois encore ; et sans elle aurions-nous ici... ici tous les mêmes individus applaudissant à vos mouvemens, se réglant sur vos volontés ? Oui, je le comprends, Pitt ou toute autre coalition criminelle nous travaille par l'intrigue. Mais je suppose que quelqu'un de nous soit ici pour parvenir à ses fins, à la destruction de la République et de la liberté, qu'aurait-il fait ? Il aurait d'abord commencé par dépraver la morale publique, afin que les citoyens fussent dans ses mains ce qu'ils étaient autrefois, ce qu'ils sont encore dans quelques endroits entre les mains des prêtres ; il aurait jeté sur l'assemblée nationale de la déconsidération et le dérespect ; il aurait essayé de lui enlever la confiance de la nation ; il aurait semé dans la République, et surtout dans la ville que la Convention habite, l'amour du pillage, l'amour du meurtre ; il aurait fait entendre la voix du sang.

Si un homme en exécration à toute la France s'était trouvé sous sa main, il s'en serait servi et l'aurait poussé à la Convention nationale. Il aurait bien pris ses moyens pour que la Convention nationale ne pût pas le vomir de son sein ; il aurait fait dicter au corps électoral de Paris des lois, afin de porter encore dans la Convention nationale un homme qui pût servir les espérances des rois ; et, si la Convention se fût trouvée divisée dans une grande discussion, s'il s'était formé deux opinions, il aurait armé les partisans de l'une de ces deux opinions de calomnies contre l'autre ; il aurait espéré par là dissoudre la Convention. S'il n'avait pu réussir par elle-même, il aurait travaillé dans les sociétés prétendues patriotes, dans les sections où il aurait eu soin de répandre de fidèles amis, à assurer le succès de cette dissolution de la représentation nationale ; il aurait surtout fortifié ce système atroce de calomnies par lequel il aurait attaqué le plus homme de bien, et qui aurait montré quelque courage : voilà ce que Pitt aurait fait. Est-ce moi qui l'ai fait? est-ce nous qui l'avons fait ? Citoyens, chacun de vous peut appliquer non pas l'hypothèse que je viens de faire, mais les faits que je viens de mettre sous vos yeux. Ceci m'amène tout naturellement à vous entretenir d'intérêts bien autrement majeurs que ceux dont la pénible situation où on m'a réduit m'a forcé de vous entretenir jusqu'à ce moment. Cette conjuration que j'ai supposée devoir être fomentée par les agens secrets des puissances étrangères pour renverser la Convention nationale ; cette conspiration, elle a eu lieu ; cette conspiration, personne n'en peut douter, a des liaisons intimes avec la trahison de Dumourier ; car, je le répète avec Vergniaud, il est évident pour tout homme de bonne foi que Dumourier travaillait pour Égalité.

Marat. C'est une calomnie atroce. (Murmures.)

Guadet. Dumourier n'était que l'instrument d'une infâme conspiration dont d'Orléans était l'ame et le chef ; car je vous ramènerai sans cesse à ce raisonnement inexpugnable : A qui devait profiter la trahison de Dumourier ? à d'Orléans. Il est donc évident que c'est lui qui en était le chef ; et comment en douter ?

Je ne parcourrai pas toutes les époques de sa vie entière, mais je sais bien que celui qui aurait voulu asservir son pays, ne se serait pas conduit autrement que d'Orléans père ne l'a fait depuis la révolution. Or, maintenant il n'est peut-être plus permis de demander quels étaient ceux qui favorisaient les projets d'Orléans, quels étaient ceux qui vivaient dans l'intimité avec lui, quels étaient ceux qui avaient ordonné au corps électoral de Paris de le nommer lui vingt-quatrième, afin qu'on sût bien que c'était leur volonté et non celle du corps électoral qui opérait cette nomination. Quels sont-ils ? je n'ai encore pas besoin de les indiquer. Cependant, par l'effet de cette tactique dont je parlais tout à l'heure. (Un mouvement se fait dans l'une des tribunes.— Plusieurs membres se plaignent de ce qu'un citoyen les a insultés ; ils demandent qu'il soit arrêté. L'assemblée l'ordonne.)

Le président. J'annonce à l'assemblée que le citoyen qui a outragé la Convention nationale est au corps-de-garde.

Danton. Je demande qu'on rende compte à l'assemblée des motifs qui ont autorisé cette arrestation, car un citoyen ne doit pas être arrêté sur une simple dénonciation.

David. Je demande à faire une interpellation à Guadet.

Guadet. Président, je vous prie d'apprendre à David que je ne suis point ici sur la sellette pour répondre à ses interpellations; et remarquez, citoyens, que, lorsque je parle d'un parti favorable aux projets ambitieux d'Orléans, je n'entends pas tirer une preuve de la demande faite du rapport d'un décret par lequel sa famille a été bannie du territoire de la République. Loin de moi l'idée que jamais l'opinion d'un représentant du peuple puisse être transformée en crime ; je donnerai le premier l'exemple du respect pour la liberté pleine et entière des opinions ; mais je ne puis pas avoir oublié les circonstances qui ont accompagné, et le décret d'expulsion, et le rapport de ce décret. Je ne les retracerai point, pour ne pas scandaliser, par ce récit, la République française, autant qu'elle a pu l'être par l'acte même. Je vous prie seulement de vous souvenir que la violence, bien plus que la raison, arracha le décret par lequel celui qui avait banni la famille des Bourbons, fut rapporté. D'ailleurs, je ne peux avoir que l'idée que d'Orléans a été porté dans la Convention nationale, où l'on avait besoin qu'il fût, par les mêmes hommes qui nous accusent aujourd'hui d'être ses partisans. Ce n'est pas d'aujourd'hui, ce n'est pas en confidence que j'ai dit sur d'Orléans ce que j'en pensais. C'est à lui-même, et Danton me l'a reproché. Je m'explique. Je fis un jour, à la tribune de la Convention, une motion, et dans le discours qui la précéda, je supposai que des ennemis de la liberté pouvaient avoir l'intention de rétablir la royauté en France ; je dis qu'il était facile d'apercevoir ceux qui aspiraient à ce grade éminent.

Le lendemain, à sept heures du matin, je vis entrer chez moi M. d'Orléans ; ma surprise fut grande. Il me demanda, en protestant que sa renonciation absolue à la royauté était bien sincère, si j'avais entendu le désigner, si j'avais des craintes sur lui ; il me priait de m'expliquer franchement. Je lui dis : Vous me priez de m'expliquer franchement ; vous n'aviez pas besoin de m'en prier pour que je le fisse ; je connais votre nullité, et s'il n'y avait que vous, je ne vous redouterais pas ; mais je vois derrière vous des hommes qui ont besoin de vous, et mes craintes sont grandes. J'ajoutai : Vous avez un moyen bien simple de les faire cesser ; demandez vous-même à la Convention nationale le décret qui vous bannisse de la République vous et votre famille, et qui vous en bannisse au moins d'une manière plus honorable. D'Orléans me répondit que déjà Rabaut-Saint-Étienne lui avait donné ce conseil ; il me dit qu'il allait consulter, je ne me rappelle plus qui. Le lendemain ou le surlendemain, je dis à Sillery dans l'assemblée même, oui, d'Orléans n'a que ce parti à prendre. Il me répondit : Oui, je le sens bien, et en conséquence je vais lui faire un bout de discours, après lequel il demandera le décret d'expulsion, car il ne sait rien faire de lui-même ; voilà les propres expressions dont il se servit. Je n'ai plus parlé à Sillery ni à d'Orléans de ce projet ; mais j'avoue que ce n'est pas sans surprise que, dans la séance où le rapport du décret qui bannissait la famille des Capet fut demandé, j'entendis Sillery dire au président : Je vous demande la parole, afin de vous montrer et de montrer à la Convention nationale le piége qu'on lui a tendu, en lui faisant rendre le décret qui bannit la famille d'Orléans. Ces expressions, surtout d'après ce que Sillery m'avait dit lui-même qu'il sentait la nécessité de ce décret, me donnèrent quelques soupçons, non pas sur Sillery, mais augmentèrent ceux que j'avais sur d'Orléans.

Maintenant, je le demande, quels sont donc ceux qui peuvent avoir favorisé les projets de cette famille ambitieuse? de ceux qui, pour éviter dans la Convention nationale une lutte qui pouvait être scandaleuse, et elle l'a été, lui conseillaient de se bannir lui-même, ou de ceux qui s'y sont constamment et avec fureur opposés? ou de ceux qui le lendemain ont lutté avec force pour empêcher le rapport de ce décret, et ont prononcé à cette tribune les opinions les plus vigoureuses et les plus libres, ou bien de ceux qui ont avec fureur demandé le rapport de ce décret, et rendu impuissans dans cette occasion tous les élans, tous les efforts de la liberté? ou bien de ceux qui allaient gémissant de ce rapport, tout en s'y soumettant; ou de ceux qui s'en allaient déclamant qu'ils avaient remporté une grande victoire, ou bien de ceux qui s'en sont allés s'enorgueillissant de ce que des citoyens, sans doute égarés, avaient braqué des canons devant la maison d'une des femmes de cette famille?

Certes, citoyens, si jamais il y a eu quelque chose d'étonnant et pour la nation, et pour l'histoire, et pour la postérité, ce sera sans doute qu'une pareille question ait pu souffrir des difficultés au milieu de la Convention nationale; mais non, elle n'en souffrira pas; le jugement des hommes de bien est porté. (On applaudit.)

Ainsi, citoyens, cela est démontré; les deux conjurations se lient, parce que toutes deux elles devaient tourner au profit du même homme, de la même famille. Eh bien ! qui a ourdi celle du 10 mars? Qui l'a ourdie? Citoyens, j'aurai le courage de dire la vérité tout entière; car Vergniaud dans cette tribune, lorsqu'il vous parla de la conjuration, usa d'un ménagement que l'amour de la patrie, la nécessité d'être entendu le forcèrent d'employer. Mais aujourd'hui toute dissimulation serait un crime, et c'en sera toujours un pour moi.

Celle-ci l'a été publiquement; elle a été consignée sur des registres, proclamée en présence même des magistrats du peuple, des officiers municipaux. Le foyer en a été aux Jacobins de Paris; et si l'on peut supposer que celui qui nous a dénoncés, car son rôle est d'être un dénonciateur éternel, la nature l'y a condamné; si l'on peut supposer qu'il n'y ait eu aucune part active, du moins il y a eu sa part non moins criminelle de l'avoir connue, d'en avoir été témoin sans la révéler. Mais il la préparait sans doute le jour où il s'écriait, après les scènes du pillage des épiciers : « On a bien raison de s'étonner que le peuple se soit levé pour du sucre et du café. Quand le peuple se lève, il doit être terrible dans ses vengeances tant qu'il a des ennemis à exterminer. » Tandis que ce nouveau Mahomet, aux talens près, enveloppait ainsi dans une mystérieuse désignation les victimes qu'il fallait frapper, son Omar les nommait dans ses feuilles, et d'autres se chargeaient du soin de les désigner. C'était la Convention nationale qu'il fallait frapper, là étaient les victimes. Mais, citoyens, ce danger auquel vous avez échappé, croyez-vous qu'on ne vous le prépare pas encore? détrompez-vous; écoutez.

La société des Amis de la Liberté, de Paris, à leurs frères des départemens.

Amis, nous sommes trahis; aux armes! aux armes! voici l'heure terrible où les défenseurs de la patrie doivent vaincre ou s'ensevelir sous les décombres de la République. Français, jamais votre liberté ne fut en plus grand péril; nos ennemis ont enfin mis le sceau à leurs noires perfidies, et pour les consommer, Dumourier, leur complice, marche sur Paris. Les trahisons manifestes des généraux coalisés avec lui ne laissent pas douter que ce plan de rébellion et cette insolente audace ne soient dirigés par la criminelle faction qui l'a maintenu, déifié, ainsi que La

Fayette, et qui nous a trompés jusqu'au moment décisif sur sa conduite. Les menées, les défaites et les attentats de ce traître, de cet impie qui vient enfin de faire mettre en état d'arrestation les quatre commissaires de la Convention, et qui prétend la dissoudre, sont enfin connus. Trois membres de notre société, commissaires du conseil exécutif, les avaient précédés. Ce sont eux qui, en risquant leur existence, ont déchiré le voile, et fait décider l'infâme Dumourier.

Mais, frères et amis, ce ne sont pas là tous vos dangers, il faut vous convaincre d'une vérité bien plus douloureuse : vos plus grands ennemis sont au milieu de vous, ils dirigent vos opérations, vos vengeances ! ils conduisent vos moyens de défense !

Oui, frères et amis, c'est dans le sénat que de parricides mains déchirent vos entrailles ! Oui, la contre-révolution est dans le gouvernement, dans la Convention nationale ; c'est là, c'est au centre de votre sûreté et de vos espérances que de criminels délégués tiennent les fils de la trame qu'ils ont ourdie avec la horde des despotes qui viennent nous égorger ! C'est là qu'une cabale, dirigée par la cour d'Angleterre et autres.... Mais déjà l'indignation enflamme votre courageux civisme. Allons, républicains, armons-nous !

Marat. C'est vrai.

De violens murmures éclatent dans une très-grande partie de la salle. — Les trois quarts de l'assemblée se lèvent par un mouvement spontané. — *A l'Abbaye!* s'écrie-t-on avec chaleur.

Plusieurs voix s'élèvent pour demander le décret d'accusation. — Un cri général et prolongé appuie cette proposition.

Valazé. J'observe que l'adresse que vient de lire Guadet circule dans les départemens sous la signature de Marat.

Marat s'élance à la tribune. — Les citoyens des galeries applaudissent.

Le président rappelle les tribunes au silence.

Marat. Pourquoi ce vain batelage, et à quoi bon? On cherche à jeter au milieu de vous une conspiration chimérique, afin d'étouffer une conspiration malheureusement trop réelle. On ne peut plus la révoquer en doute; Dumourier lui-même y a mis le sceau, en déclarant qu'il marchait sur Paris pour faire triompher la faction qu'il appelle la saine partie de l'assemblée contre les patriotes de la Montagne. (Applaudissemens des tribunes.) Mais hier au soir, voulant donner à la France entière des preuves non équivoques de ma loyauté, j'ai demandé, moi, un décret qui mît la tête du fils d'Égalité, la tête du régent prétendu, du ci-devant comte d'Artois et de tous les Capets rebelles, à prix. Vous avez vu la Montagne demander qu'on allât aux voix sur cette proposition, tandis que les conspirateurs faisaient un vacarme horrible pour s'y opposer.

Une voix dans l'extrémité gauche. On demande le décret d'accusation contre Marat, parce qu'il a dénoncé Dumourier. (Quelques applaudissemens.)

Marat. Il est temps que les conspirateurs soient démasqués et expirent sous le glaive de la loi. Je renouvelle mes propositions; je demande qu'elles soient mises aux voix, et l'on verra de quel côté sont les suppôts d'Orléans. (Applaudissemens dans les tribunes.)

On demande que le décret d'accusation soit mis aux voix.

Danton monte à la tribune. (Une partie de l'assemblée et les tribunes applaudissent.)

Plusieurs membres demandent la parole.

On demande que ceux-là seuls qui voudront parler en faveur de Marat soient entendus.—Cette proposition est adoptée.

Danton. Je savais bien que la majorité de la Convention ne voudrait pas prononcer sur le sort d'un de ses membres, sans avoir entendu parler, non en faveur d'un homme, mais de l'intérêt public; je déclare d'abord que tout en reconnaissant le civisme de Robespierre, je n'aurais pas fait, moi, une dénonciation qui ne pose que sur des preuves politiques. La grande question est de savoir ce que c'est que la conspiration de d'Orléans, et si elle existe : j'ai cru long-temps que cette faction n'était qu'une chimère, mais je pense aujourd'hui qu'elle peut avoir quelque réalité,

Plusieurs membres. Parlez de Marat.

Danton. Marat n'est-il pas représentant du peuple, et ne vous souvenez-vous plus de ce grand principe, que vous ne devez entamer la Convention qu'autant qu'une foule de preuves irréfragables en démontrerait la nécessité? Si je demande quel est le coupable dans cette affaire, vous me direz : C'est Marat. Il répondra : Ce sont les hommes d'état. Notre juge ne peut être que l'évidence bien acquise; eh bien! cherchons l'évidence. Vous nous accusez l'un et l'autre de conjuration ; ainsi, vous seriez en quelque sorte juges et parties. Le vrai coupable, c'est d'Orléans. Pourquoi n'est-il pas déjà traduit au tribunal révolutionnaire, au lieu d'être confondu avec les femmes de sa famille? Eh! remarquez bien que ce n'est que par cette instruction immédiate que l'on connaîtra enfin et la faction et les complices. Ici, je vous observerai que la mesure d'envoyer quatre commissaires dans les départemens où cet individu a pu tramer, est incomplète. Je demande donc, car cette mesure doit précéder la décision à prendre sur Marat, qu'avant tout il soit statué sur cette proposition : Que d'Orléans sera traduit devant le tribunal révolutionnaire. Je demande aussi que ce tribunal soit tenu d'envoyer à la Convention copie exacte de la procédure qui sera faite dans l'affaire de d'Orléans, afin que la Convention puisse connaître ceux de ses membres qui ont pu y tremper; et comme j'aime à lier deux grands objets, je demande aussi que la tête des Capets émigrés soit mise à prix, comme l'a été celle du général.

Plusieurs voix : Et nos commissaires?

Danton. Nos commissaires sont dignes de la Nation et de la Convention nationale ; ils ne doivent pas craindre le tonneau de Régulus. (Applaudissemens.) Je passe à Marat ; et, à son égard, je dis qu'il est impossible que vous vous écartiez assez des principes de justice pour le décréter d'accusation ; je ne dis pas sur son écrit, mais sur tous les faits dont on l'accuse, sans avoir renvoyé à un comité; et pour qu'il y ait réciprocité, je demande le renvoi au même comité des accusations faites par Marat contre ses accusateurs; mais examinez quel moment vous choisissez pour traiter cette question : plusieurs membres, nos collègues, sont absens. Voulez-vous saisir cet à-propos pour entamer une partie de l'Assemblée, tandis que cette même partie a eu le courage de vous quitter pour aller échauffer l'esprit public dans les départemens, et diriger de nouvelles forces contre les ennemis ? Si Marat est coupable, Marat n'a pas l'intention de vous échapper.

Marat. Non.

Danton. Tous les griefs qu'on croit pouvoir lui reprocher ne seront point affaiblis par ce renvoi à un comité. Je demande que mes propositions soient mises aux voix.

Boyer-Fonfrède. C'est aussi la voix du peuple que j'invoque, non pour faire de cette voix redoutable un moyen de terreur, et pour vous arracher par l'épouvante, à laquelle je sais que vos ames sont inaccessibles, un décret favorable à mes vœux ; c'est aussi la voix du peuple que j'invoque, non pas seulement celle de ce petit nombre d'hommes qui m'entourent, mais celle de tous les citoyens français ; et sans doute vous croyez que nos frères des départemens sont aussi le peuple ; si ma voix pouvait, de cette tribune, se faire entendre à eux tous, ils s'écrieraient d'une voix unanime que je ne trahis ni leurs vœux, ni leurs espérances, lorsque je viens appeler sur Marat votre justice et votre sévérité.

C'est à la bonne foi, à la conscience de chacun de vous..... (quelques murmures,) c'est surtout à la conscience de celui qui vient de m'interrompre que je m'adresse. Cet homme est-il en vénération ou en horreur dans les départemens ? Son nom est-il béni ou exécré par vos commettans ? Ses écrits sont-ils voués à l'impression ou aux flammes ? Est-il un d'entre nous auquel l'existence de cet homme dans la Convention n'ait été reprochée ? Vos concitoyens ne vous ont-ils pas cent fois conjurés de bannir du sénat ce génie malfaisant, cet artisan de crimes, de calomnies, de troubles, de discordes et de haines ? (*Un grand nombre de membres, en se levant :* Oui, c'est vrai.) C'est donc la voix du peuple qui réprouve Marat, qui s'indigne de le voir au nombre de ses représentans. Interrogez vos commissaires dans les départemens; ceux-là ne sont pas des modérés; quel est celui d'entre eux qui s'est osé vanter de ses liaisons avec cet homme? Quel est celui qui n'a pas désavoué sa doctrine de sang? Comment se fait-il donc que cet homme que toute la France accuse, que personne n'avoue, et dont tout le monde rougit, trouve même ici des défenseurs? Il n'en trouve pas dans nos départemens; et peut-être serez-vous surpris lorsque vous saurez que quelques-uns de vos commissaires, auxquels le préopinant fait l'injure de croire qu'ils défendraient Marat, pressés par l'opinion publique, ont pris dans des sociétés républicaines l'engagement de demander, à leur retour, le décret d'accusation auquel vous vous opposez aujourd'hui.

Gamon. J'atteste que Glaizal l'a promis dans le département de l'Ardèche.

Marat. Je m'en fais honneur et gloire.

Fonfrède. Après avoir posé en fait cette vérité, que la voix du peuple français proscrit Marat, je vais suivre Danton dans quelques-uns de ses raisonnemens : et d'abord pourquoi donc a-t-il détourné votre attention sur d'Orléans? Est-ce parce qu'il faut bien parler de tous les complices à la fois? Est-ce parce que les deux mortels les plus vils doivent être accusés ensemble? Le premier est parti, mais il n'a pas emporté tous les poisons et tous les poignards. Et lorsque nous proposâmes de l'arrêter, on n'observa point que cent membres étaient en commission dans les départemens; d'Orléans était pourtant assis du même côté, sur le même banc que Marat; mais sa complicité avec les rebelles nous parut évidente et nous le bannîmes à l'unanimité; citoyens, nous ne demandâmes pas un rapport!

Danton demande un rapport; mais un rapport est inutile là où l'évidence est acquise. Ah! renoncez à faire des lois si vous tolérez vous-mêmes leur inexécution. N'avez-vous pas porté des lois contre les provocateurs au pillage? Eh bien! Marat l'a provoqué. N'avez-vous pas porté des lois contre les provocateurs au meurtre? Eh bien! Marat les provoque sans cesse.

Marat. Oui, contre les royalistes.

Fonfrède. N'avez-vous pas porté la peine de mort contre quiconque demanderait le rétablissement du pouvoir arbitraire? Eh bien! Marat a formellement demandé la dictature. N'avez-vous pas porté la peine de mort contre quiconque demanderait la dissolution de la Convention? Eh bien! Marat la demande chaque jour. Nous sommes ainsi juges et parties, nous dit Danton; et n'est-ce pas à nous à conserver le dépôt précieux de la représentation nationale? C'est la France entière qui accuse Marat; nous ne sommes que ses juges. (Applaudissemens.)

C'est vous qui m'interrompez; vous qui chaque jour, en tous lieux, ici même, applaudissez avec fureur ces adresses insolentes où des hommes égarés et payés demandent l'expulsion de trois cents membres de cette assemblée. Ah! si vous en aviez le pouvoir, vous n'objecteriez pas que vous êtes juges et parties, vous les banniriez; et c'est lorsque la République en péril vous conjure de bannir vos divisions avec cet homme qui désigne ici même les victimes de sa rage, cet homme qui attise sans cesse au milieu de vous les flambeaux de la discorde; c'est alors, c'est pour lui seul que vous vous prétendez inhabiles à prononcer. (On applaudit dans une grande partie de la salle.)

Citoyens, j'ai rempli mon devoir; je n'ai pas eu la lâcheté de trahir le vœu de mes commettans; je veux retourner paisible au milieu d'eux; je veux n'avoir point à rougir du compte que j'aurai à leur rendre; je veux conserver ma propriété la plus chère, l'estime de moi-même. Je demande donc le décret d'accusation contre Marat.

Une grande partie de l'assemblée se lève, et demande à aller aux voix.

L'assemblée ferme la discussion. —Plusieurs membres demandent la parole pour des questions de priorité entre les différentes propositions faites.

Marat. L'écrit qui vous a été dénoncé est signé de moi: j'ai été pendant sept à huit minutes président de la société des Jacobins. On m'a présenté un écrit que je n'ai point lu, portant la signature des secrétaires, et sans savoir ce qu'il contenait.....

(Quelques ris s'élèvent.) C'est un délibéré de la société, auquel, suivant l'usage, je n'ai mis ma signature que pour attester qu'il était émané de la société. Quant aux principes qu'il contient, si ce sont ceux que j'ai entendu énoncer par Guadet, lorsque j'ai dit c'est vrai, je les avoue.

De quoi s'agit-il maintenant? Je suis accusé par des hommes dont je me suis porté l'accusateur. Ils demandent un décret d'accusation contre moi ; par la même raison j'en demande un contre eux. Fort de mon innocence, de la pureté de mon civisme, je ne récuse pas même ceux qui sont mes ennemis connus. Articulez les griefs que vous avez contre moi ; ceux que j'articule contre vous sont contenus dans mes écrits : le public jugera. Quant à mes actions, je défie mon plus mortel ennemi de dire que mon nom ait été jamais compromis avec ceux des ennemis de la patrie, que je me sois jamais trouvé avec les conspirateurs et dans leur conciliabule nocturne. Ma correspondance a été entre les mains de mes ennemis ; jamais ils n'y ont trouvé un mot qui pût me compromettre. J'ai reçu des lettres anonymes : c'était des piéges que l'on me tendait. J'ai eu la prudence, la sagesse et le civisme de les porter au comité de sûreté générale ; j'en atteste les membres. Mais non, ce qui les acharne contre moi c'est mon extrême surveillance, c'est ma prévoyance, mon courage à les dénoncer. Ils veulent m'égorger pour se débarrasser d'un surveillant incommode. Eh bien ! je les attends à cette tribune.

Vous prétendez que j'ai voulu dissoudre la Convention nationale ; j'ai au contraire tout fait pour l'empêcher ; mais vous ne prétendez pas, sous le vain prétexte de sa conservation, assurer un brevet d'impunité aux conspirateurs ; car s'il y en a dans la Convention il faut qu'ils soient connus, jugés authentiquement, et que leur tête tombe. Personne n'a plus gémi que moi sur les scènes scandaleuses qui ont agité cette assemblée ; personne plus que moi n'a voulu ramener les membres au sentiment de leur devoir.

Je déclare, au reste, que si j'étais dans l'assemblée une pierre d'achoppement, et que je fusse persuadé que le salut public ne pût s'opérer que par ma retraite, je donnerais sur-le-champ ma démission ; et si je savais être l'occasion d'un mouvement, je m'enterrerais aujourd'hui. Mais c'est un coup de la faction que je dénoncerai sans cesse ; Dumourier lui-même leur a délivré un certificat d'opprobre, en les avouant pour ses complices contre les patriotes de la montagne. (Applaudissemens dans une extrémité de la salle et dans les tribunes.) Et je déclare que je ne regarde point comme tels les hommes qui sont menés et aveuglés par les chefs d'une faction qui a été dénommée la faction des hommes d'état ; je sais qu'ils sont purs, quoique égarés. Si vous ne voulez pas donner à la nation entière, devant laquelle les scènes scandaleuses qui ont eu lieu hier et aujourd'hui seront présentées, la certitude que le complot a pour but de soustraire des coupables au glaive de la loi, je demande que vous ne vous opposiez pas aux propositions que j'ai faites de livrer au tribunal révolutionnaire Philippe Égalité, que la tête des Capets émigrés soit mise à prix ; ne profitez pas du moment où les patriotes sont absens pour attaquer la montagne. Je compte assez sur votre justice, pour vous prendre vous-mêmes pour juges : prononcez.

Plusieurs voix : La priorité pour le renvoi au comité.

Cette priorité est refusée.

Quelques membres demandent à aller aux voix sur le décret d'accusation par appel nominal. (*Oui, oui*, s'écrie-t-on de presque toutes les parties de la salle.)

Marat. Ce n'est plus pour moi, c'est pour la Convention que je demande à parler.

Lacroix. Je demande que Marat soit mis sur-le-champ en état d'arrestation, et que le comité soit chargé de faire un rapport demain sur le décret d'accusation.

Marat. Je dois parler pour éviter de grands mouvemens.

Le président. Marat, vous faites injure aux habitans de Paris.

Lacaze. S'il y a du mouvement c'est une preuve que Marat est bien dangereux.

Marat. Si c'est un parti pris par mes ennemis, que j'ai le droit de récuser, il ne me reste plus que le sentiment qui porte un homme de bien à braver leur fureur; mais pour éviter des malheurs, je demande à être conduit aux Jacobins, sous la garde de deux gendarmes, pour y prêcher la paix.

Lacroix. Je réitère la proposition que j'ai faite, de mettre Marat en état d'arrestation, et d'entendre demain un rapport du comité. Ce que vous allez faire aujourd'hui, vous serez peut-être dans le cas de le faire dans d'autres circonstances ; il y a une loi qui défend de décréter d'accusation un membre, sans qu'au préalable il y ait un rapport. Je demande que celui que le comité de législation vous fera demain porte sur tous les délits imputés à Marat.

Levasseur. Eh bien ! je demande à motiver aussi un décret d'arrestation contre *Salles*, qui nous a calomniés par ses correspondances dans le département de la Meurthe, qui a provoqué l'arrestation des commissaires envoyés pour le recrutement.

L'assemblée adopte la proposition de Lacroix. Elle décrète que Marat sera en état d'arrestation à l'Abbaye, et que demain le comité de législation fera un rapport sur le décret d'accusation. (De violens murmures éclatent et se prolongent dans les tribunes.)

PRÉSIDENCE DE MARAT. — CLUB DES JACOBINS.

Séance du 12 avril.

Le citoyen Dubuisson, vice-président, occupe le fauteuil.

Un membre obtient la parole et dit : j'invite tous les députés patriotes à se rendre sur-le-champ à la Convention, parce que plusieurs motions ont été faites, et entre autres celle du décret d'accusation contre Marat. Actuellement on est aux voix. Il n'y a pas un moment à perdre.

Le vice-président annonce que le conseil-général de Dijon, département de la Côte-d'Or, vient d'envoyer un courrier extraordinaire à la Convention et aux Jacobins, pour faire part des **nouvelles suivantes :**

« Dijon, le 10 avril, le conseil-général, etc., aux officiers municipaux de Paris.

» La municipalité de Dijon a fait arrêter onze voitures chargées de cinquante sacs de farine, du poids de trois cent vingt-cinq livres chacun, adressées à des commissionnaires de Châlon-sur-Saône. Ces voitures paraissent être parties de Paris. Les voituriers ont déclaré être suivis d'une vingtaine de convois pareils, et même davantage.

» Nous n'avons pas oublié que le traître Dumourier voulait réduire Paris par la famine, et ceux qui exécutent ces enlèvemens sont sans doute ses complices. Cherchez à découvrir les traîtres qui veulent affamer Paris ; nous avons chargé la municipalité de Saulieu de s'assurer de toutes les farines qui passeraient par cette ville. »

A cette lettre est jointe celle d'envoi aux Jacobins de Paris, et copie de l'adresse à la Convention nationale, qui rapporte les mêmes faits. — L'assemblée et les tribunes applaudissent à ce grand acte de surveillance patriotique.

Desfieux. « Il existe un système pour opérer un mouvement à Paris, en réduisant le peuple à la plus affreuse détresse. Vous voyez que la muncipalité de Dijon vient de prendre les traîtres en flagrant délit. Je demande que nous envoyions une députation au conseil-général de la Commune qui est actuellement assemblé pour appeler sa sollicitude sur ce nouveau complot. »

Le citoyen Simon demande par amendement qu'on fasse la même démarche vers le département.

N..... « Je demande que la peine de mort soit prononcée contre tout voiturier conducteur qui voiturera des grains sans une permission de la municipalité, et qu'on fasse mention civique de la conduite de celle de Dijon. »

La société arrête la mention civique et arrête d'envoyer une députation vers le département et le conseil-général de la Commune.

On nomme pour commissaires *ad hoc*, les citoyens Gaillard, Tonnerre, Boissel, Simon et Desfieux.

La société arrête au surplus, que cette députation demandera la peine de mort contre les voituriers qui transporteront des farines sans l'attache de la municipalité.

Un député. « Citoyens, je vous peindrai tous les mouvemens scandaleux qui ont éclaté à la Convention. Vous vous en formerez aisément une idée. Marat devait être mis en état d'accusation ; on allait procéder à l'appel nominal. Un député patriote observe qu'il existe un décret qui porte qu'on ne pourra décréter d'accusation un député, avant d'avoir fait le rapport des délits qu'on lui impute. Ce patriote est hué, Gorsas s'élance de sa place et lui donne un coup de poing. Le président se couvre. Lacroix dit : il est étonnant que les opinions ne soient pas libres, et si l'on m'avait donné un coup de poing j'aurais riposté. Enfin la motion du député patriote a été adoptée, mais provisoirement ; Marat vient d'être mis en état d'arrestation, et demain le rapport sera fait.

(Le tumulte et l'agitation sont au comble, le président se couvre et obtient avec peine le silence nécessaire pour faire entendre ces mots :)

« Citoyens, ne nous calomnions pas les uns les autres. Ce mouvement ne doit point surprendre. Il est difficile de contenir l'explosion d'une juste indignation ; mais nos ennemis peuvent en profiter. Nous ne pouvons procéder à une sage mesure que dans le calme de la réflexion : je réclame le plus grand silence. Je demande que chacun s'observe dans ce moment et observe son voisin. Nous ne pouvons pas lire dans le fond des cœurs, nous ne pouvons voir que les surfaces, il faut que toutes les surfaces soient calmes, et nous arriverons à un résultat. »

Lecointre. « Marat a été décrété pour avoir signé, comme président de la société, l'adresse présentée par la section de la Halle-aux-Blés. Marat a parlé deux fois avec beaucoup de chaleur et de vérité. Il a obtenu avec beaucoup de peine la parole pour la troisième fois, et il a dit : « Vous voulez absolument un soulèvement dans Paris, et c'est pour cela que vous voulez me décréter d'accusation ; je demande que vous me fassiez conduire par deux gendarmes aux Jacobins, afin que j'y prêche la paix. »

Je suis sorti dans ce moment et peut-être allons-nous voir arriver Marat. »

N..... « Citoyens, l'acte arbitraire de nos ennemis m'a indigné ; mais je crois que leur décret est avantageux pour vous, car si Marat est traduit au tribunal révolutionnaire, il y dira de grandes vérités. (Bruit.)

» Le marais, le côté fangeux de la Convention a fait une démarche qui nous mettra à même de démasquer les Vergniaud, les Guadet. Je crois apercevoir un bonheur dans cette fausse démarche. Marat, qui est le véritable père du peuple, n'est pas coupable, on ne peut lui reprocher qu'un excès de vertu, et je crois fermement que nous pouvons en tirer parti. » (Bruit.)

(Ici Robespierre prit la parole et fit le discours que nous avons rapporté dans l'introduction au présent mois.)

Le vice-président fait part de l'invitation, faite à la société par la municipalité, d'assister à la fête civique, qui sera célébrée dimanche à l'occasion du dépôt des archives de Liége dans la salle de l'Égalité, qui s'appellera la salle de Liége.

La société y assistera ; le lieu du rassemblement est sur le boulevart en face de l'Opéra. (*Journal des Débats du club des Jacobins*, n. CCCXCIII.)

PRESSE. — Dans le CLXIX^e numéro du *Publiciste de la république française*, Marat rend compte de la manière suivante de la séance où il fut décrété d'arrestation.

« La séance de vendredi dernier devait être consacrée aux réponses des meneurs de la faction des hommes d'état, que Robespierre avait accusés, avec raison, d'être les premiers auteurs de tous les désastres qui désolent la patrie.

» Pétion se présente le premier à la tribune, et pour la première fois, il se livre d'emblée à une déclamation si incohérente, à des vociférations si furieuses, à des gestes si menaçans, à des invectives si dégoûtantes, que les plus patiens de ses auditeurs mettent en question s'il est ivre ou enragé. Le bonhomme était dans les convulsions depuis cinq quarts d'heures; je m'approche, il avait les yeux hagards, la face livide, la bouche couverte d'écume; d'où j'ai conclu qu'il était attaqué de la rage.

» Je regrette beaucoup que sa harangue n'ait pas été imprimée : elle aurait donné une idée complète des talens du vertueux Pétion, de ce grave magistrat qui s'est coalisé avec les députés infidèles qui voudraient rétablir la royauté, et qui a mieux aimé le plaisir d'aller en voiture, de faire grande chère, de sabler du champagne, et de dormir sous des lambris dorés, que la gloire de sauver le peuple.

» A Pétion succède Guadet. Malgré la violence de son caractère, il paraît moins forcené, mais il n'est pas plus édifiant; il prétend se disculper en faisant son éloge, en s'honorant de l'amitié de Brissot, ancien espion de police; en affichant sa pauvreté, en dépit des sommes qu'il a placées, sur la tête de ses enfans, à la tontine de Lafarge : et il conclut par tirer de sa poche, une adresse patriotique des Jacobins, signée de moi comme président de la société : il en lit le commencement. Le peuple était invité à se lever pour repousser les ennemis qui s'avancent; les hommes d'état y étaient représentés comme les auteurs de tous nos désastres.

» Je m'écrie : *Cela est vrai!* De violens murmures s'élèvent parmi ces scélérats. Un ex-capucin escalade la tribune pour s'y agiter en forcené, et demander contre moi un décret d'accusation : ces scélérats l'appuient avec fureur. C'était le but où ils en voulaient venir, pour parer le coup mortel que je leur avais porté la veille, en les donnant pour les complices du Dumourier, en les forçant de se reconnaître pour les suppôts de la royauté, les partisans d'Orléans. Je me présente à la tribune; je demande que Guadet termine son discours; les hommes d'état qui avaient monté leur coup, s'attachent à cet incident; ils demandent que je sois entendu. »

Ici Marat expose que, dédaignant de se justifier, il s'est contenté de renouveler ses propositions de la veille; que Danton les a développées de main de maître, y ajoutant celle de traduire d'Orléans devant un tribunal révolutionnaire érigé pour cet effet à Marseille. Arrivant ensuite au décret d'arrestation dont il avait été frappé, il dit : « Je ne devais qu'être gardé à vue chez moi : les secrétaires de la clique qui le rédigent insèrent que je serai conduit à l'Abbaye : vive altercation à ce sujet : la clique confirme l'insertion des secrétaires. A l'instant une expédition du décret non signé du président, ni du ministre de la justice, est remise à l'officier de garde qui me consigne aux portes; les tribunes avaient témoigné leur indignation, et la séance avait été levée avec précipitation.

» Je venais de déclarer à mes collègues que je n'irais point à l'Abbaye, où tous les montagnards s'efforçaient de m'accompagner. Je persistai. Déjà il ne restait dans la salle qu'une cinquantaine de mes collègues qui ne voulaient pas me quitter : bientôt elle se remplit d'une foule de patriotes des tribunes, qui s'opposent à ce que je sois arrêté. Ils me conduisent hors de la salle : une sentinelle s'oppose à ma sortie : on va chercher l'officier de garde; il me présente une expédition, non signée, du décret des hommes d'état, et en sent la nullité. La consigne est levée; je sors accompagné d'un nombreux cortège et je vais chercher un asile, d'où j'écris à la Convention la lettre qui suit (1).

» On dira sans doute que j'ai désobéi à la loi; je déclare que je ne reconnais pas pour loi des arrêtés pris par la faction des hommes d'état contre les patriotes de la Montagne; des arrêtés pris dans le tumulte des passions et au milieu du vacarme : les lois doivent se faire dans le silence et avec dignité. Si la nation avait sous les yeux les scènes scandaleuses de la Convention, elle en expulserait bientôt une partie de ses mandataires, comme indignes de sa confiance, comme des échappés de petites maisons, comme des traîtres. Voilà les prétendus législateurs de la France qui peuvent me faire un crime de ma résistance à l'oppression !

Le *Patriote français*, n° MCCCXL, fait à l'occasion de cet événement les réflexions suivantes :

(1) Voir plus bas la séance du 16 avril.   (*Note des auteurs.*)

« *Du samedi* 13 *avril*. — L'annonce du décret contre Marat a produit le plus grand tumulte aux Jacobins. Il ne s'agissait de rien moins que de marcher, à l'instant même, sur la Convention ; mais on s'est borné à arrêter une adresse aux Parisiens, contre les traîtres qui opprimaient ainsi Marat, le président des Jacobins, le premier des patriotes. — Cependant leur conseil secret prenait d'étranges résolutions... Les malheureux ! que peuvent-ils faire? Ils ne voient pas qu'à Paris même leur crédit leur échappe, qu'ils ne pourraient se venger que par des assassinats particuliers, et que pour cela même il ne faut pas trembler ! Patriotes, s'il en reste encore quelques-uns dans cette enceinte, fuyez-la, joignez-vous à la masse des républicains, et la République triomphera de Marat et de Cobourg. »

COMMUNE. — *Séance du* 12 *avril*.

Un membre propose que le conseil général déclare s'il entend refuser les passeports à tous les citoyens de 18 à 50 ans, attendu que la loi les met en état de réquisition permanente.

Le conseil passe à l'ordre du jour motivé sur ce que la loi relative aux passeports ne défend pas d'en accorder aux citoyens qui sont en état de réquisition.

Sur le réquisitoire du procureur de la Commune, le conseil a arrêté qu'il ne serait délivré aucun passeport aux ci-devant nobles, à leurs femmes, à leurs enfans, aux prêtres, non plus qu'aux étrangers, quels qu'ils soient, qui en demanderaient pour sortir du territoire de la République. Sont néanmoins exceptés de cette dernière disposition les Suédois, les Suisses et les Danois, qui ne sont pas en guerre avec la République française. Les passeports seront aussi refusés aux parens, femmes et enfans des officiers-généraux de la République, lesquels sont désignés aux précédens arrêtés.

Une députation de la société des amis de la liberté et de l'égalité, séante aux Jacobins, donne lecture de plusieurs lettres, datées de Dijon. Elles annoncent une exportation considérable de farines des environs de Paris, et que quantité de voitures ont été arrêtées.

Le conseil nomme cinq de ses membres, qui formeront un comité central de correspondance, et recevront toute espèce de dénonciation relativement aux manœuvres qui s'exercent sur les subsistances. Les commissaires sont chargés de se transporter sur-le-champ au comité des neuf et au conseil exécutif provisoire, à l'effet d'y recueillir des lumières sur cet objet.

A l'instant où cet arrêté venait d'être pris, plusieurs membres en demandent le rapport. Ils pensent que cette commission contre-balancera le comité de police, et que ces diverses commissions ne feront que s'entraver mutuellement dans leurs opérations.

Le conseil maintient son arrêté.

Dans l'ordre de ce jour, le commandant général annonce que la légion, dite Rosendal, ne fera plus de service au Temple; que la garde des barrières sera retirée et les réserves réduites à vingt-cinq hommes. Le citoyen Saint-Fief annonce le départ de Paris pour Rouen de cent vingt chevaux d'artillerie et de deux cent six sabres d'infanterie pour Cherbourg.

CONVENTION — SÉANCE PERMANENTE DU 3.
Du 13 à dix heures du matin.

Thuriot occupe le fauteuil.

Le général Dampierre propose de remplir les cadres des bataillons de l'armée non complets par la nouvelle levée de volontaires. — Un décret approuve la conduite du général Chancel et des militaires de la garnison de Condé, qui ont rejeté avec indignation la sommation du général autrichien pour rendre la place et reconnaître la Constitution de 1791.

Pétion rend hommage au patriotisme du général Miranda, et demande la suspension du décret qui le traduit au tribunal révolutionnaire. Sur la proposition de Bentabolle, l'assemblée rejette cette demande. — Les commissaires à Valenciennes mandent que l'ennemi commence le siége de Condé; ils envoient une proclamation du général autrichien, Cobourg. Robespierre s'oppose à la lecture de cet écrit.

[*Robespierre*. Je m'oppose à la lecture de la proclamation de Cobourg, et en général à celles d'aucunes pièces envoyées par les généraux ennemis. Voici ma raison. Quoique les propositions de transaction soient d'abord rejetées avec horreur, il est des esprits qui, à force de les entendre répéter, pourraient s'y accoutumer, et je ne serai point accusé de concevoir de vaines terreurs par tous ceux qui sauront que déjà des propositions de transaction ont été faites par des rebelles qui sauront que l'aristocratie même bourgeoise se propose d'y entendre. Il est temps d'étouffer ces idées dangereuses; car il y a en France non-seulement des aristocrates, mais de ces lâches égoïstes qui sont prêts à sacrifier la cause du peuple à leurs molles jouissances. Je demande que, pour ôter tout espoir à ces différentes sortes d'ennemis de la patrie, vous décrétiez la peine de mort contre quiconque proposerait, de quelque manière que ce fût, de transiger avec les ennemis; mais ce n'est pas assez de la peine de mort; telle est l'importance de la mesure qu'il faut prendre à cet égard, que je demande qu'il soit mis hors de la loi.]

— Danton appuie la motion de Robespierre et propose de déclarer que la France ne se mêlera pas des affaires des autres peuples. Ces diverses propositions sont décrétées en ces termes:

« La Convention nationale déclare, au nom du peuple français, qu'elle ne s'immiscera en aucune manière dans le gouvernement des autres puissances; mais elle déclare en même temps qu'elle s'ensevelira plutôt sous ses propres ruines que de souffrir qu'aucune puissance s'immisce dans le régime intérieur de la République et influence la création de la constitution qu'elle veut se donner.

» La Convention décrète la peine de mort contre quiconque proposerait de négocier ou de traiter avec des puissances ennemies qui n'auraient pas préalablement reconnu solennellement l'indépendance de la nation française, la souveraineté, l'indivisibilité et l'unité de la République, fondée sur la liberté et l'égalité. »

[Quelques membres demandent qu'il soit fait lecture d'une lettre de Marat.

Fonfrède. Voici la lettre; il n'y a point de date, ni de lieu, ni de jour.

A la Convention nationale de France.

« Citoyens représentans, il est des faits qu'on ne peut remettre trop souvent sous les yeux du peuple. Or, il est notoire que le traître Dumourier, qui a levé l'étendard de la révolte contre la nation, et tourné contre elle ses propres forces pour lui donner un nouveau maître et anéantir la liberté, a pour complices, au sein même de la Convention, les meneurs et les suppôts de la faction des hommes d'état, qu'il appelle la saine majorité des membres de l'assemblée nationale. Effrayés de voir le traître Dumourier les déclarer ses protégés et ses complices à la face de l'univers, ils n'ont plus songé qu'à détourner l'attention publique de dessus leur propre conspiration malheureusement trop réelle pour la fixer sur une conjuration imaginaire qui aurait pour but de mettre Louis-Philippe d'Orléans sur le trône.

» Convaincu que cette fable n'a été inventée que pour donner le change au public sur les desseins criminels de Dumourier, des meneurs de la Convention et des puissances ennemies qui tendent à mettre la couronne sur la tête du fils de Louis Capet, et de constituer régent le ci-devant Monsieur, j'ai cru devoir forcer dans leurs derniers retranchemens les lâches, les hypocrites partisans du royalisme, en proposant, jeudi dernier, comme véritable pierre de touche du royalisme des membres de la Convention, de décréter que Louis-Philippe d'Orléans serait traduit devant le tribunal révolutionnaire, et que la tête des Capets émigrés et rebelles serait mise à prix ; mes vues ont été remplies. A la vivacité avec laquelle les patriotes de la Montagne se sont tous prononcés en demandant qu'on mît à l'instant ces propositions aux voix, et à la violence avec laquelle les hommes d'état s'y sont opposés, on a vu clairement de quel côté sont les suppôts des Capets fugitifs, les conspirateurs, les complices de d'Orléans, les amis de la royauté. Désespérés et furieux d'avoir été réduits de la sorte à se démasquer eux-mêmes, les meneurs et les suppôts de la faction royaliste, se sont flattés de faire tomber mes propositions et d'en imposer au peuple en me poursuivant comme un écrivain incendiaire.

» Pour toute réponse, j'ai continué à dévoiler le charlatanisme des meneurs de la faction, et à les rappeler à la même épreuve ; ils se sont uniquement attachés à ma poursuite, et, n'osant pas prononcer contre moi un décret d'accusation sans rapport préalable, ils ont décrété que je serais mis en état d'arrestation à l'Abbaye. Et quoi ! des dilapidateurs, Malus et d'Espagnac, ont été simplement détenus chez eux ; Sillery lui-même, suspect de connivence avec le traître Dumourier, est simplement gardé à vue ; et moi, le défenseur incorruptible de la liberté, je serai incarcéré par mes féroces ennemis pour les avoir dénoncés comme machinateurs, et les avoir forcés à s'avouer des traîtres, d'infâmes suppôts de la royauté ! Non, il n'en sera rien. Comme ils mènent aujourd'hui le sénat ; comme ils ont blessé à mon égard les principes de la justice et de la liberté ; comme rien au monde n'a pu les ramener au devoir ; comme ils sont déterminés à consommer la contre-révolution et à rétablir le despotisme ; comme je suis leur accusateur, et qu'ils sont les vrais coupables ; comme ils travaillent à perdre les patriotes énergiques pour n'être pas perdus eux-mêmes, ils veulent, à quelque prix que ce soit, se débarrasser de moi, dont ils redoutent la surveillance. S'ils réussissaient à consommer à mon égard leurs projets criminels, bientôt ils en viendraient à Robespierre, puis à Danton, puis à tous les députés qui ont montré de l'énergie, du caractère. D'accusateur je ne serai pas seul réduit au rôle d'accusé. Je ne veux ni être égorgé par leurs émissaires, ni empoisonné dans une prison.

» Ainsi, tant que Salles, qui a cherché à soulever son département pour attenter à la liberté des commissaires de la Convention, et qui a cherché à avilir la Convention elle-même en la déclarant du parti de d'Orléans ; tant que Barbaroux, qui a donné l'ordre à un bataillon de Marseillais de s'emparer des avenues de la Convention pour faire passer l'appel au peuple ; tant que Gensonné, qui a entretenu une correspondance suivie avec le traître Dumourier ; tant que Lasource, parasite de Sillery et auteur de l'élévation de Valence ; tant que Brissot, Guadet, Buzot, Vergniaud, etc., qui ont tenu des conciliabules nocturnes avec Dumourier, et qui le disculpaient encore, il y a quelques jours, au comité de défense générale, n'auront pas été mis en état d'arrestation, je regarderai comme l'effet d'une conjuration liberticide le décret qui m'a ôté la liberté ; le décret qui n'a pour but que d'ouvrir les portes de l'Abbaye aux généraux traîtres à la patrie, aux rebelles de la ville d'Orléans, qui ont fait massacrer les députés patriotes, et aux machinateurs détenus, dans l'espoir que le peuple s'y porterait pour me mettre en liberté.

» Avant d'appartenir à la nation, j'appartenais à la patrie ; je me dois au peuple dont je suis l'œil ; je vais donc me mettre à couvert des attentats des scélérats soudoyés, pour pouvoir continuer à démasquer les traîtres et déjouer leurs complots, jusqu'à ce que la nation ait connu leurs trames perfides, et en ait fait justice.

» Déjà quarante-sept départemens ont demandé l'expulsion des députés qui ont voté l'appel au peuple et la détention du tyran ; les autres sont prêts à émettre le même vœu. Un peu de patience encore, et la nation en fera justice. Je ne veux pas que la Convention soit dissoute, je demande qu'elle soit purgée des traîtres qui s'efforcent de perdre la nation en rétablissant le despotisme. *Signé*, MARAT. »

Cette lettre n'a pas de suite.

Robespierre. Je demande à faire une addition au décret que vous venez de rendre sur la proposition de Danton. Je demande que la disposition ne préjudicie point aux pays ennemis.

Lacroix. Je demande l'ordre du jour, motivé sur ce que ces pays font partie de la République.

Plusieurs autres membres réclament l'ordre du jour pur et simple.

Ducos. Vous ne pouvez pas passer à l'ordre du jour pur et simple ; vous avez engagé la foi de la nation française à ces peuples, et vous ne pouvez pas rendre la nation parjure. Je demande l'ordre du jour, motivé sur ce que les pays réunis font partie de la république française.

L'assemblée adopte l'ordre du jour, ainsi motivé.]

Du 13 avril, à dix heures du soir.

[*Robespierre l'aîné.* On vous a dénoncé une grande conspiration ; tous les jours on vous dénonce des crimes particuliers qui en sont la conséquence, et tous les jours se passent sans que vous preniez aucune mesure.

Il y a déjà long-temps que Beurnonville est convaincu de conspiration. Il l'était lorsque, trompés vous-mêmes, vous l'envoyâtes à Dumourier. Il n'était pas moins coupable que ce général perfide, c'était lui qui était le centre de toutes les trames. Il n'était parvenu au ministère que pour en favoriser le développement. Il n'est pas douteux qu'il ne se soit entouré de conspirateurs tels que lui ; car, certes, un conspirateur ne pouvait s'environner de bons citoyens. Je demande donc que la Convention purge toute l'administration de la guerre, et les armées de toutes les créatures de Beurnonville ; que sa tête soit mise à prix comme celle du général avec lequel il conspirait. Je demande en outre que cette mesure soit étendue à tous les traîtres, comme une preuve que vous voulez ôter tout moyen de transiger avec eux.

La Convention charge son comité de sûreté générale d'examiner la conduite des adjoints du ministre de la guerre.

Dubois-Crancé. Je demande que le comité du salut public soit chargé de toutes les autres propositions, et qu'il vérifie un fait que je vais vous dénoncer. Un courrier vint au ci-devant comité de défense générale ; nous y étions seuls alors avec Gensonné. Il nous déclara qu'il revenait de l'armée, où Beurnonville l'avait envoyé à Dumourier, six heures avant le départ de vos commissaires.

Delaunay jeune, au nom du comité de législation. Citoyens, vous avez décrété hier que Marat, l'un des membres de la Convention nationale, serait mis en état d'arrestation; vous avez ordonné à votre comité de législation de vous faire un rapport sur tous les délits imputés à ce représentant du peuple. Je viens, organe de ce comité, vous faire ce rapport. Depuis long-temps, cette enceinte retentissait de plaintes portées contre Marat; depuis long-temps, des corps administratifs, des sociétés populaires provoquaient sur sa tête.... (De violens murmures interrompent le rapporteur.)

Bentabolle. Je demande que le rapport ne soit pas fait par les ennemis de Marat.

Delaunay jeune. Je préviens la Convention que le rapport a été lu en entier au comité, et qu'il l'a approuvé unanimement.

Thirion. Je demande qu'on déclare que Dumourier a eu raison.

Albitte. Je demande que le rapport soit entendu; on y verra le nom des traîtres que Marat a dénoncés.

Delaunay jeune. Une circulaire adressée, au nom de la société des Amis de la liberté et de l'égalité, à leurs frères des départemens, signée *Marat, président*, etc., a excité votre indignation.

Plusieurs membres réclament la lecture de l'adresse entière. — Cette proposition est décrétée.

(*N.-B.* Le commencement de cette adresse est rapporté dans la précédente séance à la suite du discours de Guadet. En voici la suite :)

« Levons-nous, oui, levons-nous tous, mettons en état d'arrestation tous les ennemis de la révolution et toutes les personnes suspectes; exterminons sans pitié tous les conspirateurs, si nous ne voulons pas être exterminés nous-mêmes. Pour rendre à la Convention nationale, qui seule peut nous sauver, sa force et son énergie, que les députés patriotes qui sont en mission dans les quatre-vingt-trois départemens, soient renvoyés à leur poste ; et qu'ils y reviennent le plus promptement possible ; et, à l'exemple des généreux Marseillais, que de nouveaux apôtres de la liberté, choisis parmi vous, au milieu de vous, remplacent ces commissaires ; qu'ils soient envoyés dans les villes, dans les campagnes, soit pour faciliter de plus prompts recrutemens, soit pour échauffer le civisme et signaler les traîtres. Que les départemens, les districts, les municipalités, que toutes les sociétés populaires s'unissent et s'accordent à réclamer auprès de la Convention, à y envoyer, à y faire pleuvoir des pétitions qui manifestent le vœu formel du rappel instant de tous les membres infidèles qui ont trahi leurs devoirs, en ne voulaient pas la mort du tyran ; et surtout contre ceux qui ont égaré un si grand nombre de leurs collègues. De tels délégués sont des traîtres, des royalistes ou des hommes ineptes. La République réprouve les amis des rois, ce sont eux qui la morcellent et la ruinent.

» Oui, citoyens, ce sont eux qui ont tramé cette faction criminelle et désastreuse ; avec eux, c'en est fait de votre liberté ; et par leur expulsion la République est sauvée : que tous s'unissent également pour demander que le tonnerre des décrets d'accusation soit lancé, et sur les généraux traîtres à la République, et sur les ministres prévaricateurs, et sur les administrateurs despotes, et sur tous les agens infidèles du gouvernement ; voilà nos plus salutaires moyens de défense. Mais repoussons les traîtres et les tyrans ; le foyer de leur conspiration est à Paris : c'est à Paris que nos perfides ennemis veulent consommer leurs crimes. Paris, le berceau, le boulevart de la liberté, est, n'en doutez pas, le lieu où ils ont juré d'anéantir, sous les cadavres des patriotes, la cause sainte de l'humanité. C'est sur Paris que Dumourier dirige ses vengeances, en ralliant à son parti tous les royalistes, les Feuillans, les modérés, et tous les lâches ennemis de la liberté. C'est donc à Paris que nous devons tous la défendre ; et pénétrez-vous bien de cette vérité, que Paris sans vous ne peut pas sauver la République. Déjà les intrépides Marseillais sont debout, et c'est pour prévenir leur arrivée que la faction scélérate presse l'accomplissement des forfaits du traître Dumourier. Français, la patrie est menacée du plus grand danger! Dumourier déclare la guerre au peuple; et, devenue tout à coup l'avant-garde des féroces ennemis de la liberté, une partie de son armée, séduite par ce grand criminel, marche sur Paris pour rétablir la royauté et dissoudre la Convention nationale.

» Aux armes, républicains! volez à Paris, c'est le rendez-vous de la France; Paris doit être le quartier-général de la République. Aux armes! aux armes! point de délibération, point de délai, ou la liberté est perdue. Tous les moyens d'accélérer votre marche doivent être mis en usage; si nous sommes attaqués avant votre arrivée, nous saurons combattre et mourir, et nous ne livrerons Paris que réduit en cendres. »

Dubois-Crancé. Si cette adresse est coupable, décrétez-moi d'accusation; car je l'approuve.

Un grand nombre de membres de l'extrémité gauche se levant spontanément: Nous l'approuvons tous... Nous sommes prêts à la signer.... (La salle retentit de ces cris et des applaudissemens des tribunes.)

David. Je demande que cette adresse soit déposée sur le bureau, et que tous les patriotes aillent la signer...

Mêmes membres: Oui, oui... — David, Thirion, Dubois-Crancé, Desmoulins, se précipitent vers le bureau, un mouvement rapide et simultané entraîne à leur suite une centaine de membres. On les entend plusieurs fois s'écrier: *Décrétez-nous tous d'accusation.* — L'adresse est à l'instant couverte de leurs signatures. Ils retournent à leur place, au bruit des acclamations prolongées des tribunes.

Granet. Je demande que cette adresse soit imprimée, envoyée aux départemens et aux armées. (*Oui, oui,* s'écrie-t-on à la fois dans toutes les parties de la salle.)

Robespierre aîné. Je demande la parole sur cette proposition.

Vergniaud. Je l'appuie, car il faut que l'on connaisse dans les départemens ceux qui proclament la guerre civile.

L'assemblée paraît pendant plusieurs momens tumultuairement agitée par le désordre des altercations particulières.

Tavaux. Si l'assemblée décrète cette mesure, elle décrète la guerre civile. Une partie des départemens ne manquera pas de donner son adhésion à l'adresse; d'autres, dans des principes contraires, l'improuveront, et il en résultera nécessairement que vous diviserez la République en deux partis.

Lacaze. Vous avez bien tort si vous croyez que la République sera divisée d'opinions sur cette adresse.

Tavaux. Où en sommes-nous donc réduits, si nous nous déchirons avec un acharnement dont les Autrichiens sont incapables? Nous ne sommes pas envoyés ici pour servir nos passions, mais pour sauver la chose publique. Nous ne pouvons le faire, si nous ne sommes unis. Rallions-nous autour de la constitution que nous allons faire. Je demande qu'on ne donne aucune suite à la démarche que plusieurs membres ont faite, en donnant leur adhésion à l'adresse des Jacobins. Je demande la question préalable sur l'impression et l'envoi de cette adresse.

Lacroix. Une mesure indiscrète a été proposée à la Convention nationale. Ceux qui l'appuient, justifieraient ce qu'a dit Marat, ou plutôt les Jacobins, dans leur adresse, qu'il y a ici un point de contre-révolution. Tous ceux qui se sont présentés au bureau, et y ont apposé leurs signatures, ont émis un vœu individuel; mais la Convention ne peut ni ne doit approuver de tels principes, car elle déclarerait que nous n'avons plus la confiance de nos commettans (On murmure.); et si vous l'avez perdue, il faut convoquer les assemblées primaires. (Les murmures recommencent. *Quelques voix à la droite de la tribune*: Eh bien, oui.)

Lacroix. En descendant de la tribune, président, je demande acte qu'aujourd'hui on m'a refusé la parole, et que j'ai été obligé d'abandonner la tribune.

Gensonné. J'appuie les deux propositions de l'impression de l'adresse et des signatures qui y sont apposées, l'envoi aux départemens et la convocation des assemblées primaires sur-le-champ. Je les appuie par deux considérations puissantes. Je prie l'assemblée de me permettre de les développer.

Une voix de l'extrémité gauche : Il faut vous faire votre procès auparavant. (Les tribunes applaudissent.)

Gensonné. Il n'est plus possible de se le dissimuler, d'après la scission qui vient d'éclater dans cette assemblée, tous les hommes de bonne foi doivent convenir que tous les liens d'une confiance mutuelle sont rompus. (*Oui, oui,* s'écrient quelques membres placés à l'extrémité de la partie gauche.)

Mazuyer. Mais observez donc que ces cris partent d'une minorité.

Gensonné. Je n'examine point de quel côté est la majorité; mais il n'en est pas moins vrai que tel est l'état de l'assemblée, qu'indépendamment des menaces formelles que contient l'adresse que viennent de signer quelques membres, elle renferme aussi, dans la partie que je ne veux pas caractériser, un appel au peuple. Eh bien! c'est cet appel que j'ai toujours demandé, et que je sollicite encore. Il est temps que le peuple français sache si c'est lui qui doit faire la loi, ou si c'est une misérable faction....

N...... Pourquoi donc demander le décret d'accusation contre Marat pour cette adresse?

Gensonné. Je le demande au nom de mon département; j'en ai la mission. Dans l'état de division et de haine où l'on nous a jetés, nous ne pouvons avoir de juge que le peuple; c'est son jugement que je réclame; et peut-être ai-je à me reprocher d'avoir cédé, dans les premiers jours de la Convention, à l'opinion de quelques-uns de mes collègues que j'estimais, et de n'avoir pas demandé que chaque base constitutionnelle fût envoyée séparément à la sanction du peuple. Dans les circonstances fâcheuses où nous sommes, en partant des principes mêmes de l'adresse des Jacobins, il est impossible d'éluder la proposition que j'ai faite; elle contient un véritable appel au peuple contre ses représentans. Elle est signée par une partie de l'assemblée; et dès lors il est de la dignité de la Convention, de son respect pour la souveraineté du peuple, d'adhérer à cet appel. Et certes, il n'est personne ici qui ne sente que nos discussions sont peut-être le plus grand des dangers que court la République. Déjà dans quelques parties on sollicite le rappel de quelques députés ; on demande contre quelques autres le décret d'accusation. Voilà donc, et le fait est trop certain, la République divisée. Je ne sais s'il est possible de faire cesser cet état de choses, autrement que par l'expression du vœu national.

Citoyens, je ne vous ai présenté ma proposition que sous un point de vue; il en est un plus important, celui des circonstances où se trouve la République entière : il existe un conjuration ; voyez quel en est le but, quels sont ses moyens. Son but est de donner un régent à la France, et la constitution de 1789.

Une voix. Vous en savez quelque chose.

Gensonné. Président, faites-moi justice de ces interruptions. Oui, le but de cette conspiration est de rétablir la constitution de 89, de donner à la France un roi ou un régent. Par quels moyens peut-elle réussir? C'est évidemment en profitant de nos divisions ; c'est en faisant germer dans le peuple français l'opinion d'une contre-révolution, en faisant envisager au peuple que le système actuel de gouvernement n'amène que le brigandage et l'anarchie. Voyez combien l'attaque que vous font ces conjurés est dangereuse. Ils ont tout fait pour vous empêcher de présenter une constitution au peuple; on en a dénaturé d'avance le plan ; on annonce publiquement que ce plan, à qui on ne reprochera dans quelques années qu'un excès de démocratie, faisait tout en faveur des riches, et rien en faveur des pauvres. Ceux qui lui ont fait ce reproche avaient annoncé un plan de constitution; ils ne l'ont pas présenté. Le peuple s'attend que le projet de constitution entraînera plusieurs mois de discussion; vos ennemis lui en présentent une toute faite qui a marché quelque temps : quel avantage n'ont-ils pas sur vous ! Ne souffrez pas qu'ils consultent le peuple avant vous; songez que si la République est perdue, elle devra vous imputer sa perte.

Vous avez un moyen bien simple de prévenir sa ruine. Nous ne pouvons pas être discordans sur les bases constitutionnelles ;

que les hommes les plus méfians s'accordent entre eux; qu'ils nous présentent l'organisation de la France en République; la déclaration que cette République est une et indivisible; qu'il n'existera aucune distinction quelconque entre les citoyens; que toutes les élections se feront par le peuple lui-même; arrêtons ces bases, et présentons-les au peuple. Si vous donnez ce point d'appui à tous les Français, vous n'avez rien à craindre de toutes les factions. Ne tardons pas un seul instant à consulter le peuple; arrachons aux ambitieux, à nos ennemis, l'arme terrible qu'ils peuvent se forger par une fausse opinion publique.

J'ai appuyé l'appel au peuple lorsqu'on demanda la déchéance de Louis, et j'insiste sur la même idée. Je demande encore que le peuple manifeste sa toute-puissance, qu'il adopte ou rejette les bases de la constitution que nous allons lui présenter, et qu'il prolonge l'existence de la Convention, en y maintenant ceux qu'il croira dignes de son choix.

Vernier. Vous ne serez pas fâchés d'entendre quelqu'un qui n'a jamais adopté aucun des partis qui vous divisent, qui ne s'est jamais mêlé de leurs querelles, qui ne communique avec personne.

Quand vous avez jugé le ci-devant roi, j'ai eu la simplicité de croire que les opinions étaient libres; je me suis trompé; je suis un de ces scélérats qui ont été assez grands pour voter, sous les poignards, l'appel au peuple et le bannissement du tyran. Ma lettre à mes commettans n'en a pas été moins sévère; j'y ai soutenu que l'opinion qui avait prévalu était la meilleure. Je suis un de ces scélérats avec qui l'on ne veut ni paix, ni trève; et comme je crains d'échapper à cette noble proscription, je viens me dénoncer publiquement.

Avant notre réunion, une coalition funeste était déjà formée dans Paris entre le club des prétendus amis de la liberté, la Commune, la force armée, les corps administratifs; elle a éclaté dès les premières séances de cette assemblée.

Dans tous les départemens où il existait des clubs affiliés, une coupable influence se faisait sentir. Dans cet état de choses, il était presque impossible de faire le bien, et de se promettre quelques succès. On ne pouvait remédier au mal qu'avec une sage lenteur et une prudente circonspection : mais des hommes vertueux, trop sensibles, trop frappés de ce qu'ils voyaient, ont précipité les mesures. De là les schismes, les divisions, l'esprit de parti; de là les débats éternels au milieu desquels la chose publique a été en quelque sorte oubliée.

Ceux-ci, guidés par l'amour-propre, s'inquiètent peu de l'objet en lui-même, pourvu qu'ils fassent triompher leurs opinions ou leurs projets insensés.

Ceux-là ne les combattent que par des ruses, des subtilités, des subterfuges.

Mais les plus dangereux, les plus coupables, sont ceux qui accusent sans cesse, sans raison, comme sans motif.

Les plus vils et les plus perfides sont ceux qui, au lieu de suivre le peuple, s'abaissent à l'aduler, à le flagorner, plutôt qu'à le servir.

Il est temps d'abjurer les haines, les divisions; il est temps de se réunir pour s'occuper de la chose publique et du salut de la patrie; elle ne doit pas être victime de nos malheureux débats.

Citoyens, puisque nous sommes arrivés à un tel degré de discorde et de défiance réciproque, qu'il nous est impossible, au poste où nous sommes, de bien servir la patrie; que les deux partis montrent du civisme et de la générosité; que les plus passionnés, de part et d'autre, devenus simples soldats, marchent à l'armée pour y donner l'exemple de la soumission et du courage. (Il s'élève quelques applaudissemens, couverts par une rumeur.)

Chambon. Je remarque que plusieurs membres rétractent les signatures donnés à l'adresse des Jacobins; ils craignent donc la publicité.

Merlin, de Douai. Je déclare que j'ai rayé ma signature lorsque j'ai vu l'usage perfide qu'on veut en faire.

Guillemardel. Et moi aussi.

Gossuin. Je demande aussi à retirer la mienne.

Camille Desmoulins. Et moi je m'honore d'avoir apposé ma signature sur cette adresse, et je ne la retirerai pas ; mais j'observe que les meneurs savent que les quarante-huit sections de Paris doivent venir vous demander l'expulsion des vingt-deux royalistes complices de Dumourier ; et comme ils voient le vaisseau prêt à être submergé, ils se disent : Mettons le feu à la sainte-barbe ; et puisque nous allons périr dans deux ou trois jours.... (Violens murmures.)

Barbaroux. Je dénonce cette provocation au meurtre. — (On demande que Camille soit envoyé à l'Abbaye.)

(Plusieurs membres du côté droit se plaignent d'avoir été insultés par des citoyens des tribunes ; ils désignent un de ceux qui ont fait des menaces. Le président ordonne de l'arrêter.]

[*Camille Desmoulins.* Comment peut-on me faire un crime de ce que je viens de dire ; il y a vingt-deux membres dans la Convention, dont les sections de Paris doivent venir demander l'expulsion. Or c'est de ces vingt-deux que je disais que se voyant prêts à périr...... (*Plusieurs voix* : Est-ce que les sections de Paris ont le droit de faire chasser quelqu'un des membres de la Convention.)

N..... Je vous annonce que le président n'ose pas faire arrêter le citoyen qui a insulté les membres de la Convention, parce qu'il craint une insurrection.

Le président. Je demande la parole pour moi. Plusieurs membres se sont plaints qu'ils avaient été insultés par un citoyen des tribunes ; j'ai donné l'ordre aux gendarmes de l'arrêter. Les uns m'ont dit qu'on n'avait pu l'arrêter, les autres qu'on ne l'avait pas trouvé.

Le commandant des gendarmes, à la barre. J'ai été avec plusieurs volontaires et gendarmes pour arrêter le citoyen désigné ; on n'a pas voulu le laisser sortir. (Il s'élève de violens murmures dans la partie droite.)

N..... Je viens d'apprendre que le scélérat qui avait menacé les membres de la Convention a été arrêté malgré l'opposition des tribunes. Je demande qu'il soit constaté dans le procès-verbal que les tribunes ont menacé et insulté les membres de la Convention.

Coupé. Je demande l'ordre du jour sur cette proposition, parce qu'elle tend à confondre avec un petit nombre de scélérats payés les bons citoyens des tribunes, qui sont beaucoup plus nombreux.

L'ordre du jour est adopté.

Les membres de l'extrémité gauche demandent la suspension de la séance.

L'assemblée décrète que la séance sera continuée.

Camille. L'erreur d'un grand nombre d'entre vous, c'est que vous croyez les complices de d'Orléans ici (il désigne le côté gauche), tandis que, par des faits, nous sommes assurés qu'ils sont là (il désigne le côté droit). Je vous dirai ce que dit Gensonné, lorsqu'il dénonça le comité autrichien, qu'en matière de dénonciation on ne pouvait pas exiger de preuves juridiques; les présomptions suffisent; et certes, il ne peut exister de plus fortes présomptions de complicité avec un traître, que d'avoir entretenu avec lui une correspondance suivie.

Gensonné. J'ai entretenu une correspondance avec Dumourier jusqu'à son retour de la Belgique; j'ai cessé de l'entretenir depuis cette époque où votre faction s'est emparée de lui, où Danton lui a donné son neveu pour secrétaire.

Brival. Il vous envoyait copie de toutes les lettres qu'il écrivait au ministre.

Buzot. Si les sections de Paris ont le droit de se convoquer pour venir demander elles-mêmes l'expulsion de quelques membres de la Convention, les départemens peuvent suivre leur exemple pour se sauver eux-mêmes. C'est dans les assemblées primaires que j'appelle mes dénonciateurs, c'est là qu'on nous jugera, c'est là que nous verrons quels sont les plus agréables au peuple; mais comme il faut qu'aucune loi ne soit décrétée par lassitude, je demande l'ajournement à lundi des propositions faites par Gensonné.

Quant à ce qui concerne Marat, il est inconcevable que cet homme jette encore la division dans cette assemblée. (On murmure.) Il est fort étrange que cet homme ait seul le droit d'être au-dessus de la loi. La Convention n'a jamais assez connu sa puissance; elle pourrait, dans cette ville qu'on a tant calomniée, trouver cent mille défenseurs, en appelant autour d'elle les bons citoyens. Je demande que Marat soit décrété d'accusation. La Convention doit enfin réprimer un homme qui a dégradé la morale publique, dont l'ame est toute calomnie, et la vie entière un tissu de crimes. Les départemens béniront le jour où vous aurez délivré l'espèce humaine d'un homme qui la déshonore.

Les propositions de Gensonné sont ajournées à lundi.

Delaunai continue le rapport.

Les chefs d'accusation qu'il présente contre Marat, sont, 1° son numéro du 5 janvier, dénoncé par Chabot, où il prêche la dissolution de la Convention; 2° son numéro du 25 février, où il provoque au pillage des magasins.

Plusieurs membres demandent qu'on mette aux voix le décret d'accusation proposé par le comité.

Larevellière-Lépaux. Le plus grand des crimes aux yeux des amis de la liberté, c'est de provoquer un maître. Marat s'en est rendu coupable. Vous devez vous rappeler que Chabot l'a dénoncé pour ce fait. Le rapporteur l'a oublié. Je demande qu'il soit relaté dans l'acte d'accusation.

Charlier. Le dénoûment de la sanglante tragédie qui s'est passée dans la Belgique, approché; vous en tenez un des fils. Vous allez livrer un représentant du peuple au glaive de la loi; et, comme dans le rapport qui vient de vous être fait, il peut se trouver des faits inexacts, je demande l'impression, l'envoi aux départemens et aux armées, et l'ajournement de la discussion à mercredi.

Plusieurs voix. Appuyé.

Lecointe-Puyravau. J'appuie la proposition de Charlier sans en approfondir les motifs. Il est question de mettre en état d'accusation un représentant du peuple. Faites-le avec maturité, avec dignité. Il serait surprenant que lorsqu'un tyran couvert de crimes a obtenu un délai de plusieurs semaines, un représentant du peuple ne pût en obtenir un de trois jours. Je demande qu'on aille aux voix sur la proposition faite par Charlier.

Fonfrède. Je demande que si la Convention ajourne, elle décrète que Marat se rendra à l'Abbaye ; je rappelle à la Convention que je lui ai lu une lettre de Marat, dans laquelle il déclarait qu'il n'avait pas obéi au décret qui le mettait en arrestation à l'Abbaye, et qu'il n'y obéirait pas.

Massieu. Il vous a dit qu'il serait assassiné ou empoisonné dans la prison.

Peniers. L'ajournement demandé par Charlier est parfaitement inutile. Pourquoi ajourneriez-vous ? Tous les chefs d'accusation portés contre Marat vous sont connus depuis long-temps ; je demande qu'on aille aux voix sur le décret d'accusation.

Robespierre. On vous a fait un rapport sur la question de savoir si vous mettrez en état d'accusation un représentant du peuple que là on qualifie de telle manière, et qu'ici on juge autrement, et sur lequel je ne prononcerai rien, jusqu'à ce que la Convention ait voulu m'entendre avec impartialité. (On murmure.) Remarquez, citoyens, quelle est votre position : vous vous trouvez entre le décret d'accusation et l'ajournement ; mais vous ne pouvez porter le décret d'accusation, car vous n'avez pas discuté ; vous ne pouvez non plus ajourner, car ce représentant du peuple est en état d'arrestation, car vous envoyez dans les départemens un rapport injurieux. (Vifs applaudissemens des tribunes.)

—On demande à aller aux voix. L'assemblée rejette l'ajournement, et décrète l'impression et l'envoi aux départemens du rapport du comité de législation.

Fonfrède. Je demande aussi l'impression et l'envoi aux départemens de l'appel nominal et de la lettre de Marat.

Cette proposition est décrétée à l'unanimité.

Robespierre. Je demande la parole pour un article additionnel ; je demande qu'à la suite de toutes les propositions que vous venez de décréter, soit envoyé l'acte que je vais vous proposer :

je le crois nécessaire pour démasquer les traîtres, et démontrer le véritable esprit d'oppression qui préside à vos délibérations. Je déclare que je sais apprécier Marat; il a commis des erreurs, des fautes de style; mais de l'autre côté sont les conspirateurs et les traîtres. (On murmure à droite.) Ce n'est pas contre lui seul qu'on veut porter le décret d'accusation; c'est contre vous, vrais républicains, c'est contre vous qui avez déplu par la chaleur de vos ames; c'est contre moi-même peut-être, malgré que je me sois constamment attaché à n'aigrir personne, à n'offenser personne. Je demande qu'à la suite du rapport soit joint un acte qui constate qu'on a refusé d'entendre un accusé qui n'a jamais été mon ami, dont je n'ai point partagé les erreurs qu'on travestit ici en crimes; mais que je regarde comme un bon citoyen, zélé défenseur de la cause du peuple, et tout-à-fait étranger aux crimes qu'on lui impute.

On demande de toutes parts à aller à l'appel nominal.

L'appel nominal est commencé.

Plusieurs membres de l'extrémité gauche l'interrompent, en demandant que chaque votant ait la faculté de motiver son vote.

Après d'assez longs débats, cette proposition est écartée.

On reprend l'appel nominal.

Un membre demande à expliquer un fait.

L'assemblée presque entière se lève pour imposer silence à l'interrupteur; il insiste pour parler. Tous les membres de l'extrémité gauche demandent qu'il soit entendu; le reste de l'assemblée repousse par des murmures cette demande. — Les citoyens des tribunes sont dans une vive agitation; ils poussent des cris, des huées. Le président se couvre.—Le tumulte continue et s'accroît. Enfin le calme se rétablit.

Lidon. Je demande qu'il soit constaté dans le procès-verbal qu'on a fait violence à la représentation nationale, qu'on l'a empêché de délibérer. Je demande que le procès-verbal soit envoyé aux départemens par des courriers extraordinaires.

Le président. J'ai invité les tribunes à respecter la représentation nationale.....

(*Plusieurs voix de l'extrémité gauche.* C'est nous, c'est nous qui avons interrompu.)

Pétion monte à la tribune.

L'assemblée continue l'appel nominal.

La plupart des membres motivent leur avis. — Deux demandent que la Convention décrète que Marat a bien mérité de la patrie, et qu'il lui soit accordé une couronne civique. — Un déclare qu'il n'est pas libre. — Les tribunes retentissent alternativement d'applaudissemens et de murmures.

L'appel nominal est terminé à sept heures du matin. En voici le résultat : Le nombre des votans est de trois cent soixante-sept ; la majorité absolue de cent quatre-vingt-quatre, deux cent vingt ont voté pour le décret d'accusation ; quatre-vingt-douze contre. Sept pour l'ajournement, et quarante-huit se sont récusés ou ont déclaré ne pouvoir voter.

Le président prononce que Marat est décrété d'accusation. (Les murmures continuent et se prolongent dans les tribunes.)

La séance est suspendue.]

COMMUNE. — *Séance du 13 avril.*

Chaumette donne lecture de plusieurs lettres rassurantes, l'une sur les soldats qui accompagnaient Dumourier et qui reviennent fidèles à la République, l'autre sur le patriotisme bien prononcé d'un grand nombre de sociétés populaires dans le département de la Nièvre, qui jurent de mourir plutôt que de souffrir un roi.

Il se plaint ensuite de voir dans le sein du conseil lui-même ses plus grands ennemis, et de ce que les *écrivassiers* et les journalistes travestissent tout ce qui se dit dans le conseil ; il dit que le temps est venu de faire un vrai journal de la municipalité, à la rédaction duquel il offre d'être lui-même un des coopérateurs.

Sur la réquisition du procureur de la commune, le conseil arrête qu'il sera établi, aux frais de la municipalité, un courrier pour les armées du Nord, et un autre pour la ville de Lyon, laquelle sera invitée d'en établir un à ses frais pour les armées du Midi, et que deux commissaires seront adjoints au procureur de la commune pour dresser le plan de correspondance à tenir au moyen de ces courriers.

Une lettre du comité de surveillance de Rouen, du 9 avril, adressée au comité de sûreté de la commune de Paris, marque de vives inquiétudes sur le défaut d'énergie que dans les circonstances actuelles témoigne le public. Il pense qu'il est vicié par cette foule d'étrangers attirés dans la ville de Rouen par le modérantisme de l'administration précédente. Il demande des renseignemens et des conseils pour pouvoir porter le flambeau dans ce repaire de conspirateurs qui se cachent dans les ténèbres.

CLUB DES JACOBINS. — *Séance du 13 avril.*

« On donne lecture de la correspondance dont toutes les pièces, plus énergiques les unes que les autres, ne permettent plus de douter que les dangers de la patrie n'aient donné partout au patriotisme une nouvelle existence.

» Maure communique une lettre datée du quartier général de l'armée des Pyrénées, dans laquelle il est dit que les traîtres avaient aussi formé le projet de secouer la torche des guerres intestines dans les départemens méridionaux; mais ils ont été prévenus par les braves et surveillans sans-culottes qui en ont arrêté et mis aux fers un bon nombre. Il est aisé de se persuader que les prêtres surtout dirigeaient ce sinistre complot; plusieurs de ces hommes-monstres ont été arrêtés. Des perquisitions qu'on a faites ensuite à Toulouse ont fait découvrir des chapelles dans des greniers, et des chapelains dans des latrines; le tout ensemble a été transporté à la municipalité.

» Il s'élève quelques doutes sur les principes du nouveau ministre Dalbarate. Comme il avait été dit que Monge l'avait indiqué pour son successeur, cet ex-ministre est invité à dire ce qu'il en pense. Monge déclare n'avoir contribué en aucune façon à la nomination de Dalbarate. Cet aveu amène à la conclusion que les mêmes intrigues qui avaient destitué Pache avaient aussi influé sur le changement qui vient de se faire dans le département de la marine.

» La section des Gravilliers témoigne son indignation contre le décret d'accusation lancé contre Marat. « Nous avons, dit-elle, » nommé six commissaires pour veiller à la sûreté de ce député, » intrépide défenseur de la liberté et digne du titre sublime de » l'Ami du peuple. » On applaudit vivement.

» Dubois de Crancé fait, à cette occasion, le rapport des discussions relatives à cet objet, qui ont eu lieu à la Convention nationale. — Sur la proposition de Robespierre, la société vote l'impression de ce discours. » (*Le Républicain, journal des hommes libres*, etc., n. CLXVI.)

Presse. Nous empruntons au n. MCCCXXXVIII du *Patriote français* un article sur le club des jacobins, relativement à un fait où l'on voit que la probité allait bientôt devenir le mot d'ordre absolu de cette société. Nous nous étonnons que Girey-Dupré ait prêté à cette nouvelle la publicité de son journal ; la tournure satirique de son récit ne pouvait empêcher le lecteur le moins attentif de faire réflexion que si les Jacobins expulsaient Chabot et Fabre d'Églantine comme malhonnêtes gens, tandis qu'ils déféraient à Marat la présidence de leur assemblée, c'était apparemment que ce dernier était un honnête homme. Voici l'article dont il s'agit : « Les Jacobins ont établi un comité épuratoire qui travaille avec assiduité à séparer l'ivraie du bon grain ; mais cette fois, c'est l'ivraie qui restera au grenier. Cependant il faut avouer que le comité a exclu quelques hommes dignes de rester dans la société, tels que le prêtre Chabot et Fabre d'Églantine. On les accuse de ne pas garder assez le décorum dans leurs opérations financières. Ils ont tort ; rien n'est plus propre à discréditer une société ; il ne faut pas scandaliser les faibles. — Les

Jacobins sont assez prudens ; ils font comme leurs frères les moines qui chassaient du couvent ceux qui ne savaient pas sauver les apparences. »

Nous donnerons ici quelques-unes des réflexions de Marat sur le décret d'accusation dont il était frappé.

Dans le n. CLXX de son journal, après avoir exposé et réfuté les griefs qu'on lui reproche, il dit : « Voilà donc la troisième fois que je suis frappé d'un décret d'accusation par les ennemis de la patrie, qui dominaient dans nos assemblées nationales, toujours pour la même raison et toujours avec le même acharnement.

» Je l'ai été dans la constituante par la clique des Cazalès, des Maury, des Virieux, des Rabaut, des Montlausier, des Malouet, etc., pour avoir sonné le tocsin dans ma feuille intitulée : *C'en est fait de nous*, sur les complots tramés par les agens de la cour, et les infidèles mandataires du peuple vendus au despote.

» Je l'ai été dans la législative par la clique des Guadet, des Vergniaud, des Brissot, des Lasource, des Gensonné, des Ducastel, des Vaublanc, des Jeaucourt, etc., pour avoir prédit les trahisons de La Fayette, de Narbonne, de Jarry, de Dillon, etc., présagé le massacre des gardes nationaux conduits à la boucherie, nos défaites honteuses devant Mons, Tournay, Courtray, et tous les événemens désastreux de la première campagne, sous prétexte que je calomniais nos généraux, et faisais perdre la confiance à nos armées ; ce qui déplaisait fort aux fripons qui avaient fait déclarer la guerre.

» Je l'ai été dans la Convention par la faction royaliste des hommes d'état à la tête desquels se trouvent les Guadet, les Vergniaud, les Buzot, les Brissot, les Roland, les Lasource, les Gensonné, etc., et cela pour les avoir poursuivis comme les complices de Dumourier, pour les avoir démasqués comme de lâches hypocrites, d'atroces machinateurs, et les avoir forcés de s'avouer eux-mêmes les partisans de Louis-Philippe d'Orléans, les suppôts de la royauté, les créatures des Capets émigrés et rebelles. »

Marat commence ainsi son n. CLXXII : « Ce fut un magnifique spectacle pour l'observateur éclairé que celui de la séance du 13 au 14 de ce mois. Dans cette séance mémorable qui a duré vingt-deux heures consécutives employées à discuter le décret d'accusation contre l'Ami du peuple, on a vu une centaine de députés patriotes, forts de la pureté de leur cœur, de leur civisme, de leurs vues, et soutenus par l'opinion publique, combattre avec un courage indomptable, en faveur de leur collègue opprimé, contre deux cent cinquante aristocrates, tous suppôts de l'ancien régime, tous partisans de la royauté, tous complices du général conspirateur qui veut rétablir le despotisme.

» Ce qui indignait surtout les députés patriotes, c'était de voir les hommes d'état entamer la représentation nationale dans la personne d'un de ses membres, apôtre et martyr de la liberté; lui faire un crime des opinions politiques dont la vérité n'est que trop bien reconnue aujourd'hui, et dont l'adoption générale eût empêché des flots de sang patriotique de couler, des milliards de biens nationaux d'être dilapidés, l'état d'être livré depuis quatre années à tous les désastres de l'anarchie et de la guerre civile; la liberté publique d'être menacée, et la patrie d'être entraînée au bord de l'abîme.

» Leur indignation a redoublé lorsqu'ils ont entendu ces ennemis de la chose publique foulant aux pieds et les droits de l'homme, et les lois de la justice éternelle, demander à grands cris le décret d'accusation contre un représentant du peuple dont les mœurs sont pures, la conduite irréprochable, et l'ardent civisme notoire; user à son égard de moins de ménagemens qu'envers le tyran ; le mettre en accusation sans discussion, sans examen, sans l'entendre, et refuser à un homme de bien intact, au plus intrépide défenseur de la patrie, un droit que l'on ne peut contester à un criminel, et qu'on accorde aux scélérats, aux traîtres et aux conspirateurs. »

L'adresse des Jacobins dénoncés par Guadet et reproduite par nous, en partie dans la séance du 12 avril, en partie dans la séance du 13, fut imprimée par ordre de la Convention nationale, avec les noms des députés qui la signèrent le 13. Nous avons cette pièce sous les yeux, et nous allons transcrire les signatures qu'elle renferme, ainsi que les diverses formules d'adhésion qui en accompagnent quelques-unes.

« Les soussignés adhèrent à l'adresse de Marat; à Paris, le 13 avril 1793.

» Courtois; Crosse Durocher; Dumont, de la Somme; Calès; L. Louchet; Anacharsis Clootz; Levasseur; Armonville; Bar; Clauzel; Panis; Dupuis; Dubarran; Gay-Vernon; Bat; Foussedoire; Osselin; G. Bonneval; Julien Dubois; Pierre Baille; J.-A. Lemoine; Gelin; Bouquier; Campmas; Waldruche; Dyzez; P.-A. Laloy; S.-E. Monnel; Bresson; J.-M. Coupé, de l'Oise; Roux; Sallangros; Loiseau; Beaudot; Julien.

» *Comme amant de la République une et indivisible, et ennemi de Dumourier,* Pérard.

» Bonnet; Albite; Guyardin; Boutrone.

» R. Ducos, *adoptant les principes dont dérive l'adresse seulement.*

» Monestier, Legris; Berdejean; Claude Javogues.

» *J'approuve tout, excepté que la contre-révolution soit dans la Convention. Signé* Chazaud.

» Malherbe, *comme voulant la liberté et l'égalité.*

» *Ami des principes de la République. Signé* Nioche.

» Robespierre jeune; Cusset.

» *Mourir pour la République; ennemi-né des traîtres, des factieux et des ambitieux. Signé* Châteauneuf-Randon.

» Martel, *inviolablement attaché aux principes républicains.*

» Lavicomtrie; D'Herbet-Latour; Fabre d'Églantine; P.-J. Audoin; F. Granet; Vadier; Poultier; H. Cochet; A.-B. Reynaud; Robert; Bassal; Laurens; David; Maure; Camille-Desmoulins; J.-B. Massieu; Charles Duval; Jay; Guil-Taillefer; Ricord; Thirion; Brival; Ingrand; Lanot. (*Nota.* Il y a un nom qu'il a été impossible de lire.)

» Calon; Blanval; Ballet; Robert. *Pour adhésion, signé* Fremanger.

» Maignet ; Pinet aîné ; Dubois-Crancé ; Philippe Rülh ; Bentabolle.

» Laignelot ; Villetard ; Colombel ; Mallarmé ; Pomme ; Deville ; Charles Delacroix ; Drouet.

» *Que la justice éternelle punisse tous les ennemis de notre liberté. Signé G. Romme.* »

DIMANCHE 14 AVRIL. — CONVENTION.

La Convention, fatiguée par la longueur de la dernière séance, ne fut ouverte ce jour-là que de midi à cinq heures du soir. Elle s'occupa de lectures sans intérêt. Nous remarquons dans son ordre du jour une lettre du général Houchard au roi de Prusse, relative au quatrième bataillon des Vosges, qui, obligé de se rendre après avoir épuisé ses munitions, avait été massacré par les Prussiens. Cette lettre était transmise à la Convention par le géral Custines.

PARIS. — *Ordre et marche de la fête de l'Hospitalité, célébré le dimanche 14 avril, à l'occasion du transport des archives de la municipalité de Liége à la maison commune de Paris.*

» Le cortége est parti à midi de la maison commune ; il a suivi le quai Pelletier, la rue Saint-Martin. Le chariot qui portait les archives était couvert d'une draperie ornée de feuillages et surmontée du bonnet de la liberté.

» Marche. — Hussards de la liberté ; bannière : *Guerre aux tyrans !* — Gendarmerie à cheval ; enseigne : *hospitalité.* — Sapeurs ; canonniers ; tambours. — Les légions avec leurs drapeaux. — Déclaration des droits de l'homme. — Sociétés populaires. — Juges et officiers de paix, et commissaires de police. — Le buste de Brutus. — Tribunal révolutionnaire. — Corps judiciaires. — Faisceaux des départemens. — Le département. — Comités révolutionnaires de surveillance des sections. — Musique. — Statue de la liberté.— Corps électoral.— Municipalité de Paris et de Liége.— Celle du 10 août. — Tribunal de la nation. — Conseil exécutif. — Le livre de la loi. — Convention. — Bannière : *Les tyrans passeront : les peuples sont éternels.* — Chariot portant les archives de Liége, sous l'arc de triomphe appelé porte Saint-Martin ; légendes : *Liberté, égalité, souveraineté du peuple.* Au moment où le cortége est arrivé à cette porte, il s'est fait une salve d'artillerie. — Tableau des morts et des blessés à la journée du 10 août. Les veuves et enfans de nos frères morts pour la défense de la liberté. — Cavalerie légère ; bannière : *République française une et indivisible.* — On a suivi les boulevarts, les rues Saint-Honoré, du Roule, et les quais jusqu'à la maison commune. Vis-à-vis le Pont-neuf, salve d'artillerie. » (*Chronique de Paris*, n. CV.)

FIN DU VINGT-CINQUIÈME VOLUME.

TABLE DES MATIÈRES

DU VINGT-CINQUIÈME VOLUME.

PRÉFACE. — Discussion sur la valeur relative du parti de la Gironde et du parti de la Montagne.

MARS 1793, *suite*. — Lacroix dénonce à la Convention les revers éprouvés en Belgique, p. 1. — Discours de Robespierre, p. 5. — Proposition de Lacroix qui est adoptée, p. 5. — Danton propose de convoquer à l'instant toutes les sections, et de les inviter à marcher à l'ennemi, p. 6. — Cette proposition est adoptée, p. 8. — Motion de Duhem contre les journalistes, p. 8. — Opposition de Boyer-Fonfrède, p. 9, de Saint-André, p. 10, ordre du jour, p. 12 — *Conseil de la commune*, proclamation de la commune qui appelle les citoyens aux armes, p. 12. — Réflexions du *Patriote français*; il cherche a atténuer l'effet des nouvelles de l'armée, p. 14. — *Convention*. Le maire de Paris à la barre, p. 16. — Adresse lue par Chaumet, il demande qu'une taxe de guerre soit imposée aux riches, et l'établissement d'un tribunal révolutionnaire, p. 16. — Plusieurs compagnies armées et partant pour la frontière défilent dans la Convention, p. 17, 18. — Carnot propose d'envoyer quatre-vingt-deux de ses membres comme commissaires dans les départemens, p. 18. — Carrier convertit en motion la demande d'un tribunal révolutionnaire, p. 18. — Cette motion est décrétée, p. 19. — Danton propose la mise en liberté des prisonniers pour dettes, p. 19. — Adopté, p. 21. — Plusieurs sections présentent leur contingent, p. 22. — Collot-d'Herbois demande que les quatre-vingt-deux commissaires des départemens ne puissent être choisis parmi ceux qui ont voté l'appel au peuple, p. 22. — Députation de sections, p. 22, 25. — Le président annonce que les presses de Gorsas ont été brisées par un attroupement, p. 23. — La gauche demande l'ordre du jour, discussion, renvoi au maire de Paris, p. 23, 25. — L'assemblée décide que ses membres seront tenus d'opter entre la fonction de député et la qualité de journaliste, p. 25. — *Presse parisienne*, p. 25, 28. — Accusation du *Patriote français* sur la conduite de Robespierre député à la section Bonne-Nouvelle, p. 26. — Procès-verbal de la séance de cette section, p. 29. — NUIT DU 9 AU 10 MARS ET JOURNÉE DU 10. Mouvement dans Paris, p. 30, 40. — *Convention*. Discussion sur les dispositions du peuple, p. 40. — Nouvelles assez favorables de l'armée de Dumourier, p. 43. — Robespierre propose d'instituer un pouvoir plus unitaire et plus actif que celui du conseil exécutif, p. 43. — Danton fait l'éloge de Dumourier, p. 47. — Cambacérès demande que séance tenante on organise tribunal et ministère, p. 49. — Opposition de la Gironde, néanmoins on passe outre, et la Convention décrète les premiers articles, p. 50, 55. — La séance se lève, 55. — Discours de Danton pour la permanence, p. 55. — La municipalité rend compte de l'état de Paris, p. 58. — Texte du décret portant organisation du tribunal révolutionnaire, p. 59, 61. — *Commune*; état de Paris, p. 62, arrêté sur les enrôlemens, p. 64. — *Convention*, projets attribués à la Montagne, par les Girondins, p. 65. — Observations de Robespierre sur une expression contenue dans le décret sur le tribunal révolutionnaire, p. 66. — Isnard propose une rédaction qui est adoptée, p. 67. — La section Poissonnière vient demander l'accusation de Dumourier et de son état-major, p. 71. — Lacroix fait remarquer que les volontaires de cette section ont un drapeau fleurdelisé, p. 72. — Dénonciation d'Isnard, p. 75. — Dénonciation de Marat, p. 75. — Discussion à la suite, p. 76, 85. — Les pétitionnaires sont renvoyés au comité de sûreté générale, p. 85. — Discours de Vergniaud sur la grande conjuration du 10 et jours suivans, sur un comité d'insurrection formé à Paris, etc., p. 86. — Discours du ministre de la justice Garat, p. 101. — La section du Panthéon Français dénonce des projets de dictature, p. 104. — Nouvelle discussion sur la conspiration du 10, p. 105. — Notice sur la situation de Paris et des armées ainsi que des partis à cette époque, p. 105, 118. — Lettre de Dumourier à la Convention, p. 115. — Séance de la commune de Paris du 12 au 18, p. 118, 121. — Club des Jacobins, p. 121. — *Convention*. Rapport du ministre sur les événemens du 10, p. 124. — Décret contre les rébellions contre-révolutionnaires, p. 151. — Dénonciation de Marat contre Dumourier, ordre du jour, p. 154, 155. — Décret portant organisation des comités de surveillance dans toutes les sections de la république, p. 155. — Adresse des Marseillais à la Convention p. 157. — Nouvelle proposition du comité de salut public, p. 159. — Adresse d'Amiens, p. 159. — Décret portant organisation du comité de salut public, p. 140. — Décret portant désarmement de tous les

TABLE DES MATIÈRES.   473

individus suspects, p. 141. — Articles additionnels à la loi sur le tribunal révolutionnaire, p. 145. — Députation de Paris, p. 146. — Autre députation de la même commune, annonçant qu'à la porte de chaque maison seront affichés les noms des habitans, p. 149. — Cette disposition est rendue générale pour toute la République par un décret, p. 150. — Réflexions sur les dernières séances de la Convention, discussions de la presse, état de Paris, visites domiciliaires, p. 152, 160. — Club des Jacobins, p. 160. — Séances de la commune, p. 164. — *État des départements*, p. 175. — Assassinat de Léonard-Bourdon à Orléans, p. 177. — Émeute de Montargis. p. 178. — Affaire de Lyon, p. 180. — Affaires de la Bretagne et de la Vendée, p. 190. — Histoire de la conjuration royaliste, p. 191. — Description de la Vendée, p. 195. — Première insurrection, premiers combats, p. 198. — *État des armées*, p. 204.

AVRIL 1795. — Introduction au mois, p. 207. — Rapport sur les projets de Dumourier, p. 211. — Discussion orageuse sur les faits dénoncés, Danton interpellé, p. 211, 235. — Dénonciation de Lasource contre Danton, p. 216. — Discours de Danton contre les Girondins, p. 220. Séance de la commune, p. 235. — Les scellés apposés sur les papiers de Roland, p. 238. — Une section vient à la Convention dénoncer qu'il s'est formé à l'évêché une *assemblée centrale de salut public*, etc., p. 240. — Discussion et décret sur ce sujet, p. 241, 244. — Lettres saisies se rapportant à la conspiration de Dumourier, p. 245. — Séance de la commune, p. 246. — Presse, 248. — Chaumet, procureur de la commune, demande à la Convention la formation d'un camp sous Paris, et donne des renseignemens sur l'assemblée centrale du salut public, p. 248. — Arrestation des commissaires de la Convention envoyés à Dumourier, p. 250. — Discours de Marat, p. 251. Dumourier est décrété traître à la patrie, p. 255. — Robespierre dénonce l'incapacité du comité de défense générale, et demande que Brissot soit mis en accusation, p. 256, 261. — Réponse de Brissot, p. 262. — Séance de la commune, p. 265. — Club des Jacobins, p. 267. — Discours de Robespierre aux Jacobins, p. 271. — *Convention*. Isnard propose la formation d'un comité d'exécution, p. 273. — Interruption de Marat, trouble, p. 274. — Brival demande le renouvellement du comité de défense générale, p. 277. — Lettre d'Égalité fils à son père, p. 279. — Décret sur divers moyens de défense, p. 281, 283. — Création du titre de représentant du peuple, p. 283. — Séance de la commune, p. 285. — État de l'artillerie de Paris, p. 285. — Presse, p. 286. — Billet de Custine, p. 286. — *Convention*. Nouvelle modification dans la loi constitutive du tribunal révolutionnaire, p. 287. — Discussion sur l'établissement d'un comité d'exécution, p. 288. — On annonce la fuite de Dumourier, p. 293. — Séance de la commune, p. 295. — Club des Jacobins, p. 294. — Presse, p. 297. — *Convention*. Discussion sur l'établissement d'un comité de salut public, p. 297. — Décret sur cet établissement, p. 301. — Décret qui met d'Orléans et ses intimes en surveillance, p. 502. — Séance de la commune, p. 502. — *Tribunal révolutionnaire.* Notice sur le bulletin de ce tribunal, p. 504. — Liste des membres du tribunal, p. 506. — *Convention.* Noms des membres qui formeront le nouveau comité de salut public, p. 507. — Séance de la commune, 508. — *Convention.* Nouvelles sur les bonnes dispositions de l'armée du Nord, p. 509. — Décret contre les Bourbons, p. 510. — La section de Bonconseil vient demander un décret contre les Girondins, p. 510. — Décret sur les devoirs des représentans du peuple auprès des armées, p. 516. — Séance de la commune, p. 517. — *Tribunal révolutionnaire*, p. 518. Pétion dénonce un projet d'adresse qui circule dans les sections de Paris, discussion à la suite, p. 519, 555. — Accusation contre d'Orléans, p. 532. — Robespierre dénonce le parti de la Gironde, il démontre son existence et demande la mise en accusation de ses principaux membres, p. 537. — Réponse de Vergniaud, p. 561. — Séance de la commune, p. 585. — Tribunal révolutionnaire, débats du procès de Nicolas Luthier, p. 585. — *Convention.* Interruption occasionée par Marat, p. 592. — Séance de la commune, p. 598. — *Convention.* — Discours de Pétion, p. 401. — Discours de Guadet, p. 408. — Interruption de Danton, p. 417. — Guadet continue, p. 417. — Il accuse Robespierre, p. 423. — Il lit une adresse des Jacobins, p. 428. — Interruption de Marat, on crie à *l'Abbaye*, p. 429. — Discours de Marat, p. 429. — Danton prend la défense de Marat, p. 430. — Boyer-Fonfrède soutient l'accusation, p. 432. — Fonfrède demande le décret d'accusation contre Marat, p. 434. — Défense de Marat, p. 434. — Marat est décrété d'arrestation, p. 437. — Club des Jacobins, p. 437. — Presse, p. 440. — Séance de la commune, p. 444. — *Convention.* Motion de Robespierre et décret en conséquence, p. 445. — Fonfrède lit une lettre par laquelle Marat déclare qu'il ne se laissera pas arrêter, p. 446. — Motion de Robespierre, p. 449. — Rapport pour le renvoi de Marat devant le tribunal révolutionnaire, p. 450. — Lecture de la pièce pour laquelle il est inculpé, p. 450. — Tout le côté gauche se lève, déclare adhérer à cette adresse et va la signer, p. 452. — Granet, Vergniaud demandent que l'adresse et les signatures soient imprimées et publiées, p. 452. — Discours de Gensonné, p. 454. — Discours de Desmoulins, p. 458, 459. — Marat décrété d'accusation, p. 463. — Séance de la commune, p. 463. — Club des Jacobins, p. 464. — Presse, p. 465. — Noms des membres du côté gauche qui ont signé l'adresse inculpée, p. 468. — Note sur la fête donnée aux Liégeois, p. 469.